全国导游资格考试统编教材
QUANGUO DAOYOU ZIGE KAOSHI TONGBIAN JIAOCAI

U1009625

政策与法律法规

ZHENGCE YU FALÜ FAGUI

（第十版）

全国导游资格考试统编教材专家编写组 编

中国旅游出版社

出版说明

（第十版）

2024年5月17日，全国旅游发展大会在北京召开，会上传达了习近平总书记对旅游工作作出的重要指示，强调“着力完善现代旅游业体系，加快建设旅游强国”，“推动旅游业高质量发展行稳致远”。习近平总书记的重要指示和全国旅游发展大会精神，对导游职业发展提出新的更高的要求。

在过去的9年里，作为文化和旅游部直属的专业出版机构，中国旅游出版社始终致力于服务导游职业发展，组织业内专家编写出版全国导游资格考试统编教材，并以过硬的质量和良好的服务，赢得广大读者的青睐和业界良好口碑。今年，我社继续组织相关专家，认真研究最新发布的考试大纲，针对今年大纲的新提法、新变化和新知识点，对全国统编版《政策与法律法规》《导游业务》《全国导游基础知识》《地方导游基础知识》四本教材进行了修订和编写。

此次修订，是以文化和旅游部相关文件精神和最新考试大纲要求为指引，既吸取了前几版全国导游资格考试统编教材内容和编写风格的精华，又进一步凸显了以下特点：其一，完全遵循新大纲要求，内容覆盖全部考点且重点突出，具有全国示范意义，经得起业界实践检验；其二，在强调理论与实践相结合、内容与时俱进的基础上，更加注重实用性和业务可操作性；其三，编写风格保持简洁、通俗，强调易学、易记，便于考生学习和掌握，方便应考；其四，消除了上一版教材中的技术性错漏。

同时，我们还修订了与这四本教材相配套的《全国导游资格统一考试模拟习题集》，改版升级了“中国旅游出版社导游考试官方在线题库”微信小程序。2025 版习题集完全遵循新大纲规定的题型和分值比例，为考生开阔思维、掌握难点、突出重点、练习备考提供服务。2025 版在线题库与新版教材完全同步，分章节精准练习，每题均附有答案和详尽解析，具有反复刷题功能，方便考生利用碎片化的时间，随时随地练习，检验复习效果。

中国旅游出版社旗下“中国导游考试辅导中心”公众号将继续为广大考生服务，发布最新的考试资讯，提供专业的复习备考资料，并进一步为购买正版教材的考生提供丰富的增值服务，让导游资格考试变得更加轻松。

我们衷心希望这套重新修订的统编教材及其配套教辅产品，能够切实满足广大考生应考的需求，助力考生迎难过关，同时，还能够提升导游人员的业务素质和综合能力，为我国旅游业的发展尽一份绵薄之力。

中国旅游出版社

2025 年 6 月

目录

第一篇　方针政策篇

第二篇　法律法规篇

第一篇

方针政策篇

第一章 党的二十大报告和二十届三中全会精神

章节练习
增值服务

学习目的

了解： 习近平新时代中国特色社会主义思想的重大意义、精神实质、丰富内涵、实践要求和原创性理论贡献；党的二十大主题；新时代十年的“三件大事”与三个“历史性胜利”；党的二十届二中全会关于深化机构改革的重要部署；党的二十届三中全会关于进一步全面深化改革、推进中国式现代化的重大意义和总体要求。**熟悉：** 新时代坚持和发展中国特色社会主义的总目标、总任务、总体布局、战略布局，新时代党和国家取得的历史性成就，发生的历史性变革，推进马克思主义中国化时代化的根本途径；全面建成社会主义现代化强国总的战略安排。**掌握：** 习近平新时代中国特色社会主义思想的世界观、方法论和贯穿其中的立场观点方法；习近平法治思想、习近平文化思想的主要内容；中国式现代化的中国特色、本质要求和重大原则，新时代新征程中国共产党的中心任务，全面建设社会主义现代化国家的首要任务；坚持全面依法治国，推进法治中国建设的主要内容；党的二十届三中全会关于进一步全面深化改革的系统部署。

第一节　概　述

一、党的二十大主题与召开的重大意义

1. 党的二十大主题

党的二十大主题是："高举中国特色社会主义伟大旗帜，全面贯彻新时代中国特色社会主义思想，弘扬伟大建党精神，自信自强、守正创新，踔厉奋发、勇毅前行，为全面建设社会主义现代化国家、全面推进中华民族伟大复兴而团结奋斗。"党的二十大主题中"一个高举、一个弘扬、三个全面"之间蕴含着深刻的理论逻辑，我们应当贯通起来理解、结合起来把握、协同起来推进。

2. 党的二十大召开的重大意义

习近平总书记在党的二十大报告中指出："中国共产党第二十次全国代表大会，是在全党全国各族人民迈上全面建设社会主义现代化国家新征程、向第二个百年奋斗目标进军的关键时刻召开的一次十分重要的大会。"之所以是在"关键时刻"，是因为我们党团结带领中国人民实现了全面建成小康社会的第一个百年奋斗目标，正乘势而上开启全面建设社会主义现代化国家新征程、向第二个百年奋斗目标进军；之所以是"十分重要"，是因为大会确立的主题和中心任务郑重宣示党在新的历史起点上举什么旗、走什么路、以什么样的精神状态、朝着什么样的目标继续前进。在这个关键时刻召开党的全国代表大会，适逢其时、正当其用、意义重大、影响深远。

党的二十大报告开篇鲜明指出了新时代中国共产党"立志于中华民族千秋伟业，致力于人类和平与发展崇高事业"的历史责任，并向新时代中国共产党党员郑重告诫"务必不忘初心、牢记使命，务必谦虚谨慎、艰苦奋斗，务必敢于斗争、善于斗争，坚定历史自信，增强历史主动，谱写新时代中国特色社会主义更加绚丽的华章"。因此，党的二十大的召开"事关党和国家事业继往开来、事关中国特色社会主义前途命运、事关中华民族伟大复兴"。"三个事关"是我们理解把握党的二十大召开时机和重大意义的金钥匙，也是我们学习贯彻党的二十大精神的指南针。

二、党的十九大以来的工作

党的十九大以来的五年，是极不寻常、极不平凡的五年。五年来，面对世所罕见、史所罕见的风险挑战，党中央统筹中华民族伟大复兴战略全局和世界百年未有之大变局，统筹发展和安全两件大事，以正确的战略策略应变局、育新机、开新局，依靠顽强斗争打开事业发展的新天地。过去五年的工作，主要体现在以下两个方面。

1. 召开 7 次全会，作出重大战略部署

五年来，以习近平同志为核心的党中央先后召开 7 次中央全会，分别就宪法修改，深化党和国家机构改革，坚持和完善中国特色社会主义制度、推进国家治理体系和治理能力现代化，制定“十四五”规划和 2035 年远景目标，全面总结党的百年奋斗重大成就和历史经验等重大问题作出决定和决议，就党和国家事业发展作出重大战略部署。根据这些重大部署，党中央统筹推进“五位一体”总体布局、协调推进“四个全面”战略布局，在改革发展稳定、治党治国治军、内政外交国防各个方面都取得了重大成就。

2. 有效应对四大风险挑战

党中央团结全党全军全国各族人民，有效应对严峻复杂的国际形势和接踵而至的巨大风险挑战。

（1）面对突如其来的新冠肺炎疫情，我们坚持人民至上、生命至上，坚持外防输入、内防反弹，坚持动态清零不动摇，开展抗击疫情人民战争、总体战、阻击战，最大限度保护了人民生命安全和身体健康，统筹疫情防控和经济社会发展取得重大积极成果。

（2）面对香港局势动荡变化，我们依照宪法和基本法有效实施对特别行政区的全面管治权，制定实施香港特别行政区维护国家安全法，落实“爱国者治港”原则，香港局势实现由乱到治的重大转折，走向由治及兴的新阶段。

（3）面对“台独”势力分裂活动和外部势力干涉台湾事务的严重挑衅，我们坚决开展反分裂、反干涉重大斗争，展示了我们维护国家主权和领土完整、反对“台独”的坚强决心和强大能力，进一步掌握了实现祖国完全统一的战略主动，进一步巩固了国际社会坚持一个中国的格局。

（4）面对国际局势急剧变化，特别是面对外部讹诈、遏制、封锁、极限施压，我们坚持国家利益为重、国内政治优先，保持战略定力，发扬斗争精神，展示不畏强权的坚定意志，在斗争中维护国家尊严和核心利益，牢牢掌握了我国发展和安全主动权。

总的来说，党的十九大以来，在以习近平同志为核心的党中央的坚强领导下，我们以奋发有为的精神把新时代中国特色社会主义不断推向前进。习近平总书记在党的二十大报告中深刻指出："五年来，我们党团结带领人民，攻克了许多长期没有解决的难题，办成了许多事关长远的大事要事，推动党和国家事业取得举世瞩目的重大成就。"

三、新时代十年的主要成就和伟大变革

党的十八大以来，中国特色社会主义进入新时代，谱写了经济快速发展、社会长期稳定"两大奇迹"的崭新篇章。习近平总书记在党的二十大报告中系统总结了新时代十年的伟大变革，深刻指出，十年来，我们经历了对党和人民事业具有重大现实意义和深远历史意义的三件大事：一是迎来中国共产党成立一百周年；二是中国特色社会主义进入新时代；三是完成脱贫攻坚、全面建成小康社会的历史任务，实现第一个百年奋斗目标。党的二十大报告强调："这是中国共产党和中国人民团结奋斗赢得的历史性胜利，是彪炳中华民族发展史册的历史性胜利，也是对世界具有深远影响的历史性胜利。"新时代 10 年的伟大变革、伟大成就，主要体现在 16 个方面。

（1）创立了习近平新时代中国特色社会主义思想。习近平总书记对关系新时代党和国家事业发展的一系列重大理论和实践问题进行了深邃思考和科学判断，提出一系列治国理政新理念新思想新战略，实现了马克思主义中国化时代化新的飞跃，为党和国家事业发展提供了根本遵循，为实现中华民族伟大复兴提供了行动指南。

（2）全面加强党的领导。党的十八大以来，以习近平同志为核心的党中央旗帜鲜明地提出："中国特色社会主义最本质的特征是中国共产党领导，中国特色社会主义制度的最大优势是中国共产党领导。"十年来，我们坚持党对一切工作的领导的基本方略，坚定维护习近平同志党中央的核心、全党

的核心地位，坚定维护以习近平同志为核心的党中央权威和集中统一领导，党的领导制度体系不断完善，确保党发挥总揽全局、协调各方的领导核心作用，我们这个拥有9600多万名党员的马克思主义政党更加团结统一。

（3）对新时代党和国家事业发展作出科学完整的战略部署，提出实现中华民族伟大复兴的中国梦。党中央以中国式现代化推进中华民族伟大复兴，统揽伟大斗争、伟大工程、伟大事业、伟大梦想，明确“五位一体”总体布局和“四个全面”战略布局，确定稳中求进工作总基调，统筹发展和安全，明确我国社会的主要矛盾是人民日益增长的美好生活需要和不平衡不充分的发展之间的矛盾，并紧紧围绕这个社会主要矛盾推进各项工作，不断丰富和发展人类文明新形态。

（4）完成脱贫攻坚任务、全面建成小康社会的历史任务，实现了党的第一个百年奋斗目标，实现了中华民族千年小康梦想。党中央提出精准扶贫战略，打赢了人类历史上规模最大的脱贫攻坚战，全国832个贫困县全部摘帽，近1亿农村贫困人口实现脱贫，960多万贫困人口实现易地搬迁。

（5）提出并贯彻新发展理念，着力推进高质量发展，推动构建新发展格局，实施供给侧结构性改革，制定一系列具有全局性意义的区域重大战略，我国经济实力实现历史性跃升。国内生产总值从54万亿元增长到114万亿元，我国经济总量占世界经济的比重从11.3%增长到18.5%，人均国内生产总值从3.98万元增加到8.1万元。我国经济迈上更高质量、更有效率、更加公平、更可持续、更为安全的发展之路。

（6）以巨大的政治勇气全面深化改革，中国特色社会主义制度更加成熟更加定型，展示了显著的优势。以习近平同志为核心的党中央，坚持改革的正确方向，加强改革顶层设计，敢于突进深水区，敢于啃硬骨头，敢于涉险滩，敢于面对新矛盾新挑战，冲破思想观念束缚，突破利益固化藩篱，坚决破除各方面体制机制弊端，各领域基础性制度框架基本建立，许多领域实现历史性变革、系统性重塑、整体性重构。

（7）实行更加积极主动的开放战略，构建面向全球的高标准自由贸易区网络，加快推进自由贸易试验区、海南自由贸易港建设，共建“一带一路”成为深受欢迎的国际公共产品和国际合作平台。我国成为140多个国家和地区的主要贸易伙伴，货物贸易总额居世界第一，吸引外资和对外投资居世界前列，形成更大范围、更宽领域、更深层次对外开放格局。

（8）坚持走中国特色社会主义政治发展道路，全面发展全过程人民民主，社会主义民主政治制度化、规范化、程序化全面推进，社会主义协商民主广泛开展，人民当家作主更为扎实，全面依法治国大力推进。

（9）确立和坚持马克思主义在意识形态领域指导地位的根本制度，新时代党的创新理论深入人心，社会主义核心价值观广泛传播，中华优秀传统文化得到创造性转化、创新性发展，文化事业日益繁荣，网络生态持续向好，意识形态领域形势发生全局性、根本性转变。全党全国各族人民文化自信明显增强、精神面貌更加奋发昂扬。

（10）深入贯彻以人民为中心的发展思想，在幼有所育、学有所教、劳有所得、病有所医、老有所养、住有所居、弱有所扶上持续用力，人民生活全方位改善。10年来，我国居民人均可支配收入从1.65万元增加到3.51万元，而且建成世界上规模最大的教育体系、社会保障体系、医疗卫生体系。人民群众获得感、幸福感、安全感更加充实、更有保障、更可持续，共同富裕取得新成效。

（11）坚持绿水青山就是金山银山的理念，坚持山水林田湖草沙一体化保护和系统治理，生态文明制度体系更加健全，污染防治攻坚向纵深推进，绿色、循环、低碳发展迈出坚实步伐，生态环境保护发生历史性、转折性、全局性变化，我们的祖国天更蓝、山更绿、水更清。

（12）贯彻总体国家安全观，以坚定的意志品质维护国家主权、安全、发展利益，国家安全得到全面加强，共建共治共享的社会治理制度进一步健全。扫黑除恶专项斗争取得阶段性成果，有力应对一系列重大自然灾害，平安中国建设迈向更高水平。

（13）确立党在新时代的强军目标，贯彻新时代党的强军思想，贯彻新时代军事战略方针，坚持党对人民军队的绝对领导，统筹加强各方向各领域军事斗争，大刀阔斧深化国防和军队改革，人民军队体制一新、结构一新、格局一新、面貌一新，现代化水平和实战能力显著提升，中国特色强军之路越走越宽广。

（14）全面准确推进“一国两制”实践，取得显著成效。坚持“一国两制”、“港人治港”、“澳人治澳”、高度自治的方针，推动香港进入由乱到治走向由治及兴的新阶段，香港、澳门保持长期稳定发展良好态势。提出新时代解决台湾问题的总体方略，促进两岸交流合作，坚决反对“台独”分裂行径，坚决反对外部势力干涉，牢牢把握两岸关系主导权和主动权。

（15）全面推进中国特色大国外交，推动构建人类命运共同体。坚定维护国际公平正义，倡导践行真正的多边主义，旗帜鲜明反对一切霸权主义和强权政治，毫不动摇反对任何单边主义、保护主义、霸凌行径。推动构建新型国际关系，积极参与全球治理体系改革和建设，全面开展抗击新冠肺炎疫情国际合作，赢得广泛国际赞誉，我国国际影响力、感召力、塑造力显著提升。

（16）深入推进全面从严治党。坚持打铁必须自身硬，提出和落实新时代党的建设总要求，以党的政治建设统领党的建设各项工作。坚持思想建党和制度治党同向发力，严肃党内政治生活，持续开展党内集中教育，提出和坚持新时代党的组织路线，突出政治标准选贤任能，加强政治巡视，形成比较完善的党内法规体系，推动全党坚定理想信念、严密组织体系、严明纪律规矩。

新时代十年的伟大变革，在党史、新中国史、改革开放史、社会主义发展史、中华民族发展史上具有里程碑意义。新时代党和国家事业之所以能够取得历史性成就、发生历史性变革，具有里程碑意义，根本在于习近平总书记掌舵领航，在于习近平新时代中国特色社会主义思想科学指引。在新时代新征程上，必须深刻领悟“两个确立”的决定性意义，坚决做到“两个维护”。

四、深化党和国家机构改革

党的二十届二中全会审议通过了在广泛征求意见的基础上提出的《党和国家机构改革方案》。

1. 深化机构改革的宝贵经验

党的十八大以来，以习近平同志为核心的党中央把深化党和国家机构改革作为推进国家治理体系和治理能力现代化的一项重要任务，按照坚持党的全面领导、坚持以人民为中心、坚持优化协同高效、坚持全面依法治国四个基本原则，深化党和国家机构改革，党和国家机构职能实现系统性、整体性重构，为党和国家事业取得历史性成就、发生历史性变革提供了有力保障，也为继续深化党和国家机构改革积累了宝贵经验。

2. 深化机构改革的重大意义

党和国家机构是十分重要的上层建筑，机构设置是否科学、职能配置是否优化、体制机制是否完善、运行管理是否有效，对于生产力发展、经济基础发展具有重大的反作用，因此它必然是全面深化改革的重要对象，党和国家机构改革是新时代全面深化改革的题中之义。推进党和国家机构改革，构建系统完备、科学规范、运行有效的中国特色社会主义制度和国家治理体系的顶层设计，必将为以中国式现代化全面推进中华民族伟大复兴提供有力制度保障。

3. 深化机构改革的重要部署

有关深化机构改革的重要部署要求包括：①坚持稳中求进工作总基调，适应统筹推进“五位一体”总体布局、协调推进“四个全面”战略布局的要求，适应构建新发展格局、推动高质量发展的需要；②坚持问题导向，统筹党中央机构、全国人大机构、国务院机构、全国政协机构，统筹中央和地方，深化重点领域机构改革，推动党对社会主义现代化建设的领导在机构设置上更加科学、在职能配置上更加优化、在体制机制上更加完善、在运行管理上更加高效；③各地区各部门要站在党和国家事业发展全局高度，充分认识党和国家机构改革的重要性和紧迫性，深刻领悟“两个确立”的决定性意义，增强“四个意识”、坚定“四个自信”、做到“两个维护”，自觉把思想和行动统一到党中央决策部署上来，坚决维护党中央决策部署的权威性和严肃性，坚定改革信心和决心，加强组织领导，不折不扣把机构改革任务落到实处。

五、进一步全面深化改革、推进中国式现代化的重大意义和总体要求

为贯彻落实党的二十大作出的战略部署，党的二十届三中全会研究了进一步全面深化改革、推进中国式现代化的问题，作出《中共中央关于进一步全面深化改革 推进中国式现代化的决定》（以下简称《决定》）并审议通过。

1. 重大意义

《决定》指出："中国式现代化是在改革开放中不断推进的，也必将在改革开放中开辟广阔前景。"中国式现代化与改革开放相伴而生，没有改革开放就没有中国式现代化。同样，改革开放是中国式现代化的内在要求，不持续深入推进改革开放就实现不了中国式现代化。面对纷繁复杂的国际国内形势，面对新一轮科技革命和产业变革，面对人民群众新期待，必须继续把改革推向前进，不断推动生产关系和生产力、上层建筑和经济基础、国家治理和社会发展更好地相适应，才能为中国式现代化提供强大动力和制度保障。《决定》明确指出了进一步全面深化改革对推进中国式现代化的重大意义：①是坚持和完善中国特色社会主义制度、推进国家治理体系和治理能力现代化的必然要求；②是贯彻新发展理念、更好适应我国社会主要矛盾变化的必然要求；③是坚持以人民为中心、让现代化建设成果更多更公平惠及全体人民的必然要求；④是应对重大风险挑战、推动党和国家事业行稳致远的必然要求；⑤是推动构建人类命运共同体、在百年变局加速演进中赢得战略主动的必然要求；⑥是深入推进新时代党的建设新的伟大工程、建设更加坚强有力的马克思主义政党的必然要求。以上六个"必然要求"既集中概括了推进中国式现代化面临的形势，又鲜明提出了进一步全面深化改革需要回答的重大课题。

2. 总目标

《决定》提出的进一步全面深化改革的总目标，是"继续完善和发展中国特色社会主义制度，推进国家治理体系和治理能力现代化"，这同党的十八届三中全会提出的总目标相比，在前面增加了"继续"两字，表明我们党在改革上道不变、志不改和接续奋斗的坚定决心。《决定》明确了到2035年的阶段性改革目标，即全面建成高水平社会主义市场经济体制，中国特色社会主义制度更加完善，基本实现国家治理体系和治理能力现代化，基本实现社会主义现代化，为到本世纪中叶全面建成社会主义现代化强国奠定坚实基础。《决定》还要求到2029年中华人民共和国成立80周年时，完成决定提出的改革任务。

第二节　马克思主义的中国化时代化

一、马克思主义中国化时代化新的飞跃

党的二十大报告指出："马克思主义是我们立党立国、兴党兴国的根本指导思想。实践告诉我们，中国共产党为什么能，中国特色社会主义为什么好，归根到底是马克思主义行，是中国化时代化的马克思主义行。""两个行"的重要论断，是中国共产党百年奋斗历程中得出的历史性结论，充分体现了我们党坚定信仰信念、把握历史主动的思想自觉和行动自觉。

历史证明，马克思主义是中国共产党人的"真经"，是我们认识世界、把握规律、追求真理、改造世界的强大思想武器。以毛泽东同志为主要代表的中国共产党人，在新民主主义革命时期、社会主义革命和建设时期把马克思列宁主义基本原理同中国具体实际相结合，创立了毛泽东思想，这是马克思列宁主义在中国的创造性运用和发展，是马克思主义中国化的第一次历史性飞跃。在改革开放和社会主义现代化建设新时期，中国共产党人以马克思列宁主义和毛泽东思想为指导，深刻总结历史经验和教训，继续探索中国建设社会主义的正确道路，形成中国特色社会主义理论体系，实现了马克思主义中国化的第二次历史性飞跃。中国特色社会主义进入新时代，以习近平同志为核心的党中央，在马克思主义指导下，统筹中华民族伟大复兴战略全局和世界百年未有之大变局，就新时代坚持和发展什么样的中国特色社会主义、怎样坚持和发展中国特色社会主义，建设什么样的社会主义现代化强国、怎样建设社会主义现代化强国，建设什么样的长期执政的马克思主义政党、怎样建设长期执政的马克思主义政党等重大时代课题，提出一系列原创性的治国理政新理念新思想新战略，创立了习近平新时代中国特色社会主义思想，形成了集时代性、系统性、原创性于一体的开放的科学体系，实现了马克思主义中国化时代化新的飞跃。

二、习近平新时代中国特色社会主义思想的科学内涵

1. 习近平新时代中国特色社会主义思想的主要内容

推进马克思主义中国化时代化是一个追求真理、揭示真理、笃行真理的过程。党的二十大报告指出，党的十九大、十九届六中全会提出的“十个明确”“十四个坚持”“十三个方面成就”概括了习近平新时代中国特色社会主义思想的主要内容，是党的十八大以来我们党取得的重大理论创新成果，体现了习近平新时代中国特色社会主义思想的精神实质和丰富内涵，必须长期坚持并不断丰富发展。总体而言，习近平新时代中国特色社会主义思想的核心要义，就是坚持和发展中国特色社会主义。其中，“十个明确”是习近平新时代中国特色社会主义思想基本理论的高度凝练；“十四个坚持”是习近平新时代中国特色社会主义思想基本方略的高度凝练；“十三个方面成就”是对习近平新时代中国特色社会主义思想指导下党中央治国理政新理念新思想新战略伟大实践成就的高度凝练。

（1）“十个明确”。包括：明确中国特色社会主义最本质的特征是中国共产党领导，中国特色社会主义制度的最大优势是中国共产党领导，中国共产党是最高政治领导力量，全党必须增强“四个意识”、坚定“四个自信”、做到“两个维护”；明确坚持和发展中国特色社会主义，总任务是实现社会主义现代化和中华民族伟大复兴，在全面建成小康社会的基础上，分两步走在本世纪中叶建成富强民主文明和谐美丽的社会主义现代化强国，以中国式现代化推进中华民族伟大复兴；明确新时代我国社会主要矛盾是人民日益增长的美好生活需要和不平衡不充分的发展之间的矛盾，必须坚持以人民为中心的发展思想，发展全过程人民民主，推动人的全面发展、全体人民共同富裕取得更为明显的实质性进展；明确中国特色社会主义事业总体布局是经济建设、政治建设、文化建设、社会建设、生态文明建设五位一体，战略布局是全面建设社会主义现代化国家、全面深化改革、全面依法治国、全面从严治党四个全面；明确全面深化改革总目标是完善和发展中国特色社会主义制度、推进国家治理体系和治理能力现代化；明确全面推进依法治国总目标是建设中国特色社会主义法治体系、建设社会主义法治国家；明确必须坚持和完善社会主义基本经济制度，使市场在资源配置中起决定性作用，更好发挥

政府作用，把握新发展阶段，贯彻创新、协调、绿色、开放、共享的新发展理念，加快构建以国内大循环为主体、国内国际双循环相互促进的新发展格局，推动高质量发展，统筹发展和安全；明确党在新时代的强军目标是建设一支听党指挥、能打胜仗、作风优良的人民军队，把人民军队建设成为世界一流军队；明确中国特色大国外交要服务民族复兴、促进人类进步，推动建设新型国际关系，推动构建人类命运共同体；明确全面从严治党的战略方针，提出新时代党的建设总要求，全面推进党的政治建设、思想建设、组织建设、作风建设、纪律建设，把制度建设贯穿其中，深入推进反腐败斗争，落实管党治党政治责任，以伟大自我革命引领伟大社会革命。“十个明确”是习近平新时代中国特色社会主义思想中基本理论的高度凝练。党的十八大以来，国内外形势新变化和实践新要求，迫切需要我们从理论和实践的结合上科学回答新时代坚持和发展什么样的中国特色社会主义、怎样坚持和发展中国特色社会主义等重大理论问题，包括新时代坚持和发展中国特色社会主义的总目标、总任务、总体布局、战略布局和发展方向、发展方式、发展动力、战略步骤、外部条件、政治保证等基本问题，“十个明确”对这些基本问题进行了探索和回答。

（2）“十四个坚持”（表 1–1）。

表 1–1　习近平新时代中国特色社会主义思想——“十四个坚持”

“十四个坚持”
1. 坚持党对一切工作的领导
2. 坚持以人民为中心
3. 坚持全面深化改革
4. 坚持新发展理念
5. 坚持人民当家作主
6. 坚持全面依法治国
7. 坚持社会主义核心价值体系
8. 坚持在发展中保障和改善民生
9. 坚持人与自然和谐共生

续表

“十四个坚持”
10. 坚持总体国家安全观
11. 坚持党对人民军队的绝对领导
12. 坚持“一国两制”和推进祖国统一
13. 坚持推动构建人类命运共同体
14. 坚持全面从严治党

“十四个坚持”是对新时代我们党治国理政重大方针原则的高度凝练和科学概括，是坚持和发展中国特色社会主义的基本方略，是贯彻“十个明确”精神实质的路线图，是更好地坚持和发展中国特色社会主义的行动指南。

（3）“十三个方面成就”。10 年砥砺奋进，10 年成就辉煌。《中共中央关于党的百年奋斗重大成就和历史经验的决议》高度概括了新时代取得的 13 个方面的历史性成就。“十三个方面成就”包括：在坚持党的全面领导、全面从严治党、经济建设、全面深化改革开放、政治建设、全面依法治国、文化建设、社会建设、生态文明建设、国防和军队建设、维护国家安全、坚持“一国两制”和推进祖国统一、外交工作方面取得的历史性成就和发生的历史性变革。

总之，奋进新征程、建功新时代，必须坚持以习近平新时代中国特色社会主义思想为指导，解放思想、实事求是、守正创新，更好把坚持马克思主义和发展马克思主义统一起来，继续回答好中国之问、世界之问、人民之问、时代之问，努力回应实践呼声、满足人民需要，不断创造新时代中国特色社会主义新辉煌，这也是习近平新时代中国特色社会主义思想的实践要求。

2. 习近平新时代中国特色社会主义思想的原创性理论贡献

（1）形成新的理论体系。习近平新时代中国特色社会主义思想新在聚焦时代课题，紧紧围绕新时代坚持和发展什么样的中国特色社会主义、怎样坚持和发展中国特色社会主义，形成了独特鲜明的主题主线。这一理论体系，新在系统完备，其内涵十分丰富，涵盖新时代坚持和发展中国特色社会主义的一系列基本问题，并对各方面工作作出了新的理论概括和战略指引；其逻辑十分严密，贯通马克思主义哲学、政治经济学、科学社会主义，贯通历史、现实和未来，贯通改革发展稳定、内政外交国防、治党治国治军等各领域，既坚持了“老祖宗”，又讲了很多“新话”，使我们党对共产党执政规律、社会主义建设规律、人类社会发展规律的认识达到了新高度。

（2）判定标识新的历史方位。中国特色社会主义进入了新时代是新的历史方位，具有客观性、科学性、指导性。客观性是指改革开放和社会主义现代化建设取得历史性成就，我国发展站到了新的历史起点上，中国特色社会主义进入新的发展阶段。科学性是指新时代是科学社会主义理论逻辑和中国社会发展实践逻辑的辩证统一，“是中国特色社会主义新时代，而不是别的什么新时代”。指导性是指新时代赋予党的历史使命、理论遵循、目标任务以新的时代内涵，为我们深刻把握当代中国发展的新阶段新特征，科学制定党的路线方针政策提供了时代坐标和基本依据。

（3）提出一系列新的思想观点。习近平新时代中国特色社会主义思想提出一系列富有时代特色的原创性观点。例如，提出“实现中华民族伟大复兴的中国梦”，体现了我们党高度的历史担当和使命追求，为新时代坚持和发展中国特色社会主义注入了崭新内涵；提出“百年未有之大变局”重大论断，对国际发展趋势和世界格局演变作出最新判断；提出“高质量发展是全面建设社会主义现代化国家的首要任务”，从而使高质量发展在未来我国经济发展中的核心地位得以确立；“十三个方面成就”“十六个方面历史性成就、历史性变革”系统总结了我国国家制度和国家治理体系的显著优势，丰富发展了中国特色社会主义根本制度、基本制度、重要制度的内容，对坚持和完善中国特色社会主义制度、推进国家治理体系和治理能力现代化作出战略安排；提出构建人类命运共同体理念、共商共建共享的全球治理观，引领时代潮流和人类文明进步方向；提出“形成以国内大循环为主体、国内国际双循环相互促进的新发展格局”，是与时俱进提升我国经济发展水平的战略抉择，也是塑造我国国际经济合作和竞争新优势的战略抉择；等等。

3. 习近平新时代中国特色社会主义思想的重大意义

（1）时代意义。习近平新时代中国特色社会主义思想对新时代国内、国际面临的重大问题作出科学回答，具有引领时代的重要作用。习近平新时代中国特色社会主义思想产生于新时代，对新时代国内、国际面临的重大问题作出了科学回答，在洞察时代风云的同时，顺应了时代的理论诉求，因而具有引领时代的作用。

（2）理论意义。习近平新时代中国特色社会主义思想既是对马克思主义的创新和发展，也是马克思主义中国化的新成果、中国特色社会主义理论体系的最新成果。习近平新时代中国特色社会主义思想一方面继承了马克思主义基本原理、基本方法、理论品格，展现了马克思主义的当代价值和魅力；另一方面为马克思主义的发展作出了原创性的贡献。科学评价习近平新时代中国特色社会主义思想的理论意义，应当将其置于马克思主义发展史、马克思主义中国化史、中国特色社会主义发展史三个坐标下进行诠释，充分揭示其理论意义。

（3）实践意义。习近平新时代中国特色社会主义思想是实现第二个百年奋斗目标和中华民族伟大复兴的行动指南。习近平新时代中国特色社会主义思想明确了实现第二个百年奋斗目标的路线图，即在全面建成小康社会的基础上，到 2035 年基本实现现代化，到本世纪中叶把我国建成富强民主文明和谐美丽的社会主义现代化强国。

（4）世界意义。习近平新时代中国特色社会主义思想蕴含引领世界社会主义发展的中国经验和发展中国家走向现代化的中国方案，为人类思想史增添了新内容。习近平新时代中国特色社会主义思想包括以发展作为解决一切问题的基础、坚持以人民为中心的发展思想、通过改革获得发展动力、通过确立新发展理念实现高质量发展、保持社会主义的发展定力等重要思想，并且提出了人类命运共同体理念和优化全球治理、重构世界文明格局、维护世界和平的中国方案，为人类思想史增添了新内容。

三、推进马克思主义中国化时代化的根本途径

党的二十大报告指出：“中国共产党人深刻认识到，只有把马克思主

义基本原理同中国具体实际相结合、同中华优秀传统文化相结合，坚持运用辩证唯物主义和历史唯物主义，才能正确回答时代和实践提出的重大问题，才能始终保持马克思主义的蓬勃生机和旺盛活力。”上述“两个结合”表明，以习近平同志为核心的党中央对马克思主义中国化时代化的规律性认识、对理论创新创造的认识达到新境界，是习近平新时代中国特色社会主义思想的原创性贡献，同时也是推进马克思主义中国化时代化的根本途径。

1. 坚持和发展马克思主义，必须同中国具体实际相结合

马克思主义要发展，必须和各国具体实际相结合。马克思主义理论的科学性和革命性是统一的，具有鲜明的实践品格。它不仅要解释世界，还要改变世界。因此，我们坚持以马克思主义为指导，就是要运用其科学的世界观和方法论解决中国的问题，而不是要背诵和重复其具体结论和词句，更不能把马克思主义当成一成不变的教条。我们必须坚持解放思想、实事求是、与时俱进、求真务实，一切从实际出发，着眼解决新时代改革开放和社会主义现代化建设的实际问题，不断回答中国之问、世界之问、人民之问、时代之问，作出符合中国实际和时代要求的正确回答，得出符合客观规律的科学认识，形成与时俱进的理论成果，更好指导中国实践。

2. 坚持和发展马克思主义，必须同中华优秀传统文化相结合

马克思主义必须根植本国、本民族历史文化。习近平总书记指出：“中华优秀传统文化是中华文明的智慧结晶和精华所在，是中华民族的根和魂，是我们在世界文化激荡中站稳脚跟的根基。”因此，我们必须坚定历史自信、文化自信，坚持古为今用、推陈出新，把马克思主义思想精髓同中华优秀传统文化精华贯通起来、同人民群众日用而不觉的共同价值观念融通起来，不断赋予科学理论鲜明的中国特色，不断夯实马克思主义中国化时代化的历史基础和群众基础，让马克思主义在中国牢牢扎根。

四、习近平新时代中国特色社会主义思想的世界观和方法论

党的二十大报告指出：“不断谱写马克思主义中国化时代化新篇章，是当代中国共产党人的庄严历史责任。继续推进实践基础上的理论创新，首

先要把握好新时代中国特色社会主义思想的世界观和方法论，坚持好、运用好贯穿其中的立场观点方法。”习近平新时代中国特色社会主义思想的世界观和方法论包括：必须坚持人民至上，必须坚持自信自立，必须坚持守正创新，必须坚持问题导向，必须坚持系统观念，必须坚持胸怀天下。“六个必须坚持”是习近平新时代中国特色社会主义思想的世界观和方法论，以及贯穿其中的立场观点方法，是中国共产党人坚持把马克思主义基本原理同中国具体实际相结合、同中华优秀传统文化相结合的产物，是中国化时代化的马克思主义的世界观和方法论不断丰富、发展、创新的产物。

1. 必须坚持人民至上

人民性是马克思主义的本质属性。人民至上是习近平新时代中国特色社会主义思想的立场。党的理论是来自人民、为了人民、造福人民的理论，人民的创造性实践是理论创新的不竭源泉。一切脱离人民的理论都是苍白无力的，一切不为人民造福的理论都是没有生命力的。因此，我们要站稳人民立场、把握人民愿望、尊重人民创造、集中人民智慧，形成为人民所喜爱、所认同、所拥有的理论，使之成为指导人民认识世界和改造世界的强大思想武器。

2. 必须坚持自信自立

自信自立是习近平新时代中国特色社会主义思想的历史观、社会观和人生观。贯穿马克思主义的中国篇章的基本点就在于，中国的问题必须从中国国情出发，由中国人自己来解答。自信自立集中表现为“四个自信”：道路自信、理论自信、制度自信、文化自信。因此，我们要坚持对马克思主义的坚定信仰、对中国特色社会主义的坚定信念，坚定“四个自信”，以更加积极的历史担当和创造精神为发展马克思主义作出新的贡献，既不能刻舟求剑、封闭僵化，也不能照抄照搬、食洋不化。

3. 必须坚持守正创新

守正创新是习近平新时代中国特色社会主义思想的基本方法论原则，是马克思主义“扬弃”原理的新发展，是对党的思想路线即解放思想、实事求是、与时俱进、求真务实在方法论层面的创造性发展和最大集成。因此，我们要以科学的态度对待科学、以真理的精神追求真理，坚持马克思主义基本原理不动摇，坚持党的全面领导不动摇，坚持中国特色社会主义不动摇，紧跟时代步伐，顺应实践发展，以满腔热忱对待一切新生事物，不断拓展认识的广度和深度，敢于说前人没有说过的新话，敢于干前人没有干过的事情，以新的理论指导新的实践。

4. 必须坚持问题导向

问题导向是指导认识和实践的重要方法，是马克思主义本体论、认识论和辩证法的根本要求。习近平总书记指出："问题是事物矛盾的表现形式，我们强调增强问题意识、坚持问题导向，就是承认矛盾的普遍性、客观性，就是要善于把认识和化解矛盾作为打开工作局面的突破口。"因此，我们要增强问题意识，聚焦实践遇到的新问题、改革发展稳定存在的深层次问题、人民群众急难愁盼问题、国际变局中的重大问题、党的建设面临的突出问题，不断提出真正解决问题的新理念新思路新办法。

5. 必须坚持系统观念

坚持系统观念作为方法论原则，是马克思主义唯物辩证法的要求。唯物辩证法认为，事物是普遍联系的，处于相互影响和相互作用之中。离开事物的相互联系，离开系统，就无法真正认识一个事物，无法进行科学的决策。因此，我们要善于通过历史看现实、透过现象看本质，把握好全局和局部、当前和长远、宏观和微观、主要矛盾和次要矛盾、特殊和一般的关系，不断提高战略思维、历史思维、辩证思维、系统思维、创新思维、法治思维、底线思维能力，为前瞻性思考、全局性谋划、整体性推进党和国家各项事业提供科学思想方法。

6. 必须坚持胸怀天下

胸怀天下是习近平新时代中国特色社会主义思想将共产主义远大理想和中华优秀传统文化特有的天下情怀的有机结合，也是根据21世纪人类交往发展的实际情况而提出的重要思想方法。中国共产党为中国人民谋幸福、为中华民族谋复兴，同时也为人类谋进步、为世界谋大同。因此，我们要拓展世界眼光，深刻洞察人类发展进步潮流，积极回应各国人民普遍关切，为解决人类面临的共同问题作出贡献，以海纳百川的宽阔胸襟借鉴吸收人类一切优秀文明成果，推动建设更加美好的世界。

第三节　新时代新征程中国共产党的使命任务

一、新时代新征程中国共产党的中心任务

一个时代有一个时代的主题、方向，一段征程有一段征程的使命、任务。中心任务的确定是基于对社会主要矛盾的判断，能否科学认识社会主要矛盾和正确把握党的中心任务，直接决定党和国家各项事业能否顺利推进。中国特色社会主义进入新时代，我国社会主要矛盾已经转化为人民日益增长的美好生活需要和不平衡不充分的发展之间的矛盾。根据社会主要矛盾的变化，我们党确定了党和国家事业发展的中心任务和战略举措，作为推进各项工作发展的依据和遵循。

党的二十大报告指出："从现在起，中国共产党的中心任务就是团结带领全国各族人民全面建成社会主义现代化强国、实现第二个百年奋斗目标，以中国式现代化全面推进中华民族伟大复兴。"这个中心任务的制定，符合党和国家事业发展新要求，顺应人民群众新期待，基于中国共产党践行初心使命的根本要求，基于实现中华民族伟大复兴已经进入了不可逆转的历史进程的事实，基于中国式现代化是全面推进中华民族伟大复兴的必由之路。

二、中国式现代化的中国特色、本质要求和重大原则

1. 中国式现代化的中国特色

中国式现代化内在规定着我国的现代化是具有中国特色的现代化，是基于中国国情的现代化。习近平总书记强调："中国式现代化，是中国共产党领导的社会主义现代化，既有各国现代化的共同特征，更有基于自己国情的中国特色。"这一重要论断在阐明中国式现代化的基本性质即"中国共产党领导的社会主义现代化"的前提下，又指出了中国式现代化"既有各国现代化的共同特征，更有基于自己国情的中国特色"的辩证性质，有利于从普遍性和特殊性辩证统一视角理解中国式现代化，提升对中国式现代化的理论自觉和实践自信。

（1）中国式现代化是人口规模巨大的现代化。我国14亿多人口整体迈进现代化社会，规模超过现有发达国家人口的总和，艰巨性和复杂性前所未有，发展途径和推进方式也必然具有自己的特点。我们始终从国情出发想问题、作决策、办事情，既不好高骛远，也不因循守旧，保持历史耐心，坚持稳中求进、循序渐进、持续推进。

（2）中国式现代化是全体人民共同富裕的现代化。共同富裕是中国特色社会主义的本质要求，也是一个长期的历史过程。我们坚持把实现人民对美好生活的向往作为现代化建设的出发点和落脚点，着力维护和促进社会公平正义，着力促进全体人民共同富裕，坚决防止两极分化。

（3）中国式现代化是物质文明和精神文明相协调的现代化。物质富足、精神富有是社会主义现代化的根本要求。物质贫困不是社会主义，精神贫乏也不是社会主义。我们不断厚植现代化的物质基础，不断夯实人民幸福生活的物质条件，同时大力发展社会主义先进文化，加强理想信念教育，传承中华文明，促进物的全面丰富和人的全面发展。

（4）中国式现代化是人与自然和谐共生的现代化。人与自然是生命共同体，无止境地向自然索取甚至破坏自然必然会遭到大自然的报复。我们坚持可持续发展，坚持节约优先、保护优先、自然恢复为主的方针，像保护眼睛一样保护自然和生态环境，坚定不移走生产发展、生活富裕、生态良好的文明发展道路，实现中华民族永续发展。

（5）中国式现代化是走和平发展道路的现代化。我国不走一些国家通过战争、殖民、掠夺等方式实现现代化的老路，那种损人利己、充满血腥罪恶的老路给广大发展中国家人民带来深重苦难。我们坚定站在历史正确的一边、站在人类文明进步的一边，高举和平、发展、合作、共赢旗帜，在坚定维护世界和平与发展中谋求自身发展，又以自身发展更好维护世界和平与发展。

2. 中国式现代化的本质要求

党的二十大报告在集中概括了中国式现代化的5个中国特色之后，又进一步清晰阐释了中国式现代化9个方面的本质要求。从一个中心任务到5个中国特色，再到9个方面本质要求，中国共产党对中国式现代化作了系统总结和理论提升，中国式现代化理论更加完整、更加科学，中国式现代化道路更加成熟、更加定型。

中国式现代化的本质要求是坚持中国共产党领导，坚持中国特色社会主义，实现高质量发展，发展全过程人民民主，丰富人民精神世界，实现全体人民共同富裕，促进人与自然和谐共生，推动构建人类命运共同体，创造人类文明新形态。这是我们党对中国式现代化本质要求的首次集中概括，强调了党的领导和中国特色社会主义的政治方向，强调了中国式现代化各个领域的重点要求与战略任务，阐明了中国式现代化的国际贡献和世界意义。具体而言，“坚持中国共产党领导”“坚持中国特色社会主义”强调中国式现代化的领导力量和社会主义性质；“实现高质量发展”“发展全过程人民民主”“丰富人民精神世界”“实现全体人民共同富裕”“促进人与自然和谐共生”强调中国式现代化在经济建设、政治建设、文化建设、社会建设、生态文明建设 5 个方面的具体要求；“推动构建人类命运共同体”“创造人类文明新形态”阐明了推进和拓展中国式现代化对国际社会的贡献和具有的世界意义。

3. 中国式现代化的重大原则

党的二十大报告指出：“全面建设社会主义现代化国家，是一项伟大而艰巨的事业，前途光明，任重道远。”当前，世界百年未有之大变局加速演进，新一轮科技革命和产业变革深入发展，国际力量对比深刻调整，我国发展面临新的战略机遇。同时，世纪疫情影响深远，逆全球化思潮抬头，单边主义、保护主义明显上升，世界经济复苏乏力，局部冲突和动荡频发，全球性问题加剧，世界进入新的动荡变革期。纷繁复杂、叠加出现的矛盾问题和风险挑战，将人类发展置于文明的十字路口。因此，在前进道路上，我们必须牢牢把握以下重大原则，即坚持和加强党的全面领导、坚持中国特色社会主义道路、坚持以人民为中心的发展思想、坚持深化改革开放、坚持发扬斗争精神。这 5 个重大原则涵盖了全面建设社会主义现代化国家的领导力量、道路选择、价值立场、动力源泉和精神风貌，同时它们之间有着严密的内在逻辑，构成一个有机整体，必须全面坚持和深入贯彻。

（1）坚持和加强党的全面领导。这是推进和拓展中国式现代化的政治保证。我们要坚决维护党中央权威和集中统一领导，把党的领导落实到党和国家事业各领域各方面各环节，使党始终成为风雨来袭时全体人民最可靠的主心骨，确保我国社会主义现代化建设正确方向，确保拥有团结奋斗的强大政治凝聚力、发展自信心，集聚起万众一心、共克时艰的磅礴力量。

（2）坚持中国特色社会主义道路。这是推进和拓展中国式现代化的必由之路。我们要坚持以经济建设为中心，坚持四项基本原则，坚持改革开放，坚持独立自主、自力更生，坚持道不变、志不改，既不走封闭僵化的老路，也不走改旗易帜的邪路，坚持把国家和民族发展放在自己力量的基点上，坚持把中国发展进步的命运牢牢掌握在自己手中。

（3）坚持以人民为中心的发展思想。这是中国式现代化的根本立场。党的根基在人民、血脉在人民、力量在人民，人民是党执政兴国的最大底气。我们要维护人民根本利益，增进民生福祉，不断实现发展为了人民、发展依靠人民、发展成果由人民共享，让现代化建设成果更多更公平惠及全体人民。

（4）坚持深化改革开放。这是中国式现代化的动力和活力之源。改革开放是决定当代中国命运的关键一招，也是决定实现第二个百年奋斗目标、实现中华民族伟大复兴的关键一招。我们要深入推进改革创新，坚定不移扩大开放，着力破解深层次体制机制障碍，不断彰显中国特色社会主义制度优势，不断增强社会主义现代化建设的动力和活力，把我国制度优势更好转化为国家治理效能。

（5）坚持发扬斗争精神。这是我们党和人民不可战胜的强大精神力量。伟大的中国人民在应对各种困难挑战中，锤炼了不畏强敌、不惧风险的伟大斗争精神。我们要增强全党全国各族人民的志气、骨气、底气，不信邪、不怕鬼、不怕压，知难而进、迎难而上，统筹发展和安全，全力战胜前进道路上各种困难和挑战，依靠顽强斗争打开事业发展新天地。

三、全面建成社会主义现代化强国总的战略安排

党的二十大报告指出：“全面建设社会主义现代化国家、全面推进中华民族伟大复兴，关键在党。”这种关键性作用体现在中国共产党的全面领导、思想引领和接续发展等方面。对于如何推进中国的现代化进程，一代又一代中国共产党人不仅擘画蓝图，而且制定出清晰的战略步骤，带领中国人民稳步

前进、扎实推进。党的二十大对全面建成社会主义现代化强国作出分两步走总的战略安排：从 2020 年到 2035 年基本实现社会主义现代化；从 2035 年到本世纪中叶把我国建成富强民主文明和谐美丽的社会主义现代化强国。“两步走”战略安排是为本世纪中叶把我国全面建成社会主义现代化强国作出的总的战略安排，为未来近 30 年的中国式现代化发展规划了时间表和路线图。

1. 到 2035 年我国发展的总体目标

党的二十大具体展望了第一步战略安排完成后，我国发展所要实现的总体目标，即到 2035 年，我国现代化发展希冀达到的发展水平和取得的发展成就，这个目标涵盖国家事业发展的方方面面，涉及经济、政治、文化、社会、生态文明、安全、国防和军队等各个领域，全景描画了未来十几年我国基本实现社会主义现代化、达到中等发达国家水平时的美好图景。

党的二十大报告指出，到 2035 年，我国发展的总体目标是：经济实力、科技实力、综合国力大幅跃升，人均国内生产总值迈上新的大台阶，达到中等发达国家水平；实现高水平科技自立自强，进入创新型国家前列；建成现代化经济体系，形成新发展格局，基本实现新型工业化、信息化、城镇化、农业现代化；基本实现国家治理体系和治理能力现代化，全过程人民民主制度更加健全，基本建成法治国家、法治政府、法治社会；建成教育强国、科技强国、人才强国、文化强国、体育强国、健康中国，国家文化软实力显著增强；人民生活更加幸福美好，居民人均可支配收入再上新台阶，中等收入群体比重明显提高，基本公共服务实现均等化，农村基本具备现代生活条件，社会保持长期稳定，人的全面发展、全体人民共同富裕取得更为明显的实质性进展；广泛形成绿色生产生活方式，碳排放达峰后稳中有降，生态环境根本好转，美丽中国目标基本实现；国家安全体系和能力全面加强，基本实现国防和军队现代化。

2. 到本世纪中叶我国发展的总体目标

2035 年，社会主义现代化的基本实现只是完成了全面建设社会主义现代化强国的第一步战略目标。在这个基础上，我们还要继续奋斗，到本世纪中叶，把我国建设成为综合国力和国际影响力领先的社会主义现代化强国。

3. 未来五年的主要目标任务

未来五年是全面建设社会主义现代化国家开局起步的关键时期，主要目标任务是：经济高质量发展取得新突破，科技自立自强能力显著提升，构建新发展格局和建设现代化经济体系取得重大进展；改革开放迈出新步伐，国家治理体系和治理能力现代化深入推进，社会主义市场经济体制更加完善，更高水平开放型经济新体制基本形成；全过程人民民主制度化、规范化、程序化水平进一步提高，中国特色社会主义法治体系更加完善；人民精神文化生活更加丰富，中华民族凝聚力和中华文化影响力不断增强；居民收入增长和经济增长基本同步，劳动报酬提高与劳动生产率提高基本同步，基本公共服务均等化水平明显提升，多层次社会保障体系更加健全；城乡人居环境明显改善，美丽中国建设成效显著；国家安全更为巩固，建军一百年奋斗目标如期实现，平安中国建设扎实推进；中国国际地位和影响进一步提高，在全球治理中发挥更大作用。

第四节 坚持全面依法治国和推进法治中国建设

党的二十大报告第七章部署了全面依法治国和推进法治中国建设工作，这也是在历次党的代表大会报告中，首次单独把法治建设作为专章论述、专门部署，充分体现了以习近平同志为核心的党中央对全面依法治国的高度重视。法治建设专章提出了“全面依法治国是国家治理的一场深刻革命，关系党执政兴国，关系人民幸福安康，关系党和国家长治久安”的重大判断，明确了“必须更好发挥法治固根本、稳预期、利长远的保障作用，在法治轨道上全面建设社会主义现代化国家”的发展路径，阐述了新时代法治建设的总体要求，即我们要坚持走中国特色社会主义法治道路，建设中国特色社会主义法治体系、建设社会主义法治国家，围绕保障和促进社会公平正义，坚持依法治国、依法执政、依法行政共同推进，坚持法治国家、法治政府、法治社会一体建设，全面推进科学立法、严格执法、公正司法、全民守法，全面推进国家各方面工作法治化。

一、完善以宪法为核心的中国特色社会主义法律体系

法律是治国之重器，法治是国家治理体系和治理能力的重要依托，全面

依法治国有利于解放和增强社会活力、促进社会公平正义、维护社会和谐稳定。坚持依法治国首先要坚持依宪治国，坚持依法执政首先要坚持依宪执政，坚持宪法确定的中国共产党领导地位不动摇，坚持宪法确定的人民民主专政的国体和人民代表大会制度的政体不动摇；加强宪法实施和监督，健全保证宪法全面实施的制度体系，更好发挥宪法在治国理政中的重要作用，维护宪法权威；加强重点领域、新兴领域、涉外领域立法，统筹推进国内法治和涉外法治，以良法促进发展、保障善治；推进科学立法、民主立法、依法立法，统筹立改废释纂，增强立法系统性、整体性、协同性、时效性；完善和加强备案审查制度；坚持科学决策、民主决策、依法决策，全面落实重大决策程序制度。

二、扎实推进依法行政

法治政府建设是全面依法治国的重点任务和主体工程，只有政府带头依法行政、依法办事，国家才能在法治轨道上有序发展。为此，需要转变政府职能，优化政府职责体系和组织结构，推进机构、职能、权限、程序、责任法定化，提高行政效率和公信力；深化事业单位改革；深化行政执法体制改革，全面推进严格规范公正文明执法，加大关系群众切身利益的重点领域执法力度，完善行政执法程序，健全行政裁量基准；强化行政执法监督机制和能力建设，严格落实行政执法责任制和责任追究制度；完善基层综合执法体制机制。

三、严格公正司法

公正司法是维护社会公平正义的最后一道防线。为此，需要深化司法体制综合配套改革，全面准确落实司法责任制，加快建设公正高效权威的社会主义司法制度，努力让人民群众在每一个司法案件中感受到公平正义；规范司法权力运行，健全公安机关、检察机关、审判机关、司法行政机关各司其职、相互配合、相互制约的体制机制；强化对司法活动的制约监督，促进司法公正；加强检察机关法律监督工作；完善公益诉讼制度。

四、加快建设法治社会

法治社会是构筑法治国家的基础，如何做到全体人民信仰法治、厉行法治，是一项长期基础性工程。为此，需要弘扬社会主义法治精神，传承中华优秀传统法律文化，引导全体人民做社会主义法治的忠实崇尚者、自觉遵守者、坚定捍卫者；建设覆盖城乡的现代公共法律服务体系，深入开展法治宣传教育，增强全民法治观念；推进多层次多领域依法治理，提升社会治理法治化水平；发挥领导干部示范带头作用，努力使尊法学法守法用法在全社会蔚然成风。

第五节　习近平法治思想和习近平文化思想

习近平法治思想和习近平文化思想是习近平新时代中国特色社会主义思想的重要组成部分，是其科学理论体系的“法治篇”和“文化篇”，两者紧密关联、相互作用，是新时代全面依法治国和社会主义文化建设的指导思想和根本遵循。

一、习近平法治思想

1. 习近平法治思想的提出

伟大时代孕育伟大理论，伟大理论引领伟大征程。党的十八大以来，习近平总书记在领导全面依法治国的伟大实践中，深刻回答了新时代为什么实行全面依法治国、怎样实行全面依法治国等一系列重大问题，提出了一系列全面依法治国新理念新思想新战略，创新发展了中国特色社会主义法治理论，创立了习近平法治思想。2020 年 11 月召开的中央全面依法治国工作会议正式提出“习近平法治思想”，明确了习近平法治思想在全面依法治国、建设法治中国中的指导地位。这在马克思主义理论发展史和中国特色社会主义法治建设史上具有重要的里程碑意义。习近平法治思想是一个内涵丰富、论述深刻、逻辑严密、系统完备的科学理论体系，是马克思主义法治理论中国化的最新成果，是习近平新时代中国特色社会主义思想的重要组成部分，是全面依法治国的根本遵循和行动指南。

2. 习近平法治思想的主要内容

习近平法治思想内涵丰富、论述深刻、逻辑严密、系统完备，就其主要方面来看，就是习近平总书记在会议上重要讲话中精辟概括的“十一个坚持”，即坚持党对全面依法治国的领导；坚持以人民为中心；坚持中国特色社会主义法治道路；坚持依宪治国、依宪执政；坚持在法治轨道上推进国家治理体系和治理能力现代化；坚持建设中国特色社会主义法治体系；坚持依法治国、依法执政、依法行政共同推进，法治国家、法治政府、法治社会一体建设；坚持全面推进科学立法、严格执法、公正司法、全民守法；坚持统筹推进国内法治和涉外法治；坚持建设德才兼备的高素质法治工作队伍；坚持抓住领导干部这个“关键少数”。

这“十一个坚持”，深刻阐明了全面依法治国的政治方向，习近平总书记围绕全面依法治国向哪里走、走什么路作出深刻阐述，抓住了中国特色社会主义建设的根本，明确了全面依法治国必须遵循的政治准绳；深刻阐明了全面依法治国的重要地位，习近平总书记从坚持和发展中国特色社会主义、建设社会主义现代化国家、实现中华民族伟大复兴、明确党和国家长治久安的长远考虑出发，深入阐述全面依法治国的重要意义、重要地位、重要作用，讲清了全面依法治国在全局工作中的坐标定位，明确了新时代全面依法治国的职责使命；深刻阐明了全面依法治国的工作布局，习近平总书记在深刻总结我国社会主义法治建设、准确把握当今时代和实践发展提出的新要求基础上，对全面依法治国作出战略部署和总体安排，明确了新时代法治中国建设的前进方向；深刻阐明了全面依法治国的重点任务，习近平总书记提出了全面依法治国的战略重点，明确了新时代法治中国建设的重点领域和关键环节，明确了各项工作的着力点和突破点；深刻阐明了全面依法治国的重大关系，习近平总书记深入阐述了政治和法治、改革和法治、依法治国和以德治国、依法治国和依规治党等关系问题，廓清了相关思想困惑，明确了必须正确把握的重大理论问题和科学方法论；深刻阐明了全面依法治国的重要保障，习近平总书记围绕德才兼备的高素质法治工作队伍，抓住领导干部这个“关键少数”等作出重要论述、提出明确要求，牵住了“牛鼻子”，抓到了关键处，明确了领导干部和人才队伍在推进全面依法治国中的重要性。

3. 党的二十大报告是习近平法治思想的丰富和发展

党的二十大报告丰富和发展了习近平法治思想，拓展了全面推进依法治国、加快建设法治中国的广阔空间。在法治建设专章中，习近平总书记第一次提出“在法治轨道上全面建设社会主义现代化国家”的战略命题，要求“全面推进国家各方面工作法治化”，进一步丰富和发展了习近平法治思想，深化了对中国共产党执政规律、社会主义法治建设规律、人类法治文明发展规律的认识，是中国共产党推进法治中国建设的纲领性文献，进一步宣示了中国共产党矢志不渝推进法治建设的坚定决心，坚持全面依法治国，推进法治中国建设在党和国家工作全局中的地位更加突出、作用更加重大。报告还擘画了法治中国建设未来五年的主要目标任务和到2035年的总体目标，即未来五年，中国特色社会主义法治体系更加完善；到2035年，基本建成法治国家、法治政府、法治社会。在新时代新征程上，全面依法治国各项工作都要围绕这个目标任务和整体布局扎实推进。

二、习近平文化思想

1. 习近平文化思想的提出

文化立心铸魂，思想定向领航。进入新时代，文化在振奋民族精神、维系国家认同、促进经济社会发展和人的全面发展等方面作用充分凸显。党的十八大以来，习近平总书记把宣传思想文化工作摆在治国理政的重要位置，出席一系列重要会议、发表一系列重要讲话、作出一系列重要指示批示，对网信、文艺、新闻、哲学社会科学、思政、文化传承发展等各个领域，进行统筹谋划、分类指导、部署推进。2023年10月7日至8日，全国宣传思想文化工作会议在北京召开。与以往相比，这次会议的名称增加了“文化”二字，会议最重要的成果就是首次提出了习近平文化思想。习近平文化思想丰富和发展了马克思主义文化理论，构成了习近平新时代中国特色社会主义思想的文化篇，使习近平新时代中国特色社会主义思想得到进一步完善，标志着我们党对中国特色社会主义文化建设规律的认识达到了新高度，表明我们党的历史自信、文化自信达到了新高度。

2. 习近平文化思想的主要内容

习近平文化思想内涵丰富，思想深邃，博大精深，为我们在新时代新征程继续推动文化繁荣、建设文化强国、建设中华民族现代文明提供了强大思想武器和科学行动指南。习近平文化思想主要集中体现为“七个着力”，即着力加强党对宣传思想文化工作的领导；着力建设具有强大凝聚力和引领力的社会主义意识形态；着力培育和践行社会主义核心价值观；着力提升新闻舆论传播力引导力影响力公信力；着力赓续中华文脉、推动中华优秀传统文化创造性转化和创新性发展；着力推动文化事业和文化产业繁荣发展；着力加强国际传播能力建设、促进文明交流互鉴。

“七个着力”指出了新时代党的宣传思想文化工作蓝图和实践方法，为全面建设社会主义现代化国家、全面推进中华民族伟大复兴提供了坚强思想保证、强大精神力量和有利文化条件，为做好新时代新征程宣传思想文化工作指明了方向。党的领导是做好一切工作的最根本政治保证，更是宣传思想文化工作的生命线，坚持党对宣传思想文化工作的领导，是党的优良传统、成功经验、突出优势。坚持社会主义意识形态，就是坚持马克思主义在意识形态领域的指导地位，坚持以马克思主义中国化时代化最新成果为指导，确保不迷失自我、不迷失方向，把握时代、引领时代。社会主义核心价值观从根本上体现了社会主义本质属性，根植于中华优秀传统文化，吸收借鉴人类优秀文化成果，反映了人类社会发展进步的价值理念，培育和践行社会主义核心价值观是新时代坚持和发展中国特色社会主义的重大任务，也是凝聚社会共识、增强人民精神力量的必然要求。在新媒体格局和舆论生态中提升新闻舆论传播力、引导力、影响力和公信力，就要旗帜鲜明地坚持正确政治方向、舆论导向、价值取向，抓好理念创新、手段创新、方式方法创新。中华优秀传统文化是中华文明的智慧结晶和精华所在，是中华民族的根和魂，着力赓续中华文脉就是提炼展示中华文明的精神标识和文化精髓，坚守中华优秀传统文化、彰显中华文明主体地位。繁荣发展文化事业和文化产业，有助于发展社会主义文化，更好满足人民群众对精神文化的需求，提升国家文化软实力和中华文化影响力。中华文明通过与世界其他文明的交流碰撞和冲突融合，鲜活生命力和不竭创造力充分激发，中华文明的亲和力、感染力、吸引力不断提升，国家文化软实力和中华文化影响力也会不断提升。

3. 习近平文化思想是“两个结合”的重大成果

习近平总书记强调，在五千多年中华文明深厚基础上开辟和发展中国特色社会主义，把马克思主义基本原理同中国具体实际、同中华优秀传统文化相结合是必由之路。“两个结合”这一重大论断，是习近平总书记在庆祝中国共产党成立 100 周年大会上首次提出的，随后，先后写入《中共中央关于党的百年奋斗重大成就和历史经验的决议》和党的二十大报告。习近平文化思想坚守马克思主义这个魂脉和中华优秀传统文化这个根脉，是“两个结合”的重大成果，既有文化理论观点上的创新和突破，又有文化工作布局上的部署要求，明体达用、体用贯通，谱写了马克思主义文化理论发展新篇章。习近平文化思想是一个内涵丰富的思想体系，对马克思主义文化理论作出了原创性贡献，其中关于“第二个结合”的重大创新观点，深刻揭示了中国特色社会主义文化建设规律，让马克思主义成为中国的，让中华优秀传统文化成为现代的，让经由“结合”而形成的新文化成为中国式现代化的文化形态，让我们掌握了思想和文化主动，并有力地作用于道路、理论和制度。

第六节　进一步全面深化改革的系统部署

党的二十届三中全会锚定 2035 年基本实现社会主义现代化目标，重点部署了未来五年的重大改革举措，下面重点介绍系统部署的主要内容。

一、构建高水平社会主义市场经济体制

高水平社会主义市场经济体制是中国式现代化的重要保障。①坚持和落实“两个毫不动摇”。毫不动摇巩固和发展公有制经济，毫不动摇鼓励、支持、引导非公有制经济发展，保证各种所有制经济依法平等使用生产要素、公平参与市场竞争、同等受到法律保护，促进各种所有制经济优势互补、共同发展。②构建全国统一大市场。推动市场基础制度规则统一、市场监管公平统一、市场设施高标准联通；完善要素市场制度和规则，推动生产要素畅通流动、各类资源高效配置、市场潜力充分释放；完善流通体制，加快发展物联网，健全一体衔接的流通规则和标准，降低全社会物流成本；加快培

育完整内需体系，建立政府投资支持基础性、公益性、长远性重大项目建设长效机制，健全政府投资有效带动社会投资体制机制，深化投资审批制度改革，完善激发社会资本投资活力和促进投资落地机制，形成市场主导的有效投资内生增长机制。③完善市场经济基础制度。完善产权制度、市场信息披露制度，构建商业秘密保护制度；对侵犯各种所有制经济产权和合法利益的行为实行同责同罪同罚，完善惩罚性赔偿制度；完善市场准入制度，优化新业态新领域市场准入环境。

二、健全推动经济高质量发展体制机制

高质量发展是全面建设社会主义现代化国家的首要任务。①健全因地制宜发展新质生产力体制机制。推动技术革命性突破、生产要素创新性配置、产业深度转型升级，推动劳动者、劳动资料、劳动对象优化组合和更新跃升，催生新产业、新模式、新动能，发展以高技术、高效能、高质量为特征的生产力。②健全促进实体经济和数字经济深度融合制度。加快推进新型工业化，培育壮大先进制造业集群，推动制造业高端化、智能化、绿色化发展；加快构建促进数字经济发展体制机制，完善促进数字产业化和产业数字化政策体系。③完善发展服务业体制机制。完善支持服务业发展政策体系，优化服务业核算，推进服务业标准化建设。④健全现代化基础设施建设体制机制。构建新型基础设施规划和标准体系，健全新型基础设施融合利用机制，推进传统基础设施数字化改造，拓宽多元化投融资渠道，健全重大基础设施建设协调机制。⑤健全提升产业链供应链韧性和安全水平制度。抓紧打造自主可控的产业链供应链，健全强化集成电路、工业母机、医疗装备、仪器仪表、基础软件、工业软件、先进材料等重点产业链发展体制机制，全链条推进技术攻关、成果应用；建立产业链供应链安全风险评估和应对机制。

三、构建支持全面创新体制机制

教育、科技、人才是中国式现代化的基础性、战略性支撑，必须深入实

施科教兴国战略、人才强国战略、创新驱动发展战略。①深化教育综合改革。加快建设高质量教育体系，统筹推进育人方式、办学模式、管理体制、保障机制改革。②深化科技体制改革。坚持面向世界科技前沿、面向经济主战场、面向国家重大需求、面向人民生命健康，优化重大科技创新组织机制，统筹强化关键核心技术攻关，推动科技创新力量、要素配置、人才队伍体系化、建制化、协同化。③深化人才发展体制机制改革。实施更加积极、更加开放、更加有效的人才政策，完善人才自主培养机制，加快建设国家高水平人才高地和吸引集聚人才平台；强化人才激励机制，坚持向用人主体授权、为人才松绑。建立以创新能力、质量、实效、贡献为导向的人才评价体系。

四、健全宏观经济治理体系

科学的宏观调控、有效的政府治理是发挥社会主义市场经济体制优势的内在要求。①完善国家战略规划体系和政策统筹协调机制。构建国家战略制定和实施机制，加强国家重大战略深度融合，增强国家战略宏观引导、统筹协调功能。②深化财税体制改革。健全预算制度，加强财政资源和预算统筹，把依托行政权力、政府信用、国有资源资产获取的收入全部纳入政府预算管理；健全有利于高质量发展、社会公平、市场统一的税收制度，优化税制结构；建立权责清晰、财力协调、区域均衡的中央和地方财政关系；适当加强中央事权、提高中央财政支出比例。③深化金融体制改革。加快完善中央银行制度，畅通货币政策传导机制；健全投资和融资相协调的资本市场功能，防风险、强监管，促进资本市场健康稳定发展；制定金融法，完善金融监管体系，依法将所有金融活动纳入监管，强化监管责任和问责制度，加强中央和地方监管协同；完善准入前国民待遇加负面清单管理模式，支持符合条件的外资机构参与金融业务试点。④完善实施区域协调发展战略机制。构建优势互补的区域经济布局和国土空间体系。

五、完善城乡融合发展体制机制

城乡融合发展是中国式现代化的必然要求。①健全推进新型城镇化体制机制。构建产业升级、人口集聚、城镇发展良性互动机制；坚持人民城市人民建、人民城市为人民。健全城市规划体系，引导大中小城市和小城镇协调发展、集约紧凑布局。②巩固和完善农村基本经营制度。有序推进第二轮土地承包到期后再延长三十年试点，深化承包地所有权、承包权、经营权分置改革，发展农业适度规模经营。③完善强农惠农富农支持制度。坚持农业农村优先发展，完善乡村振兴投入机制；加快健全种粮农民收益保障机制，推动粮食等重要农产品价格保持在合理水平。④深化土地制度改革。改革完善耕地占补平衡制度，各类耕地占用纳入统一管理，完善补充耕地质量验收机制，确保达到平衡标准；优化土地管理，健全同宏观政策和区域发展高效衔接的土地管理制度，优先保障主导产业、重大项目合理用地，使优势地区有更大发展空间。

六、完善高水平对外开放体制机制

开放是中国式现代化的鲜明标识。①稳步扩大制度型开放。主动对接国际高标准经贸规则，在产权保护、产业补贴、环境标准、劳动保护、政府采购、电子商务、金融领域等实现规则、规制、管理、标准相通相容，打造透明稳定可预期的制度环境；维护以世界贸易组织为核心的多边贸易体制，积极参与全球经济治理体系改革，提供更多全球公共产品。②深化外贸体制改革。强化贸易政策和财税、金融、产业政策协同，打造贸易强国制度支撑和政策支持体系，加快内外贸一体化改革，积极应对贸易数字化、绿色化趋势。③深化外商投资和对外投资管理体制改革。营造市场化、法治化、国际化一流营商环境，依法保护外商投资权益；完善促进和保障对外投资体制机制，健全对外投资管理服务体系，推动产业链供应链国际合作。④优化区域开放布局。巩固东部沿海地区开放先导地位，提高中西部和东北地区开放水平，加快形成陆海内外联动、东西双向互济的全面开放格局；发挥“一国两制”制度优势，巩固提升香港国际金融、航运、贸易中心地位，支持香港、澳门打造国际高端人才集聚高地，健全香港、澳门在国家对外开放中更好发挥作用机制。深化粤港澳大湾区合作，强化规则衔接、机制对接。完善促进两岸经济文化交流合作制度和政策，深化两岸融合发展。⑤完善推进高质量共建“一带一路”机制。继续实施“一带一路”科技创新行动计划，加强绿色发展、数字经济、人工智能、能源、税收、金融、减灾等领域的多边合作平台建设。

七、健全全过程人民民主制度体系

发展全过程人民民主是中国式现代化的本质要求。①加强人民当家作主制度建设。坚持好、完善好、运行好人民代表大会制度。②健全协商民主机制。发挥人民政协作为专门协商机构作用，健全深度协商互动、意见充分表达、广泛凝聚共识的机制，加强人民政协反映社情民意、联系群众、服务人民机制建设。完善人民政协民主监督机制。③健全基层民主制度。健全基层党组织领导的基层群众自治机制，完善基层民主制度体系和工作体系，拓宽基层各类组织和群众有序参与基层治理渠道。④完善大统战工作格局。完善发挥统一战线凝聚人心、汇聚力量政治作用的政策举措。

八、完善中国特色社会主义法治体系

法治是中国式现代化的重要保障。①深化立法领域改革。完善以宪法为核心的中国特色社会主义法律体系，健全保证宪法全面实施制度体系，建立宪法实施情况报告制度。②深入推进依法行政。推进政府机构、职能、权限、程序、责任法定化，促进政务服务标准化、规范化、便利化，完善覆盖全国的一体化在线政务服务平台。③健全公正执法司法体制机制。健全监察机关、公安机关、检察机关、审判机关、司法行政机关各司其职，监察权、侦查权、检察权、审判权、执行权相互配合、相互制约的体制机制，确保执法司法各环节全过程在有效制约监督下运行。④完善推进法治社会建设机制。健全覆盖城乡的公共法律服务体系，深化律师制度、公证体制、仲裁制度、调解制度、司法鉴定管理体制改革。⑤加强涉外法治建设。建立一体推进涉外立法、执法、司法、守法和法律服务、法治人才培养的工作机制。

九、深化文化体制机制改革

中国式现代化是物质文明和精神文明相协调的现代化。①完善意识形态工作责任制。健全用党的创新理论武装全党、教育人民、指导实践工作体系，完善党委（党组）理论学习中心组学习制度，完善思想政治工作体系；推动理想信念教育常态化制度化，完善培育和践行社会主义核心价值观制度机制。②优化文化服务和文化产品供给机制。完善公共文化服务体系，建立优质文化资源直达基层机制，健全社会力量参与公共文化服务机制，推进公共文化设施所有权和使用权分置改革；坚持以人民为中心的创作导向，坚持出成果和出人才相结合、抓作品和抓环境相贯通，改进文艺创作生产服务、引导、组织工作机制。③健全网络综合治理体系。深化网络管理体制改革，整合网络内容建设和管理职能，推进新闻宣传和网络舆论一体化管理。④构建更有效力的国际传播体系。推进国际传播格局重构，深化主流媒体国际传播机制改革创新，加快构建多渠道、立体式对外传播格局。

十、健全保障和改善民生制度体系

在发展中保障和改善民生是中国式现代化的重大任务。①完善收入分配制度。构建初次分配、再分配、第三次分配协调配套的制度体系，提高居民收入在国民收入分配中的比重，提高劳动报酬在初次分配中的比重。②完善就业优先政策。健全高质量充分就业促进机制，完善就业公共服务体系，着力解决结构性就业矛盾。③健全社会保障体系。完善基本养老保险全国统筹制度，健全全国统一的社保公共服务平台；加快建立租购并举的住房制度，加快构建房地产发展新模式。④深化医药卫生体制改革。实施健康优先发展战略，健全公共卫生体系，促进社会共治、医防协同、医防融合，强化监测预警、风险评估、流行病学调查、检验检测、应急处置、医疗救治等能力。⑤健全人口发展支持和服务体系。以应对老龄化、少子化为重点，完善人口发展战略，健全覆盖全人群、全生命周期的人口服务体系，促进人口高质量发展。

十一、深化生态文明体制改革

中国式现代化是人与自然和谐共生的现代化。①完善生态文明基础体制。实施分区域、差异化、精准管控的生态环境管理制度，健全生态环境监测和评价制度；建立健全覆盖全域全类型、统一衔接的国土空间用途管制和规划许可制度。②健全生态环境治理体系。推进生态环境治理责任体系、监管体系、市场体系、法律法规政策体系建设；落实生态保护红线管理制度，健全山水林田湖草沙一体化保护和系统治理机制，建设多元化生态保护修复投入机制。③健全绿色低碳发展机制。实施支持绿色低碳发展的财税、金融、投资、价格政策和标准体系，发展绿色低碳产业，健全绿色消费激励机制，促进绿色低碳循环发展经济体系建设。

十二、推进国家安全体系和能力现代化

国家安全是中国式现代化行稳致远的重要基础。①健全国家安全体系。强化国家安全工作协调机制，完善国家安全法治体系、战略体系、政策体系、风险监测预警体系，完善重点领域安全保障体系和重要专项协调指挥体系。②完善公共安全治理机制。健全重大突发公共事件处置保障体系，完善大安全大应急框架下应急指挥机制，强化基层应急基础和力量，提高防灾减灾救灾能力。③健全社会治理体系。坚持和发展新时代"枫桥经验"，健全党组织领导的自治、法治、德治相结合的城乡基层治理体系，完善共建共治共享的社会治理制度；健全乡镇（街道）职责和权力、资源相匹配制度，加强乡镇（街道）服务管理力量。④完善涉外国家安全机制。建立健全周边安全工作协调机制；强化海外利益和投资风险预警、防控、保护体制机制，深化安全领域国际执法合作，维护我国公民、法人在海外合法权益。

十三、持续深化国防和军队改革

国防和军队现代化是中国式现代化的重要组成部分。①完善人民军队领导管理体制机制。健全贯彻军委主席负责制的制度机制，深入推进政治建

军。②深化联合作战体系改革。完善军委联合作战指挥中心职能，健全重大安全领域指挥功能，建立同中央和国家机关协调运行机制。③深化跨军地改革。健全一体化国家战略体系和能力建设工作机制，完善涉军决策议事协调体制机制。

十四、提高党对进一步全面深化改革、推进中国式现代化的领导水平

党的领导是进一步全面深化改革、推进中国式现代化的根本保证。①坚持党中央对进一步全面深化改革的集中统一领导。党中央领导改革的总体设计、统筹协调、整体推进；完善党中央重大决策部署落实机制，确保党中央令行禁止。②深化党的建设制度改革。以调动全党抓改革、促发展的积极性、主动性、创造性为着力点，完善党的建设制度机制。③深入推进党风廉政建设和反腐败斗争。健全政治监督具体化、精准化、常态化机制，锲而不舍落实中央八项规定精神，健全防治形式主义、官僚主义制度机制；完善一体推进不敢腐、不能腐、不想腐工作机制，着力铲除腐败滋生的土壤和条件；完善党和国家监督体系。强化全面从严治党主体责任和监督责任。④以钉钉子精神抓好改革落实。对党中央进一步全面深化改革的决策部署，全党必须求真务实抓落实、敢作善为抓落实，坚持上下协同、条块结合，科学制定改革任务书、时间表、优先序，明确各项改革实施主体和责任，把重大改革落实情况纳入监督检查和巡视巡察内容，以实绩实效和人民群众满意度检验改革。

第二章 国家“十四五”发展规划及旅游业专项发展规划

章节练习
增值服务

学习目的

了解:《中华人民共和国国民经济和社会发展第十四个五年规划和2035年远景目标纲要》(以下简称《纲要》)关于“十四五”时期经济社会发展的指导思想、必须遵守的原则和战略导向;《“十四五”旅游业发展规划》(以下简称《规划》)关于“十四五”旅游业的指导思想、基本原则与发展目标。**熟悉:**《纲要》关于2035年远景目标和“十四五”时期经济社会发展主要目标，文化建设的三项重要任务，社会主义文化繁荣发展工程;《规划》关于推进智慧旅游发展及专栏1国家智慧旅游建设工程，优化旅游空间布局及专栏3旅游城市布局，构建科学保护利用体系及专栏6国家文化公园建设，完善旅游产品供给体系及专栏7美好生活度假休闲工程等任务措施。

第一节　概　　述

一、“十四五”时期经济社会发展的总体要求

1. 指导思想

高举中国特色社会主义伟大旗帜，深入贯彻党的十九大和十九届二中、三中、四中、五中全会精神，坚持以马克思列宁主义、毛泽东思想、邓小平理论、“三个代表”重要思想、科学发展观、习近平新时代中国特色社会主义思想为指导，全面贯彻党的基本理论、基本路线、基本方略，统筹推进经济建设、政治建设、文化建设、社会建设、生态文明建设的总体布局，协调推进全面建设社会主义现代化国家、全面深化改革、全面依法治国、全面从严治党的战略布局，坚定不移贯彻创新、协调、绿色、开放、共享的新发展理念，坚持稳中求进工作总基调，以推动高质量发展为主题，以深化供给侧结构性改革为主线，以改革创新为根本动力，以满足人民日益增长的美好生活需要为根本目的，统筹发展和安全，加快建设现代化经济体系，加快构建以国内大循环为主体、国内国际双循环相互促进的新发展格局，推进国家治理体系和治理能力现代化，实现经济行稳致远、社会安定和谐，为全面建设社会主义现代化国家开好局、起好步。

2. 必须遵循的原则

（1）坚持党的全面领导。坚持和完善党领导经济社会发展的体制机制，坚持和完善中国特色社会主义制度，不断提高贯彻新发展理念、构建新发展格局能力和水平，为实现高质量发展提供根本保证。

（2）坚持以人民为中心。坚持人民主体地位，坚持共同富裕方向，始终做到发展为了人民、发展依靠人民、发展成果由人民共享，维护人民根本利益，激发全体人民积极性、主动性、创造性，促进社会公平，增进民生福祉，不断实现人民对美好生活的向往。

（3）坚持新发展理念。把新发展理念完整、准确、全面贯穿发展全过程和各领域，构建新发展格局，切实转变发展方式，推动质量变革、效率变革、动力变革，实现更高质量、更有效率、更加公平、更可持续、更为安全

的发展。

（4）坚持深化改革开放。坚定不移推进改革，坚定不移扩大开放，加强国家治理体系和治理能力现代化建设，破除制约高质量发展、高品质生活的体制机制障碍，强化有利于提高资源配置效率、有利于调动全社会积极性的重大改革开放举措，持续增强发展动力和活力。

（5）坚持系统观念。加强前瞻性思考、全局性谋划、战略性布局、整体性推进，统筹国内国际两个大局，办好发展安全两件大事，坚持全国一盘棋，更好发挥中央、地方和各方面积极性，着力固根基、扬优势、补短板、强弱项，注重防范化解重大风险挑战，实现发展质量、结构、规模、速度、效益、安全相统一。

3. 战略导向

“十四五”时期推动高质量发展，必须立足新发展阶段、贯彻新发展理念、构建新发展格局。把握新发展阶段是贯彻新发展理念、构建新发展格局的现实依据，贯彻新发展理念为把握新发展阶段、构建新发展格局提供了行动指南，构建新发展格局则是应对新发展阶段机遇和挑战、贯彻新发展理念的战略选择。必须坚持深化供给侧结构性改革，以创新驱动、高质量供给引领和创造新需求，提升供给体系的韧性和对国内需求的适配性。必须建立扩大内需的有效制度，加快培育完整内需体系，加强需求侧管理，建设强大国内市场。必须坚定不移推进改革，破除制约经济循环的制度障碍，推动生产要素循环流转和生产、分配、流通、消费各环节有机衔接。必须坚定不移扩大开放，持续深化要素流动型开放，稳步拓展制度型开放，依托国内经济循环体系形成对全球要素资源的强大引力场。必须强化国内大循环的主导作用，以国际循环提升国内大循环效率和水平，实现国内国际双循环互促共进。

4. 2035 年远景目标

展望 2035 年，我国将基本实现社会主义现代化。经济实力、科技实力、综合国力将大幅跃升，经济总量和城乡居民人均收入将再迈上新的大台阶，关键核心技术实现重大突破，进入创新型国家前列。基本实现新型工业化、信息化、城镇化、农业现代化，建成现代化经济体系。基本实现国家治理体系和治理能力现代化，人民平等参与、平等发展权利得到充分保障，基本建成法治国家、法治政府、法治社会。建成文化强国、教育强国、人才强国、体育强国、健康中国，国民素质和社会文明程度达到新高度，国家文化软实力显著增强。广泛形成绿色生产生活方式，碳排放达峰后稳中有降，生态环境根本好转，美丽中国建设目标基本实现。形成对外开放新格局，参与国际经济合作和竞争新优势明显增强。人均国内生产总值达到中等发达国家水平，中等收入群体显著扩大，基本公共服务实现均等化，城乡区域发展差距和居民生活水平差距显著缩小。平安中国建设达到更高水平，基本实现国防和军队现代化。人民生活更加美好，人的全面发展、全体人民共同富裕取得更为明显的实质性进展。

5.“十四五”时期经济社会发展主要目标

（1）经济发展取得新成效。发展是解决我国一切问题的基础和关键，发展必须坚持新发展理念，在质量效益明显提升的基础上实现经济持续健康发展，增长潜力充分发挥，国内生产总值年均增长保持在合理区间、各年度视情提出，全员劳动生产率增长高于国内生产总值增长，国内市场更加强大，经济结构更加优化，创新能力显著提升，产业基础高级化、产业链现代化水平明显提高，农业基础更加稳固，城乡区域发展协调性明显增强，现代化经济体系建设取得重大进展。

（2）改革开放迈出新步伐。社会主义市场经济体制更加完善，高标准市场体系基本建成，市场主体更加充满活力，产权制度改革和要素市场化配置改革取得重大进展，公平竞争制度更加健全，更高水平开放型经济新体制基本形成。

（3）社会文明程度得到新提高。社会主义核心价值观深入人心，人民思想道德素质、科学文化素质和身心健康素质明显提高，公共文化服务体系和文化产业体系更加健全，人民精神文化生活日益丰富，中华文化影响力进一步提升，中华民族凝聚力进一步增强。

（4）生态文明建设实现新进步。国土空间开发保护格局得到优化，生产生活方式绿色转型成效显著，能源资源配置更加合理、利用效率大幅提高，生态环境持续改善，生态安全屏障更加牢固，城乡人居环境明显改善。

（5）民生福祉达到新水平。实现更加充分更高质量就业，城镇调查失业率控制在 5.5% 以内，居民人均可支配收入增长与国内生产总值增长基本同步，分配结构明显改善，基本公共服务均等化水平明显提高，全民受教育程度不断提升，多层次社会保障体系更加健全，卫生健康体系更加完善，脱贫攻坚成果巩固拓展，乡村振兴战略全面推进，全体人民共同富裕迈出坚实步伐。

（6）国家治理效能得到新提升。社会主义民主法治更加健全，社会公平正义进一步彰显，国家行政体系更加完善，政府作用更好发挥，行政效率和公信力显著提升，社会治理特别是基层治理水平明显提高，防范化解重大风险体制机制不断健全，突发公共事件应急处置能力显著增强，自然灾害防御水平明显提升，发展安全保障更加有力，国防和军队现代化迈出重大步伐。

二、“十四五”旅游业发展的总体要求

1. 指导思想

高举中国特色社会主义伟大旗帜，全面贯彻党的十九大和十九届历次全会精神，坚持以习近平新时代中国特色社会主义思想为指导，坚持稳中求进工作总基调，以推动旅游业高质量发展为主题，以深化旅游业供给侧结构性改革为主线，注重需求侧管理，以改革创新为根本动力，以满足人民日益增长的美好生活需要为根本目的，坚持系统观念，统筹发展和安全、统筹保护和利用，立足构建新发展格局，在疫情防控常态化条件下创新提升国内旅游，在国际疫情得到有效控制前提下分步有序促进入境旅游、稳步发展出境旅游，着力推动文化和旅游深度融合，着力完善现代旅游业体系，加快旅游强国建设，努力实现旅游业更高质量、更有效率、更加公平、更可持续、更为安全的发展。

2. 基本原则

（1）坚持以文塑旅、以旅彰文。以社会主义核心价值观为引领，让旅游成为人们感悟中华文化、增强文化自信的过程，推动旅游业实现社会效益和经济效益有机统一。

（2）坚持系统观念、筑牢防线。牢固树立安全意识，切实做好防范化解重大风险工作。

（3）坚持旅游为民、旅游带动。以人民为中心，更好满足大众特色化、

多层次旅游需求，发挥旅游业综合带动作用，释放“一业兴、百业旺”的乘数效应，创造更多就业创业机会，更好服务经济社会发展。

（4）坚持创新驱动、优质发展。服务构建新发展格局，创新体制机制，广泛应用先进科技，推动旅游业态、服务方式、消费模式和管理手段创新提升，发展智慧旅游。

（5）坚持生态优先、科学利用。尊重自然、顺应自然、保护自然，牢牢守住生态底线，增强生态文明意识，合理利用自然资源，加快推动绿色低碳发展。

3. 发展目标

到 2025 年，旅游业发展水平不断提升，现代旅游业体系更加健全，旅游有效供给、优质供给、弹性供给更为丰富，大众旅游消费需求得到更好满足。国内旅游蓬勃发展，出入境旅游有序推进，旅游业国际影响力、竞争力明显增强，旅游强国建设取得重大进展。文化和旅游深度融合，建设一批富有文化底蕴的世界级旅游景区和度假区，打造一批文化特色鲜明的国家级旅游休闲城市和街区，红色旅游、乡村旅游等加快发展。旅游创新能力显著提升，旅游无障碍环境建设和服务进一步加强，智慧旅游特征明显，产业链现代化水平明显提高，市场主体活力显著增强，旅游业在服务国家经济社会发展、满足人民文化需求、增强人民精神力量、促进社会文明程度提升等方面作用更加凸显。

展望 2035 年，旅游需求多元化、供给品质化、区域协调化、成果共享化特征更加明显，以国家文化公园、世界级旅游景区和度假区、国家级旅游休闲城市和街区、红色旅游融合发展示范区、乡村旅游重点村镇等为代表的优质旅游供给更加丰富，旅游业综合功能全面发挥，整体实力和竞争力大幅提升，基本建成世界旅游强国，为建成文化强国贡献重要力量，为基本实现社会主义现代化作出积极贡献。

第二节 《纲要》关于“十四五”时期经济社会发展的重点任务

一、“十四五”文化建设的三项重要任务

坚持马克思主义在意识形态领域的指导地位，坚定文化自信，坚持以社会主义核心价值观引领文化建设，围绕举旗帜、聚民心、育新人、兴文化、展形象的使命任务，促进满足人民文化需求和增强人民精神力量相统一，推进社会主义文化强国建设。

1. 提高社会文明程度

加强社会主义精神文明建设，培育和践行社会主义核心价值观，推动形成适应新时代要求的思想观念、精神面貌、文明风尚、行为规范。

（1）推动理想信念教育常态化制度化。深入开展习近平新时代中国特色社会主义思想主题教育，健全用党的创新理论武装全党、教育人民的工作体系。完善弘扬社会主义核心价值观的法律政策体系，把社会主义核心价值观要求融入法治建设和社会治理，体现到国民教育、精神文明创建、文化产品创作生产全过程。完善青少年理想信念教育齐抓共管机制。

（2）发展中国特色哲学社会科学。加强对习近平新时代中国特色社会主义思想的整体性系统性研究、出版传播、宣传阐释，推进马克思主义中国化、时代化、大众化。构建中国特色哲学社会科学学科体系、学术体系和话语体系，深入实施哲学社会科学创新工程，加强中国特色新型智库建设。

（3）传承弘扬中华优秀传统文化。深入实施中华优秀传统文化传承发展工程，强化重要文化和自然遗产、非物质文化遗产系统性保护，推动中华优秀传统文化创造性转化、创新性发展。建设长城、大运河、长征、黄河等国家文化公园，加强世界文化遗产、文物保护单位、考古遗址公园、历史文化名城名镇名村保护。健全非物质文化遗产保护传承体系，加强各民族优秀传统手工艺保护和传承。

（4）持续提升公民文明素养。推进公民道德建设，大力开展社会公德、职业道德、家庭美德、个人品德建设。开展国家勋章、国家荣誉称号获得者

和时代楷模、道德模范、最美人物、身边好人的宣传学习。实施文明创建工程，拓展新时代文明实践中心建设，科学规范做好文明城市、文明村镇、文明单位、文明校园、文明家庭评选表彰，深化未成年人思想道德建设。完善市民公约、乡规民约、学生守则、团体章程等社会规范，建立惩戒失德行为机制。弘扬诚信文化，建设诚信社会。广泛开展志愿服务关爱行动。提倡艰苦奋斗、勤俭节约，开展以劳动创造幸福为主题的宣传教育。加强网络文明建设，发展积极健康的网络文化。

2. 提升公共文化服务水平

坚持为人民服务、为社会主义服务的方向，坚持百花齐放、百家争鸣的方针，加强公共文化服务体系建设和体制机制创新，强化中华文化传播推广和文明交流互鉴，更好保障人民文化权益。

（1）加强优秀文化作品创作生产传播。把提高质量作为文艺作品的生命线，提高文艺原创能力。实施文艺作品质量提升工程，健全重大现实、重大革命、重大历史题材创作规划组织机制。建立健全文化产品创作生产、传播引导、宣传推广的激励机制和评价体系，推动形成健康清朗的文艺生态。加强文化队伍建设，培养造就高水平创作人才和德艺双馨的名家大师。

（2）完善公共文化服务体系。优化城乡文化资源配置，推进城乡公共文化服务体系一体建设。创新实施文化惠民工程，提升基层综合性文化服务中心功能，广泛开展群众性文化活动。推进公共图书馆、文化馆、美术馆、博物馆等公共文化场馆免费开放和数字化发展。推进媒体深度融合，做强新型主流媒体。完善应急广播体系，实施智慧广电固边工程和乡村工程。发展档案事业。深入推进全民阅读，建设“书香中国”，推动农村电影放映优化升级。创新公共文化服务运行机制，鼓励社会力量参与公共文化服务供给和设施建设运营。

（3）提升中华文化影响力。加强对外文化交流和多层次文明对话，创新推进国际传播，利用网上网下，讲好中国故事，传播好中国声音，促进民心相通。开展“感知中国”“走读中国”“视听中国”活动，办好中国文化年（节）、旅游年（节）。建设中文传播平台，构建中国语言文化全球传播体系和国际中文教育标准体系。

3. 健全现代文化产业体系

坚持把社会效益放在首位、社会效益和经济效益相统一，健全现代文化产业体系和市场体系。

（1）扩大优质文化产品供给。实施文化产业数字化战略，加快发展新型文化企业、文化业态、文化消费模式，壮大数字创意、网络视听、数字出版、数字娱乐、线上演播等产业。加快提升超高清电视节目制播能力，推进电视频道高清化改造，推进沉浸式视频、云转播等应用。实施文化品牌战略，打造一批有影响力、代表性的文化品牌。培育骨干文化企业，规范发展文化产业园区，推动区域文化产业带建设。积极发展对外文化贸易，开拓海外文化市场，加强国家文化出口基地建设。

（2）推动文化和旅游融合发展。坚持以文塑旅、以旅彰文，打造独具魅力的中华文化旅游体验。深入发展大众旅游、智慧旅游，创新旅游产品体系，改善旅游消费体验。加强区域旅游品牌和服务整合，建设一批富有文化底蕴的世界级旅游景区和度假区，打造一批文化特色鲜明的国家级旅游休闲城市和街区。推进红色旅游、文化遗产旅游、旅游演艺等创新发展，提升度假休闲、乡村旅游等服务品质，完善邮轮游艇、低空旅游等发展政策。健全旅游基础设施和集散体系，推进“旅游厕所革命”，强化智慧景区建设。建立旅游服务质量评价体系，规范在线旅游经营服务。

（3）深化文化体制改革。完善文化管理体制和生产经营机制，提升文化治理效能。完善国有文化资产管理体制机制，深化公益性文化事业单位改革，推进公共文化机构法人治理结构改革。深化国有文化企业分类改革，推进国有文艺院团改革和院线制改革。完善文化市场综合执法体制，制定未成年人网络保护、信息网络传播视听等领域法律法规。

二、社会主义文化繁荣发展工程

社会主义文化繁荣发展工程详见表 2–1。

表 2-1　社会主义文化繁荣发展工程

类别	工程项目
中国特色社会主义理论出版传播	（1）习近平谈治国理政、习近平新时代中国特色社会主义思想学习问答；分领域学习纲要等 （2）党史、新中国史、改革开放史、社会主义发展史 （3）海外翻译出版和宣介推广
文艺精品创作	（1）精神文明建设“五个一”、舞台艺术、影视精品、优秀剧本、美术创作收藏、重大出版等工程 （2）当代文学艺术创作、中华文化新媒体传播、纪录片创作传播、地方戏曲传承发展、网络文艺创作传播等重大项目
全媒体传播和数字文化	（1）国家、省、市、县四级融媒体中心（平台）建设 （2）国家有线电视网络整合和 5G 一体化发展 （3）分类采集梳理文化遗产数据，建设国家文化大数据体系 （4）实施出版融合发展工程
文化遗产保护传承	（1）安阳殷墟、汉长安城、隋唐洛阳城和重要石窟寺等遗址 （2）江西汉代海昏侯国、河南仰韶村、良渚古城、石峁、陶寺、三星堆、曲阜鲁国故城等国家考古遗址公园建设 （3）20 个国家重点区域考古标本库房、30 个国家级文化生态保护区、20 个国家级非物质文化遗产馆
中华典籍整理出版	（1）300 种中华典籍，《永乐大典》、敦煌文献等重点古籍系统性保护，国家古籍数字化 （2）点校本“二十四史”及清史稿修订，复兴文库建设，新编中国通史纂修、中华民族交往交流交融史
重大文化设施建设	建设中国共产党历史展览馆、中央档案馆新馆、国家版本馆、国家文献储备库、故宫博物院北院区、国家美术馆、国家文化遗产科技创新中心
旅游目的地质量提升	（1）打造海南国际旅游消费中心、粤港澳大湾区世界级旅游目的地、长江国际黄金旅游带、黄河文化旅游带、杭黄自然生态和文化旅游廊道、巴蜀文化旅游走廊、桂林国际旅游胜地 （2）健全游客服务、停车及充电、交通、流量监测管理等设施

第三节　《规划》关于“十四五”旅游业发展的重点任务

一、坚持创新驱动发展

强化自主创新，集合优势资源，结合疫情防控工作需要，加快推进以数字化、网络化、智能化为特征的智慧旅游，深化“互联网 + 旅游”，扩大新技术场景应用。

1. 推进智慧旅游发展

创新智慧旅游公共服务模式，加强旅游预约平台建设，推进分时段预约游览、流量监测监控、科学引导分流等服务。建设旅游监测设施和大数据平台，推进“互联网＋监管”，建立大数据精准监管机制。打造一批智慧旅游城市、旅游景区、度假区、旅游街区，培育一批智慧旅游创新企业和重点项目，开发数字化体验产品，发展沉浸式互动体验、虚拟展示、智慧导览等新型旅游服务，推进以“互联网＋”为代表的旅游场景化建设。其中，国家智慧旅游建设工程的重点任务包括以下内容。

（1）加快智慧旅游景区建设。科学推进预约、限量、错峰旅游，促进旅游景区实现在线、多渠道、分时段预约，提高管理效能。建设旅游景区监测设施和大数据平台，实现精确预警和科学导流。普及旅游景区电子地图、线路推荐、语音导览等智慧化服务，提高游览便捷性。支持各地区因地制宜建设特色化智慧旅游景区。“十四五”期间推动国家4A级以上旅游景区基本实现智慧化转型升级。

（2）完善智慧旅游公共服务。以提升便利度和改善服务体验为导向，引导模式创新，构建开放、共享的智慧旅游公共服务体系。规范智慧旅游公共服务平台建设，支持开发针对老年人等特殊群体的专门应用程序和友好界面。

（3）丰富智慧旅游产品供给。鼓励旅游消费新模式发展，打造沉浸式博物馆、主题公园、旅游演艺等旅游体验新场景。引导开发数字化体验产品，推动文化和旅游资源借助数字技术“活起来”。

（4）拓展智慧旅游场景应用。建立健全智慧旅游标准体系，强化现代信息技术在旅游领域的应用普及，丰富拓展智慧旅游场景应用，推出一批智慧旅游创新案例和项目。

2. 加快新技术应用与技术创新

加快推动新技术在旅游领域的应用普及，以科技创新提升旅游业发展水平。积极发展旅游资源保护与开发技术，促进旅游装备技术提升。

3. 提高创新链综合效能

加强旅游大数据基础理论研究，推动区域性和专题性旅游大数据系统建设，推动建立一批旅游技术重点实验室和技术创新中心，遴选认定一批国家旅游科技示范园区，全面提升旅游科技创新能力，形成上下游共建的创新生态。

二、优化旅游空间布局

依据相关规划，落实区域重大战略、区域协调发展战略“十四五”规划重点任务、主体功能区战略，整合跨区域资源要素，促进城乡、区域协调发展，构建推动高质量发展的旅游空间布局和支撑体系。

1. 构建旅游空间新格局

综合考虑文脉、地脉、水脉、交通干线和国家重大发展战略，统筹生态安全和旅游业发展，以长城、大运河、长征、黄河国家文化公园和丝绸之路旅游带、长江国际黄金旅游带、沿海黄金旅游带、京哈—京港澳高铁沿线、太行山—武陵山、万里茶道等为依托，构建“点状辐射、带状串联、网状协同”的全国旅游空间新格局。

2. 优化旅游城市和旅游目的地布局

建设一批旅游枢纽城市，逐步完善综合交通服务功能，提升对区域旅游的辐射带动作用。支持桂林等地建设世界级旅游城市，打造一批重点旅游城市、特色旅游地。其中，旅游城市布局的重点任务简要介绍如下。

（1）建设旅游枢纽城市。集中打造北京、上海、香港、澳门、广州、成都、杭州、深圳、昆明、南京、重庆、天津、武汉、西安、长沙、郑州、乌鲁木齐、贵阳、海口、哈尔滨、长春、沈阳、济南、福州、南宁、石家庄、合肥、南昌、太原、兰州、西宁、银川、呼和浩特、拉萨等旅游枢纽城市。

（2）建设重点旅游城市。加快推进厦门、青岛、大连、宁波、珠海、苏州、无锡、三亚、桂林、延安、遵义、黄山、张家界、喀什、林芝、洛阳、承德、秦皇岛、伊春、大理、丽江、乐山、赣州、宜昌、大同等重点旅游城市建设。

（3）建设特色旅游地。积极支持韶山、井冈山、敦煌、都江堰、曲阜、平遥、崇礼、漠河、满洲里、石河子、延吉、凯里、安吉、武夷山、常熟、婺源、义乌、香格里拉、稻城等特色旅游地建设。

3. 优化城乡旅游休闲空间

推动更多城市将旅游休闲作为城市基本功能，充分考虑游客和当地居民的旅游休闲需要，科学设计布局旅游休闲街区，合理规划建设环城市休闲度假带，为城乡居民“微度假”“微旅游”创造条件。在城市群规划建设中，立足满足同城化、一体化旅游休闲消费需求，科学布局并配套完善旅游休闲功能区域，优先保障区域旅游休闲重大项目，做好交通衔接和服务配套。在城镇规划布局中，围绕推进以人为核心的新型城镇化和美丽乡村建设，提高空间配置效率，优化旅游休闲功能，合理规划建设特色旅游村镇，因地制宜推动乡村旅游差异化、特色化发展，推进多元功能聚合，营造宜居宜业宜游的休闲新空间。

三、构建科学保护利用体系

坚持文化引领、生态优先，把文化内涵融入旅游业发展全过程。坚持“绿水青山就是金山银山”理念，通过发展旅游业促进人与自然和谐共生，稳步推进国家文化公园、国家公园建设，打造人文资源和自然资源保护利用高地。

1. 保护传承好人文资源

坚持保护优先，在保护中发展、发展中保护，以优秀人文资源为主干，深入挖掘和阐释其中的文化内涵，把历史文化与现代文明融入旅游业发展，提升旅游品位，在依法保护管理、确保文物安全的前提下，推动将更多的文物和文化资源纳入旅游线路、融入旅游景区景点，积极传播中华优秀传统文化、革命文化和社会主义先进文化。

2. 保护利用好自然资源

贯彻落实习近平生态文明思想，坚持生态保护第一，适度发展生态旅游，实现生态保护、绿色发展、民生改善相统一。充分考虑生态承载力、自然修复力，推进生态旅游可持续发展，推出一批生态旅游产品和线路，加强生态保护宣传教育。积极运用技术手段做好预约调控、环境监测、流量疏导，将旅游活动对自然环境的影响降到最低。

3. 创新资源保护利用模式

推进国家文化公园建设，生动呈现中华文化的独特创造、价值理念和鲜明特色，树立和突出各民族共享的中华文化符号和中华民族形象，探索新时代文物和文化资源保护传承利用新路径，把国家文化公园建设成为传承中华文明的历史文化走廊、中华民族共同精神家园、提升人民生活品质的文化和旅游体验空间。推进优质文化旅游资源一体化开发，科学规划、开发文化旅游产品和商品。推出参观游览联程联运经典线路，开展整体品牌塑造和营销推介。“十四五”时期国家文化公园建设规划如下。

（1）明确重点建设区。近期重点建设长城国家文化公园（河北段、青海段）、大运河国家文化公园（江苏段）、长征国家文化公园（贵州段、江西段、福建段、陕西段、甘肃段）、黄河国家文化公园（青海段、甘肃段、内蒙古段、河南段、山东段），总结形成一批可复制推广的成功经验，为全面推进国家文化公园建设创造良好条件。

（2）明确重点支持方向。充分发挥中央投资关键带动作用，通过“十四五”时期文化保护传承利用工程积极支持国家文化公园建设。遴选博物馆、纪念馆、重要遗址遗迹、特色公园、非物质文化遗产、历史文化名城名镇名村和街区，文化旅游复合廊道等方面符合要求的保护利用项目，编制项目储备，分年度安排中央预算内投资。

四、完善旅游产品供给体系

立足健全现代旅游业体系，加快旅游业供给侧结构性改革，加大优质旅游产品供给力度，激发各类旅游市场主体活力，推动“旅游+”和“+旅游”，形成多产业融合发展新局面。

1. 丰富优质产品供给

坚持精益求精，把提供优质产品放在首要位置，提高供给能力水平，着力打造更多体现文化内涵、人文精神的旅游精品，提升中国旅游品牌形象。坚持标准化和个性化相统一，优化旅游产品结构、创新旅游产品体系，针对不同群体需求，推出更多定制化旅游产品、旅游线路，开发体验性、互动性强的旅游项目。其中，打造美好生活度假工程的重点任务如下。

（1）建设世界级旅游度假区。围绕京津冀协同发展、粤港澳大湾区建设、长三角一体化发展、成渝地区双城经济圈建设、海南国际旅游消费中心建设以及其他重要的休闲度假目的地，重点培育世界级旅游度假区。

（2）建设国家级旅游度假区。建设滨海、山林、河湖、温泉、冰雪、沙漠草原、古城古镇、主题文化、城市休闲、乡村田园等多种类型的国家级旅游度假区。支持中部、西部、东北地区因地制宜建设突出本地特色的旅游度假区。鼓励东部地区加大投入力度，提供更高品质的休闲度假产品和服务，实施品牌提升计划。

（3）建设国家级旅游休闲城市和街区。挖掘城市文化特色，营造休闲氛围，培育商业体系，打造一批兼顾旅游者和本地居民需求、文化特色鲜明的国家级旅游休闲城市。依托历史文化街区、步行街、商业街、城市商业综合体、文化园区、城市公园等多种类型的城市区域。扩大休闲空间，增加文化设施，加强主客共享，丰富文化活动，完善旅游业态，打造一批国家级旅游休闲街区。

2. 增强市场主体活力

充分发挥各类市场主体投资旅游和创业创新的积极性，推动市场在旅游资源配置中起决定性作用和更好发挥政府作用。做强做优做大骨干旅游企业，稳步推进战略性并购重组和规模化、品牌化、网络化经营，培育一批大型旅游集团和有国际影响力的旅游企业。大力支持中小微旅游企业特色发展、创新发展和专业发展，营造公平竞争环境。支持旅游行业协会等中介组织积极发挥作用，为企业创业创新、交流合作、人才培养等提供平台服务。支持旅行社向“专业化、特色化、创新型”方向发展。着力扶持一批扎根农村、心系农民的乡村旅游企业。支持旅游规划策划、创意设计、研发孵化、管理咨询、营销推广等专业机构和服务企业发展。加强旅游企业品牌建设。

3. 推进“旅游 +”和“+ 旅游”

加强文化和旅游业态融合、产品融合、市场融合、服务融合，促进优势互补、形成发展合力。推进国家文化产业和旅游产业融合发展示范区建设。促进旅游演艺提质升级，支持各级各类文艺表演团体、演出经纪机构、演出场所经营单位参与旅游演艺发展，创新合作模式，提升创作质量，推广一批具有示范意义和积极社会效应的旅游演艺项目。发挥旅游市场优势，推进旅游与科技、教育、交通、体育、工业、农业、林草、卫生健康、中医药等领域相加相融、协同发展，延伸产业链、创造新价值、催生新业态，形成多产业融合发展新局面。

第三章 旅游方针政策

章节练习
增值服务

学习目的

了解：《商务部、文化和旅游部、国铁集团等 9 单位印发〈关于增开银发旅游列车　促进服务消费发展的行动计划〉的通知》（商服贸函〔2025〕11 号）、《文化和旅游部办公厅　中央网信办秘书局　国家发展改革委办公厅　工业和信息化部办公厅　国家数据局综合司关于印发〈智慧旅游创新发展行动计划〉的通知》（办资源发〔2024〕82 号）、《文化和旅游部　国家发展改革委　财政部　自然资源部　住房城乡建设部　交通运输部　农业农村部　应急管理部　国家消防救援局关于印发〈关于推进旅游公共服务高质量发展的指导意见〉的通知》（文旅公共发〔2024〕41 号）、《国家发展改革委等部门印发〈打造消费新场景培育消费新增长点的措施〉的通知》（发改就业〔2024〕840 号）、《文化和旅游部关于印发〈国内旅游提升计划（2023—2025 年）〉的通知》（文旅市场发〔2023〕118 号）、《交通运输部办公厅　公安部办公厅　商务部办公厅　文化和旅游部办公厅　应急管理部办公厅　市场监管总局办公厅关于进一步加强和改进旅游客运安全管理工作的指导意见》（交办运〔2021〕6 号）、《市场监管总局　商务部　文化和旅游部关于以标准化促进餐饮节约反对餐饮浪费的意见》（国市监标技发〔2021〕7 号）、《国家消防救援局　文化和旅游部关于印发剧本娱乐经营场所消防安全指南（试行）的通知》（消防〔2023〕26 号）、《文化和旅游部　公安部关于加强电竞酒店管理中未成年人保护工作的通知》（文旅市场发〔2023〕82 号）的主要内容。**熟悉：**《中共中

央办公厅　国务院办公厅印发〈提振消费专项行动方案〉》（国务院公报 2025 年第 9 号）、《国务院办公厅印发〈关于进一步培育新增长点繁荣文化和旅游消费的若干措施〉的通知》（国办发〔2025〕2 号）、《国务院办公厅印发〈关于释放旅游消费潜力推动旅游业高质量发展的若干措施〉的通知》（国办发〔2023〕36 号）、《文化和旅游部办公厅　公安部办公厅　交通运输部办公厅关于进一步规范旅游客运安全带使用　保障游客出行安全有关工作的通知》（办市场发〔2023〕20 号）、《文化和旅游部关于推动非物质文化遗产与旅游深度融合发展的通知》（文旅非遗发〔2023〕21 号）、《文化和旅游部关于推动在线旅游市场高质量发展的意见》（文旅市场发〔2023〕41 号）的主要内容。**掌握：**2024 年以来习近平总书记关于文化和旅游工作的重要论述。

第一节　习近平总书记关于文化和旅游工作的重要论述

一、文化强国建设

2024 年 10 月 28 日，习近平总书记在中共中央政治局第十七次集体学习时强调，要锚定 2035 年建成文化强国的战略目标，坚持马克思主义这一根本指导思想，植根博大精深的中华文明，顺应信息技术发展潮流，不断发展具有强大思想引领力、精神凝聚力、价值感召力、国际影响力的新时代中国特色社会主义文化，不断增强人民精神力量，筑牢强国建设、民族复兴的文化根基。

党的十八大以来，我们坚持把文化建设摆在治国理政突出位置，作出一系列重大部署，形成新时代中国特色社会主义文化思想，推动文化建设在正本清源、守正创新中取得历史性成就，社会主义文化强国建设迈出坚实步伐。

要坚定不移走中国特色社会主义文化发展道路。坚持党的领导，提升信息化条件下文化领域治理能力，在思想上、精神上、文化上筑牢党的执政基础和群众基础。坚持马克思主义在意识形态领域指导地位的根本制度，全面贯彻新时代中国特色社会主义文化思想，发展面向现代化、面向世界、面向未来的，民族的科学的大众的社会主义文化。坚持以社会主义核心价值观为引领，不断构筑中国精神、中国价值、中国力量，发展壮大主流价值、主流舆论、主流文化。

要着力激发全民族文化创新创造活力。坚持以人民为中心的创作导向，坚持把社会效益放在首位、社会效益与经济效益相统一，把激发创新创造活力作为深化文化体制机制改革的中心环节，加快完善文化管理体制和生产经营机制。围绕提高文化原创能力，改进文艺创作生产服务、引导、组织工作机制，孕育催生一批深入人心的时代经典，构筑中华文化的新高峰。积极营造良好文化生态，充分发扬学术民主、文艺民主，支持作家、艺术家和专家学者扎根生活、潜心创作，推动文化创新创造活力持续迸发。探索文化和科技融合的有效机制，实现文化建设数字化赋能、信息化转型，把文化资源优势转化为文化发展优势。

要始终坚持文化建设着眼于人、落脚于人。着眼满足人民群众多样化、多层次、多方面的精神文化需求，提升文化服务和文化产品供给能力，增强人民群众文化获得感、幸福感。重视发挥文化养心志、育情操的作用，涵养全民族昂扬奋发的精神气质。尊重人才成长规律，完善符合文化领域特点的人才选拔、培养、使用、激励机制，营造识才、重才、爱才的良好政策环境，建设一支规模宏大、结构合理、锐意创新的高水平文化人才队伍。

要在创造性转化和创新性发展中赓续中华文脉。高扬中华民族的文化主体性，把历经沧桑留下的中华文明瑰宝呵护好、弘扬好、发展好。深入挖掘和阐发中华优秀传统文化的精神内涵，用马克思主义激活中华传统文化中的优秀因子并赋予其新的时代内涵，发展新时代中国特色社会主义文化。秉持敬畏历史、热爱文化之心，坚持保护第一、合理利用和最小干预原则，推动文化遗产系统性保护和统一监管。健全文化遗产保护传承体制机制，加快完善法规制度体系。

要不断提升国家文化软实力和中华文化影响力。推进国际传播格局重构，创新开展网络外宣，构建多渠道、立体式对外传播格局。更加主动地宣介中国主张、传播中华文化、展示中国形象。广泛开展形式多样的国际人文交流合作。更加积极主动地学习借鉴人类一切优秀文明成果，创造一批熔铸古今、汇通中外的文化成果。

建设文化强国是全党全社会的共同任务。要加强党中央对宣传思想文化工作的集中统一领导，完善文化建设领导管理体制机制。各级党委和政府要切实加强组织领导，做好干部配备、人才培养、资源投入等工作，调动各方面积极性主动性创造性，汇聚起文化强国建设的强大合力。

二、文化传承发展

2024年2月1日至2日，习近平总书记在天津考察时指出，中国式现代化离不开优秀传统文化的继承和弘扬，天津是一座很有特色和韵味的城市，要保护和利用好历史文化街区，使其在现代化大都市建设中绽放异彩。以文化人、以文惠民、以文润城、以文兴业，展现城市文化特色和精神气质，是传承发展城市文化、培育滋养城市文明的目的所在。天津要深入发掘历史文化资源，加强历史文化遗产和红色文化资源保护，健全现代文化产业体系、市场体系和公共文化服务体系，打造具有鲜明特色和深刻内涵的文化品牌，进一步彰显天津的现代化新风貌。

2024年4月16日，习近平总书记在《求是》杂志发表题为《加强文化遗产保护传承　弘扬中华优秀传统文化》的文章中指出，中华文明源远流长，从未中断，塑造了我们伟大的民族。文物和文化遗产承载着中华民族的基因和血脉，是不可再生、不可替代的中华优秀文明资源。不仅属于我们这一代人，也属于子孙万代。要认真贯彻落实党中央关于坚持保护第一、加强管理、挖掘价值、有效利用、让文物活起来的工作要求，全面提升文物保护利用和文化遗产保护传承水平。

要让文物说话，让历史说话，让文化说话。系统梳理传统文化资源，让收藏在禁宫里的文物、陈列在广阔大地上的遗产、书写在古籍里的文字都活起来。加强文物保护利用和文化遗产保护传承，提高文物研究阐释和展示传播水平。深入挖掘、继承、创新优秀传统乡土文化，让我国历史悠久的农耕文明在新时代展现其魅力和风采。加强对国粹传承和非物质文化遗产保护的支持和扶持，加强对少数民族历史文化的研究，铸牢中华民族共同体意识。弘扬革命文化，传承红色基因，切实把革命文物保护好、管理好、运用好。营造传承中华文明的浓厚社会氛围，教育引导群众特别是青少年更好认识和认同中华文明，增强做中国人的志气、骨气、底气。

世界由丰富多彩的文明构成，中国是有着世界上最古老历史和文化的国家之一。中华文明历来赞赏不同文明间的相互理解和尊重。要加强同全球各地的文化交流，共同推动文化繁荣发展、文化遗产保护、文明交流互鉴，践行全球文明倡议，为推动构建人类命运共同体注入深厚持久的文化力量。

2024年5月14日，习近平总书记在给北京市八达岭长城脚下的乡亲们回信中指出，长城是中华民族的代表性符号和中华文明的重要象征，凝聚着中华民族自强不息的奋斗精神和众志成城、坚韧不屈的爱国情怀。保护好、传承好这一历史文化遗产，是我们共同的责任。希望大家接续努力、久久为功，像守护家园一样守护好长城，弘扬长城文化，讲好长城故事，带动更多人了解长城、保护长城，把祖先留下的这份珍贵财富世世代代传下去，为建设社会主义文化强国、推进中国式现代化贡献力量。

2024年5月22日至24日，习近平总书记在山东考察时指出，山东要担负起新时代的文化使命，在推动文化繁荣、建设文化强国、建设中华民族现代文明上积极作为。要坚定文化自信，深入挖掘中华优秀传统文化精华，坚持创造性转化、创新性发展，以国际孔子文化节等为载体深化文明交流互鉴，提升中华文化影响力。要保护和运用好红色资源，大力弘扬沂蒙精神，推动红色基因代代相传。要广泛践行社会主义核心价值观，持续深化城乡精神文明建设，抓好农村移风易俗，让现代文明理念在乡村深深扎根。要繁荣发展文化事业和文化产业，创新实施文化惠民工程，大力推进文化数字化，让社会主义先进文化为经济发展增动能增效益、为旅游休闲增内涵增魅力、为城乡社会增正气增活力。

2024年6月18日至19日，习近平总书记在青海考察时指出，宏觉寺这座千年古刹，在增进历代中央政府与藏传佛教联系方面发挥了重要的桥梁纽带作用。要保护好这份珍贵的历史文化遗产，为铸牢中华民族共同体意识、促进民族团结进步作出新贡献。

2024年8月6日，习近平总书记对加强文化和自然遗产保护传承利用工作作出重要指示指出，“北京中轴线——中国理想都城秩序的杰作”和“巴丹吉林沙漠—沙山湖泊群”、“中国黄（渤）海候鸟栖息地（第二期）”成功列入《世界遗产名录》，对于建设物质文明和精神文明相协调、人与自然和谐共生的中国式现代化具有积极意义，为世界文明百花园增添了绚丽的色彩。

要以此次申遗成功为契机，进一步加强文化和自然遗产的整体性、系统性保护，切实提高遗产保护能力和水平，守护好中华民族的文化瑰宝和自然珍宝。要持续加强文化和自然遗产传承、利用工作，使其在新时代焕发新活力、绽放新光彩，更好满足人民群众的美好生活需求。要加强文化和自然遗产领域国际交流合作，用实际行动为践行全球文明倡议、推动构建人类命运共同体作出新的更大贡献。

2024 年 11 月 4 日至 6 日，习近平总书记在湖北考察时指出，要继续加强考古研究，提高文物保护水平，为弘扬中华优秀传统文化、增强文化自信提供坚实支撑，让中华文明瑰宝永续留存、泽惠后人，激励人们不断增强民族自豪感和自信心。湖北历史文化底蕴深厚、红色资源丰富，要在加强文化资源保护和推动文化创新发展上担当使命。系统推进历史文化遗产保护传承和活化利用，加强长江文明溯源研究和传播展示。大力弘扬大别山精神、抗洪精神、抗疫精神，广泛践行社会主义核心价值观。实施文化惠民工程，积极发展新型文化业态，把更多优质文化产品和服务送到群众身边。打造精品文旅品牌和线路，把文化旅游业培育成为支柱产业。

2024 年 12 月 1 日，习近平总书记在《求是》杂志发表题为《必须坚持守正创新》的文章中指出，要坚持守正创新，推动中华优秀传统文化同社会主义社会相适应，展示中华民族的独特精神标识，更好构筑中国精神、中国价值、中国力量。在推动中华优秀传统文化创造性转化、创新性发展的过程中，要坚持马克思主义的根本指导思想，传承弘扬革命文化，发展社会主义先进文化，从中华优秀传统文化中寻找源头活水。新时代的文化工作者必须以守正创新的正气和锐气，赓续历史文脉、谱写当代华章。

2024 年 12 月 17 日，习近平总书记在听取海南省委和省政府工作汇报时指出，保护好运用好传承好历史文化、革命文化、海洋文化、民俗文化资源，增强文化创新创造活力，发展壮大文化产业。健全城乡公共文化服务体系，丰富城乡群众精神文化生活，持续推进移风易俗。

三、文艺事业繁荣发展

2024 年 10 月 16 日，习近平总书记在《求是》杂志发表题为《在文艺工作座谈会上的讲话》的文章中指出，文艺事业是党和人民的重要事业，文艺战线是党和人民的重要战线。文艺是时代前进的号角，最能代表一个时代的风貌，最能引领一个时代的风气。实现“两个一百年”奋斗目标、实现中华民族伟大复兴的中国梦，文艺的作用不可替代，文艺工作者大有可为。广大文艺工作者要从这样的高度认识文艺的地位和作用，认识自己所担负的历史使命和责任，坚持以人民为中心的创作导向，努力创作更多无愧于时代的优秀作品，弘扬中国精神、凝聚中国力量，鼓舞全国各族人民朝气蓬勃迈向未来。

实现中华民族伟大复兴需要中华文化繁荣兴盛。必须高度重视和充分发挥文艺和文艺工作者的重要作用。历史和现实都证明，中华民族有着强大的文化创造力。每到重大历史关头，文化都能感国运之变化、立时代之潮头、发时代之先声，为亿万人民、为伟大祖国鼓与呼。举精神之旗、立精神支柱、建精神家园，都离不开文艺。我国作家艺术家应该成为时代风气的先觉者、先行者、先倡者，通过更多有筋骨、有道德、有温度的文艺作品，书写和记录人民的伟大实践、时代的进步要求。

衡量一个时代的文艺成就最终要看作品。推动文艺繁荣发展，最根本的是要创作生产出无愧于我们这个伟大民族、伟大时代的优秀作品。必须把创作生产优秀作品作为文艺工作的中心环节，努力创作生产更多传播当代中国价值观念、体现中华文化精神、反映中国人审美追求，思想性、艺术性、观赏性有机统一的优秀作品。创新是文艺的生命。要把创新精神贯穿文艺创作生产全过程，增强文艺原创能力。繁荣文艺创作、推动文艺创新，必须有大批德艺双馨的文艺名家。要把文艺队伍建设摆在更加突出的重要位置，努力造就一批有影响的各领域文艺领军人物，建设一支宏大的文艺人才队伍。

社会主义文艺，从本质上讲，就是人民的文艺。文艺要反映好人民心声，就要坚持为人民服务、为社会主义服务这个根本方向。这是党对文艺战线提出的一项基本要求，也是决定我国文艺事业前途命运的关键。第一，人民需要文艺。满足人民日益增长的精神文化需求，必须抓好文化建设，增加社会的精神文化财富。第二，文艺需要人民。能不能搞出优秀作品，最根本的决定于是否能为人民抒写、为人民抒情、为人民抒怀。第三，文艺要热爱人民。文艺创作方法有一百条、一千条，但最根本、最关键、最牢靠的办法是扎根人民、扎根生活。一部好的作品，应该是经得起人民评价、专家评价、市场检验的作品，应该是把社会效益放在首位，同时也应该是社会效益和经济效益相统一的作品。文艺不能当市场的奴隶，不要沾满了铜臭气。

中国精神是社会主义文艺的灵魂。每个时代都有每个时代的精神。文艺是铸造灵魂的工程，文艺工作者是灵魂的工程师。广大文艺工作者要高扬社会主义核心价值观的旗帜，充分认识肩上的责任，把社会主义核心价值观生动活泼、活灵活现地体现在文艺创作之中。要把爱国主义作为文艺创作的主旋律，引导人民树立和坚持正确的历史观、民族观、国家观、文化观，增强做中国人的骨气和底气。要通过文艺作品传递真善美，传递向上向善的价值观，引导人们向往和追求讲道德、尊道德、守道德的生活。要结合新的时代条件传承和弘扬中华优秀传统文化，传承和弘扬中华美学精神。

要加强和改进党对文艺工作的领导。党的领导是社会主义文艺发展的根本保证。要把握住两条：一是要紧紧依靠广大文艺工作者，二是要尊重和遵循文艺规律。要高度重视和切实加强文艺评论工作，运用历史的、人民的、艺术的、美学的观点评判和鉴赏作品，倡导说真话、讲道理，营造开展文艺批评的良好氛围。

四、文化和旅游融合发展

2024 年 3 月 18 日至 21 日，习近平总书记在湖南考察时指出，湖南要更好担负起新的文化使命，在建设中华民族现代文明中展现新作为。保护好、运用好红色资源，加强革命传统和爱国主义教育，引导广大干部群众发扬优良传统、赓续红色血脉，践行社会主义核心价值观，培育时代新风新貌。探索文化和科技融合的有效机制，加快发展新型文化业态，形成更多新的文化产业增长点。推进文化和旅游深度融合，守护好三湘大地的青山绿水、蓝天净土，把自然风光和人文风情转化为旅游业的持久魅力。

2024 年 4 月 23 日，习近平总书记在新时代推动西部大开发座谈会上指出，把旅游等服务业打造成区域支柱产业。发展各具特色的县域经济，培育一批农业强县、工业大县、旅游名县，促进农民群众就近就业增收，因地制宜推进城镇化进程。深入推进新时代兴边富民行动，加强边境地区基础设施和公共服务设施建设，发展边境旅游等产业，努力实现边民富、边关美、边境稳、边防固。

2024 年 5 月，习近平总书记对旅游工作作出重要指示，改革开放特别是党的十八大以来，我国旅游发展步入快车道，形成全球最大国内旅游市场，成为国际旅游最大客源国和主要目的地，旅游业从小到大、由弱渐强，日益成为新兴的战略性支柱产业和具有显著时代特征的民生产业、幸福产业，成功走出了一条独具特色的中国旅游发展之路。

新时代新征程，旅游发展面临新机遇新挑战。要以新时代中国特色社会主义思想为指导，完整准确全面贯彻新发展理念，坚持守正创新、提质增效、融合发展，统筹政府与市场、供给与需求、保护与开发、国内与国际、发展与安全，着力完善现代旅游业体系，加快建设旅游强国，让旅游业更好服务美好生活、促进经济发展、构筑精神家园、展示中国形象、增进文明互鉴。各地区各部门要切实增强工作责任感使命感，分工协作、狠抓落实，推动旅游业高质量发展行稳致远。

2024 年 6 月 19 日至 20 日，习近平总书记在宁夏考察时指出，加强文化与旅游深度融合，积极发展特色旅游、全域旅游。

2024 年 9 月 10 日至 13 日，习近平总书记在甘肃考察时强调，甘肃历史文化积淀深厚，红色文化资源丰富。要传承好红色基因，加强文化遗产保护，支持敦煌研究院建设世界文化遗产保护的典范和敦煌学研究高地，建设好长城、长征、黄河国家文化公园，为现代化建设注入强大精神力量。促进文化和旅游深度融合，把文化旅游业打造成支柱产业。

2024 年 9 月 12 日，习近平主席在全面推动黄河流域生态保护和高质量发展座谈会上指出，黄河流域是中华民族和中华文明的重要发祥地，要保护弘扬黄河文化，传承好历史文脉和民族根脉。加强对文化遗产和自然遗产的整体性、系统性保护，深入推进考古等工作。保护好红色文化资源，弘扬革命文化，发展社会主义先进文化。深入挖掘黄河文化的时代价值，充分展示中华民族自强不息、坚忍不拔的民族品格和奋斗精神。推动文化和旅游融合发展，建设具有国际影响力的黄河文化旅游带。

2024 年 10 月 14 日至 15 日，习近平总书记在福建考察时指出，要在提升文化影响力、展示福建新形象上久久为功。传承弘扬红色文化，建好长汀、宁化长征国家文化公园，深化革命史料和革命文物研究阐释。加强文化遗产保护传承，坚持不懈做好以文化人工作，积极推进移风易俗。推进文化和旅游深度融合发展，把文化旅游业培育成为支柱产业。促进两岸文化交流，共同弘扬中华文化，增进台湾同胞的民族认同、文化认同、国家认同。依托宗亲乡亲、祖地文化等纽带广泛凝聚侨心。

2024 年 10 月 17 日至 18 日，习近平总书记在安徽考察时指出，要进一步推动文化和旅游融合发展，发展全域旅游，把文化旅游业打造成为支柱产业。深入挖掘和运用好红色文化资源育人功能及旅游价值。加强传统村落、传统建筑保护传承利用，推动优秀传统文化创造性转化、创新性发展。以社会主义核心价值观为引领，广泛开展群众性精神文明创建，推动移风易俗。深化文化体制改革，健全文化产业体系和市场体系，打造更多文化精品。

2024 年 12 月 11 日至 12 日，习近平总书记在中央经济工作会议上指出，加力扩围实施“两新”政策，创新多元化消费场景，扩大服务消费，促进文化旅游业发展。

2024 年 12 月 17 日，习近平总书记在听取海南省委和省政府工作汇报时指出，推动文化、体育、旅游、康养等产业融合发展，促进旅游业开放合作。

五、文化和旅游交流互鉴

2024 年 1 月 12 日，习近平主席在会见比利时首相德克罗时指出，双方要鼓励两国政府部门、立法机构、地方省市加强交往对话，扩大双向旅游和留学生交流，互办大型文化活动，开展大熊猫保护研究，不断增进相互了解和民间友好，为中比关系注入新动力、拓展新前景。

2024 年 1 月 24 日，习近平主席在会见乌兹别克斯坦总统米尔济约耶夫时指出，深化人文交流，继续互办文化日、艺术节，加快互设文化中心，扩大汉语教学合作，支持加强青年交流，中方愿为乌青年来华学习提供更多政府奖学金名额。

2024 年 3 月 29 日，习近平主席在向 2024 中国“哈萨克斯坦旅游年”开幕式致贺信中指出，文化交流与旅游合作是中哈民心相通的重要桥梁和纽带。近年来，两国人文合作方兴未艾，互免签证协定生效，互设文化中心协定签署，鲁班工坊落地，青年交流佳话频传，人员往来日益密切，人民友好基础越来越牢。

2024 年 5 月 6 日，习近平主席在会见法国总统马克龙时指出，中法都是文化大国，双方要加快人文交往“双向奔赴”，继续办好中法文化旅游年各项活动，积极推进文物联合保护修复工作和世界遗产地结好等合作。

2024 年 5 月 7 日，习近平主席在塞尔维亚《政治报》发表题为《让铁杆友谊之光照亮中塞合作之路》的文章中指出，我们要打造立体多元的人文交流和地方合作格局，用好“免签 + 直航”效应，发挥好互设文化中心的作用，加大教育、体育、文化、旅游等合作，为青年创造更多机遇，让中塞友好薪火相传。

2024 年 5 月 8 日，习近平主席在匈牙利《匈牙利民族报》发表题为《携手引领中匈关系驶入“黄金航道”》的文章中指出，中方愿同匈方在教育、文化、旅游、体育、青年、媒体、地方等各领域不断拓展交流合作，支持两国语言教学，用足用好互设的文化中心平台，鼓励各类人员、机构加强交往互动。

2024 年 5 月 22 日，习近平主席在向第 14 届中美旅游高层对话开幕致信中指出，旅游是中美两国人民交往交流、相知相近的重要桥梁。我们热情欢迎美国游客来华旅行，结识中国朋友、体验中华文化、游览美丽山水，亲身感受真实的中国。希望两国各界以本次高层对话为契机，深入交流，凝聚共识，积极行动，以旅游合作促进人员往来，以人文交流赓续中美友谊，助力“旧金山愿景”转为实景。

2024 年 5 月 30 日，习近平主席在中阿合作论坛第十届部长级会议开幕式上的主旨讲话中指出，中方愿同阿方设立“全球文明倡议中国—阿拉伯中心”，扩大中阿改革发展研究中心规模影响，加快智库联盟、青年发展论坛、大学联盟、文化和旅游合作研究中心等平台建设。中方将每年邀请阿方 200 名政党领导人访华，未来 5 年将同阿方力争实现 1000 万游客互访。

2024 年 5 月 31 日，习近平主席在会见突尼斯总统赛义德时指出，中方愿继续向突尼斯派遣高水平医疗队，同突方深化教育、旅游等领域合作，密切人文交流。

2024 年 6 月 7 日，习近平主席在会见巴西副总统阿尔克明时指出，以庆祝建交 50 周年为契机，全面加强立法机构、政党、地方、文化、教育、旅游、青年等各领域交流合作，为中巴合作汇聚更多友好力量，提供更多有力支撑。

2024 年 6 月 28 日，习近平主席在会见秘鲁总统博鲁阿尔特时指出，中方愿为秘鲁青年学生提供更多来华奖学金名额，加强教育、文化、旅游、青年、媒体等领域合作，为两国关系发展奠定更加坚实的民意基础。

2024 年 7 月 2 日，习近平主席在《哈萨克斯坦真理报》、哈萨克国际通讯社发表题为《同心笃行　续写中哈关系新篇章》的文章中指出，共同办好鲁班工坊、孔子学院、西北工业大学哈萨克斯坦分校，培养更多中哈友好事业接班人。欢迎两国高校、智库、科研机构开展联合办学、合作科研，支持两国社会各界增进交流，鼓励两国更多地方省州市结好，不断深化教育、旅游、考古、艺术、媒体等领域合作，拓展人文交流的深度和广度。

2024 年 7 月 3 日，习近平主席在会见哈萨克斯坦总统托卡耶夫时指出，中方支持明年在哈萨克斯坦举办“中国旅游年”，决定在哈萨克斯坦开设第二家鲁班工坊。

2024 年 7 月 3 日，习近平主席在会见阿塞拜疆总统阿利耶夫时指出，双方要在教育、文化、旅游、青年、地方等领域开展更多交流，巩固中阿友好的民意基础。

2024 年 7 月 3 日，习近平主席在会见乌兹别克斯坦总统米尔济约耶夫时指出，中方支持扩大两国地方、旅游、教育等领域交流，欢迎乌兹别克斯坦作为主宾国参加第七届中国国际进口博览会。

2024 年 7 月 4 日，习近平主席在会见土耳其总统埃尔多安时指出，中方支持土耳其走符合自身国情的发展道路，鼓励双方拓展贸易，支持中国企业加大对土耳其投资，有序推进基础设施项目合作，鼓励更多中国公民赴土耳其旅游。

2024 年 7 月 5 日，习近平主席在会见塔吉克斯坦总统拉赫蒙时指出，双方还要扩大青年、媒体、智库、妇女、旅游等人文合作。

2024 年 7 月 5 日，习近平主席在塔吉克斯坦《人民报》和“霍瓦尔”国家通讯社发表题为《共创中塔关系美好明天》的文章中指出，推进人文交流，夯实两国世代友好民意根基。我们欢迎更多塔吉克斯坦朋友到中国旅游观光、留学深造、投资经商、访问交流，愿同塔方不断扩大文化、教育、卫生、体育、青年、地方等领域合作，让两国人民像走亲戚一样常来常往。我们要充分发挥在塔鲁班工坊、孔子学院、中塔中医药中心作用，加快推进互设文化中心，扩大两国地方合作，让中塔世代友好薪火相传、发扬光大。

2024 年 7 月 10 日，习近平主席在会见孟加拉国总理哈西娜时指出，双方要办好明年“中孟人文交流年”，促进两国文化、旅游、媒体、体育等领域交流合作。

2024 年 9 月 5 日，习近平主席在会见圣多美和普林西比总理特罗瓦达时指出，探讨开展旅游业、农业、渔业、基础设施等领域合作，让圣普方从此次峰会成果中更多获益。

2024 年 9 月 9 日，习近平主席在会见西班牙首相桑切斯时指出，双方要坚持包容互鉴，加强语言教学、青年、文化、旅游等人文交流，促进人民友谊。

2024 年 9 月 9 日，习近平主席在会见挪威首相斯特勒时指出，双方可以结合各自优势，不断扩大绿色环保、能源转型、海事航运、农渔产品、电动汽车等领域务实合作，加强教育、科技、文化、旅游、冬季运动等领域合作，密切人员往来特别是青年交流。

2024 年 10 月 23 日，习近平主席在金砖国家领导人第十六次会晤上的讲话中指出，金砖国家汇聚了深厚的历史和璀璨的文化。我们要积极倡导不同文明包容共存，加强治国理政经验交流，挖掘教育、体育、艺术等领域合作潜力，让不同文明交相辉映，照亮金砖前行之路。

2024 年 10 月 29 日，习近平主席在会见芬兰总统斯图布时指出，中方愿同芬方进一步扩大人文交流，决定将芬兰列入单方面免签政策范围，欢迎更多芬兰朋友来华经商、旅游、留学。

2024 年 11 月 7 日，习近平主席在会见马来西亚总理安瓦尔时指出，中方愿同马方深化高等教育、文化、旅游、青年、地方等交流合作，拉紧中马友好民心纽带。

2024 年 11 月 7 日，习近平主席在向首届世界古典学大会致贺信中指出，古典文明群星璀璨，不断滋养和启迪后世。两千多年前，中国和希腊两大文明在亚欧大陆两端交相辉映，为人类文明演进作出了奠基性贡献。中希共同举办首届世界古典学大会，在雅典设立中国古典文明研究院，为中希两国和世界各国搭建了文明交流互鉴的新平台。中国积极致力于推动文明传承发展，加强国际人文交流，促进全球文明对话，注重从不同文明中寻求智慧、汲取营养，愿同各方一道，践行全球文明倡议，携手解决人类共同面临的各种挑战，共同推动人类文明发展进步。希望各位专家学者担负起古典学研究的使命，为促进文明传承发展、推动文明交流互鉴作出更大贡献。

2024 年 11 月 8 日，习近平主席在会见意大利总统马塔雷拉时指出，中意文化合作富有成果和活力，双方要继续密切人文交流，落实好新一轮文化合作执行计划，深化文化艺术、文物保护、经典著作互译、旅游、教育等领域合作，将文化遗产地合作打造为中意人文交流新亮点。

2024 年 11 月 14 日，习近平主席会见秘鲁总统博鲁阿尔特时指出，要担起文明互鉴时代责任，倡导加强国际文明对话，探讨构建全球文明对话合作网络。加强文化政策对接，深化文化艺术、教育、文化遗产保护等领域交流合作。

2024 年 11 月 15 日，习近平主席在向 2024 世界中文大会致贺信中指出，语言是人类交流思想的工具、传承文明的载体、增进理解的桥梁。中文承载着中华民族数千年的文明智慧，是中国贡献给世界的重要公共文化产品，支持服务国际社会开展好中文教育是中国作为母语国的责任。国际中文教育广受欢迎，彰显了开放包容的魅力，展现了互学互鉴的价值，体现着合作共赢的精神，凝结着中外人士共同的心血。希望世界中文大会坚持守正创新，加强联通融合，凝聚各方共识，努力搭建语言互通之桥、理解互信之桥、文明互鉴之桥，为携手构建人类命运共同体作出新的更大贡献。

2024 年 11 月 17 日，习近平主席在巴西《圣保罗页报》发表题为《万里交好共命运　携手扬帆正当时》的文章中指出，双方要继续发扬开放包容的优良传统，深化文化、教育、科技、卫生、体育、旅游、地方等领域交流合作，使两国在对方人民心中更加真实、立体、鲜活，为赓续中巴传统友谊培育更多民间使者，让两国文明在友好交往中和谐共生、兼容并蓄，不断丰富世界文明百花园。

2024 年 11 月 18 日，习近平主席在二十国集团领导人第十九次峰会第一阶段会议关于“抗击饥饿与贫困”议题的讲话中指出，支持二十国集团开展造福“全球南方”的务实合作，用好《增加向发展中国家清洁能源投资路线图》《生物经济高级别原则》等成果，支持设在北京的二十国集团创业研究中心工作，支持各方在数字教育、博物馆数字化、古籍数字化等领域开展合作。

2024 年 11 月 18 日，习近平主席在为“中国·唐——一个多元开放的朝代（7 至 10 世纪）”展览题写序言中指出，唐代是中国历史上最鼎盛的一个朝代，经济繁荣、文化昌盛、思想包容、艺术恢弘、民族融合。唐代的文化影响辐射亚洲，并通过丝绸之路传播到欧洲。唐代的诗歌、绘画、金银器等艺术成就至今仍被人们称颂。相信本次展览能够让法国和欧洲的观众们更为形象地了解辉煌灿烂、自信开放的盛唐气象，感受中华文明的独特魅力。中华民族与法兰西民族都有着悠久历史和璀璨文化。两国人民历来相互欣赏、相互吸引，友好交往源远流长。我们要从历史文化中探寻启迪，深化人文领域交流互鉴和文化遗产保护合作，各美其美，美美与共，将历史情感与时代精神融入中法友谊，将中法全面战略伙伴关系打造得更加牢固和富有活力。

2024 年 11 月 20 日，习近平主席在会见巴西总统卢拉时指出，加强文化、教育、青年等领域人文交流，夯实中巴命运共同体的民意基础。

第二节　文化和旅游部关于推动非物质文化遗产与旅游深度融合发展的通知

一、制定背景

为深入贯彻落实党的二十大精神和习近平总书记关于非物质文化遗产保护工作的重要指示精神，落实中共中央办公厅、国务院办公厅印发的《关于进一步加强非物质文化遗产保护工作的意见》以及《“十四五”旅游业发展规划》《“十四五”非物质文化遗产保护规划》要求，文化和旅游部于 2023 年 2 月 17 日印发《文化和旅游部关于推动非物质文化遗产与旅游深度融合发展的通知》（文旅非遗发〔2023〕21 号）。

二、重点任务

1. 加强项目梳理

各地文化和旅游行政部门要对本地区各级非物质文化遗产代表性项目进行梳理，遴选体现中华优秀传统文化核心思想理念、传统美德、人文精神，为当地民众广泛认可、特色鲜明的非物质文化遗产代表性项目，建立非物质文化遗产与旅游融合发展推荐目录并向社会公布，为旅游发展提供优质的非物质文化遗产资源。

2. 突出门类特点

非物质文化遗产涉及不同门类，要找准各门类非物质文化遗产与旅游融合发展的契合处、联结点。深入挖掘民间文学的价值和精神内涵，讲好当地传说故事，让游客了解地方历史文化。鼓励面向游客开展传统表演艺术类非物质文化遗产展演。积极开发传统工艺产品，丰富旅游商品内涵。将传统体育、游艺纳入旅游体验。依托传统医药类非物质文化遗产发展康养旅游。挖掘饮食类非物质文化遗产的丰厚内涵，让游客体验当地民众的生活方式，体会中国人顺应时节、尊重自然、利用自然的思想理念和独特智慧。发挥传统节日、民俗活动参与性强的特点，让游客感受当地民风民俗，提升中华文化认同感。

3. 融入旅游空间

对在旅游空间范围内传承的非物质文化遗产代表性项目，要加强保护传承，提升展示利用水平。鼓励从当地非物质文化遗产与旅游融合发展推荐目录中选择适合的代表性项目进旅游空间，从其他地区引入非物质文化遗产项目要适合本地文化生态，被当地群众和游客接受认可，避免生搬硬套、简单移植和同质化发展。要为传承人在旅游空间开展传承实践和旅游服务提供便利条件，鼓励传承人参与旅游管理。要将旅游空间作为展示弘扬中华优秀传统文化的重要载体，面向国外游客讲好中国故事，提升中华文化国际传播效能。推动建设一批特色鲜明、氛围浓厚、当地群众和游客认可的非物质文化遗产特色景区。

4. 丰富旅游产品

支持将非物质文化遗产与乡村旅游、红色旅游、冰雪旅游、康养旅游、体育旅游等结合，举办“非遗购物节”“非遗美食节”等活动，发展非物质文化遗产旅游。鼓励将非物质文化遗产或相关元素融入国家文化产业和旅游产业融合发展示范区、夜间文化和旅游消费集聚区、主题公园、旅游饭店，融入机场、高铁站、高速公路服务区、游客服务中心等相关基础设施建设。鼓励将旅游民宿与非物质文化遗产资源有效对接，推出一批体现非物质文化遗产特色的旅游民宿。鼓励旅游演艺创作从非物质文化遗产中汲取灵感和素材，将非物质文化遗产蕴含的核心思想理念、传统美德、人文精神，运用丰富的艺术形式进行当代表达。鼓励旅行社等旅游企业制作相关非物质文化遗产导游词、宣传册、宣传视频等，提升旅游目的地吸引力。

5. 设立体验基地

非物质文化遗产馆、传承体验中心（所、点）、非遗工坊、项目保护单位等设施场所要增强互动演示、体验教学等功能，面向游客提供体验、研学等旅游服务，让游客切身感受中华优秀传统文化的独特魅力。鼓励聘请传承人作为专（兼）职讲解员，为游客演示、讲解非物质文化遗产。“十四五”期间，文化和旅游部将遴选特色鲜明、服务成效显著、群众广泛认可的非物质文化遗产设施场所和提供非物质文化遗产体验、研学等服务的旅游相关场所，设立一批国家级非物质文化遗产体验基地。

6. 保护文化生态

鼓励文化生态保护区和有条件的传统村落、古街、古镇设立非遗工坊、展示厅、传承体验所（点）、代表性传承人工作室等，因地制宜与旅游融合发展，让传承人、村民、居民成为旅游的主要参与者和受益者。创新民族村寨非物质文化遗产展示利用方式，树立和突出各民族共享的中华文化符号和中华民族形象，向游客讲好中华民族共同体、中华文明多元一体的故事。秉持“见人见物见生活”理念，保障当地村民、居民的生活，保护好非物质文化遗产相关的实物和场所，保护文化生态不受破坏。依托传统礼仪、传统节日等发展旅游，应尊重非物质文化遗产相关群体意愿和当地风俗习惯。

7. 培育特色线路

支持在已有旅游线路中有机融入非物质文化遗产展示体验等内容。推出非物质文化遗产特色旅游线路，加强推介宣传，发挥典型带动和示范引领作用。支持旅行社等旅游企业以文化生态保护区、非物质文化遗产体验基地、特色景区、特色村镇、特色街区为点位，与相关传承人开展合作，培育一批满足游客需求、具有鲜明非物质文化遗产特色的旅游线路。支持围绕传统节日、“文化和自然遗产日”等时间节点和非物质文化遗产重点活动，围绕长城、大运河、长征、黄河、长江国家文化公园建设推出非物质文化遗产特色旅游线路。

8. 开展双向培训

双向培训是增进非物质文化遗产保护领域和旅游行业相关群体之间相互了解、促进交流合作的重要渠道。要将旅游相关业务内容纳入非物质文化遗产保护培训范围，帮助传承人、保护工作者了解旅游行业特点、政策法规、运营模式、游客需求等，提高传承传播非物质文化遗产的意识和能力，增进传承人对其持有的非物质文化遗产价值意义的认识。要将非物质文化遗产内容纳入旅游行业培训范围，帮助导游、讲解员、旅游开发者等了解非物质文化遗产法律法规、知识内涵和保护理念，提高在旅游中合理利用和传播非物质文化遗产的意识和能力，引导旅游从业人员和游客欣赏、尊重、认同和传播非物质文化遗产。

第三节　关于以标准化促进餐饮节约反对餐饮浪费的意见

一、制定背景

为认真贯彻落实习近平总书记关于坚决制止餐饮浪费行为的重要指示精神，发挥标准的引领和规范作用，支撑餐饮供应链绿色化、集约化发展，市场监管总局、商务部、文化和旅游部三部门于 2021 年 1 月 25 日联合印发《关于以标准化促进餐饮节约反对餐饮浪费的意见》（国市监标技发〔2021〕7 号，以下简称《意见》）。《意见》以标准体系建设、重要标准研制与实施、标准化试点、标准实施监督、标准化宣传为主线，重点聚焦餐饮企业、网络配餐、旅游餐饮三大场景，提出标准化促进餐饮节约的八项具体举措，推动餐饮企业、旅游景区等单位建立和实施餐饮节约标准。

二、主要内容

1. 建立健全节约型餐饮标准体系

加快建立覆盖餐饮食材采购、仓储、加工、运输配送、经营服务、餐厨回收等全产业链的节约型餐饮标准体系，重点补齐餐饮供应链和产业链重要基础国家标准。推动商贸、旅游行业主管部门完善本领域餐饮管理和服务行业标准。支持各地结合实际出台促进餐饮节约相关地方标准。鼓励相关社会团体、企业提出创新性举措，制定和实施要求更严、水平更高的团体标准、企业标准。

2. 制定发布餐饮节约相关国家标准

支持促进餐饮节约相关国家标准快速立项。加快修订《餐饮企业质量管理规范》《旅游度假区等级划分》《旅游景区质量等级的划分与评定》等国家标准，在标准中增加反对餐饮浪费相关技术要求。组织制定餐饮供应链管理、外卖餐品信息描述、绿色餐饮经营管理、旅游餐馆设施服务等级划分、网络配餐等一批国家标准，支撑打造集约高效的餐饮供应链，最大限度减少餐饮浪费。

3. 全面提升餐饮企业标准化规范化水平

鼓励餐饮企业在实施相关国家标准、行业标准的基础上，建立健全覆盖食材采购、烹饪制作、餐饮服务、人员管理的企业标准体系，将节约理念贯穿餐饮企业运营、管理和服务的方方面面。健全绿色餐饮标准体系，开展绿色餐饮创建活动，鼓励各类主体参与绿色餐饮评价和监督工作。

4. 积极推动网络餐饮节约标准创新发展

研制外卖餐饮绿色加工和配送标准，推广实施绿色可降解餐饮具标准。鼓励网络餐饮数字化、标准化建设，通过大数据等手段精准分析不同人群的口味和消费习惯，推动餐品信息标准化，方便消费者科学点餐。

5. 大力开展旅游餐饮节约标准推广活动

制定修订旅游行业相关标准，在标准中增加餐饮节约有关内容，优化团餐设计，倡导光盘行动，在全行业宣传“适量点餐”“小份菜碟”等文明消费理念。

6. 支持创建餐饮节约标准化试点

支持餐饮企业及上下游产业相关单位开展标准化试点，将促进餐饮节约作为试点创建的重要内容。及时总结各地标准化试点创建经验，培育打造一批餐饮节约标准化典型案例，支持餐饮节约标准化先进经验在全国复制推广。

7. 不断完善餐饮节约标准实施监督体系

畅通标准实施信息反馈渠道，鼓励餐饮企业、旅游景区等通过标准信息公共服务平台向社会公开所实施的餐饮节约标准，接受社会监督。推动相关行业协会、科研机构、电商平台依据标准开展第三方评价，推介节约型餐饮服务组织。

8. 持续营造餐饮节约标准化社会氛围

鼓励各地市场监管、商务、文化和旅游部门通过标准解读、标准培训、现场交流会等多种方式，加大餐饮节约标准化宣传力度，推动当地餐饮企业、旅游景区等有效实施餐饮节约标准，在全社会营造厉行勤俭节约、反对餐饮浪费的浓厚氛围。

第四节　关于推动旅游业高质量发展的相关意见

一、关于释放旅游消费潜力推动旅游业高质量发展的若干措施

1. 制定背景

为深入贯彻落实习近平总书记关于文化和旅游工作的重要论述和中央政治局会议精神，2023 年 9 月 27 日，国务院办公厅印发了《关于释放旅游消费潜力推动旅游业高质量发展的若干措施》（国办发〔2023〕36 号，以下简称《若干措施》）。《若干措施》从 5 个方面提出 30 条推动旅游业高质量发展的工作措施，旨在丰富优质旅游供给，释放旅游消费潜力，推动旅游业高质量发展，进一步满足人民群众美好生活需要，发挥旅游业对推动经济社会发展的重要作用。

2. 主要内容

《若干措施》主要内容见表 3–1。

表 3-1　关于释放旅游消费潜力推动旅游业高质量发展的若干措施

措施种类	主要内容
1. 加大优质旅游产品和服务供给	（1）推进文化和旅游深度融合发展
	（2）实施美好生活度假休闲工程
	（3）实施体育旅游精品示范工程
	（4）开展乡村旅游提质增效行动
	（5）发展生态旅游产品
	（6）拓展海洋旅游产品
	（7）优化旅游基础设施投入
	（8）盘活闲置旅游项目
2. 激发旅游消费需求	（1）改善旅游消费环境
	（2）完善消费惠民政策
	（3）调整优化景区管理
	（4）完善旅游交通服务
	（5）有序发展夜间经济
	（6）促进区域合作联动
3. 加强入境旅游工作	（1）实施入境旅游促进计划
	（2）优化签证和通关政策
	（3）恢复和增加国际航班
	（4）完善入境旅游服务
	（5）优化离境退税服务
	（6）发挥旅游贸易载体作用
4. 提升行业综合能力	（1）支持旅游企业发展
	（2）加强导游队伍建设
	（3）提升旅游服务质量
	（4）规范旅游市场秩序

续表

措施种类	主要内容
5. 保障措施	（1）健全旅游工作协调机制
	（2）强化政策保障
	（3）拓宽融资渠道
	（4）加强用地、人才保障
	（5）做好旅游安全监管
	（6）完善旅游统计制度

二、关于推动在线旅游市场高质量发展的意见

1. 制定背景

为进一步加强在线旅游市场管理，保障旅游者合法权益，发挥在线旅游平台经营者整合交通、住宿、餐饮、游览、娱乐等旅游要素资源的积极作用，促进各类旅游经营者共享发展红利，推动旅游业高质量发展，文化和旅游部印发了《关于推动在线旅游市场高质量发展的意见》（文旅市场发〔2023〕41 号，以下简称《意见》）。

2. 主要内容

《意见》主要内容见表 3–2。

表 3–2 关于推动在线旅游市场高质量发展的意见

主要内容	
1. 明确基本原则	（1）坚持安全底线
	（2）坚持以人为本
	（3）坚持协调发展
	（4）坚持创新引领

续表

主要内容	
2. 突出工作重点，营造良好的市场环境	（1）加强内容安全审核
	（2）筑牢生产安全底线
	（3）保障游客合法权益
	（4）促进行业协调发展
3. 完善监管手段，依法规范市场秩序	（1）加强市场监管巡查
	（2）强化执法监督检查
	（3）提升信用监管效能
	（4）提高数字监管效能
4. 加强扶持引导，促进行业高质量发展	（1）用好纾困扶持政策
	（2）创新旅游金融服务方式
	（3）探索平台经营旅游预售业务
	（4）引领行业创新发展
	（5）加强行业组织建设

三、国内旅游提升计划（2023—2025 年）

1. 制定背景

为贯彻落实国务院办公厅印发的《关于释放旅游消费潜力推动旅游业高质量发展的若干措施》，进一步释放旅游消费潜力，推动旅游业高质量发展，2023 年 11 月 13 日，文化和旅游部制定了《国内旅游提升计划（2023—2025 年）》（以下简称《提升计划》）。

2. 基本原则和主要目标

坚持质量第一、系统观念、问题导向、改革创新和协同推进的原则，到

2025 年，实现以下目标：国内旅游市场规模保持合理增长、品质进一步提升。国内旅游宣传推广效果更加明显，优质旅游供给更加丰富，游客消费体验得到有效改善、满意度进一步提升，旅游公共服务效能持续提升，重点领域改革取得突破，旅游市场综合监管机制更加健全，现代治理能力进一步增强，国内旅游市场对促进消费、推动经济增长的作用更加突出。

3. 主要任务

《提升计划》主要任务见表 3–3。

表 3–3　国内旅游提升计划（2023—2025 年）

任务类别	具体任务
1. 加强国内旅游宣传推广	（1）创新旅游理念宣传
	（2）加强旅游形象推广
2. 丰富优质旅游供给	（1）优化旅游产品结构
	（2）打造优质旅游目的地
	（3）促进旅游新业态有序发展
	（4）推动旅游业区域协调发展
3. 改善旅游消费体验	（1）优化旅游消费服务
	（2）推进平台载体建设
	（3）实施消费促进计划
	（4）加强标准制定实施
	（5）加大文明旅游宣传力度
4. 提升公共服务效能	（1）加快旅游基础设施建设
	（2）提升公共服务水平
5. 支持经营主体转型升级	（1）推动旅行社转型发展
	（2）引导在线旅游企业规范发展
	（3）推动旅游住宿业转型升级
	（4）培育骨干企业和创新企业

续表

任务类别	具体任务
6. 深化重点领域改革	（1）深化旅游服务质量保证金改革
	（2）支持旅行社、星级饭店拓展经营范围
	（3）推动盘活闲置低效旅游项目
7. 提升旅游市场服务质量	（1）培育旅游服务质量品牌
	（2）建立完善服务质量评价体系
	（3）建立质量共治机制
8. 加强市场综合监管	（1）加强旅游法治建设
	（2）健全旅游市场综合监管机制
	（3）提高旅游市场监管信息化水平
	（4）加强旅游市场执法监督
9. 实施“信用 +”工程	（1）开展信用经济发展试点
	（2）加强信用品牌建设
	（3）拓展信用应用场景

四、智慧旅游创新发展行动计划

1. 制定背景

为贯彻落实党的二十大精神和《“十四五”数字经济发展规划》《“十四五”旅游业发展规划》《“十四五”国家信息化规划》以及国务院办公厅印发的《关于释放旅游消费潜力推动旅游业高质量发展的若干措施》等文件精神，促进数字经济和旅游业深度融合，加快推进以数字化、网络化、智能化为特征的智慧旅游创新发展，2024 年 5 月 6 日，文化和旅游部办公厅、中央网信办秘书局、国家发展改革委办公厅、工业和信息化部办公厅、国家数据局综合司联合制订《智慧旅游创新发展行动计划》（以下简称《计划》）。

2. 总体要求

以习近平新时代中国特色社会主义思想为指导，深入学习贯彻习近平文化思想，完整、准确、全面贯彻新发展理念，加快构建新发展格局，发展新质生产力，促进数字经济与旅游业深度融合，坚持深化改革、创新驱动，坚持市场主导、政府引导，坚持需求牵引、强化赋能，坚持因地制宜、注重实效，推动智慧旅游创新发展，到 2027 年，智慧旅游经济规模进一步扩大，智慧旅游基础设施更加完善，智慧旅游管理水平显著提升，智慧旅游营销成效更加明显，智慧旅游优质产品供给更加丰富，智慧旅游服务和体验更加便利舒适。

3. 重点任务

《计划》重点任务见表 3–4。

表 3–4 智慧旅游创新发展行动计划

任务类别	具体任务
1. 智慧旅游基础设施提升行动	（1）改造升级信息基础设施
	（2）加强 5G+ 智慧旅游协同创新发展
2. 智慧旅游服务效能提升行动	（1）提升服务平台运营效能
	（2）提升适老化服务水平
	（3）持续优化文旅场所服务水平
3. 智慧旅游管理水平提升行动	（1）推进“互联网 + 监管”
	（2）强化应急响应能力
4. 智慧旅游营销效能提升行动	（1）加强新媒体使用引导
	（2）规范提升旅游营销效能
	（3）开展营销效果评估
5. 智慧旅游产品业态培育行动	（1）鼓励发挥企业主体作用
	（2）促进产学研协同发展
	（3）培育丰富智慧旅游产品
6. 旅游数据资源利用提升行动	（1）增强辅助决策能力
	（2）推动数据开发利用
	（3）做好数据安全工作

续表

任务类别	具体任务
7. 旅游数字化转型提升行动	（1）推进旅游城市和景区智慧化建设
	（2）推进智慧旅游“上云用数赋智”
8. 智慧旅游创新人才培育行动	（1）培养高校基础人才
	（2）加强智慧旅游人才队伍建设

五、关于推进旅游公共服务高质量发展的指导意见

1. 制定背景

为全面贯彻党的二十大精神，深入学习贯彻习近平文化思想、习近平总书记关于旅游发展的重要论述和重要指示精神，认真落实党中央、国务院决策部署，推进旅游公共服务高质量发展，2024 年 6 月 19 日，文化和旅游部、国家发展改革委、财政部、自然资源部、住房城乡建设部、交通运输部、农业农村部、应急管理部、国家消防救援局联合印发《关于推进旅游公共服务高质量发展的指导意见》（文旅公共发〔2024〕41 号，以下简称《指导意见》）。

2. 总体要求

以习近平新时代中国特色社会主义思想为指导，全面贯彻落实党的二十大精神，深入学习贯彻习近平文化思想，以习近平总书记关于旅游发展的重要论述和重要指示精神为根本遵循，践行以人民为中心的发展理念，围绕国家重大发展战略，以重大项目为抓手，聚焦重点地区、重点环节、重点时段，集中力量解决旅游公共服务领域的短板和弱项，稳步提升保障能力，完善供给体系，持续提高旅游公共服务水平，为旅游业高质量发展提供有力支撑，不断满足人民日益增长的美好生活需要。

利用 3 到 5 年时间，基本建成结构完备、标准健全、运行顺畅、优质高效，与旅游业高质量发展相匹配的旅游公共服务体系，旅游公共服务有效供给明显扩大，服务效能明显提升，对薄弱领域、高峰时段和特殊人群的服务保障能力明显增强，人民群众对旅游公共服务的满意度明显提高。

3. 主要任务

《指导意见》主要内容见表 3–5。

表 3–5 关于推进旅游公共服务高质量发展的指导意见

任务类别	具体任务
1. 优化旅游公共信息服务	（1）优化线下旅游服务中心布局
	（2）加强线上旅游公共信息服务
	（3）加强旅游公共信息服务资源整合
2. 完善旅游公共交通服务	（1）加强旅游交通基础设施建设
	（2）提升旅游交通公共服务设施建设和管理水平
	（3）优化旅游交通运输服务
3. 强化旅游应急救援服务	（1）加强旅游应急救援机制建设
	（2）优化旅游应急救援设施设备布局
	（3）增强旅游应急救援的社会参与
4. 加强旅游惠民便民服务	（1）开展形式多样的旅游惠民便民活动
	（2）推动旅游惠民便民设施建设改造
	（3）提升入境旅游公共服务水平
5. 促进公共文化服务和旅游公共服务融合发展	（1）促进文化和旅游公共服务设施功能融合
	（2）丰富旅游场所公共文化服务内容
	（3）增强公共文化场所旅游吸引力

第五节　关于加强旅游安全管理的相关意见

一、关于进一步加强和改进旅游客运安全管理工作的指导意见

1. 制定背景

旅游客运安全管理工作事关人民群众高品质出行需求、事关道路客运和旅游业高质量发展。为贯彻落实党中央、国务院关于安全生产工作的决策部署，深入推进全国安全生产专项整治三年行动，交通运输部牵头，会同公安部、商务部、文化和旅游部、应急管理部、市场监管总局，于 2021 年 1 月 13 日联合印发了《关于进一步加强和改进旅游客运安全管理工作的指导意见》（交办运〔2021〕6 号，以下简称《指导意见》）。

2. 主要内容

《指导意见》主要内容见表 3–6。

表 3–6　关于进一步加强和改进旅游客运安全管理工作的指导意见

主要内容	具体措施
1. 规范开展市场准入	（1）规范道路客运市场主体登记管理
	（2）规范旅游客运许可管理
	（3）规范客车使用性质登记管理
2. 强化事中事后监管	（1）严格旅游包车和团组监管
	（2）强化旅游客运监管执法
	（3）打击旅游客运非法营运
	（4）严格旅游客运车辆全周期管理
	（5）严肃安全生产事故调查和隐患治理
3. 强化企业主体责任落实	（1）规范旅行社安全管理
	（2）规范旅游包车企业安全管理
	（3）强化游客出行安全告知
	（4）加强从业人员队伍建设

续表

主要内容	具体措施
4. 强化政府和社会共治	（1）深化部门协同
	（2）完善保障措施
	（3）加强宣传引导

二、关于进一步规范旅游客运安全带使用　保障游客出行安全有关工作的通知

1. 制定背景

为深入贯彻落实党中央、国务院关于安全生产工作的决策部署和《“十四五”全国道路交通安全规划》（安委办〔2022〕8号）有关要求，着力防范化解旅游和道路交通领域重大安全风险，文化和旅游部办公厅、公安部办公厅、交通运输部办公厅于2023年1月31日联合印发《关于进一步规范旅游客运安全带使用　保障游客出行安全有关工作的通知》（办市场发〔2023〕20号，以下简称《通知》）。

2. 主要内容

《通知》主要内容见表3–7。

表3–7　关于进一步规范旅游客运安全带使用　保障游客出行安全有关工作的通知

主要内容	
1. 提高思想认识，加强组织领导	深入贯彻落实习近平总书记关于安全生产的重要指示精神，统筹发展和安全，坚持人民至上、生命至上，牢固树立“隐患就是事故”理念和事前预防、主动防控思想
2. 坚持依法治理，严格责任落实	（1）严格安全带使用合同约定
	（2）严格车辆安全带技术状况管理
	（3）严格安全带使用提醒和检查
	（4）严格安全带使用执法检查
	（5）严格事故倒查和曝光警示

续表

主要内容	
3. 强化综合治理，形成社会共治	（1）深化部门协同
	（2）加强宣传引导

三、剧本娱乐经营场所消防安全指南

1. 制定背景

为明确剧本杀、密室逃脱等剧本娱乐经营场所有关消防安全要求，强化安全主体责任，提升消防安全管理水平，国家消防救援局、文化和旅游部于2023年4月6日联合制定了《剧本娱乐经营场所消防安全指南（试行）》（以下简称《指南》）。

2. 主要内容

《指南》主要内容见表3–8。

表3–8　剧本娱乐经营场所消防安全指南（试行）

主要内容	
1. 消防安全基本条件	（1）应当严格设置地点
	（2）应当设置火灾自动报警系统、灭火器等消防设施器材
	（3）应当设置消防应急照明、疏散指示标志等疏散设施
	（4）应当设置视频监控系统
	（5）应当实施防火分隔
	（6）应当提示提醒消费者安全要求
	（7）应当设置一键开锁装置
2. 消防安全管理	（1）应当落实消防安全责任
	（2）应当制定应急预案并开展演练
	（3）应当组织消防安全培训

续表

主要内容	
3. 用火用电安全管理	（1）不得违规使用明火
	（2）不得违规使用电器设备
	（3）不得违规使用照明灯具
	（4）不得违规充电
4. 易燃易爆可燃物安全管理	（1）不得采用易燃可燃材料装修装饰
	（2）不得带入、储存易燃易爆危险品
	（3）不得违规使用燃油燃气
5. 安全疏散管理	（1）不得封堵疏散通道、安全出口
	（2）不得违规设置疏散门
	（3）不得设置影响逃生的障碍物

四、关于加强电竞酒店管理中未成年人保护工作的通知

1. 制定背景

为认真贯彻落实《中华人民共和国未成年人保护法》（以下简称《未成年人保护法》）有关规定，根据最有利于未成年人原则，切实加强电竞酒店管理中未成年人保护工作，促进行业健康有序发展，文化和旅游部、公安部于 2023 年 8 月 3 日联合制定了《关于加强电竞酒店管理中未成年人保护工作的通知》（文旅市场发〔2023〕82 号，以下简称《通知》）。

2. 主要内容

《通知》主要内容见表 3–9。

表 3-9　关于加强电竞酒店管理中未成年人保护工作的通知

主要内容	
1. 提高政治站位	（1）提高政治站位
	（2）强化责任担当
2. 加强底线管理，严禁电竞酒店违规接待未成年人	（1）明确业态属性
	（2）严禁电竞酒店违规接待未成年人
3. 强化主体责任，严格落实未成年人保护规定	（1）设置禁入标志
	（2）履行告知义务
	（3）落实“五必须”规定
	（4）实施网络安全技术措施
	（5）实施图像采集技术措施
	（6）建立日常巡查制度
4. 加强协同监管，形成未成年人保护合力	（1）建立协同监管机制
	（2）严格文化和旅游市场行政处罚
	（3）严格治安管理行政处罚
	（4）加强行业自律
	（5）加强社会监督

第六节　关于促进旅游消费的相关意见

一、关于增开银发旅游列车　促进服务消费发展的行动计划

1. 制定背景

为深入贯彻落实党中央、国务院关于发展服务消费、银发经济和加快建设旅游强国有关决策部署，推动铁路和旅游融合发展，丰富旅游市场供给，增进老年人福祉，商务部、文化和旅游部、国铁集团等 9 单位于 2025 年 1

月16日联合印发《关于增开银发旅游列车　促进服务消费发展的行动计划》（商服贸函〔2025〕11号，以下简称《计划》）。

2. 主要内容

《计划》主要内容见表3-10。

表3-10　关于增开银发旅游列车　促进服务消费发展的行动计划

行动种类	主要内容
1. 增加银发旅游列车服务供给	（1）完善旅游列车运行保障机制
	（2）鼓励多元化资本参与投资
	（3）加强旅游列车开发投融资支持
	（4）扩容旅游列车线路和产品
2. 强化适老化设施保障	（1）提升配套设备设施适老化水平
	（2）推动景区设备设施适老化改造
3. 提升银发旅游列车服务水平	（1）丰富列车适老化服务
	（2）提高列车服务质量
	（3）支持旅游列车与景区深化合作
4. 优化银发旅游列车发展环境	（1）加强政策协同
	（2）优化旅游保险产品
	（3）加强旅游列车产品推介

二、打造消费新场景培育消费新增长点的措施

1. 制定背景

消费新场景是消费新业态、新模式、新产品的系统集成，对促进消费提质升级，更好满足人民高品质生活具有重要意义。为顺应消费场景变化新趋势，推动科技成果在消费领域加快应用，进一步培育和壮大消费新增长点，国家发展改革委会同农业农村部、商务部、文化和旅游部、市场监管总局于2024年6月13日联合印发《关于打造消费新场景培育消费新增长点的措施》（发改就业〔2024〕840号，以下简称《措施》）。

2. 重点任务

《措施》重点任务见表 3–11。

表 3–11 关于打造消费新场景培育消费新增长点的措施

重点任务	具体措施
1. 培育餐饮消费新场景	（1）发展餐饮消费细分领域
	（2）支持餐饮消费智能升级
2. 培育文旅体育消费新场景	（1）深化旅游业态融合创新
	（2）推动城乡文旅提质增效
	（3）提升入境旅游便利水平
	（4）拓展文娱体育消费空间
3. 培育购物消费新场景	（1）推动购物消费多元融合发展
	（2）利用新技术拓展购物消费体验
	（3）培育国货“潮品”消费
4. 培育大宗商品消费新场景	（1）拓展汽车消费新场景
	（2）丰富家装家居消费场景
	（3）打造电子产品消费新场景
5. 培育健康养老托育消费新场景	（1）推动健康消费发展
	（2）拓展银发消费新场景
	（3）积极发展育幼消费
6. 培育社区消费新场景	（1）完善城市社区便民服务
	（2）优化农村社区消费环境

三、提振消费专项行动方案

1. 制定背景

为大力提振消费，全方位扩大国内需求，增收减负提升消费能力，高质量供给创造有效需求，优化消费环境增强消费意愿，针对性解决制约消费的突出矛盾问题，中共中央办公厅、国务院办公厅于 2025 年 3 月发布《提振消费专项行动方案》(国务院公报2025年第9号，以下简称《方案》)，要求各地区各部门把提振消费摆到更加突出位置，按职责分工切实履行责任，加强协同联动，完善工作机制，因地制宜探索务实举措，加快形成工作合力，稳定市场预期，扎实推动提振消费各项政策措施更快更好落地见效。

2. 主要内容

《方案》主要内容见表3-12。

表3-12　提振消费专项行动方案

措施种类	主要内容
1. 城乡居民增收促进行动	(1)促进工资性收入合理增长
	(2)拓宽财产性收入渠道
	(3)多措并举促进农民增收
	(4)扎实解决拖欠账款问题
2. 消费能力保障支持行动	(1)加大生育养育保障力度
	(2)强化教育支撑
	(3)提高医疗养老保障能力
	(4)保障重点群体基本生活
3. 服务消费提质惠民行动	(1)优化“一老一小”服务供给
	(2)促进生活服务消费
	(3)扩大文体旅游消费
	(4)推动冰雪消费
	(5)发展入境消费
	(6)稳步推进服务业扩大开放
4. 大宗消费更新升级行动	(1)加大消费品以旧换新支持力度
	(2)更好满足住房消费需求
	(3)延伸汽车消费链条

续表

措施种类	主要内容
5. 消费品质提升行动	（1）强化消费品牌引领
	（2）支持新型消费加快发展
	（3）提高内外贸一体化水平
6. 消费环境改善提升行动	（1）保障休息休假权益
	（2）营造放心消费环境
	（3）完善城乡消费设施
7. 限制措施清理优化行动	（1）有序减少消费限制
	（2）持续优化营商环境
8. 完善支持政策	（1）加强促消费政策协同联动
	（2）强化投资对消费的支撑作用
	（3）发挥财政政策引导带动作用
	（4）强化信贷支持
	（5）完善消费配套保障措施

四、关于进一步培育新增长点繁荣文化和旅游消费的若干措施

1. 制定背景

为贯彻落实党中央、国务院关于扩大服务消费和促进文化旅游业发展的部署要求，发挥文化赋能、旅游带动作用，深化“文旅＋百业”“百业＋文旅”，提升产品供给能力，丰富消费业态和场景，更好满足人民群众多样化、多层次、多方面的精神文化需求，增强人民群众文化获得感、幸福感，着力把文化旅游业培育成为支柱产业，国务院办公厅于2025年1月9日发布《关于进一步培育新增长点繁荣文化和旅游消费的若干措施》（国办发〔2025〕2号，以下简称《若干措施》），部署了6个方面18项重点任务。

2. 主要内容

《若干措施》主要内容见表 3–13。

表 3–13　关于进一步培育新增长点繁荣文化和旅游消费的若干措施

措施种类	主要内容
1. 丰富消费惠民举措	（1）举办系列文旅促消费活动
	（2）实施消费惠民让利行动
	（3）拓展公共机构服务供给
2. 满足不同年龄群体消费需求	（1）优化亲子游乐服务
	（2）创新发展研学旅游
	（3）提升老年人文旅服务品质
3. 扩大特色优质产品供给	（1）丰富文化娱乐产品
	（2）推出特色旅游产品
	（3）开发时尚国潮产品
4. 培育消费场景	（1）盘活提升存量空间
	（2）打造新型消费场景
	（3）发展夜间文旅经济
5. 创新产业政策	（1）强化财政金融支持
	（2）扩大文旅有效投资
	（3）释放职工消费潜力
6. 优化消费环境	（1）提升公共服务水平
	（2）优化入境旅游政策
	（3）维护良好市场秩序

第二篇

法律法规篇

第四章 宪法的基本知识

章节练习
增值服务

学习目的

了解:《中华人民共和国宪法》(以下简称《宪法》)序言的内容与效力、宪法确认的国家指导思想、发展道路、奋斗目标、根本任务，宪法的基本原则。**熟悉:**《宪法》关于国家机构组织的构成、任期和权限划分的规定。**掌握:**《宪法》关于国家制度、公民的基本权利和基本义务的规定。

第一节 概　　述

一、宪法的概念和特征

1. 宪法的概念

宪法是规定国家根本制度和根本任务，集中表现各种政治力量对比关系、保障公民权利的国家根本法。1982 年 12 月 4 日，五届全国人大五次会议通过《宪法》，并根据 1988 年七届全国人大一次会议、1993 年八届全国人大一次会议、1999 年九届全国人大二次会议、2004 年十届全国人大二次会议和 2018 年十三届全国人大一次会议分别通过的《中华人民共和国宪法修正案》做了必要的修改和补充，从而更加臻于完备。

2. 宪法的特征

(1) 宪法规定国家生活中最根本、最重要的方面，涉及国家的政治、经济、文化、社会、对外交往等各方面的重大原则性问题和根本性问题，是治国安邦的总章程。

（2）宪法的制定和修改的程序比其他法律更为严格。《宪法》第 64 条规定，宪法的修改，由全国人民代表大会常委会或 1/5 以上全国人民代表大会代表提议，并由全国人民代表大会以全体代表的 2/3 以上的多数通过。而普通法律和其他议案修改由全国人民代表大会以全体代表的过半数通过即可。

（3）宪法在国家整个法律体系中处于最高地位，具有最高效力；是一切国家机关、武装力量、政党、社会团体以及公民的最高行为准则。《宪法》第 5 条第 3 款规定，一切法律、行政法规和地方性法规都不得同宪法相抵触。

3. 宪法序言的内容与效力

宪法序言是宪法的重要组成部分，不仅阐述了制宪的历史事实、宗旨和目的，还以法律的形式确认了中国各族人民奋斗的成果，规定了国家的根本制度和根本任务，是国家的根本法，具有最高的法律效力。全国各族人民、一切国家机关和武装力量、各政党和各社会团体、各企业事业组织，都必须以宪法为根本的活动准则，并且负有维护宪法尊严、保证宪法实施的职责。

宪法序言同宪法各章节一样具有最高法律效力。宪法序言对宪法条文具有统领性和指导性，对宪法解释和宪法修改具有约束力，一般立法、执法、司法、释法都不得违反宪法序言的基本原则和立宪精神。

二、宪法确立的国家指导思想和发展道路

1. 国家指导思想

《宪法》的“序言”规定，中国各族人民将继续在中国共产党领导下，坚持以马克思列宁主义、毛泽东思想、邓小平理论、“三个代表”重要思想、科学发展观、习近平新时代中国特色社会主义思想作为国家指导思想。

2. 国家发展道路

宪法确立的国家发展道路是坚持党的领导，坚持人民民主专政，坚持社会主义道路，坚持改革开放，不断完善社会主义的各项制度，发展社会主义市场经济，发展社会主义民主，健全社会主义法治。《宪法》第 1 条规定，中华人民共和国是工人阶级领导的、以工农联盟为基础的人民民主专政的社

会主义国家。社会主义制度是中华人民共和国的根本制度。中国共产党领导是中国特色社会主义最本质的特征。

三、国家确立的奋斗目标和根本任务

1. 奋斗目标

《宪法》的“序言”规定，国家奋斗目标是通过自力更生、艰苦奋斗，逐步实现工业、农业、国防和科学技术的现代化，推动物质文明、政治文明、精神文明、社会文明、生态文明协调发展，把我国建设成为富强民主文明和谐美丽的社会主义现代化强国，实现中华民族伟大复兴。

2. 根本任务

《宪法》的“序言”规定，我国将长期处于社会主义初级阶段。国家的根本任务是，沿着中国特色社会主义道路，集中力量进行社会主义现代化建设。

四、宪法的基本原则

1. 坚持中国共产党的领导

中国共产党是中国工人阶级的先锋队，同时也是中国人民和中华民族的先锋队，是中国特色社会主义事业的领导核心，代表中国先进生产力的发展要求，代表中国先进文化的前进方向，代表中国最广大人民群众的根本利益。《宪法》第 1 条第 2 款规定，中国共产党领导是中国特色社会主义最本质的特征。

2. 人民主权

主权是国家的最高权力。人民主权指国家中绝大多数人拥有国家的最高权力，人民是国家的主人。《宪法》第 1 条第 1 款明确规定，中华人民共和国是工人阶级领导的、以工农联盟为基础的人民民主专政的社会主义国家。第 2 条规定，中华人民共和国的一切权力属于人民；人民行使国家权力的机关是全国人民代表大会和地方各级人民代表大会；人民依照法律规定，通过各种途径和形式，管理国家事务，管理经济和文化事业，管理社会事务。

《宪法》还规定了选举制度的主要程序，确保人民能够当家作主。

3. 社会主义法治

法治是指由宪法和法律规定的治国理政的价值、原则和方式。《宪法》第5条第1款规定，中华人民共和国实行依法治国，建设社会主义法治国家。在宪法层面上，正式确立了法治原则。依法治国首先是依宪治国，坚持宪法的权威性。第5条第4款规定，一切国家机关和武装力量、各政党和社会团体、各企业事业组织都必须遵守宪法和法律。一切违反宪法和法律的行为，必须予以追究。

4. 尊重和保障人权

人权，指人享有的人身自由和各种民主权利。《宪法》第33条第3款规定，国家尊重和保障人权。《宪法》第二章规定了公民的基本权利，体现了对公民的宪法保护。《宪法》规定了公民参与国家政治生活的权利和自由、人身自由和宗教信仰自由、社会经济文化方面的权利等基本权利，还要求根据国家社会发展的实际情况，不断为基本权利的实现提供经济、社会与文化保障。

5. 权力监督与制约

权力监督与制约原则是为确保人民的权力属于人民、避免权力滥用而设计各种制度和方法，以规范和控制国家权力及其行使方式的原则。

（1）规定公民对国家权力活动进行监督。《宪法》第41条第1款规定，中华人民共和国公民对于任何国家机关和国家工作人员，有提出批评和建议的权利；对于任何国家机关和国家工作人员的违法失职行为，有向有关国家机关提出申诉、控告或者检举的权利，但是不得捏造或者歪曲事实进行诬告陷害。第77条规定，全国人民代表大会代表受原选举单位的监督。原选举单位有权依照法律规定的程序罢免本单位选出的代表。

（2）规定不同国家机关之间、国家机关内部不同的监督形式。《宪法》第3条第3款规定，国家行政机关、监察机关、审判机关、检察机关都由人民代表大会产生，对它负责，受它监督。第140条规定，人民法院、人民检察院和公安机关办理刑事案件，应当分工负责，互相配合，互相制约，以保证准确有效地执行法律。

第二节　国家制度

一、社会主义制度

《宪法》第1条规定，中华人民共和国是工人阶级领导的、以工农联盟为基础的人民民主专政的社会主义国家。社会主义制度是中华人民共和国的根本制度。禁止任何组织或者个人破坏社会主义制度。

二、人民代表大会制度

人民代表大会制度是我国的政权组织形式。《宪法》第2条第2款规定，人民行使国家权力的机关是全国人民代表大会和地方各级人民代表大会。这表明，人民代表大会制度是我国的根本政治制度，是我国的政体，是人民当家作主的重要途径和最高实现形式，是社会主义政治文明的重要制度载体。

三、中国共产党领导的多党合作和政治协商制度

《宪法》“序言”规定，中国共产党领导的多党合作和政治协商制度将长期存在和发展。中国共产党领导的多党合作和政治协商制度是中华人民共和国的一项基本的政治制度，是具有中国特色的政党制度，这种政党制度是由中国人民民主专政的国家性质所决定的。基本内容包括：一是中国共产党是执政党，各民主党派是参政党；中国共产党和各民主党派是亲密战友，其执政的实质是代表工人阶级及广大人民掌握人民民主专政的国家政权。民主党派具有法律规定的参政权。二是中国共产党与各民主党派合作的首要前提和根本保证是坚持中国共产党的领导和坚持四项基本原则。三是中国共产党与各民主党派合作的基本方针是“长期共存、互相监督、肝胆相照、荣辱与共”。

四、选举制度

选举制度是一国统治阶级通过法律规定的关于选举国家代表机关的代表和国家公职人员的原则、程序与方法等各项制度的总称，包括选举的基本原则、选举权利的确定、组织选举的程序和方法，以及选民和代表之间的关系。

我国选举制度的基本原则如下。

（1）普遍性原则。《宪法》第 34 条规定，中华人民共和国年满 18 周岁的公民，不分民族、种族、性别、职业、家庭出身、宗教信仰、教育程度、财产状况、居住期限，都有选举权和被选举权；但是依照法律被剥夺政治权利的人除外。

（2）平等性原则。依据《宪法》所制定的《中华人民共和国全国人民代表大会和地方各级人民代表大会选举法》（以下简称《选举法》），详细规定了各级人大代表的选举要求，体现了人人平等、地区平等和民族平等的原则。[①]

（3）直接选举和间接选举并用原则。直接选举指国家代表机关的代表或其他公职人员由选民直接投票选出；间接选举指先由选民选出代表或选举人，再由代表或选举人选出上一级代表或国家公职人员。根据土地辽阔、人口众多、交通不便、经济文化发展水平还比较低等国情，我国采取直接选举和间接选举并用的选举制度。《宪法》第 97 条第 1 款规定，省、直辖市、设区的市的人民代表大会代表由下一级的人民代表大会选举；县、不设区的市、市辖区、乡、民族乡、镇的人民代表大会代表由选民直接选举。

（4）秘密投票原则，又称无记名投票。秘密投票有利于选民更真实地表达自己的意愿。《选举法》第 38 条规定，全国和地方各级人民代表大会代表的选举，一律采用无记名投票的方法。选举时应当设有秘密写票处。选民如果是文盲或者因残疾不能写选票的，可以委托他信任的人代写。

五、中央和地方关系

《宪法》第 2 条第 2 款规定，人民行使国家权力的机关是全国人民代表

① 见《选举法》第 14、第 16～20 条规定。

大会和地方各级人民代表大会。第 3 条第 4 款规定，中央和地方的国家机构职权的划分，遵循在中央的统一领导下，充分发挥地方的主动性、积极性的原则。

六、民族区域自治制度

民族区域自治制度，是我国为解决民族问题、处理民族关系、实现民族平等、团结各民族共同繁荣而建立的。《宪法》第 4 条第 3 款规定，各少数民族聚居的地方实行区域自治，设立自治机关，行使自治权。各民族自治地方都是中华人民共和国不可分离的部分。

七、基层群众自治制度

（1）基层群众自治制度，是在我国成立后的民主实践中逐步形成的。指人民依法组成基层自治组织，行使民主权利，管理基层公共事务和公益事业，实行自我管理、自我服务、自我教育、自我监督的制度。

（2）依据《宪法》第 111 条第 1 款规定，城市和农村按居民居住地区设立的居民委员会或者村民委员会是基层群众性自治组织。

八、“一国两制”与特别行政区制度

《宪法》是我们国家的根本大法，是治国安邦的总章程，也是我们国家所有法律的渊源。《中华人民共和国香港特别行政区基本法》《中华人民共和国澳门特别行政区基本法》（以下简称《基本法》）是根据《宪法》规定的“一国两制”精神和港澳实际情况对国家宪制的发展完善，是中国宪制特殊的组成部分。

（1）特别行政区制度，是依据宪法和法律的规定而设立的具有特殊法律地位、实行特别社会政治经济制度的行政区域，特区政府对所辖区域依法享有高度自治权的制度。《宪法》第 31 条规定，国家在必要时得设立特别行政区。在特别行政区内实行的制度按照具体情况由全国人民代表大会以法律规定。

（2）特别行政区的自治权限。全国人民代表大会授权香港特别行政区依照《基本法》的规定实行高度自治，享有行政管理权、立法权、独立的司法权和终审权。

（3）中央对特别行政区行使的权限。特别行政区享有高度的自治权，直接由中央人民政府管辖，是一个主权国家内中央与地方的关系，核心是中央与特区权力的划分和行使。对特区直接行使权力的机关有全国人大、全国人大常委会和中央人民政府。全国人大决定特区设立及其制度；制定和修改特区基本法。全国人大常委会负责增减《基本法》附件3中的全国性法律；监督立法会制定的法律；解释基本法；决定特区紧急状态。中央人民政府负责特区相关的外交事务、防务；任免特区政府行政长官、主要官员、澳门检察长；特殊情况下发布命令在特区实施全国性法律。

第三节　公民的基本权利和义务

一、基本权利、义务及其行使原则

1. 概念

（1）公民，指具有一国国籍，根据该国宪法和法律享受权利、承担义务的自然人。《宪法》第33条第1款规定，凡具有中华人民共和国国籍的人都是中华人民共和国公民。

（2）基本权利和义务。基本权利，指宪法规定的公民享有的主要的、必不可少的人身、政治、经济、文化等权利。基本义务，指宪法规定的公民必须遵守和应尽的根本责任；是国家和社会对公民最起码、最基本的要求，是宪法规定的作为其他义务基础的最重要的义务。公民的基本权利和义务共同反映和决定着公民在国家中的政治与法律地位，并构成普通法律规定公民权利和义务的基础和原则。

2. 行使原则

行使公民基本权利和义务应当遵循的原则包括：①法律面前一律平等；②权利和义务相统一；③个人利益与国家利益相结合。

二、公民的基本权利

1. 政治权利

政治权利是公民参与国家政治生活的权利和自由的统称。它的行使主要表现为公民参与国家、社会组织与管理的活动。

（1）选举权和被选举权。选举权指公民依法享有选举国家代表机关代表和国家公职人员的权利。被选举权指公民有被推荐为国家代表机关代表和国家公职人员的权利。《宪法》第 34 条规定，中华人民共和国年满 18 周岁的公民，不分民族、种族、性别、职业、家庭出身、宗教信仰、教育程度、财产状况、居住期限，都有选举权和被选举权；但是依照法律被剥夺政治权利的人除外。这表明，我国公民享有的选举权是一种普选权。

（2）政治自由，是公民表达出个人看法和意见的自由。《宪法》第 35 条规定，公民有言论、出版、集会、结社、游行、示威的自由。言论自由，指公民有权通过各种语言形式表达其思想和见解的自由，但只有法律规定范围内的言论自由才受法律的保障。出版自由，指公民有按照法律规定以出版物形式来自由地表达思想和见解的自由。结社自由，指公民为一定宗旨，有依照程序组织或参加具有持续性的社会团体的自由。集会、游行、示威自由，是言论自由的延伸和具体化，最早来源于公民的请愿权，是多个公民在公共场合集体表达强烈意愿的自由。

2. 平等权

平等权，指公民平等地享有权利，不受任何差别对待，要求国家同等保护的权利。《宪法》第 33 条第 2 款规定，中华人民共和国公民在法律面前一律平等。这既是我国社会主义法治的一项重要原则，也是我国公民的一项基本权利。

（1）守法平等。《宪法》第 33 条第 4 款规定，任何公民享有宪法和法律规定的权利，同时必须履行宪法和法律规定的义务。

（2）司法平等。主要指在法律的适用、执行及审判等方面的平等。《宪法》第 139 条第 1 款规定，各民族公民都有用本民族语言文字进行诉讼的权利。人民法院和人民检察院对于不通晓当地通用的语言文字的诉讼参与人，应当为他们翻译。第 130 条规定，人民法院审理案件，除法律规定的特别情况外，一律公开进行。被告人有权获得辩护。

（3）无法外特权。《宪法》第5条第5款规定，任何组织或者个人都不得有超越宪法和法律的特权。即不允许任何公民享有法律以外的特权，任何人不得强迫任何公民承担法律以外的义务，也不得使公民受到法律以外的处罚。

（4）法律地位平等。在法律面前公民的地位是平等的，社会身份、职业、出身等原因不应成为任何受到不平等待遇的理由。《宪法》第48条规定，中华人民共和国妇女在政治的、经济的、文化的、社会的和家庭的生活等各方面享有同男子平等的权利。国家保护妇女的权利和利益，实行男女同工同酬，培养和选拔妇女干部。第50条规定，中华人民共和国保护华侨的正当权利和利益，保护归侨和侨眷的合法权利和利益。

（5）允许合理差别。宪法禁止不合理的差别，合理的差别具有合宪性。《宪法》第45条规定，中华人民共和国公民在年老、疾病或者丧失劳动能力的情况下，有从国家和社会获得物质帮助的权利。国家发展为公民享受这些权利所需要的社会保险、社会救济和医疗卫生事业。国家和社会保障残废军人的生活，抚恤烈士家属，优待军人家属。国家和社会帮助安排盲、聋、哑和其他有残疾的公民的劳动、生活和教育。第49条第1款规定，婚姻、家庭、母亲和儿童受国家的保护。此外，宪法中对于全国人大代表的言论免责权，对被剥夺政治权利者的选举权的限制，对少数民族在政治、经济、文化等方面的扶持政策等，都属于合理差别的情形。

3. 宗教信仰自由权

宗教信仰自由，是指公民依据内心的信念，自愿地信仰宗教的自由。《宪法》第36条第1款规定，中华人民共和国公民有宗教信仰自由。宗教信仰自由，对一个国家政治体制的发展起着十分重要的作用，是公民的一项基本权利，也是国家长期坚持的基本政策。第2款规定，任何国家机关、社会团体和个人不得强制公民信仰宗教或者不信仰宗教，不得歧视信仰宗教的公民和不信仰宗教的公民。为保护公民宗教信仰自由权，第36条第3款、第4款规定，国家保护正常的宗教活动。任何人不得利用宗教进行破坏社会秩序、损害公民身体健康、妨碍国家教育制度的活动。宗教团体和宗教事务不受外国势力的支配。

4. 人身自由权

人身自由，是指公民的人身不受非法侵犯的自由。人身自由是公民参加国家政治生活、经济生活、社会生活的基础，是公民基本权利的重要内容。《宪法》第 37 条第 1 款规定，中华人民共和国公民的人身自由不受侵犯。

《宪法》第 37 条第 2 款和第 3 款规定，任何公民，非经人民检察院批准或者决定或者人民法院决定，并由公安机关执行，不受逮捕。禁止非法拘禁和以其他方法非法剥夺或者限制公民的人身自由，禁止非法搜查公民的身体。第 38 条规定，中华人民共和国公民的人格尊严不受侵犯。禁止用任何方法对公民进行侮辱、诽谤和诬告陷害。第 39 条规定，中华人民共和国公民的住宅不受侵犯。禁止非法搜查或者非法侵入公民的住宅。第 40 条规定，中华人民共和国公民的通信自由和通信秘密受法律的保护。除因国家安全或者追查刑事犯罪的需要，由公安机关或者检察机关依照法律规定的程序对通信进行检查外，任何组织或者个人不得以任何理由侵犯公民的通信自由和通信秘密。

5. 社会经济权利

社会经济权利，指公民依照宪法的规定享有与经济利益相关的权利，是公民实现其他权利的物质保证。

（1）财产权，指公民对其合法的私有财产享有的不受非法侵犯的权利。《宪法》第 13 条规定，公民的合法的私有财产不受侵犯。国家依照法律规定保护公民的私有财产权和继承权。国家为了公共利益的需要，可以依照法律规定对公民的私有财产实行征收或者征用并给予补偿。

（2）劳动权，指有劳动能力的公民从事劳动并获取相应报酬的权利；是人们赖以生存的基本权利，也是其他权利的基础。我国《宪法》规定的劳动权既是公民的基本权利，也是公民的基本义务。《宪法》第 42 条规定，中华人民共和国公民有劳动的权利和义务。国家通过各种途径，创造劳动就业条件，加强劳动保护，改善劳动条件，并在发展生产的基础上，提高劳动报酬和福利待遇。劳动是一切有劳动能力的公民的光荣职责。国有企业和城乡集体经济组织的劳动者都应当以国家主人翁的态度对待自己的劳动。国家提倡社会主义劳动竞赛，奖励劳动模范和先进工作者。国家提倡公民从事义务劳动。国家对就业前的公民进行必要的劳动就业训练。

（3）休息权，是劳动者在劳动过程中，为保护身体健康，提高劳动效率，根据国家法律和制度的有关规定而享有的休息和休养的权利。《宪法》第 43 条规定，中华人民共和国劳动者有休息的权利。国家发展劳动者休息和休养的设施，规定职工的工作时间和休假制度。

（4）退休人员生活保障权。《宪法》第 44 条规定，国家依照法律规定实行企业事业组织的职工和国家机关工作人员的退休制度。退休人员的生活受到国家和社会的保障。

（5）物质帮助权。《宪法》第 45 条规定，中华人民共和国公民在年老、疾病或者丧失劳动能力的情况下，有从国家和社会获得物质帮助的权利。国家发展为公民享有这些权利所需要的社会保险、社会救济和医疗卫生事业。国家和社会保障残废军人的生活，抚恤烈士家属，优待军人家属。国家和社会帮助安排盲、聋、哑和其他有残疾的公民的劳动、生活和教育。

（6）文化教育权，指公民在文化与教育领域所享受的权利。①受教育权。《宪法》第 46 条规定，中华人民共和国公民有受教育的权利和义务。国家培养青年、少年、儿童在品德、智力、体质等方面全面发展。该权利对于建设社会主义精神文明、提高全民族的文化水平有着重要意义。②科学研究、文学艺术创作和其他文化活动的自由。第 47 条规定，中华人民共和国公民有进行科学研究、文学艺术创作和其他文化活动的自由。国家对于从事教育、科学、技术、文学、艺术和其他文化事业的公民的有益于人民的创造性工作，给以鼓励和帮助。

（7）监督权和国家赔偿请求权，是公民监督国家权力的运行过程、协调公民与政府之间的关系、使被侵犯的权利得到救济的重要形式。监督权，是指公民依照宪法和法律规定监督国家机关及其工作人员活动的权利。国家赔偿请求权是指由于国家机关和国家工作人员侵权而受到损失的公民，依照法律规定取得国家赔偿的权利。《宪法》第 41 条规定，中华人民共和国公民对于任何国家机关和国家工作人员，有提出批评和建议的权利；对于任何国家机关和国家工作人员的违法失职行为，有向有关国家机关提出申诉、控告或者检举的权利，但是不得捏造或者歪曲事实进行诬告陷害。对于公民的申诉、控告或者检举，有关国家机关必须查清事实，负责处理。任何人不得压制和打击报复。由于国家机关和国家工作人员侵犯公民权利而受到损失的人，有依照法律规定取得赔偿的权利。

三、公民的基本义务

1. 维护国家统一和各民族团结

坚持一个中国原则，维护国家统一和全国各民族团结。《宪法》第 52 条规定，中华人民共和国公民有维护国家统一和全国各民族团结的义务。

2. 遵守宪法和法律

《宪法》第 53 条规定，中华人民共和国公民必须遵守宪法和法律，保守国家秘密，爱护公共财产，遵守劳动纪律，遵守公共秩序，尊重社会公德。遵守宪法和法律是公民必须守法的总的原则规定。例如，在资源保护方面，《宪法》明确规定了公民对动植物保护、土地利用等义务。《宪法》第 9 条第 2 款规定，国家保障自然资源的合理利用，保护珍贵的动物和植物。禁止任何组织或者个人用任何手段侵占或者破坏自然资源。第 10 条规定，城市的土地属于国家所有。农村和城市郊区的土地，除由法律规定属于国家所有的以外，属于集体所有；宅基地和自留地、自留山，也属于集体所有。国家为了公共利益的需要，可以依照法律规定对土地实行征收或者征用并给予补偿。任何组织或者个人不得侵占、买卖或者以其他形式非法转让土地。土地的使用权可以依照法律的规定转让。一切使用土地的组织和个人必须合理地利用土地。

3. 维护祖国安全、荣誉和利益

国家的安全是每一个中国公民生产生活、安居乐业的必要条件，国家安全关系到国家的存在和发展；国家的荣誉和利益关系到祖国的尊严。《宪法》第 54 条规定，公民有维护祖国的安全、荣誉和利益的义务，不得有危害祖国的安全、荣誉和利益的行为。

4. 依法服兵役

维护国家独立和安全，是保卫社会主义现代化建设和人民幸福生活的需要。《宪法》第 55 条规定，保卫祖国、抵抗侵略是每一个公民的神圣职责。依照法律服兵役和参加民兵组织是中国公民的光荣义务。

5. 依法纳税

税收"取之于民，用之于民"，是国家筹措资金的重要方式、国民收入的重要来源，对于保障国家经济建设资金的需要、改善和提高人民生活有重要意义。《宪法》第 56 条规定，中华人民共和国公民有依照法律纳税的义务。

6. 宪法规定的其他义务

《宪法》规定的公民的基本义务还包括：第 42 条规定的劳动的义务；第 46 条规定的受教育的义务；第 49 条规定的夫妻双方有实行计划生育的义务，父母有抚养教育未成年子女的义务以及成年子女有赡养扶助父母的义务等。

第四节　国家机构

一、国家机构及其构成

国家机构，是一定社会的统治阶级为实现其统治职能而建立起来的进行国家管理和执行统治职能的国家机关的总和。国家机构的本质取决于国家的本质。国家机构实际上是掌握国家权力的阶级实现其阶级统治的工具。

依据《宪法》第三章规定，我国的国家机构包括：全国人民代表大会及其常务委员会；中华人民共和国主席；中华人民共和国国务院；中华人民共和国中央军事委员会；地方各级人民代表大会和地方各级人民政府；民族自治地方的自治机关；监察委员会；人民法院和人民检察院。

二、全国人大和全国人大常委会

1. 性质和地位

《宪法》第 57 条规定，中华人民共和国全国人民代表大会是最高国家权力机关。它的常设机关是全国人民代表大会常务委员会。第 58 条规定，全国人民代表大会和全国人民代表大会常务委员会行使国家立法权。

2. 组成和任期

《宪法》第 59 条第 1 款规定，全国人民代表大会由省、自治区、直辖市、特别行政区和军队选出的代表组成。各少数民族都应当有适当名额的代表。第 60 条第 1 款规定，全国人民代表大会每届任期 5 年。

3. 主要职权

（1）修宪与立法权。修改宪法，监督宪法实施；制定和修改刑事、民事、国家机构的和其他的基本法律。

（2）选举权。根据《宪法》第 62、第 65 条等规定，全国人大有权选举产生全国人大常委会委员长、副委员长、秘书长和委员，国家主席、副主席，中央军委主席，国家监察委员会主任，最高人民法院院长和最高人民检察院检察长。

（3）决定权。根据《宪法》第 62 条有关规定，全国人大根据国家主席的提名，决定国务院总理的人选，根据国务院总理的提名，决定国务院副总理、国务委员、各部部长、各委员会主任、审计长和秘书长的人选；全国人大根据中央军事委员会主席的提名，决定中央军事委员会其他组成人员的人选。

（4）罢免权。《宪法》第 63 条规定，全国人民代表大会有权罢免中华人民共和国主席、副主席；国务院总理、副总理、国务委员、各部部长、各委员会主任、审计长、秘书长；中央军事委员会主席和中央军事委员会其他组成人员；国家监察委员会主任；最高人民法院院长；最高人民检察院检察长。第 77 条规定，全国人民代表大会代表受原选举单位的监督。原选举单位有权依照法律规定的程序罢免本单位选出的代表。

（5）重大事项决定权。审批国民经济和社会发展计划和计划执行情况的报告，以及预算和预算执行情况的报告；批准省、自治区、直辖市的建置；决定特别行政区的设立及其制度；决定战争和和平问题；应当由最高国家权力机关行使的其他职权。

三、国家主席

1. 宪法地位

中华人民共和国主席对内对外代表国家，依法行使《宪法》规定的国家主席职权，是我国国家机构的重要组成部分。《宪法》第 79 条规定，中华人民共和国主席、副主席由全国人民代表大会选举。有选举权和被选举权的年满 45 周岁的中华人民共和国公民可以被选为中华人民共和国主席、副主席。中华人民共和国主席、副主席每届任期同全国人民代表大会每届任期相同。

2. 主要职权

《宪法》第 80 条规定，中华人民共和国主席根据全国人民代表大会的决定和全国人民代表大会常务委员会的决定，公布法律，任免国务院总理、副总理、国务委员、各部部长、各委员会主任、审计长、秘书长，授予国家的勋章和荣誉称号，发布特赦令，宣布进入紧急状态，宣布战争状态，发布动员令。第 81 条规定，中华人民共和国主席代表中华人民共和国，进行国事活动，接受外国使节；根据全国人民代表大会常务委员会的决定，派遣和召回驻外全权代表，批准和废除同外国缔结的条约和重要协定。第 82 条规定，中华人民共和国副主席协助主席工作。中华人民共和国副主席受主席的委托，可以代行主席的部分职权。

四、国务院

1. 性质和地位

《宪法》第 85 条规定，中华人民共和国国务院，即中央人民政府，是最高国家权力机关的执行机关，是最高国家行政机关。地方各级人民政府都要接受国务院的领导。

2. 组成和任期

《宪法》第 86 条第 1 款规定，国务院组成人员包括总理、副总理、国务委员、各部部长、各委员会主任、审计长、秘书长。根据《国务院关于中国人民银行专门行使中央银行职能的决定》《中国人民银行法》《国务院行政机构设置和编制管理条例》等规定，中国人民银行属于国务院的组成部分，人民银行行长属于国务院组成人员。《宪法》第 87 条规定，国务院每届任期同全国人民代表大会每届任期相同。总理、副总理、国务委员连续任职不得超过两届。

3. 工作机制和职权

《宪法》第 86 条第 2 款规定，国务院实行总理负责制，各部、各委员会实行部长、主任负责制。第 89 条规定，国务院主要行使下列职权：①制定行政法规；②制定行政措施；③提出议案权；④批准省、自治区、直辖市的区域划分，批准自治州、县、自治县、市的建置和区域划分；⑤依照法律决定省、自治区、直辖市的范围内部分地区进入紧急状态。

五、中央军事委员会

1. 性质和地位

《宪法》第93条规定，中华人民共和国中央军事委员会领导全国武装力量。

2. 组成和任期

《宪法》第93条规定，中央军事委员会由下列人员组成：主席，副主席若干人，委员若干人。中央军事委员会实行主席负责制。中央军事委员会每届任期同全国人民代表大会每届任期相同。

3. 领导机制

《宪法》第94条规定，中央军事委员会主席对全国人大和全国人大常委会负责。第67条第6项规定，全国人大常委会监督中央军事委员会的工作。

六、监察委员会

1. 产生和组成

《宪法》第123条规定，中华人民共和国各级监察委员会是国家的监察机关。第124条规定，中华人民共和国设立国家监察委员会和地方各级监察委员会。监察委员会由主任，副主任若干人，委员若干人组成。监察委员会主任每届任期同本级人民代表大会每届任期相同。国家监察委员会主任连续任职不得超过两届。监察委员会的组织和职权由法律规定。

2. 地位和职权

《宪法》第125条规定，中华人民共和国国家监察委员会是最高监察机关。国家监察委员会领导地方各级监察委员会的工作，上级监察委员会领导下级监察委员会的工作。第126条规定，国家监察委员会对全国人民代表大会和全国人民代表大会常务委员会负责。地方各级监察委员会对产生它的国家权力机关和上一级监察委员会负责。

《宪法》第127条规定，监察委员会依照法律规定独立行使监察权，不受行政机关、社会团体和个人的干涉。监察机关办理职务违法和职务犯罪案件，应当与审判机关、检察机关、执法部门互相配合，互相制约。

七、人民法院和人民检察院

1. 组织、职权和工作机制

（1）人民法院的组织、职权和工作机制

①各级人民法院的设置。《宪法》第 128 条规定，中华人民共和国人民法院是国家的审判机关。第 129 条规定，中华人民共和国设立最高人民法院、地方各级人民法院和军事法院等专门人民法院。最高人民法院院长每届任期同全国人民代表大会每届任期相同，连续任职不得超过两届。

最高人民法院是中华人民共和国的最高审判机关。地方各级人民法院，分为基层人民法院、中级人民法院和高级人民法院。专门人民法院，包括军事法院和海事法院等。

②最高人民法院的领导体制与职权。《宪法》第 132 条规定，最高人民法院是最高审判机关。最高人民法院监督地方各级人民法院和专门人民法院的审判工作，上级人民法院监督下级人民法院的审判工作。第 133 条规定，最高人民法院对全国人民代表大会和全国人民代表大会常务委员会负责。地方各级人民法院对产生它的国家权力机关负责。第 131 条规定，人民法院依照法律规定独立行使审判权，不受行政机关、社会团体和个人的干涉。

（2）人民检察院的组织、职权和工作机制

①各级人民检察院的设置。《宪法》第 134 条规定，中华人民共和国人民检察院是国家的法律监督机关。第 135 条规定，中华人民共和国设立最高人民检察院、地方各级人民检察院和军事检察院等专门人民检察院。最高人民检察院检察长每届任期同全国人民代表大会每届任期相同，连续任职不得超过两届。

②检察系统的领导体制。《宪法》第 137 条规定，最高人民检察院是最高检察机关。最高人民检察院领导地方各级人民检察院和专门人民检察院的工作，上级人民检察院领导下级人民检察院的工作。第 138 条规定，最高人民检察院对全国人民代表大会和全国人民代表大会常务委员会负责。地方各

级人民检察院对产生它的国家权力机关和上级人民检察院负责。第 136 条规定，人民检察院依照法律规定独立行使检察权，不受行政机关、社会团体和个人的干涉。

2. 司法权、司法公信力与公益诉讼监督

司法权，即承担国家司法职能、行使国家司法权力的职责和权力。该职权对于司法主体而言是一种权力；对于国家而言，它又是司法主体的一项职责和义务。司法职权分为审判权和检察权及法律监督权，即由人民法院行使的国家审判权和由人民检察院行使的国家检察权和法律监督权。《宪法》第 71 条规定，全国人民代表大会和全国人民代表大会常务委员会认为必要的时候，可以组织关于特定问题的调查委员会，并且根据调查委员会的报告，作出相应的决议。调查委员会进行调查的时候，一切有关的国家机关、社会团体和公民都有义务向它提供必要的材料。

司法公信力是司法机关依法行使司法权的客观表现，是裁判过程和裁判结果得到民众充分信赖、尊重与认同的高度反映。司法公信力一方面体现为民众对司法的充分信任与尊重，包括对司法主体的充分信任与尊敬，对司法过程的充分信赖与认同，对司法裁判的自觉服从与执行；另一方面则体现为法律在整个社会的权威与尊严已经树立，广大民众对法律持有十足的信心。

公益诉讼监督规则为，应当遵守宪法、法律和相关法规，秉持客观公正立场，遵循相关诉讼制度的基本原则和程序规定，坚持司法公开；依照规定接受人民监督员监督等。《人民检察院公益诉讼办案规则》第 3 条规定，人民检察院办理公益诉讼案件，应当遵守宪法、法律和相关法规，秉持客观公正立场，遵循相关诉讼制度的基本原则和程序规定，坚持司法公开。第 4 条规定，人民检察院通过提出检察建议、提起诉讼和支持起诉等方式履行公益诉讼检察职责。第 12 条规定，人民检察院办理公益诉讼案件，依照规定接受人民监督员监督。

八、地方人大与地方政府

1. 中央和地方国家机关关系及职权的划分

《宪法》第 2 条规定，人民行使国家权力的机关是全国人民代表大会和

地方各级人民代表大会。第 3 条规定，中央和地方的国家机构职权的划分，遵循在中央的统一领导下，充分发挥地方的主动性、积极性的原则。

2. 地方人大组成和职权

（1）地方人大及其组成。《宪法》第 95 条规定，省、直辖市、县、市、市辖区、乡、民族乡、镇设立人民代表大会和人民政府。地方各级人民代表大会和地方各级人民政府的组织由法律规定。自治区、自治州、自治县设立自治机关。自治机关的组织和工作根据《宪法》第三章第五节、第六节规定的基本原则由法律规定。第 96 条规定，地方各级人民代表大会是地方国家权力机关。县级以上的地方各级人民代表大会设立常务委员会。

《宪法》第 97 条规定，省、直辖市、设区的市的人民代表大会代表由下一级的人民代表大会选举；县、不设区的市、市辖区、乡、民族乡、镇的人民代表大会代表由选民直接选举。地方各级人民代表大会代表名额和代表产生办法由法律规定。第 98 条规定，地方各级人民代表大会每届任期 5 年。

（2）地方人大的职权。①立法权。《宪法》第 100 条规定，省、直辖市的人民代表大会和它们的常务委员会，在不同宪法、法律、行政法规相抵触的前提下，可以制定地方性法规，报全国人民代表大会常务委员会备案。设区的市的人民代表大会和它们的常务委员会，在不同宪法、法律、行政法规和本省、自治区的地方性法规相抵触的前提下，可以依照法律规定制定地方性法规，报本省、自治区人民代表大会常务委员会批准后施行。②选举权和罢免权。《宪法》第 101 条规定，地方各级人民代表大会分别选举并且有权罢免本级人民政府的省长和副省长、市长和副市长、县长和副县长、区长和副区长、乡长和副乡长、镇长和副镇长。县级以上的地方各级人民代表大会选举并且有权罢免本级监察委员会主任、本级人民法院院长和本级人民检察院检察长。选出或者罢免人民检察院检察长，须报上级人民检察院检察长提请该级人民代表大会常务委员会批准。③重大事项决定权。《宪法》第 99 条规定，地方各级人民代表大会在本行政区域内，保证宪法、法律、行政法规的遵守和执行；依照法律规定的权限，通过和发布决议，审查和决定地方的经济建设、文化建设和公共事业建设的计划。县级以上的地方各级人民代表大会审查和批准本行政区域内的国民经济和社会发展计划、预算以及它们的执行情况的报告；有权改变或者撤销本级人民代表大会常务委员会不适当的决定。民族乡的人民代表大会可以依照法律规定的权限采取适合民族特点的具体措施。

全国人大与地方人大职权对比见表 4–1。

表 4–1　全国人大与地方人大职权对比

职权类型	全国人大（最高国家权力机关）	法律依据	地方人大（地方国家权力机关）	法律依据
立法权	· 修改宪法，制定和修改刑事、民事、国家机构的和其他的基本法律 · 监督宪法实施	第 62 条	· 省、直辖市的人民代表大会和它们的常务委员会：制定地方性法规，报全国人民代表大会常务委员会备案 · 设区的市的人民代表大会和它们的常务委员会：依照法律规定制定地方性法规，报本省、自治区人民代表大会常务委员会批准后施行	第 100 条
选举权	· 选举中华人民共和国主席、副主席，中央军事委员会主席，国家监察委员会主任，最高人民法院院长和最高人民检察院检察长	第 62 条	· 地方各级人民代表大会：选举本级人民政府的省长和副省长、市长和副市长等 · 县级以上的地方各级人民代表大会：选举本级监察委员会主任、本级人民法院院长和本级人民检察院检察长	第 101 条
决定权	· 根据国家主席提名决定国务院总理的人选，根据国务院总理的提名，决定国务院其他组成人员 · 审查和批准国民经济和社会发展计划及执行情况的报告 · 审查和批准国家的预算及执行情况报告 · 批准省、自治区和直辖市的建置 · 决定特别行政区的设立及其制度 · 决定战争和和平的问题	第 62 条	· 地方各级人民代表大会：在本行政区域内保证宪法、法律、行政法规的遵守和执行；依照法律规定的权限通过和发布决议，审查和决定地方的经济建设、文化建设和公共事业建设的计划 · 县级以上的地方各级人民代表大会：审查和批准本行政区域内的国民经济和社会发展计划、预算以及它们的执行情况的报告；有权改变或者撤销本级人民代表大会常务委员会不适当的决定	第 99 条

续表

职权类型	全国人大 （最高国家权力机关）	法律依据	地方人大 （地方国家权力机关）	法律依据
罢免权	·罢免中华人民共和国主席、副主席；国务院总理、副总理、国务委员、各部部长、各委员会主任、审计长、秘书长；中央军事委员会主席和中央军事委员会其他组成人员；国家监察委员会主任；最高人民法院院长；最高人民检察院检察长	第 63 条	·地方各级人民代表大会：罢免本级人民政府的省长和副省长、市长和副市长等 ·县级以上的地方各级人民代表大会：罢免本级监察委员会主任、本级人民法院院长和本级人民检察院检察长	第 101 条
特殊职权	应当由最高国家权力机关行使的其他职权	第 62 条	民族乡的人民代表大会可以依照法律规定的权限采取适合民族特点的具体措施	第 99 条

3. 地方政府组成和职权

（1）地方政府及其组成。《宪法》第 105 条第 1 款规定，地方各级人民政府是地方各级国家权力机关的执行机关，是地方各级国家行政机关。从属于本级国家权力机关，由它产生，向它负责；此外，还要服从上级人民政府的领导，向上一级人民政府负责和报告工作，执行上级行政机关的决定和命令。《宪法》第 105 条第 2 款规定，地方各级人民政府实行省长、市长、县长、区长、乡长、镇长负责制。第 106 条规定，地方各级人民政府每届任期同本级人民代表大会每届任期相同。

（2）地方政府职权。《宪法》第 107 条规定，地方各级人民政府主要行使下列职权：①县级以上地方各级人民政府依照法律规定的权限，管理本行政区域内的经济、教育、科学、文化、卫生、体育事业、城乡建设事业和财政、民政、公安、民族事务、司法行政、计划生育等行政工作，发布决定和命令，任免、培训、考核和奖惩行政工作人员。②乡、民族乡、镇的人民政府执行本级人民代表大会的决议和上级国家行政机关的决定和命令，管理本行政区域内的行政工作。③省、直辖市的人民政府决定乡、民族乡、镇的建置和区域划分。

国务院与地方政府职权对比见表 4–2。

表 4–2　国务院与地方政府职权对比

职权类型	国务院 （最高国家行政机关）	法律依据	地方政府 （地方国家行政机关）	法律依据
行政立法权	·规定行政措施，制定行政法规，发布决定和命令	第 89 条	·依照法律规定的权限，发布决定和命令	第 107 条
区域管理	·批准省、自治区、直辖市的区域划分；批准自治州、县、自治县、市的建置和区域划分	第 89 条	·省、直辖市的人民政府决定乡、民族乡、镇的建置和区域划分	第 107 条
紧急状态	·依照法律决定省、自治区、直辖市范围内部分地区进入紧急状态	第 89 条	·无此项职权	
行政管辖权	·统一领导各部、各委员会及全国性行政工作 ·统一领导全国地方各级国家行政机关的工作，规定中央地方行政机关的职权划分	第 89 条	·管理本行政区域内的经济、教育、科学、文化、卫生、体育事业、城乡建设事业和财政、民政、公安、民族事务、司法行政、计划生育等行政工作	第 107 条
人事权	·审定行政机构的编制，依照法律规定任免、培训、考核和奖惩行政人员	第 89 条	·依照法律规定的权限，任免、培训、考核和奖惩行政工作人员	第 107 条
监督与调整权	·改变或者撤销各部、各委员会发布的不适当命令、指示和规章	第 89 条	·有权改变或者撤销所属各工作部门和下级人民政府的不适当的决定	第 108 条
特殊职权	·管理对外事务，同外国缔结条约和协定 ·领导和管理国防建设事业	第 89 条	·无国防、外交等全国性职权	

第五章 宪法相关法的基本知识

章节练习
增值服务

学习目的

了解:《宪法》《中华人民共和国国旗法》(以下简称《国旗法》)、《中华人民共和国国歌法》(以下简称《国歌法》)、《中华人民共和国国徽法》(以下简称《国徽法》)关于首都、国旗、国歌、国徽的规定;《中华人民共和国香港特别行政区维护国家安全法》(以下简称《香港维护国家安全法》)关于中央人民政府驻香港特别行政区维护国家安全机构及其职责的规定。**熟悉:**《香港维护国家安全法》关于总则的规定;《中华人民共和国英雄烈士保护法》(以下简称《英烈保护法》)关于烈士的历史功勋、人民英雄纪念碑的法律地位、纪念缅怀英雄烈士活动、弘扬传承英雄烈士精神、烈士褒扬和遗属抚恤的规定;《宗教事务条例》关于总则以及宗教活动场所、宗教活动的规定;《伊斯兰教朝觐事务管理办法》关于总则以及朝觐人员确定、境内组织工作、境内组织工作及相关法律责任的规定。**掌握:**《香港维护国家安全法》关于分裂国家罪、颠覆国家政权罪、恐怖活动罪罪行和处罚的规定;《英烈保护法》关于英雄烈士姓名、肖像、名誉荣誉法律保护及其相关法律责任的规定。

第一节　国家标志

国家标志一般指由宪法和法律规定的，代表国家的主权、独立和尊严的象征和标志，主要包括国旗、国歌、国徽和首都等。它反映了一个国家的历史传统、民族精神，甚至反映了国家性质与政权组织形式的特点，有利于增强国民的民族自豪感和爱国热情。世界各国几乎都有自己的国家标志。

一、国旗

国旗是国家的象征和标志，代表国家的权威和尊严。为了维护国家的形象和尊严，增强公民的国家观念和爱国意识，弘扬爱国主义精神，规范国旗的使用，1990 年 6 月 28 日第七届全国人大常委会第十四次会议通过《国旗法》，并于 2009 年、2020 年历经两次修订。

1. 国旗的构成

《国旗法》第 2 条规定，中华人民共和国国旗是五星红旗。我国国旗为红色，长方形，长与高之比为 3∶2。旗面为红色，象征革命；左上方缀五颗黄色五角星，象征中国共产党领导下的革命大团结，黄色五角星象征在红色大地上呈现光明。五星中，一星较大，其外接圆直径为旗高的 3/10，居左；另外四颗五角星较小，其外接圆直径为旗高的 1/10，环绕于大五角星的右侧，并各有一个角尖正对大五角星的中心点，表示亿万人民心向伟大的中国共产党，形式上显得紧凑、美观。旗杆套为白色，与旗面的红色相区别。《国旗法》第 3 条规定，国旗的通用尺寸为国旗制法说明中所列明的五种尺度。特殊情况使用其他尺度的国旗，应当按照通用尺度成比例适当放大或者缩小。国旗、旗杆的尺度比例应当适当，并与使用目的、周围建筑、周边环境相适应。

2. 国旗的升挂

（1）升挂场合。《国旗法》第 5～8 条规定了升挂国旗的场地和适宜场合，包括：一是北京天安门广场、新华门；中国共产党中央委员会，全国人民代表大会常务委员会，国务院，中央军事委员会，中国共产党中央纪律检查委员会、国家监察委员会，最高人民法院，最高人民检察院；中国人民政治协商会议全国委员会；外交部；出境入境的机场、港口、火车站和其他边境口岸，边防海防哨所等，应当每日升挂国旗。二是中国共产党中央各部门和地方各级委员会；国务院各部门；地方各级人民代表大会常务委员会；地方各级人民政府；中国共产党地方各级纪律检查委员会、地方各级监察委员会；地方各级人民法院和专门人民法院；地方各级人民检察院和专门人民检察院；中国人民政治协商会议地方各级委员会；各民主党派、各人民团体；中央人民政府驻香港特别行政区有关机构、中央人民政府驻澳门特别行政区有关机构，应当在工作日升挂国旗。三是学校除寒假、暑假和休息日外，应当每日升挂国旗；有条件的幼儿园参照学校的规定升挂国旗。四是图书馆、博物馆、文化馆、美术馆、科技馆、纪念馆、展览馆、体育馆、青少年宫等公共文化体育设施应当在开放日升挂、悬挂国旗。五是国庆节、国际劳动节、元旦、春节和国家宪法日等重要节日、纪念日，各级国家机关、各人民团体以及大型广场、公园等公共活动场所应当升挂国旗；企业事业组织，村民委员会、居民委员会，居民院（楼、小区）有条件的应当升挂国旗。民族自治地方在民族自治地方成立纪念日和主要传统民族节日应当升挂国旗。举行宪法宣誓仪式时，应当在宣誓场所悬挂国旗。六是举行重大庆祝、纪念活动，大型文化、体育活动，大型展览会，可以升挂国旗。此外，为了鼓励公民升挂国旗，《国旗法》第 9 条规定，国家倡导公民和组织在适宜的场合使用国旗及其图案，表达爱国情感。

（2）升挂时间。《国旗法》第 13 条规定，一般情况下国旗应当早晨升起，傍晚降下。遇有恶劣天气，可以不升挂。

（3）升挂仪式。《国旗法》第 14 条规定，升挂国旗时，可以举行升旗仪式。举行升旗仪式时，应当奏唱国歌。在国旗升起的过程中，在场人员应当面向国旗肃立，行注目礼或者按照规定要求敬礼，不得有损害国旗尊严的行为。北京天安门广场每日举行升旗仪式。学校除假期外，每周举行一次升旗仪式。

第 17 条规定，升挂国旗，应当将国旗置于显著的位置。列队举持国旗和其他旗帜行进时，国旗应当在其他旗帜之前。国旗与其他旗帜同时升挂时，应当将国旗置于中心、较高或者突出的位置。在外事活动中同时升挂两个以上国家的国旗时，应当按照外交部的规定或者国际惯例升挂。

（4）升挂规范。《国旗法》第18条规定，在直立的旗杆上升降国旗，应当徐徐升降。升起时，必须将国旗升至杆顶；降下时，不得使国旗落地。

3. 下半旗、覆盖国旗的规定

（1）下半旗的适用条件。《国旗法》第15条规定，中华人民共和国主席、全国人民代表大会常务委员会委员长、国务院总理、中央军事委员会主席；中国人民政治协商会议全国委员会主席逝世后可下半旗志哀。除此之外，还规定了三种情况：一是为了增强公民的爱国意识，规定表彰那些“对中华人民共和国作出杰出贡献的人”逝世后可以下半旗；二是为了表明我国的国际主义态度，参照外国的做法，规定“对世界和平或者人类进步事业作出杰出贡献的人”逝世后可以下半旗；三是为了表示国家对重大伤亡事故或者因重大自然灾害造成人员伤亡的哀悼，规定“举行国家公祭仪式或者发生严重自然灾害、突发公共卫生事件以及其他不幸事件造成特别重大伤亡的”可以下半旗。

同时，《国旗法》第18条规定，下半旗时，应当先将国旗升至杆顶，然后降至旗顶与杆顶之间的距离为旗杆全长的三分之一处；降下时，应当先将国旗升至杆顶，然后再降下。

（2）覆盖国旗的适用条件。《国旗法》第16条规定，下列人士逝世，举行哀悼仪式时，其遗体、灵柩或者骨灰盒可以覆盖国旗：一是中华人民共和国主席、全国人民代表大会常务委员会委员长、国务院总理、中央军事委员会主席；中国人民政治协商会议全国委员会主席；对中华人民共和国作出杰出贡献的人；二是烈士；三是国家规定的其他人士。覆盖国旗时，国旗不得触及地面，仪式结束后应当将国旗收回保存。

4. 监督管理与法律责任

（1）监督管理。为加强国旗使用的监督管理，明确具体涉及国旗制作、销售、升挂、使用、回收等方面监管责任，《国旗法》第22条规定，国务院办公厅统筹协调全国范围内国旗管理有关工作。地方各级人民政府统筹协调本行政区域内国旗管理有关工作。各级人民政府市场监督管理部门对国旗的制作和销售实施监督管理。县级人民政府确定的部门对本行政区域内国旗的升挂、使用和收回实施监督管理。外交部、国务院交通主管部门、中央军事委员会有关部门对各自管辖范围内国旗的升挂、使用和收回实施监督管理。

（2）法律责任。国旗是中华人民共和国的象征和标志。每个公民和组织，都应当尊重和爱护国旗。《国旗法》第19条规定，不得升挂或者使用破损、污损、褪色或者不合规格的国旗，不得倒挂、倒插或者以其他有损国旗尊严的方式升挂、使用国旗。不得随意丢弃国旗。破损、污损、褪色或者不合规格的国旗应当按照国家有关规定收回、处置。大型群众性活动结束后，活动主办方应当收回或者妥善处置活动现场使用的国旗。第23条规定，在公共场合故意以焚烧、毁损、涂划、玷污、践踏等方式侮辱中华人民共和国国旗的，依法追究刑事责任；情节较轻的，由公安机关处以15日以下拘留。

二、国歌

国歌是国家的重要象征和标志，承载着爱国情怀和民族精神。在举行隆重集会、庆典以及国际交往等仪式时，通常以奏唱国歌的形式表达爱国之情。为了维护国歌的尊严，规范国歌的奏唱、播放和使用，增强公民的国家观念，弘扬爱国主义精神，2017年9月1日，第十二届全国人大常委会第二十九次会议表决通过《国歌法》。

1. 国歌的地位

《国歌法》规定，中华人民共和国国歌是《义勇军进行曲》，国歌是中华人民共和国的象征和标志，一切公民和组织都应当尊重国歌，维护国歌的尊严。

2. 国歌的奏唱

根据实际做法并结合现行规定和有关惯例，《国歌法》第4条明确规定下列场合应当奏唱国歌，包括全国人民代表大会和地方各级人民代表大会会议的开幕、闭幕；中国人民政治协商会议全国委员会和地方委员会会议的开幕、闭幕；各政党、各人民团体的各级代表大会等；宪法宣誓仪式；升国旗仪式；各级机关举行或者组织的重大庆典、表彰、纪念仪式等；国家公祭仪式；重大外交活动；重大体育赛事；其他应当奏唱国歌的场合。此外，国家倡导公民和组织在适宜的场合奏唱国歌，表达爱国情感。同时还规定，不得在私人丧事活动等不适宜的场合奏唱、播放国歌。国歌不得用于或者变相用于商标、广告、公共场所使用的背景音乐等。

3. 奏唱国歌的形式和礼仪

为了体现国歌的严肃性和权威性，《国歌法》第 6 条规定，奏唱国歌，应当按照本法规定的歌词和曲谱，不得采取有损国歌尊严的奏唱形式。为增强奏唱国歌的仪式感，体现对国家象征的尊重和维护，《国歌法》第 7 条规定，奏唱国歌时，在场人员应当肃立，举止庄重，不得有不尊重国歌的行为。

4. 国歌标准曲谱和官方录音版本

《国歌法》第 10 条规定，在本法规定应当奏唱国歌的场合奏唱、播放国歌的，应当使用国歌标准演奏曲谱和国歌官方录音版本。外交部及驻外外交机构、国务院体育行政部门应当将国歌标准演奏曲谱和国歌官方录音版本送交有关国家外交部门、有关国际组织，供外交活动或者国际体育赛事中使用。同时还规定，国歌标准演奏曲谱、国歌官方录音版本由国务院确定的部门组织审定、录制，并在中国人大网和中国政府网上发布。

5. 法律责任与监督管理

《国歌法》第 15 条规定，在公共场合，故意篡改国歌歌词、曲谱，以歪曲、贬损方式奏唱国歌，或者以其他方式侮辱国歌的，由公安机关处以警告或者 15 日以下拘留；构成犯罪的，依法追究刑事责任。县级以上各级人民政府及其有关部门在各自职责范围内，对国歌的奏唱、播放和使用进行监督管理。

三、国徽

国徽是国家的象征和标志，代表着国家的权威与尊严。为了维护国徽的尊严，正确使用国徽，增强公民的国家观念，弘扬爱国主义精神，1991 年 3 月 2 日，第七届全国人大常委会第十八次会议通过《国徽法》。

1. 国徽的构成

《国徽法》第 2 条规定，国徽的中间是五星照耀下的天安门，周围是谷穗和齿轮。谷穗、五星、天安门、齿轮为金色，圆环内的底色及垂绶为红色，金、红两色是象征吉祥喜庆的中国传统色彩。天安门图案象征中国各族人民的革命传统和反帝反封建的不屈不挠的民族精神；齿轮和谷穗象征工人阶级和农民阶级；五颗星则代表中国共产党领导下的各族人民大团结。

2. 国徽的悬挂

《国徽法》第 4 条规定，下列机构应当在机关正门上方正中处悬挂国徽：各级人民代表大会常务委员会；各级人民政府；中央军事委员会；各级监察委员会；各级人民法院和专门人民法院；各级人民检察院和专门人民检察院；外交部；国家驻外使馆、领馆和其他外交代表机构；中央人民政府驻香港特别行政区有关机构、中央人民政府驻澳门特别行政区有关机构。第 5 条规定，下列场所应当悬挂国徽：北京天安门城楼、人民大会堂；县级以上各级人民代表大会及其常务委员会会议厅，乡、民族乡、镇的人民代表大会会场；各级人民法院和专门人民法院的审判庭；宪法宣誓场所；出境入境口岸的适当场所。

3. 国徽图案的使用

（1）使用情形。《国徽法》第 6 条规定，下列机构的印章应当刻有国徽图案：全国人民代表大会常务委员会，国务院，中央军事委员会，国家监察委员会，最高人民法院，最高人民检察院；全国人民代表大会各专门委员会和全国人民代表大会常务委员会办公厅、工作委员会，国务院各部、各委员会、各直属机构、国务院办公厅以及国务院规定应当使用刻有国徽图案印章的办事机构，中央军事委员会办公厅以及中央军事委员会规定应当使用刻有国徽图案印章的其他机构；县级以上地方各级人民代表大会常务委员会、人民政府、监察委员会、人民法院、人民检察院，专门人民法院，专门人民检察院；国家驻外使馆、领馆和其他外交代表机构。同时还规定，上述机构应当在其网站首页显著位置使用国徽图案。

《国徽法》第 8 条规定，下列文书、出版物等应当印有国徽图案：全国人民代表大会常务委员会、中华人民共和国主席和国务院颁发的荣誉证书、任命书、外交文书；中华人民共和国主席、副主席，全国人民代表大会常务委员会委员长、副委员长，国务院总理、副总理、国务委员，中央军事委员会主席、副主席，国家监察委员会主任，最高人民法院院长和最高人民检察院检察长以职务名义对外使用的信封、信笺、请柬等；全国人民代表大会常务委员会公报、国务院公报、最高人民法院公报和最高人民检察院公报的封面；国家出版的法律、法规正式版本的封面。

同时，《国徽法》还规定，标示国界线的界桩、界碑和标示领海基点方位的标志碑以及其他用于显示国家主权的标志物可以使用国徽图案。中国人民银行发行的法定货币可以使用国徽图案。此外，国家机关和武装力量的徽章可以将国徽图案作为核心图案。公民在庄重的场合可以佩戴国徽徽章，表达爱国情感。

（2）禁止使用情形。《国徽法》第 13～14 条规定，国徽及其图案不得用于商标、授予专利权的外观设计、商业广告；日常用品、日常生活的陈设布置；私人庆吊活动以及国务院办公厅规定不得使用国徽及其图案的其他场合。

4. 监督管理与法律责任

（1）监督管理。《国徽法》第 17 条规定，国务院办公厅统筹协调全国范围内国徽管理有关工作。地方各级人民政府统筹协调本行政区域内国徽管理有关工作。各级人民政府市场监督管理部门对国徽的制作和销售实施监督管理。县级人民政府确定的部门对本行政区域内国徽的悬挂、使用和收回实施监督管理。

（2）法律责任。为了维护国徽的尊严和使用国徽的严肃性，《国徽法》第 14 条规定，不得悬挂破损、污损或者不合规格的国徽。《国徽法》第 18 条规定，在公共场合故意以焚烧、毁损、涂划、玷污、践踏等方式侮辱中华人民共和国国徽的，依法追究刑事责任；情节较轻的，由公安机关处以 15 日以下拘留。

四、首都

首都是一国政府所在地和政治、经济和文化活动的中心，是各类国家级机关集中驻扎地，是国家主权的象征城市。我国《宪法》第 143 条规定，中华人民共和国首都是北京。

1949 年 9 月 27 日，中国人民政治协商会议第一届全体会议一致通过：中华人民共和国的首都定于北平，并决定自即日起，改北平为北京。北京是中国共产党中央委员会、全国人民代表大会、中华人民共和国政府和政协全国委员会的所在地，是中央四个直辖市之一，是全国政治、经济和科学文化的中心，也是国内国际交往的中心之一，是中国历史文化名城和古都之一。

第二节　香港维护国家安全法

一、概述

1. 立法目的

2020 年 6 月 30 日，十三届全国人大常委会第二十次会议第二次全体会议经表决，全票通过《香港维护国家安全法》，同时决定将其列入《中华人民共和国香港特别行政区基本法》附件三，明确由香港特别行政区在当地公布实施。

《香港维护国家安全法》第 1 条规定，为坚定不移并全面准确贯彻“一国两制”、“港人治港”、高度自治的方针，维护国家安全，防范、制止和惩治与香港特别行政区有关的分裂国家、颠覆国家政权、组织实施恐怖活动和勾结外国或者境外势力危害国家安全等犯罪，保持香港特别行政区的繁荣和稳定，保障香港特别行政区居民的合法权益，根据中华人民共和国宪法、中华人民共和国香港特别行政区基本法和全国人民代表大会关于建立健全香港特别行政区维护国家安全的法律制度和执行机制的决定，制定本法。

2. 立法意义

（1）推进依法治港基本方略。《香港维护国家安全法》的制定和出台是依法治港、推进国家治理体系和治理能力现代化的必然要求，是有效防控国家安全风险的当务之急，标志着中央更加注重治港制度的顶层设计，更加注重法治思维，更加注重标本兼治、刚柔相济，更加注重用好宪法和基本法赋予中央的权力，并且和香港特区的治理体系有机结合，从而牢牢地把握香港局势发展的大方向和主导权。

（2）筑牢“一国两制”事业根基。《香港维护国家安全法》是继香港基本法之后，中央为香港专门制定的第二部重要法律，体现了全面准确贯彻“一国两制”方针的总要求，把“一国两制”的原则和底线进一步法律化，依法构筑起香港特别行政区维护国家安全的强大屏障，对维护国家主权、安全、发展利益，维护香港长治久安和长期繁荣稳定，具有十分重要而深远的意义。

（3）维护香港长期繁荣稳定。《香港维护国家安全法》有效防范、制止和惩治与香港特别行政区有关的危害国家安全犯罪，惩治极少数严重危害国家安全的犯罪分子，对干预香港事务的外部势力形成震慑，充分保护香港居民的生命财产安全和所享有合法权益自由，是一部符合香港市民根本利益、全面保障香港繁荣稳定、有利于香港发展长远利益的法律。

二、总则

1. 香港特区基本法的根本性条款

《香港维护国家安全法》第 2 条规定，香港特别行政区任何机构、组织和个人行使权利和自由，不得违背香港特别行政区基本法第 1 条和第 12 条的规定。

《香港特别行政区基本法》第 1 条规定，香港特别行政区是中华人民共和国不可分离的部分。第 12 条规定，香港特别行政区是中华人民共和国的一个享有高度自治权的地方行政区域，直辖于中央人民政府。

2. 香港特区维护国家安全的职责

《香港维护国家安全法》第 3 条规定，中央人民政府对香港特别行政区有关的国家安全事务负有根本责任。香港特别行政区负有维护国家安全的宪制责任，应当履行维护国家安全的职责。香港特别行政区行政机关、立法机关、司法机关应当依据有关法律规定有效防范、制止和惩治危害国家安全的行为和活动。

3. 香港特区居民依法享有的权利和自由

《香港维护国家安全法》第 4 条规定，香港特别行政区维护国家安全应当尊重和保障人权，依法保护香港特别行政区居民根据香港特别行政区基本法和《公民权利和政治权利国际公约》《经济、社会及文化权利国际公约》适用于香港的有关规定享有的包括言论、新闻、出版的自由，结社、集会、游行、示威的自由在内的权利和自由。第 5 条规定，防范、制止和惩治危害国家安全犯罪，应当坚持法治原则。法律规定为犯罪行为的，依照法律定罪处刑；法律没有规定为犯罪行为的，不得定罪处刑。任何人未经司法机关判罪之前均假定无罪。保障犯罪嫌疑人、被告人和其他诉讼参与人依法享有的辩护权和其他诉讼权利。任何人已经司法程序被最终确定有罪或者宣告无罪的，不得就同一行为再予审判或者惩罚。

上述规定表明，《香港维护国家安全法》明确规定香港特别行政区维护国家安全应当尊重和保障人权。

4. 香港特区机构、组织和个人维护国家安全的职责

《香港维护国家安全法》第6条规定，维护国家主权、统一和领土完整是包括香港同胞在内的全中国人民的共同义务。在香港特别行政区的任何机构、组织和个人都应当遵守本法和香港特别行政区有关维护国家安全的其他法律，不得从事危害国家安全的行为和活动。香港特别行政区居民在参选或者就任公职时应当依法签署文件确认或者宣誓拥护中华人民共和国香港特别行政区基本法，效忠中华人民共和国香港特别行政区。

三、罪行与处罚

《香港维护国家安全法》第三章罪行和处罚规定了分裂国家罪、颠覆国家政权罪、恐怖活动罪、勾结外国或者境外势力危害国家安全罪的罪行和处罚，本书主要介绍分裂国家罪、颠覆国家政权罪、恐怖活动罪的罪行和处罚。

1. 分裂国家罪

（1）组织、策划、实施或者参与实施分裂国家。《香港维护国家安全法》第20条规定，任何人组织、策划、实施或者参与实施以下旨在分裂国家、破坏国家统一行为之一的，不论是否使用武力或者以武力相威胁，即属犯罪：①将香港特别行政区或者中华人民共和国其他任何部分从中华人民共和国分离出去；②非法改变香港特别行政区或者中华人民共和国其他任何部分的法律地位；③将香港特别行政区或者中华人民共和国其他任何部分转归外国统治。犯前款罪，对首要分子或者罪行重大的，处无期徒刑或者10年以上有期徒刑；对积极参加的，处3年以上10年以下有期徒刑；对其他参加的，处3年以下有期徒刑、拘役或者管制。

（2）煽动、协助、教唆、以金钱或者其他财物资助他人实施分裂国家。

《香港维护国家安全法》第21条规定，任何人煽动、协助、教唆、以金钱或者其他财物资助他人实施本法第20条规定的犯罪的，即属犯罪。情节严重的，处5年以上10年以下有期徒刑；情节较轻的，处5年以下有期徒刑、拘役或者管制。

2. 颠覆国家政权罪

（1）组织、策划、实施或者参与实施颠覆国家政权。《香港维护国家安全法》第22条规定，任何人组织、策划、实施或者参与实施以下以武力、威胁使用武力或者其他非法手段旨在颠覆国家政权行为之一的，即属犯罪：①推翻、破坏中华人民共和国宪法所确立的中华人民共和国根本制度；②推翻中华人民共和国中央政权机关或者香港特别行政区政权机关；③严重干扰、阻挠、破坏中华人民共和国中央政权机关或者香港特别行政区政权机关依法履行职能；④攻击、破坏香港特别行政区政权机关履职场所及其设施，致使其无法正常履行职能。犯前款罪，对首要分子或者罪行重大的，处无期徒刑或者10年以上有期徒刑；对积极参加的，处3年以上10年以下有期徒刑；对其他参加的，处3年以下有期徒刑、拘役或者管制。

（2）煽动、协助、教唆、以金钱或者其他财物资助他人实施颠覆国家政权。《香港维护国家安全法》第23条规定，任何人煽动、协助、教唆、以金钱或者其他财物资助他人实施本法第22条规定的犯罪的，即属犯罪。情节严重的，处5年以上10年以下有期徒刑；情节较轻的，处5年以下有期徒刑、拘役或者管制。

3. 恐怖活动罪

（1）组织、策划、实施、参与实施或者威胁实施恐怖活动。《香港维护国家安全法》第24条规定，为胁迫中央人民政府、香港特别行政区政府或者国际组织或者威吓公众以图实现政治主张，组织、策划、实施、参与实施或者威胁实施以下造成或者意图造成严重社会危害的恐怖活动之一的，即属犯罪：①针对人的严重暴力；②爆炸、纵火或者投放毒害性、放射性、传染病病原体等物质；③破坏交通工具、交通设施、电力设备、燃气设备或者其他易燃易爆设备；④严重干扰、破坏水、电、燃气、交通、通信、网络等公共服务和管理的电子控制系统；⑤以其他危险方法严重危害公众健康或者安全。犯前款罪，致人重伤、死亡或者使公私财产遭受重大损失的，处无期徒刑或者 10 年以上有期徒刑；其他情形，处 3 年以上 10 年以下有期徒刑。

（2）组织、领导恐怖活动组织。《香港维护国家安全法》第 25 条规定，组织、领导恐怖活动组织的，即属犯罪，处无期徒刑或者 10 年以上有期徒刑，并处没收财产；积极参加的，处 3 年以上 10 年以下有期徒刑，并处罚金；其他参加的，处 3 年以下有期徒刑、拘役或者管制，可以并处罚金。本法所指的恐怖活动组织，是指实施或者意图实施本法第 24 条规定的恐怖活动罪行或者参与或者协助实施本法第 24 条规定的恐怖活动罪行的组织。

（3）为恐怖活动组织、恐怖活动人员、恐怖活动实施提供支持、协助、便利或者准备实施恐怖活动。《香港维护国家安全法》第 26 条规定，为恐怖活动组织、恐怖活动人员、恐怖活动实施提供培训、武器、信息、资金、物资、劳务、运输、技术或者场所等支持、协助、便利，或者制造、非法管有爆炸性、毒害性、放射性、传染病病原体等物质以及以其他形式准备实施恐怖活动的，即属犯罪。情节严重的，处 5 年以上 10 年以下有期徒刑，并处罚金或者没收财产；其他情形，处 5 年以下有期徒刑、拘役或者管制，并处罚金。有前款行为，同时构成其他犯罪的，依照处罚较重的规定定罪处罚。

（4）宣扬恐怖主义、煽动实施恐怖活动。《香港维护国家安全法》第 27 条规定，宣扬恐怖主义、煽动实施恐怖活动的，即属犯罪。情节严重的，处 5 年以上 10 年以下有期徒刑，并处罚金或者没收财产；其他情形，处 5 年以下有期徒刑、拘役或者管制，并处罚金。《香港维护国家安全法》第 28 条规定，关于恐怖活动罪的规定不影响依据香港特别行政区法律对其他形式的恐怖活动犯罪追究刑事责任并采取冻结财产等措施。

四、中央人民政府驻香港特区维护国家安全机构

1. 维护国家安全公署职责

《香港维护国家安全法》第 49 条规定，驻香港特别行政区维护国家安全公署的职责为：①分析研判香港特别行政区维护国家安全形势，就维护国家安全重大战略和重要政策提出意见和建议；②监督、指导、协调、支持香港特别行政区履行维护国家安全的职责；③收集分析国家安全情报信息；④依法办理危害国家安全犯罪案件。第 50 条规定，驻香港特别行政区维护国家

安全公署应当严格依法履行职责，依法接受监督，不得侵害任何个人和组织的合法权益。驻香港特别行政区维护国家安全公署人员除须遵守全国性法律外，还应当遵守香港特别行政区法律。驻香港特别行政区维护国家安全公署人员依法接受国家监察机关的监督。第 51 条规定，驻香港特别行政区维护国家安全公署的经费由中央财政保障。

2. 维护国家安全公署工作机制

《香港维护国家安全法》第 52 条规定，驻香港特别行政区维护国家安全公署应当加强与中央人民政府驻香港特别行政区联络办公室、外交部驻香港特别行政区特派员公署、中国人民解放军驻香港部队的工作联系和工作协同。第 53 条规定，驻香港特别行政区维护国家安全公署应当与香港特别行政区维护国家安全委员会建立协调机制，监督、指导香港特别行政区维护国家安全工作。驻香港特别行政区维护国家安全公署的工作部门应当与香港特别行政区维护国家安全的有关机关建立协作机制，加强信息共享和行动配合。第 54 条规定，驻香港特别行政区维护国家安全公署、外交部驻香港特别行政区特派员公署会同香港特别行政区政府采取必要措施，加强对外国和国际组织驻香港特别行政区机构、在香港特别行政区的外国和境外非政府组织和新闻机构的管理和服务。

3. 维护国家安全公署管辖范围

《香港维护国家安全法》第 55 条规定，有以下情形之一的，经香港特别行政区政府或者驻香港特别行政区维护国家安全公署提出，并报中央人民政府批准，由驻香港特别行政区维护国家安全公署对本法规定的危害国家安全犯罪案件行使管辖权：①案件涉及外国或者境外势力介入的复杂情况，香港特别行政区管辖确有困难的；②出现香港特别行政区政府无法有效执行本法的严重情况的；③出现国家安全面临重大现实威胁的情况的。第 56 条规定，根据本法第 55 条规定管辖有关危害国家安全犯罪案件时，由驻香港特别行政区维护国家安全公署负责立案侦查，最高人民检察院指定有关检察机关行使检察权，最高人民法院指定有关法院行使审判权。第 57 条规定，根据本法第 55 条规定管辖案件的立案侦查、审查起诉、审判和刑罚的执行等诉讼程序事宜，适用《中华人民共和国刑事诉讼法》等相关法律的规定。根据本法第 55 条规定管辖案件时，本法第 56 条规定的执法、司法机关依法行使相关权力，其为决定采取强制措施、侦查措施和司法裁判而签发的法律文书在香港特别行政区具有法律效力。对于驻香港特别行政区维护国家安全公署依法采取的措施，有关机构、组织和个人必须遵从。第 58 条规定，根据本法第 55 条规定管辖案件时，犯罪嫌疑人自被驻香港特别行政区维护国家安全公署第一次讯问或者采取强制措施之日起，有权委托律师作为辩护人。辩护律师可以依法为犯罪嫌疑人、被告人提供法律帮助。犯罪嫌疑人、被告人被合法拘捕后，享有尽早接受司法机关公正审判的权利。第 59 条规定，根据本法第 55 条规定管辖案件时，任何人如果知道本法规定的危害国家安全犯罪案件情况，都有如实作证的义务。

4. 维护国家安全公署及其人员的权利

《香港维护国家安全法》第 60 条规定，驻香港特别行政区维护国家安全公署及其人员依据本法执行职务的行为，不受香港特别行政区管辖。持有驻香港特别行政区维护国家安全公署制发的证件或者证明文件的人员和车辆等在执行职务时不受香港特别行政区执法人员检查、搜查和扣押。驻香港特别行政区维护国家安全公署及其人员享有香港特别行政区法律规定的其他权利和豁免。第 61 条规定，驻香港特别行政区维护国家安全公署依据本法规定履行职责时，香港特别行政区政府有关部门须提供必要的便利和配合，对妨碍有关执行职务的行为依法予以制止并追究责任。

第三节　英雄烈士保护法[①]

一、概述

1. 立法背景

习近平总书记指出：“实现我们的目标，需要英雄，需要英雄精神。我们要铭记一切为中华民族和中国人民作出贡献的英雄们，崇尚英雄，捍卫英雄，学习英雄，关爱英雄。”[②] 英雄烈士的事迹和精神是中华民族共同的历

---

① 法律出版社．中华人民共和国英雄烈士保护法（附草案说明）[M]．北京：法律出版社，2018.

② 2015 年 9 月 2 日，习近平总书记在颁发“中国人民抗日战争胜利 70 周年”纪念章仪式上的讲话。

史记忆和宝贵的精神财富，近年来社会上不断出现丑化、诋毁、贬损、质疑英雄烈士的现象，造成恶劣社会影响，引起社会各界愤慨谴责。全国人大常委会高度重视英雄烈士保护立法工作，抓紧立法研究起草工作，回应社会关切。2018年4月27日，十三届全国人大常委会第二次会议全票表决通过《英烈保护法》，自2018年5月1日起施行。

2. 立法目的和意义

（1）立法目的。《英烈保护法》第1条规定，为了加强对英雄烈士的保护，维护社会公共利益，传承和弘扬英雄烈士精神、爱国主义精神，培育和践行社会主义核心价值观，激发实现中华民族伟大复兴中国梦的强大精神力量，根据宪法，制定本法。

（2）立法意义。《英烈保护法》是我国首部保护英雄烈士的专项法律，具有立凛然国法、弘英烈精神、扬民族正气的重大意义。具体表现在：一是彰显了国家和人民永远铭记、尊崇一切为国家和民族作出牺牲和贡献的英雄烈士，坚决捍卫英雄烈士的鲜明价值导向；二是表明了中国共产党始终高度重视继承和发扬革命道德传统，有利于发扬革命道德、传承红色基因，挖掘中国革命道德当代价值；三是对维护社会公共利益，传承弘扬英雄烈士精神，培育和践行社会主义核心价值观发挥了重要作用。

二、主要内容

1. 英雄烈士的历史功勋

中华民族是英雄辈出的民族，特别是中国共产党、人民军队和人民共和国历史上涌现的无数英雄烈士，近代以来的英烈先驱和革命先行者，为国家和人民作出了重大牺牲和重大贡献。《英烈保护法》第2条规定，国家和人民永远尊崇、铭记英雄烈士为国家、人民和民族作出的牺牲和贡献。近代以来，为了争取民族独立和人民解放，实现国家富强和人民幸福，促进世界和平和人类进步而毕生奋斗、英勇献身的英雄烈士，功勋彪炳史册，精神永垂不朽。

规定阐释了英雄烈士的历史功勋，体现宪法序言和人民英雄纪念碑碑文的精神，并与《中华人民共和国民法典》、全国人大常委会关于设立烈士纪念日的决定等规定相衔接。明确了英雄烈士的保护范围，既包括个人也包括群体，既包括有名英烈也包括无数的无名英烈。

需要说明的是，《英烈保护法》保护的英雄烈士都是已经牺牲、去世的。健在的英雄模范人物与本法保护的英雄烈士的精神是一脉相承的，对他们的褒奖、保护，适用《国家勋章和国家荣誉称号法》等相关法律法规，不适用本法。

2. 人民英雄纪念碑的法律地位

人民英雄纪念碑展现了自鸦片战争以来中国人民浴血奋斗的艰辛历程，是我国近百年来人民革命伟大史实的生动写照，是国家和人民纪念缅怀为中国革命和国家建设而英勇献身的英雄烈士的标志性纪念设施，长期以来也是革命传统教育和爱国主义教育的重要场所。

《英烈保护法》第7条规定，国家建立并保护英雄烈士纪念设施，纪念、缅怀英雄烈士。矗立在首都北京天安门广场的人民英雄纪念碑，是近代以来中国人民和中华民族争取民族独立解放、人民自由幸福和国家繁荣富强精神的象征，是国家和人民纪念、缅怀英雄烈士的永久性纪念设施。人民英雄纪念碑及其名称、碑题、碑文、浮雕、图形、标志等受法律保护。《英烈保护法》以国家立法确立了人民英雄纪念碑作为国家标志以及纪念缅怀英雄烈士永久性纪念设施的法律地位，就是为了让一代又一代的中华儿女能够始终牢记先烈先辈的英勇奋斗事迹和奉献牺牲精神，传承实现中华民族伟大复兴的坚强意志和奋斗精神。

3. 纪念缅怀英雄烈士活动

（1）国家设立烈士纪念日。2014年，全国人大常委会作出设立烈士纪念日的决定，此后每年的9月30日天安门广场都要举行向人民英雄纪念碑敬献花篮仪式。与全国人大常委决定以及有关行政法规相衔接，《英烈保护法》第5条规定，每年9月30日为烈士纪念日，国家在首都北京天安门广场人民英雄纪念碑前举行纪念仪式，缅怀英雄烈士。县级以上地方人民政府、军队有关部门应当在烈士纪念日举行纪念活动。举行英雄烈士纪念活动，邀请英雄烈士遗属代表参加。同时，根据地方、社会开展纪念缅怀活动的实践做法，除专设烈士纪念日规定外，《英烈保护法》第6条还对清明节和重要纪念日的纪念活动作了规定，在清明节和重要纪念日，机关、团体、乡村、社区、学校、企业事业单位和军队有关单位根据实际情况，组织开展英雄烈士纪念活动。

（2）建立健全英雄烈士纪念设施的保护管理制度。英雄烈士纪念设施包括为纪念英雄烈士专门修建的烈士陵园、纪念馆、纪念碑、纪念塑像等设施，为加强英雄烈士纪念设施的保护管理工作，发挥其革命传统教育和爱国主义教育基地的作用，《英烈保护法》第 8 条规定，县级以上人民政府应当将英雄烈士纪念设施建设和保护纳入国民经济和社会发展规划、城乡规划，加强对英雄烈士纪念设施的保护和管理；对具有重要纪念意义、教育意义的英雄烈士纪念设施依照《中华人民共和国文物保护法》的规定，核定公布为文物保护单位。中央财政对革命老区、民族地区、边疆地区、贫困地区英雄烈士纪念设施的修缮保护，应当按照国家规定予以补助。第 9 条规定，英雄烈士纪念设施应当免费向社会开放，供公众瞻仰、悼念英雄烈士，开展纪念教育活动，告慰先烈英灵。前款规定的纪念设施由军队有关单位管理的，按照军队有关规定实行开放。第 10 条规定，英雄烈士纪念设施保护单位应当健全服务和管理工作规范，方便瞻仰、悼念英雄烈士，保持英雄烈士纪念设施庄严、肃穆、清净的环境和氛围。任何组织和个人不得在英雄烈士纪念设施保护范围内从事有损纪念英雄烈士环境和氛围的活动，不得侵占英雄烈士纪念设施保护范围内的土地和设施，不得破坏、污损英雄烈士纪念设施。

（3）英雄烈士的安葬仪式和纪念缅怀活动的规定。近年来，国家为抗美援朝志愿军烈士遗骸、维和部队烈士灵柩举行了送迎、安葬仪式，为进一步彰显举国全民敬仰英烈的民族正气，《英烈保护法》第 11 条规定，安葬英雄烈士时，县级以上人民政府、军队有关部门应当举行庄严、肃穆、文明、节俭的送迎、安葬仪式。同时，国家引导公民开展符合中华传统祭扫礼俗文化的纪念缅怀活动。《英烈保护法》第 12 条规定，国家建立健全英雄烈士祭扫制度和礼仪规范，引导公民庄严有序地开展祭扫活动。县级以上人民政府有关部门应当为英雄烈士遗属祭扫提供便利。第 13 条规定，县级以上人民政府有关部门应当引导公民通过瞻仰英雄烈士纪念设施、集体宣誓、网上祭奠等形式，铭记英雄烈士的事迹，传承和弘扬英雄烈士的精神。第 14 条规定，英雄烈士在国外安葬的，中华人民共和国驻该国外交、领事代表机构应当结合驻在国实际情况组织开展祭扫活动。

4. 弘扬传承英雄烈士精神

《英烈保护法》对各级政府和教育、文化、新闻出版、广播电视等部门以及新闻媒体提出明确要求，表明国家高度重视对英雄烈士事迹和精神的宣传教育工作。加强对英雄烈士事迹和精神的宣传教育，弘扬传承英雄烈士精神，能够引导全社会树立正确的历史观和民族观。

《英烈保护法》第15条规定，国家鼓励和支持开展对英雄烈士事迹和精神的研究，以辩证唯物主义和历史唯物主义为指导认识和记述历史。第16条规定，各级人民政府、军队有关部门应当加强对英雄烈士遗物、史料的收集、保护和陈列展示工作，组织开展英雄烈士史料的研究、编纂和宣传工作。国家鼓励和支持革命老区发挥当地资源优势，开展英雄烈士事迹和精神的研究、宣传和教育工作。第17条规定，教育行政部门应当以青少年学生为重点，将英雄烈士事迹和精神的宣传教育纳入国民教育体系。教育行政部门、各级各类学校应当将英雄烈士事迹和精神纳入教育内容，组织开展纪念教育活动，加强对学生的爱国主义、集体主义、社会主义教育。第18条规定，文化、新闻出版、广播电视、电影、网信等部门应当鼓励和支持以英雄烈士事迹为题材、弘扬英雄烈士精神的优秀文学艺术作品、广播电视节目以及出版物的创作生产和宣传推广。第19条规定，广播电台、电视台、报刊出版单位、互联网信息服务提供者，应当通过播放或者刊登英雄烈士题材作品、发布公益广告、开设专栏等方式，广泛宣传英雄烈士事迹和精神。加强对英雄烈士事迹和精神的宣传教育，弘扬传承英雄烈士精神，能够引导全社会树立正确的历史观和民族观。

5. 烈士褒扬和遗属抚恤优待

（1）英雄烈士的褒扬。《英烈保护法》第3条规定，英雄烈士事迹和精神是中华民族的共同历史记忆和社会主义核心价值观的重要体现。国家保护英雄烈士，对英雄烈士予以褒扬、纪念，加强对英雄烈士事迹和精神的宣传、教育，维护英雄烈士尊严和合法权益。全社会都应当崇尚、学习、捍卫英雄烈士。第4条规定，各级人民政府应当加强对英雄烈士的保护，将宣传、弘扬英雄烈士事迹和精神作为社会主义精神文明建设的重要内容。县级以上人民政府负责英雄烈士保护工作的部门和其他有关部门应当依法履行职责，做好英雄烈士保护工作。军队有关部门按照国务院、中央军事委员会的规定，做好英雄烈士保护工作。县级以上人民政府应当将英雄烈士保护工作经费列入本级预算。

（2）英雄烈士遗属抚恤优待制度。《英烈保护法》与我国宪法、国防法、兵役法和烈士褒扬条例、军人抚恤优待条例等法律、行政法规规定相衔接，对英雄烈士遗属的抚恤优待的主要内容作了原则规定，明确对英雄烈士的抚恤优待要与国民经济和社会发展相适应并逐步提高，同时鼓励社会参与帮扶英雄烈士遗属等公益活动。《英烈保护法》第 20 条规定，国家鼓励和支持自然人、法人和非法人组织以捐赠财产、义务宣讲英雄烈士事迹和精神、帮扶英雄烈士遗属等公益活动的方式，参与英雄烈士保护工作。自然人、法人和非法人组织捐赠财产用于英雄烈士保护的，依法享受税收优惠。第 21 条规定，国家实行英雄烈士抚恤优待制度。英雄烈士遗属按照国家规定享受教育、就业、养老、住房、医疗等方面的优待。抚恤优待水平应当与国民经济和社会发展相适应并逐步提高。国务院有关部门、军队有关部门和地方人民政府应当关心英雄烈士遗属的生活情况，每年定期走访慰问英雄烈士遗属。

6. 保护英雄烈士姓名、肖像、名誉和荣誉

（1）依法保护英雄烈士的姓名、肖像、名誉和荣誉。英雄烈士的事迹所凝聚的国家意志和民族精神，是全体中国人民和中华儿女的民族情感，这种家国情怀是社会公共利益，绝不允许任何组织和个人亵渎。《英烈保护法》第 22 条规定，禁止歪曲、丑化、亵渎、否定英雄烈士事迹和精神。英雄烈士的姓名、肖像、名誉、荣誉受法律保护。任何组织和个人不得在公共场所、互联网或者利用广播电视、电影、出版物等，以侮辱、诽谤或者其他方式侵害英雄烈士的姓名、肖像、名誉、荣誉。任何组织和个人不得将英雄烈士的姓名、肖像用于或者变相用于商标、商业广告，损害英雄烈士的名誉、荣誉。公安、文化、新闻出版、广播电视、电影、网信、市场监督管理、负责英雄烈士保护工作的部门发现前款规定行为的，应当依法及时处理。第 23 条规定，网信和电信、公安等有关部门在对网络信息进行依法监督管理工作中，发现发布或者传输以侮辱、诽谤或者其他方式侵害英雄烈士的姓名、肖像、名誉、荣誉的信息的，应当要求网络运营者停止传输，采取消除等处置措施和其他必要措施；对来源于中华人民共和国境外的上述信息，应当通知有关机构采取技术措施和其他必要措施阻断传播。网络运营者发现其用户发

布前款规定的信息的，应当立即停止传输该信息，采取消除等处置措施，防止信息扩散，保存有关记录，并向有关主管部门报告。网络运营者未采取停止传输、消除等处置措施的，依照《中华人民共和国网络安全法》的规定处罚。第 24 条规定，任何组织和个人有权对侵害英雄烈士合法权益和其他违反本法规定的行为，向负责英雄烈士保护工作的部门、网信、公安等有关部门举报，接到举报的部门应当依法及时处理。

（2）建立侵害英雄烈士名誉荣誉的公益诉讼制度。《英烈保护法》第 25 条规定，对侵害英雄烈士的姓名、肖像、名誉、荣誉的行为，英雄烈士的近亲属可以依法向人民法院提起诉讼。英雄烈士没有近亲属或者近亲属不提起诉讼的，检察机关依法对侵害英雄烈士的姓名、肖像、名誉、荣誉，损害社会公共利益的行为向人民法院提起诉讼。负责英雄烈士保护工作的部门和其他有关部门在履行职责过程中发现第 1 款规定的行为，需要检察机关提起诉讼的，应当向检察机关报告。英雄烈士近亲属依照第 1 款规定提起诉讼的，法律援助机构应当依法提供法律援助服务。侵害英雄烈士名誉荣誉的公益诉讼制度的设立，表明在英雄烈士没有近亲属，或者近亲属不提起诉讼的情况下，检察机关可以提起诉讼，以确保英雄烈士的姓名、肖像、名誉和荣誉不因无法提起诉讼而得不到保护的情况发生。

7. 法律责任

（1）侵害英雄烈士名誉荣誉的。《英烈保护法》第 26 条规定，以侮辱、诽谤或者其他方式侵害英雄烈士的姓名、肖像、名誉、荣誉，损害社会公共利益的，依法承担民事责任；构成违反治安管理行为的，由公安机关依法给予治安管理处罚；构成犯罪的，依法追究刑事责任。

（2）从事有损纪念英雄烈士环境和氛围的活动的。《英烈保护法》第 27 条规定，在英雄烈士纪念设施保护范围内从事有损纪念英雄烈士环境和氛围的活动的，纪念设施保护单位应当及时劝阻；不听劝阻的，由县级以上地方人民政府负责英雄烈士保护工作的部门、文物主管部门按照职责规定给予批评教育，责令改正；构成违反治安管理行为的，由公安机关依法给予治安管理处罚。亵渎、否定英雄烈士事迹和精神，宣扬、美化侵略战争和侵略行为，寻衅滋事，扰乱公共秩序，构成违反治安管理行为的，由公安机关依法给予治安管理处罚；构成犯罪的，依法追究刑事责任。

（3）侵占、破坏、污损英雄烈士纪念设施的。《英烈保护法》第 28 条规定，侵占、破坏、污损英雄烈士纪念设施的，由县级以上人民政府负责英雄烈士保护工作的部门责令改正；造成损失的，依法承担民事责任；被侵占、破坏、污损的纪念设施属于文物保护单位的，依照《中华人民共和国文物保护法》的规定处罚；构成违反治安管理行为的，由公安机关依法给予治安管理处罚；构成犯罪的，依法追究刑事责任。

（4）有关部门及其工作人员的法律责任。《英烈保护法》第 29 条规定，县级以上人民政府有关部门及其工作人员在英雄烈士保护工作中滥用职权、玩忽职守、徇私舞弊的，对直接负责的主管人员和其他直接责任人员，依法给予处分；构成犯罪的，依法追究刑事责任。

第四节　宗教事务条例

一、概述

1. 立法目的

2004 年，国务院令第 426 号公布《宗教事务条例》，并于 2017 年依法修订。修订后的《宗教事务条例》（以下简称《条例》）包括总则、宗教团体、宗教院校、宗教活动场所、宗教教职人员、宗教活动、宗教财产、法律责任、附则共 9 章 77 条。

《条例》第 1 条规定，制定《条例》是为了保障公民宗教信仰自由，维护宗教和睦与社会和谐，规范宗教事务管理，提高宗教工作法治化水平，根据宪法和有关法律，制定本条例。

2. 立法意义

（1）宗教工作实践的迫切需要。提高宗教工作法治化水平，是正确处理宗教领域各种矛盾和问题的根本途径。因此，要从全面依法治国的高度，把宗教事务管理纳入国家治理体系，从立法层面作出必要调整，修订《条例》是宗教工作当务之急。

（2）贯彻中央关于宗教工作决策部署的重要举措。习近平总书记关于宗教工作的重要讲话精神丰富和发展了马克思主义宗教观，为做好新形势下宗教工作提供了根本遵循。通过修订《条例》，把以习近平同志为核心的党中央关于宗教工作决策部署法定化、制度化，对于提高新形势下宗教工作水平具有重要意义。

（3）提高宗教工作法治化水平的必然要求。习近平总书记在全国宗教工作会议上强调指出，要提高宗教工作法治化水平，用法律规范政府管理宗教事务的行为，用法律调节涉及宗教的各种社会关系。《条例》作为调整宗教事务的专门行政法规，需要抓紧修订，使宗教事务管理的相关制度更加完善。

二、总则规定

1. 公民宗教信仰自由的内涵

宗教信仰自由是宪法赋予公民的基本权利之一。同时《宪法》第 51 条规定，中华人民共和国公民在行使自由和权利的时候，不得损害国家的、社会的、集体的利益和其他公民的合法的自由和权利。因此，公民在行使宗教信仰自由的同时，要自觉履行法律规定的义务，做到权利和义务相统一。当宗教活动与国家法律相抵触时，必须依法予以处置。

《条例》第 2 条规定，任何组织或者个人不得强制公民信仰宗教或者不信仰宗教，不得歧视信仰宗教的公民（以下称“信教公民”）或者不信仰宗教的公民（以下称“不信教公民”）。信教公民和不信教公民、信仰不同宗教的公民应当相互尊重、和睦相处。第 4 条规定，国家依法保护正常的宗教活动，积极引导宗教与社会主义社会相适应，维护宗教团体、宗教院校、宗教活动场所和信教公民的合法权益。宗教团体、宗教院校、宗教活动场所和信教公民应当遵守宪法、法律、法规和规章，践行社会主义核心价值观，维护国家统一、民族团结、宗教和睦与社会稳定。任何组织或者个人不得利用宗教进行危害国家安全、破坏社会秩序、损害公民身体健康、妨碍国家教育制度，以及其他损害国家利益、社会公共利益和公民合法权益等违法活动。任何组织或者个人不得在不同宗教之间、同一宗教内部以及信教公民与不信教公民之间制造矛盾与冲突，不得宣扬、支持、资助宗教极端主义，不得利用宗教破坏民族团结、分裂国家和进行恐怖活动。

2. 原则

（1）管理原则。《条例》第 3 条规定，宗教事务管理坚持保护合法、制止非法、遏制极端、抵御渗透、打击犯罪的原则。

（2）交往原则。《条例》第 5 条规定，各宗教坚持独立自主自办的原则，宗教团体、宗教院校、宗教活动场所和宗教事务不受外国势力的支配。宗教团体、宗教院校、宗教活动场所、宗教教职人员在相互尊重、平等、友好的基础上开展对外交往；其他组织或者个人在对外经济、文化等合作、交流活动中不得接受附加的宗教条件。

3. 宗教事务的行政管理体制

《条例》第 6 条规定，各级人民政府应当加强宗教工作，建立健全宗教工作机制，保障工作力量和必要的工作条件。县级以上人民政府宗教事务部门依法对涉及国家利益和社会公共利益的宗教事务进行行政管理，县级以上人民政府其他有关部门在各自职责范围内依法负责有关的行政管理工作。乡级人民政府应当做好本行政区域的宗教事务管理工作。村民委员会、居民委员会应当依法协助人民政府管理宗教事务。各级人民政府应当听取宗教团体、宗教院校、宗教活动场所和信教公民的意见，协调宗教事务管理工作，为宗教团体、宗教院校和宗教活动场所提供公共服务。

三、宗教活动场所

1. 宗教活动场所的类型

《条例》第 19 条规定，宗教活动场所包括寺观教堂和其他固定宗教活动处所。寺观教堂和其他固定宗教活动处所的区分标准由省、自治区、直辖市人民政府宗教事务部门制定，报国务院宗教事务部门备案。

2. 宗教活动场所的设立条件

《条例》第 20 条规定，设立宗教活动场所，应当具备下列条件：①设立宗旨不违背本条例第 4 条、第 5 条的规定；②当地信教公民有经常进行集体宗教活动的需要；③有拟主持宗教活动的宗教教职人员或者符合本宗教规定的其他人员；④有必要的资金，资金来源渠道合法；⑤布局合理，符合城乡规划要求，不妨碍周围单位和居民的正常生产、生活。

3. 宗教活动场所的设立程序

（1）审批程序。《条例》第 21 条规定，筹备设立宗教活动场所，由宗教团体向拟设立的宗教活动场所所在地的县级人民政府宗教事务部门提出申请。县级人民政府宗教事务部门应当自收到申请之日起 30 日内提出审核意见，报设区的市级人民政府宗教事务部门。设区的市级人民政府宗教事务部门应当自收到县级人民政府宗教事务部门报送的材料之日起 30 日内，对申请设立其他固定宗教活动处所的，作出批准或者不予批准的决定；对申请设立寺观教堂的，提出审核意见，报省、自治区、直辖市人民政府宗教事务部门审批。省、自治区、直辖市人民政府宗教事务部门应当自收到设区的市级人民政府宗教事务部门报送的材料之日起 30 日内，作出批准或者不予批准的决定。宗教活动场所的设立申请获批准后，方可办理该宗教活动场所的筹建事项。

（2）登记。《条例》第 22 条规定，宗教活动场所经批准筹备并建设完工后，应当向所在地的县级人民政府宗教事务部门申请登记。县级人民政府宗教事务部门应当自收到申请之日起 30 日内对该宗教活动场所的管理组织、规章制度建设等情况进行审核，对符合条件的予以登记，发给《宗教活动场所登记证》。第 23 条规定，宗教活动场所符合法人条件的，经所在地宗教团体同意，并报县级人民政府宗教事务部门审查同意后，可以到民政部门办理法人登记。

（3）终止和变更登记。《条例》第 24 条规定，宗教活动场所终止或者变更登记内容的，应当到原登记管理机关办理相应的注销或者变更登记手续。

4. 宗教活动场所组织管理制度

《条例》第 25 条规定，宗教活动场所应当成立管理组织，实行民主管理。宗教活动场所管理组织的成员，经民主协商推选，并报该场所的登记管理机关备案。第 26 条规定，宗教活动场所应当加强内部管理，依照有关法律、法规、规章的规定，建立健全人员、财务、资产、会计、治安、消防、文物保护、卫生防疫等管理制度，接受当地人民政府有关部门的指导、监督、检查。

5. 宗教活动场所行政管理制度

（1）宗教事务部门的职责。《条例》第 27 条规定，宗教事务部门应当对宗教活动场所遵守法律、法规、规章情况，建立和执行场所管理制度情况，登记项目变更情况，以及宗教活动和涉外活动情况进行监督检查。宗教活动场所应当接受宗教事务部门的监督检查。

（2）经销宗教物品和从事宗教活动以外其他活动。《条例》第28条规定，宗教活动场所内可以经销宗教用品、宗教艺术品和宗教出版物。第31条规定，有关单位和个人在宗教活动场所内设立商业服务网点、举办陈列展览、拍摄电影电视片和开展其他活动，应当事先征得该宗教活动场所同意。

（3）重大事故或者事件的防范。《条例》第29条规定，宗教活动场所应当防范本场所内发生重大事故或者发生违犯宗教禁忌等伤害信教公民宗教感情、破坏民族团结、影响社会稳定的事件。发生前款所列事故或者事件时，宗教活动场所应当立即报告所在地的县级人民政府宗教事务部门。

（4）修建大型露天宗教造像。《条例》第30条规定，宗教团体、寺观教堂拟在寺观教堂内修建大型露天宗教造像，应当由省、自治区、直辖市宗教团体向省、自治区、直辖市人民政府宗教事务部门提出申请。省、自治区、直辖市人民政府宗教事务部门应当自收到申请之日起30日内提出意见，报国务院宗教事务部门审批。国务院宗教事务部门应当自收到修建大型露天宗教造像报告之日起60日内，作出批准或者不予批准的决定。宗教团体、寺观教堂以外的组织以及个人不得修建大型露天宗教造像。禁止在寺观教堂外修建大型露天宗教造像。

（5）建设及改建、新建、扩建、异地重建。《条例》第32条规定，地方各级人民政府应当根据实际需要，将宗教活动场所建设纳入土地利用总体规划和城乡规划。宗教活动场所、大型露天宗教造像的建设应当符合土地利用总体规划、城乡规划和工程建设、文物保护等有关法律、法规。第33条规定，在宗教活动场所内改建或者新建建筑物，应当经所在地县级以上地方人民政府宗教事务部门批准后，依法办理规划、建设等手续。宗教活动场所扩建、异地重建的，应当按照本条例第21条规定的程序办理。

（6）宗教活动场所与景区的关系。《条例》第34条规定，景区内有宗教活动场所的，其所在地的县级以上地方人民政府应当协调、处理宗教活动场所与景区管理组织及园林、林业、文物、旅游等方面的利益关系，维护宗教活动场所、宗教教职人员和信教公民的合法权益，保护正常的宗教活动。以宗教活动场所为主要游览内容的景区的规划建设，应当与宗教活动场所的风格、环境相协调。

（7）临时活动地点。《条例》第35条规定，信教公民有进行经常性集体宗教活动需要，尚不具备条件申请设立宗教活动场所的，由信教公民代表向县级人民政府宗教事务部门提出申请，县级人民政府宗教事务部门征求所在地宗教团体和乡级人民政府意见后，可以为其指定临时活动地点。在县级人民政府宗教事务部门指导下，所在地乡级人民政府对临时活动地点的活动进行监管。具备设立宗教活动场所条件后，办理宗教活动场所设立审批和登记手续。临时活动地点的宗教活动应当符合本条例的相关规定。

四、宗教活动

1. 信教公民进行集体宗教活动的原则

《条例》第40条规定，信教公民的集体宗教活动，一般应当在宗教活动场所内举行，由宗教活动场所、宗教团体或者宗教院校组织，由宗教教职人员或者符合本宗教规定的其他人员主持，按照教义教规进行。

2. 宗教活动的禁止行为

《条例》第41条规定，非宗教团体、非宗教院校、非宗教活动场所、非指定的临时活动地点不得组织、举行宗教活动，不得接受宗教性的捐赠。非宗教团体、非宗教院校、非宗教活动场所不得开展宗教教育培训，不得组织公民出境参加宗教方面的培训、会议、活动等。

3. 大型宗教活动的审批和管理

《条例》第42条规定，跨省、自治区、直辖市举行超过宗教活动场所容纳规模的大型宗教活动，或者在宗教活动场所外举行大型宗教活动，应当由主办的宗教团体、寺观教堂在拟举行日的30日前，向大型宗教活动举办地的设区的市级人民政府宗教事务部门提出申请。设区的市级人民政府宗教事务部门应当自受理之日起15日内，在征求本级人民政府公安机关意见后，作出批准或者不予批准的决定。作出批准决定的，由批准机关向省级人民政府宗教事务部门备案。大型宗教活动应当按照批准通知书载明的要求依宗教仪轨进行，不得违反本条例第4、第5条的有关规定。主办的宗教团体、寺观教堂应当采取有效措施防止意外事故的发生，保证大型宗教活动安全、有序进行。大型宗教活动举办地的乡级人民政府和县级以上地方人民政府有关部门应当依据各自职责实施必要的管理和指导。

4. 教育与宗教相分离原则的适用

《条例》第44条规定，禁止在宗教院校以外的学校及其他教育机构传教、举行宗教活动、成立宗教组织、设立宗教活动场所。

5. 宗教出版物及印刷品的管理

《条例》第45条规定，宗教团体、宗教院校和寺观教堂按照国家有关规定可以编印、发送宗教内部资料性出版物。出版公开发行的宗教出版物，按照国家出版管理的规定办理。涉及宗教内容的出版物，应当符合国家出版管理的规定，并不得含有下列内容：①破坏信教公民与不信教公民和睦相处的；②破坏不同宗教之间和睦以及宗教内部和睦的；③歧视、侮辱信教公民或者不信教公民的；④宣扬宗教极端主义的；⑤违背宗教的独立自主自办原则的。第46条规定，超出个人自用、合理数量的宗教类出版物及印刷品进境，或者以其他方式进口宗教类出版物及印刷品，应当按照国家有关规定办理。

6. 互联网宗教信息服务及内容的管理

《条例》第47条规定，从事互联网宗教信息服务，应当经省级以上人民政府宗教事务部门审核同意后，按照国家互联网信息服务管理有关规定办理。第48条规定，互联网宗教信息服务的内容应当符合有关法律、法规、规章和宗教事务管理的相关规定。互联网宗教信息服务的内容，不得违反本条例第45条第2款的规定。

第五节　伊斯兰教朝觐事务管理办法

一、概述

1. 立法目的

2020年10月12日，国家宗教事务局、外交部、公安部、文化和旅游部、国家卫生健康委员会、海关总署、国家市场监督管理总局、中国民用航空局令第 14 号公布了同年 12 月 1 日生效的《伊斯兰教朝觐事务管理办法》（以下简称《办法》）。

《办法》第 1 条规定，为了保障公民宗教信仰自由，坚持我国宗教中国化方向，规范伊斯兰教朝觐事务管理，维护朝觐活动正常秩序，根据《中华人民共和国出境入境管理法》《中华人民共和国国境卫生检疫法》《宗教事务条例》等法律法规，制定本办法。

2. 立法意义

《办法》贯彻有组织、有计划的朝觐政策，坚持保障公民宗教信仰自由、朝觐人员合法权益与维护国家安全、社会和谐相统一，坚持权利与义务相统一，坚持国际通行做法与我国特色管理相统一，体现公开公平公正、便民高效、自律有序、监管到位的原则，对深入贯彻落实新修订的《宗教事务条例》，规范伊斯兰教朝觐事务管理，保持朝觐活动正常秩序，维护民族团结和社会和谐，具有重要意义。

二、总则规定

1. 朝觐活动组织

《办法》第 2 条规定，信仰伊斯兰教的中国公民前往沙特阿拉伯麦加朝觐，由中国伊斯兰教协会负责组织。其他任何组织或者个人不得组织朝觐活动。第 5 条规定，信仰伊斯兰教的中国公民的朝觐活动，应当有组织、有计划、有秩序和依法进行。

2. 朝觐事务管理

《办法》第 3 条规定，国家宗教事务局负责归口管理全国伊斯兰教朝觐事务。地方各级人民政府宗教事务部门负责归口管理本地伊斯兰教朝觐事务。第 4 条规定，人民政府外事、公安、移民管理、卫生健康、文化旅游、海关、市场监管、民航等有关部门在各自职责范围内负责伊斯兰教朝觐事务管理工作。

3. 非法朝觐活动治理与监管

《办法》第 6 条规定，地方各级人民政府宗教事务部门在当地人民政府领导下，牵头协调开展非法朝觐活动综合治理工作，做好政策法规宣传和教育引导，依法制止非法朝觐活动。人民政府公安、文化旅游、市场监管等部门应当对有关中介机构、旅行社及相关企业进行监督管理，依法制止利用商务、旅游、探亲等进行的非法朝觐活动，依法查处非法朝觐活动组织者。

三、朝觐人员确定

1. 名额确定原则

《办法》第 7 条规定，中国公民每年朝觐数额，根据国际通行做法，结合我国经济社会发展状况确定。第 8 条规定，朝觐名额分配和朝觐人员确定应当遵循公开、公平、公正原则。国家工作人员和伊斯兰教协会人员等不得利用职权或者职务上的影响干涉朝觐报名排队和朝觐人员确定。

2. 名额申报、确定与分配

《办法》第 9 条规定，省级人民政府宗教事务部门应当综合考虑本地经济发展水平、伊斯兰教协会组织能力、群众生活条件及朝觐需求等因素，每年向国家宗教事务局申报拟参加朝觐名额。第 10 条规定，国家宗教事务局征求中国伊斯兰教协会意见后，确定年度全国朝觐总名额及各省、自治区、直辖市朝觐名额。第 11 条规定，地方各级人民政府宗教事务部门应当将本地全部朝觐名额逐级进行分配。

3. 公民申请朝觐基本条件

《办法》第 12 条规定了公民申请朝觐，应当具备以下基本条件：①爱国守法，品行端正；②未参加过朝觐；③身体健康，心智健全，无不适宜乘坐飞机、汽车长途旅行的病症，能够独立完成朝觐期间各项宗教活动；④有能力支付朝觐相关费用，并保证不因朝觐费用支出而影响家庭正常生产生活；⑤不具有《中华人民共和国出境入境管理法》第 12 条规定不准出境的情形。

四、境内组织工作

1. 健康体检和预防接种

《办法》第 23 条规定，取得朝觐名额人员应当在所在地海关国际旅行卫生保健中心或者省级人民政府卫生健康行政部门指定的医疗机构接受健康体检和预防接种，所需费用由本人承担并自行交纳。健康体检和预防接种工作应当严格执行标准，人民政府宗教事务部门应当配合做好相关组织实施工作。体检不合格的，不得参加朝觐。负责收取朝觐费用的伊斯兰教协会或者代为收取朝觐费用的人民政府宗教事务部门应当在15个工作日内退还朝觐费用。

2. 行前教育培训

《办法》第24条规定，人民政府宗教事务部门应当组织对朝觐人员开展政策法规、爱国主义、民族团结、外事纪律、安全防范、卫生防疫、道德礼仪、海关及出入境规定、领事保护和协助常识、归国后注意事项等方面的教育培训。伊斯兰教协会应当对朝觐人员开展宗教知识、中国伊斯兰教传统等方面的教育培训。

3. 组建工作团队

《办法》第25条规定，中国伊斯兰教协会组织成立中国朝觐工作总团（以下简称“总团”）。每年朝觐人数超过100人的省、自治区、直辖市伊斯兰教协会组织成立地方朝觐工作省区团（以下简称“省区团”）。省区团可以根据需要下设分团。每年朝觐人数在100人以下的省、自治区、直辖市，统一由中国伊斯兰教协会组织，成立地方朝觐工作综合团（以下简称“综合团”）。

4. 工作人员配备

（1）带队人员。《办法》第26条规定，省区团、综合团应当配备带队人员，带队人员与朝觐人员的比例一般为1∶45。带队人员从地方人民政府宗教事务部门、伊斯兰教协会以及伊斯兰教经学院等选派。省级人民政府宗教事务部门应当将带队人员情况报国家宗教事务局备案。

（2）教务人员。《办法》第27条规定，省区团、综合团应当配备教务人员，教务人员与朝觐人员的比例不高于1∶200。教务人员由省、自治区、直辖市伊斯兰教协会从本地伊斯兰教教职人员中推荐。省级人民政府宗教事务部门应当将教务人员情况报国家宗教事务局备案。

（3）医务人员。《办法》第28条规定，省区团、综合团应当配备医务人员，医务人员与朝觐人员的比例一般为1∶200。医务人员由省级人民政府卫生健康行政部门会同同级人民政府宗教事务部门从二级甲等以上医疗机构选派。省级人民政府宗教事务部门、卫生健康行政部门应当将选派医务人员情况报国家宗教事务局和国家卫生健康委员会备案。

同时,《办法》第 29 条规定，带队人员、教务人员、医务人员等朝觐工作人员应当参加国家宗教事务局或者省级人民政府宗教事务部门组织的教育培训。教务人员还应当参加中国伊斯兰教协会组织的培训，医务人员还应当参加由国家宗教事务局会同国家卫生健康委员会组织的培训。

5. 工作人员职责

《办法》第 30 条规定，朝觐工作人员应当按照职责做好相应工作，遵守外事纪律和有关规定。其中：第 31 条规定，中国伊斯兰教协会负责办理朝觐人员的朝觐签证，统筹协调朝觐飞机航班。第 32 条规定，省、自治区、直辖市伊斯兰教协会负责组织本地朝觐人员集体乘坐交通工具，配合边检、海关、机场、航空公司做好出入境监管和安全检查。第 33 条规定，省、自治区、直辖市伊斯兰教协会在省级人民政府宗教事务部门、公安部门等指导下，负责组织在境内统一接送朝觐人员，维护社会正常秩序。

五、境外组织工作

1. 责任制落实

《办法》第 34 条规定，朝觐境外组织工作实行总团统一领导下的省区团、综合团和分团分级负责制，团长为第一责任人。

2. 总团职责

《办法》第 35 条规定，总团应当履行以下职责：①建立健全境外朝觐组织工作制度；②组织开展对朝觐人员的爱国主义和安全教育，加强对朝觐人员的管理，抵御宗教极端思想渗透，防范发生危害国家安全的行为，主动排查安全隐患，落实安全责任，预防和处置突发事件；③组织安排朝觐人员境外餐饮、住宿、交通、参观、教务等活动；④组织开展对朝觐人员的卫生健康教育，改善医疗服务条件，落实疫情防控措施，做好诊疗救治工作；⑤及时将朝觐人员和朝觐地突发的传染病疫情通报中国海关；⑥统一负责对外联络、宣传，开展对外交往；⑦做好其他需要办理或者协调的事项。同时，总团应当接受国家宗教事务局、中国驻沙特阿拉伯使领馆的指导监督和中国伊斯兰教协会的管理。

3. 省区团、综合团和分团职责

《办法》第 36 条规定，省区团、综合团和分团应当按照总团的安排和部署，做好本团朝觐组织工作，并加强互助合作。

4. 朝觐人员职责

《办法》第 37 条规定，朝觐人员应当遵守中国法律以及有关国家法律，遵守朝觐工作管理规章制度，反对宗教极端思想，展现良好形象。

5. 中国伊斯兰教协会职责

《办法》第 38 条规定，中国伊斯兰教协会应当制定并落实朝觐人员境外住房租赁及分配办法，确保程序合规、工作透明、价格合理、分配公平。

六、法律责任

《办法》第 39 条规定，国家工作人员和伊斯兰教协会人员等在朝觐事务管理中，滥用职权、玩忽职守、徇私舞弊，应当给予处分的，依法依规给予处分；构成犯罪的，依法追究刑事责任。第 40 条规定，擅自组织公民朝觐或者为非法朝觐活动提供条件的，依照有关法律和《宗教事务条例》进行处罚；构成犯罪的，依法追究刑事责任。

第六章 民法的基本知识

章节练习
增值服务

学习目的

了解：《中华人民共和国民法典》（以下简称《民法典》）第一编总则关于基本规定的内容；自然人的监护制度、法人的一般规定、民事责任的规定。**熟悉：**关于民事权利能力和民事行为能力、民事法律行为一般规定、意思表示和代理制度的规定。**掌握：**第一编总则关于民事法律行为效力的规定；第四编人格权关于一般规定以及生命权、身体权、健康权、肖像权、隐私权和个人信息保护的规定。

第一节 概 述

一、民法典的立法目的

民法是调整平等主体之间的人身关系和财产关系的法律规范总和。

《民法典》第1条规定，为了保护民事主体的合法权益，调整民事关系，维护社会和经济秩序，适应中国特色社会主义发展要求，弘扬社会主义核心价值观，根据宪法，制定本法。

民事权利及其他合法权益受法律保护是民法的基本精神，也是民事立法的出发点和归属。《民法典》第3条规定，民事主体的人身权利、财产权利以及其他合法权益受法律保护，任何组织或者个人不得侵犯。

二、民法典的调整范围

《民法典》第 2 条规定，民法调整平等主体的自然人、法人和非法人组织之间的人身关系和财产关系。具体而言：①平等主体之间的人身关系。一是基于自然人、法人和非法人组织的人格产生的人身关系；二是基于自然人、法人和非法人组织的一定身份产生的人身关系。②平等主体之间的财产关系，含财产归属关系和财产流转关系。民法调整的社会关系最本质的特点在于平等性，这是民法与其他部门法之间的根本区别。

三、民法的基本原则

1. 平等原则

《民法典》第 4 条规定，民事主体在民事活动中的法律地位一律平等。平等原则，亦称法律地位平等原则，强调民事主体在民事活动中的法律地位一律平等，任何一方不得把自己的意志强加给对方，这是民法的基础原则，构成了自愿原则的逻辑前提。

2. 自愿原则

《民法典》第 5 条规定，民事主体从事民事活动，应当遵循自愿原则，按照自己的意思设立、变更、终止民事法律关系。自愿原则，亦称意思自治原则，是指法律确认民事主体自由地基于其意志去进行民事活动的基本准则。

3. 公平原则

《民法典》第 6 条规定，民事主体从事民事活动，应当遵循公平原则，合理确定各方的权利和义务。公平原则是进步和正义的道德观在法律上的体现，对于弥补法律规定的不足和在交易领域保证意思自治原则的实现具有重要意义，是自愿原则的有益补充。

4. 诚实信用原则

《民法典》第 7 条规定，民事主体从事民事活动，应当遵循诚信原则，秉持诚实，恪守承诺。诚实信用原则，意指民事主体应当忠诚、守信，做到谨慎维护对方的利益、满足对方的正当期待，这是最低限度的道德要求在法律上的体现。

5. 公序良俗原则

《民法典》第8条规定，民事主体从事民事活动，不得违反法律，不得违背公序良俗。公序良俗原则是公共秩序和善良风俗的合称，公共秩序一般指经由法律、行政法规的强制性规定建构的秩序，良俗一般指社会、国家的存在和发展所必要的一般道德，是特定社会所尊重的伦理要求底线。

6. 绿色原则

《民法典》第9条规定，民事主体从事民事活动，应当有利于节约资源、保护生态环境。绿色原则要求必须践行绿水青山就是金山银山的理念，坚持节约资源和保护环境的基本国策，坚持节约优先、保护优先、自然恢复为主的方针，坚定走生产发展、生活富裕、生态良好的文明发展道路，同时这也是对自愿原则的必要限制，意在谋求人与自然的共生关系。

四、处理民事纠纷的依据与适用

1. 处理民事纠纷的依据

（1）民法的渊源，指民事法律规范借以表现的形式，它主要表现在各国家机关根据其权限范围所制定的各种规范性文件之中，包括宪法、民事法律、行政法规、部门规章、司法解释、地方性法规或者自治条例和单行条例、国际条约和国际惯例，不包括合同、章程等民事法律行为。

（2）依据。《民法典》第10条规定，处理民事纠纷，应当依照法律；法律没有规定的，可以适用习惯，但是不得违背公序良俗。这表明，处理民事纠纷应当优先适用具体的法律规则，只有不存在具体的法律规则时，才能考虑适用习惯。当然，习惯要成为民法渊源，并成为裁判的依据，必须经过“合法性”判断，即不得违反法律的强制性规定和公序良俗。

2. 民法的适用

（1）特别法优先。《民法典》第11条规定，其他法律对民事关系有特别规定的，依照其规定。该规定明确了民事特别法优于民事普通法的原则，“其他法律”是指《民法典》之外的各个单行法律。可见，《民法典》虽然在民事立法中具有基础性地位，但是不可能调整到所有的民事法律关系，仍然需要单行法予以配套和补充。

（2）地域效力。民法的地域效力范围是指民法在什么空间领域内适用。《民法典》第12条规定，中华人民共和国领域内的民事活动，适用中华人民共和国法律，法律另有规定的，依照其规定。中华人民共和国领域包括中华人民共和国的领土、领空、领海，以及根据国际法视为我国领域的我国驻外使馆，国籍为中国的船舶、航空器等。在我国领域范围内从事民事活动，原则上需要适用我国的法律，但在法律另有规定时，则可能需要适用其他法律，譬如在我国领域内发生的涉外民事关系，适用《中华人民共和国涉外民事关系法律适用法》。

第二节　自然人

一、概念

自然人即生物学意义上的人，是基于出生而取得民事主体资格的人，其外延包括本国公民、外国公民和无国籍人。自然人与公民不同，公民仅指具有一国国籍的人。

二、自然人的民事权利能力和民事行为能力

1. 自然人的民事权利能力

《民法典》第13条规定，自然人从出生时起到死亡时止，具有民事权利能力，依法享有民事权利，承担民事义务。可见，自然人的民事权利能力始于出生。第15条对自然人的出生时间进一步明确，自然人的出生时间和死亡时间，以出生证明、死亡证明记载的时间为准；没有出生证明、死亡证明的，以户籍登记或者其他有效身份登记记载的时间为准。有其他证据足以推翻以上记载时间的，以该证据证明的时间为准。对未出生胎儿的法律地位的确认，《民法典》第16条规定，涉及遗产继承、接受赠与等胎儿利益保护的，胎儿视为具有民事权利能力，但是胎儿娩出时为死体的，其民事权利能力自

始不存在。

此外,《民法典》第 14 条规定，自然人的民事权利能力一律平等。该规定与第 4 条均使用“一律平等”的规范性表述，这是关于平等原则的两种不同规定，它们共同涵盖了现代民法所蕴含的平等思想。

2. 自然人的民事行为能力

自然人的民事行为能力，是指自然人能够独立通过意思表示，进行民事行为的能力。自然人要有民事行为能力，一方面要达到一定的年龄，从而具备一定的社会活动经验，另一方面还要有正常的精神状态，能够理智地进行民事活动。《民法典》根据我国自然人的具体情况，按照年龄阶段的不同和理智是否正常，将自然人的民事行为能力划分为完全民事行为能力、限制民事行为能力和无民事行为能力三种（表 6–1）。其中，无民事行为能力人、限制民事行为能力人的监护人是其法定代理人。

（1）完全民事行为能力，是指自然人具有的通过自己独立的意思表示进行民事法律行为的能力。《民法典》第 18 条第 1 款规定，成年人为完全民事行为能力人，可以独立实施民事法律行为。因此，已达成年的自然人，一般被认为是具有完全民事行为能力的人。第 17 条规定，18 周岁以上的自然人为成年人，同时第 18 条第 1 款还规定 16 周岁以上的未成年人，以自己的劳动收入为主要生活来源的，视为完全民事行为能力人。

（2）限制民事行为能力，是指自然人独立通过意思表示进行民事法律行为的能力受到一定的限制。《民法典》第 17 条第 2 句规定，不满 18 周岁的自然人为未成年人。第 19、第 22 条分别确认 8 周岁以上的未成年人为限制民事行为能力人，不能完全辨认自己行为的成年人为限制民事行为能力人。依据《民法典》第 19、第 22 条规定，限制民事行为能力人实施民事法律行为由其法定代理人代理或者经其法定代理人同意、追认；但是可以独立实施纯获利益的民事法律行为或者与其年龄、智力、精神健康状况相适应的民事法律行为。

（3）无民事行为能力，是指自然人不具有以自己独立的意思表示进行民事法律行为的能力。《民法典》第 20、第 21 条确认，不满 8 周岁的未成年人为无民事行为能力人，不能辨认自己行为的成年人以及 8 周岁以上的未成年人不能辨认自己行为的皆为无民事行为能力人。依据《民法典》第 20、第

21 条规定，无民事行为能力人由其法定代理人代理实施民事法律行为。

表 6-1　自然人的民事行为能力对比

<table>
<tr><th>类别</th><th>年龄标准</th><th>意思能力标准</th><th>能力限制</th><th>法律依据</th></tr>
<tr><td rowspan="2">完全民事行为能力</td><td>18 周岁以上</td><td>能辨认自己行为</td><td rowspan="2">可以独立实施民事法律行为</td><td rowspan="2">《民法典》第 17、第 18 条</td></tr>
<tr><td>16 周岁以上的未成年人</td><td>以自己的劳动收入为主要生活来源，视为能辨认自己行为</td></tr>
<tr><td rowspan="2">限制民事行为能力</td><td>8 周岁以上的未成年人</td><td rowspan="2">不能完全辨认自己行为</td><td>实施民事法律行为由其法定代理人代理或者其法定代理人同意、追认；但可以独立实施纯获利益的民事法律行为或与其年龄、智力相适应的民事法律行为</td><td rowspan="2">《民法典》第 19、第 22 条</td></tr>
<tr><td>18 周岁以上</td><td>实施民事法律行为由其法定代理人代理或者其法定代理人同意、追认；但可以独立实施纯获利益的民事法律行为或与其智力、健康状况相适应的民事法律行为</td></tr>
<tr><td rowspan="3">无民事行为能力</td><td>不满 8 周岁的未成年人</td><td rowspan="3">不能辨认自己行为</td><td rowspan="3">由其法定代理人代理实施民事法律行为</td><td rowspan="3">《民法典》第 20、第 21 条</td></tr>
<tr><td>8 周岁以上的未成年人</td></tr>
<tr><td>18 周岁以上</td></tr>
</table>

三、自然人的监护制度

自然人的监护制度旨在保护无民事行为能力人或限制民事行为能力人的人身权利、财产权利以及其他合法权益，弥补其民事行为能力的不足。通说认为，监护是为了被监护人的利益而设，监护属于一种职责。

1. 监护的种类

（1）法定监护。法定监护包括对未成年人监护和成年人监护两种情形。①对未成年人的监护。父母对未成年子女负有抚养、教育和保护的义务。《民法典》第27条规定，父母是未成年子女的监护人。未成年人的父母已经死亡或者没有监护能力的，由下列有监护能力的人按顺序担任监护人：祖父母、外祖父母；兄、姐；其他愿意担任监护人的个人或者组织，但是须经未成年人住所地的居民委员会、村民委员会或者民政部门同意。②对成年人的监护。《民法典》第28条规定，无民事行为能力或者限制民事行为能力的成年人，由下列有监护能力的人按顺序担任监护人：配偶；父母、子女；其他近亲属；其他愿意担任监护人的个人或者组织，但是须经被监护人住所地的居民委员会、村民委员会或者民政部门同意。

（2）遗嘱监护。《民法典》第29条规定，被监护人的父母担任监护人的，可以通过遗嘱指定监护人。遗嘱指定监护人的范围一般是其他近亲属，包括子女、祖父母、外祖父母、兄弟姐妹，或其他愿意担任监护人的个人或者组织。

（3）协议监护。《民法典》第30条规定，依法具有监护资格的人之间可以协议确定监护人。协议确定监护人应当尊重被监护人的真实意愿。协议确定的监护人必须从具有监护资格的人之间产生，不得在法律规定的具有监护资格的人之外确定监护人，在具有监护资格的人之外确定监护人的，协议监护无效，同时确立协议监护人时，应当充分尊重被监护人的真实意愿。

（4）指定监护。《民法典》第31条规定，对监护人的确定有争议的，由被监护人住所地的居民委员会、村民委员会或者民政部门指定监护人，有关当事人对指定不服的，可以向人民法院申请指定监护人；有关当事人也可以直接向人民法院申请指定监护人。居民委员会、村民委员会、民政部门或者人民法院应当尊重被监护人的真实意愿，按照最有利于被监护人的原则在依法具有监护资格的人中指定监护人。依据本条第1款规定指定监护人前，被监护人的人身权利、财产权利以及其他合法权益处于无人保护状态的，由被监护人住所地的居民委员会、村民委员会、法律规定的有关组织或者民政部门担任临时监护人。监护人被指定后，不得擅自变更；擅自变更的，不免除被指定的监护人的责任。

（5）社会监护。《民法典》第32条规定，没有依法具有监护资格的人的，监护人由民政部门担任，也可以由具备履行监护职责条件的被监护人住所地的居民委员会、村民委员会担任。

（6）成年人自愿监护。《民法典》第33条规定，具有完全民事行为能力的成年人，可以与其近亲属、其他愿意担任监护人的个人或者组织事先协商，以书面形式确定自己的监护人，在自己丧失或者部分丧失民事行为能力时，由该监护人履行监护职责。

2.监护人的职责和权限

（1）监护人的职责。《民法典》第34条规定，监护人的职责是代理被监护人实施民事法律行为，保护被监护人的人身权利、财产权利以及其他合法权益等。监护人依法履行监护职责产生的权利，受法律保护。监护人不履行监护职责或者侵害被监护人合法权益的，应当承担法律责任。因发生突发事件等紧急情况，监护人暂时无法履行监护职责，被监护人的生活处于无人照料状态的，被监护人住所地的居民委员会、村民委员会或者民政部门应当为被监护人安排必要的临时生活照料措施。

（2）监护人的权限。《民法典》第35条规定，监护人应当按照最有利于被监护人的原则履行监护职责。监护人除为维护被监护人利益外，不得处分被监护人的财产。包括：①对未成年人的监护。未成年人的监护人履行监护职责，在作出与被监护人利益有关的决定时，应当根据被监护人的年龄和智力状况，尊重被监护人的真实意愿。②对成年人的监护。成年人的监护人履行监护职责，应当最大限度地尊重被监护人的真实意愿，保障并协助被监护人实施与其智力、精神健康状况相适应的民事法律行为。最后，无论是成年人还是未成年人，只要是被监护人有能力独立处理事务，监护人就不得干涉。

（3）监护人资格的撤销、恢复与终止。监护人资格在出现法定的情形后，资格将会被撤销、恢复或终止。①撤销资格。《民法典》第36条规定，监护人有下列情形之一的，人民法院根据有关个人或者组织的申请，撤销其监护人资格，安排必要的临时监护措施，并按照最有利于被监护人的原则依法指定监护人：实施严重损害被监护人身心健康的行为；怠于履行监护职责，或者无法履行监护职责且拒绝将监护职责部分或者全部委托给他人，导致被监护人处于危困状态；实施严重侵害被监护人合法权益的其他行为。此处的有关个人、组织包括：其他依法具有监护资格的人，居民委员会、村民委员会、学校、医疗机构、妇女联合会、残疾人联合会、未成年人保护组织、依法设立的老年人组织、民政部门等。同时，依法负担被监护人抚养费、赡养费、扶养费的父母、子女、配偶等，被人民法院撤销监护人资格后，应当继续履行负担的义务。②恢复资格。《民法典》第 38 条规定，被监护人的父母或者子女被人民法院撤销监护人资格后，除对被监护人实施故意犯罪的外，确有悔改表现的，经其申请，人民法院可以在尊重被监护人真实意愿的前提下，视情况恢复其监护人资格，人民法院指定的监护人与被监护人的监护关系同时终止。③终止资格。《民法典》第 39 条规定，有下列情形之一的，监护关系终止：被监护人取得或者恢复完全民事行为能力；监护人丧失监护能力；被监护人或者监护人死亡；人民法院认定监护关系终止的其他情形。

第三节　法　　人

一、概念

《民法典》第 57 条规定，法人是具有民事权利能力和民事行为能力，依法独立享有民事权利和承担民事义务的组织。法人制度是规范经济秩序和整个社会秩序的一项重要法律制度。从事各种社会活动的民事主体除了自然人，还有以团体名义从事活动的各种组织，其中最为重要的就是法人。从根本上讲，法人是法律技术的产物，它的存在从根本上减轻了自然人在社会交往中的负担。

二、法人的成立

1. 法人成立的条件

《民法典》第 58 条规定，法人应当依法成立。法人应当有自己的名称、组织机构、住所、财产或者经费。法人成立的具体条件和程序，依照法律、行政法规的规定。设立法人，法律、行政法规规定须经有关机关批准的，依照其规定。

成立法人应当具备以下条件：①依法成立，设立目的和宗旨符合国家利益和社会公共利益的要求；②有自己的名称、组织机构和住所，《民法典》第 63 条规定，法人以其主要办事机构所在地为住所，依法需要办理法人登记的，应当将主要办事机构所在地登记为住所；③有必要的财产或者经费，这是享有民事权利和承担民事义务的物质基础，也是独立承担民事责任的财产保障；④满足法律、行政法规规定的其他条件。符合法定条件和程序，符合法人设立的相应原则，即可成为法人。

2. 法律后果承受与法律责任承担

《民法典》第 75 条规定，设立人为设立法人从事的民事活动，其法律后果由法人承受；法人未成立的，其法律后果由设立人承受，设立人为两人以上的，享有连带债权，承担连带责任。设立人以自己的名义从事民事活动产生的民事责任，第三人有权选择请求法人或者设立人承担。

3. 法人的分支机构

法人可以依法设立分支机构。《民法典》第 74 条规定，法人可以依法设立分支机构。法律、行政法规规定分支机构应当登记的，依照其规定。分支机构以自己的名义从事民事活动，产生的民事责任由法人承担；也可以先以该分支机构管理的财产承担，不足以承担的，由法人承担。

三、法人的民事权利能力和民事行为能力

《民法典》第 58 条规定，法人的民事权利能力和民事行为能力，从法人成立时产生，到法人终止时消灭。

1. 法人的民事权利能力

法人的民事权利能力是法律赋予的，法人作为独立的民事主体应当具备的基本资格。法人民事权利能力的获取意味着法人作为一个独立的民事主体资格，认可法人具备民事权利能力，就是认可法人在民法中的主体资格。法人的权利能力始于法人依法设立或登记，终于法人的依法被撤销或解散。

法人与自然人都是独立的民事主体，但是法人对于专属于自然人的某些权利和义务，当然不能享有，譬如自然人的生命权、身体权、健康权等权利、抚养、赡养、扶养等义务。

2. 法人的民事行为能力

法人的民事行为能力，是指法人以自己的独立意志实施民事法律行为的能力。与自然人相比，法人的民事行为能力主要有以下特点。

（1）《民法典》第 59 条规定，法人的民事权利能力和民事行为能力，从法人成立时产生，到法人终止时消灭。因此，法人的民事行为能力和民事权利能力同时产生、同时终止，而自然人从出生之日起即享有权利能力，但是行为能力则与年龄和智力精神健康状况相关。

（2）自然人的行为能力通常自己来实现，但是法人的行为能力通常是由法人机关或者法人机关委托的代理人来实现，法人机关的行为视为法人的行为。依据《民法典》第 61 条第 1 款规定，依照法律或者法人章程的规定，代表法人从事民事活动的负责人是法人的法定代表人。

四、法人的民事责任能力

法人的民事责任能力，是指法人据以独立承担过错侵权损害赔偿责任的资格。《民法典》第 60 条规定，法人以其全部财产独立承担民事责任。可见，法律赋予了法人的民事责任能力。

法人的主要负责人是法人的法定代表人，《民法典》第 61、第 62 条规定了法定代表人从事民事活动及执行职务活动的民事责任。第 61 条第 2 款规定，法定代表人以法人名义从事的民事活动，其法律后果由法人承受。法人章程或者法人权力机构对法定代表人代表权的限制，不得对抗善意相对人。第 62 条规定，法定代表人因执行职务造成他人损害的，由法人承担民事责任，法人承担民事责任后，依照法律或者法人章程的规定，可以向有过错的法定代表人追偿。

五、法人的变更和终止

1. 法人的变更

（1）法人的变更。法人的变更，是指在法人的存续期间内，法人在组织机构、性质、活动范围、财产或者名称、住所、隶属关系等重要事项上发生的变动。《民法典》第 64 条规定，法人存续期间登记事项发生变化的，应当依法向登记机关申请变更登记。第 65 条规定，法人的实际情况与登记的事项不一致的，不得对抗善意相对人。第 66 条规定，登记机关应当依法及时公示法人登记的有关信息，包括设立登记和变更登记。

（2）法人组织的变更。法人组织机构的变更分为法人的合并和分立。①法人的合并，是指两个以上的法人合并成为一个新的法人，分为新设合并和吸收合并。新设合并是两个以上法人合并为一个新法人；吸收合并是一个法人归并到一个现存的法人中。②法人的分立，是指一个法人分为两个以上的法人，分为新设分立和派生分立。新设分立是解散原法人，分立为两个以上新法人；派生分立是原法人继续存续，从中分出新的法人。③合并、分立后的权利义务。《民法典》第 67 条规定，法人合并的，其权利和义务由合并后的法人享有和承担。法人分立的，其权利和义务由分立后的法人享有连带债权，承担连带债务，但是债权人和债务人另有约定的除外。

2. 法人的终止与解散

（1）法人的终止。法人的终止是指从法律上消灭法人的民事主体资格。《民法典》第 68 条规定，有下列原因之一并依法完成清算、注销登记的，法人终止：法人解散；法人被宣告破产；法律规定的其他原因。法人终止，法律、行政法规规定须经有关机关批准的，依照其规定。

（2）法人的解散。依据《民法典》第 69 条规定，有下列情形之一的，法人解散：①法人章程规定的存续期间届满或者法人章程规定的其他解散事由出现；②法人的权力机构决议解散；③因法人合并或者分立需要解散；④法人依法被吊销营业执照、登记证书，被责令关闭或者被撤销；⑤法律规定的其他情形。第 70 条规定，法人解散的，除合并或者分立的情形外，清算义务人应当及时组成清算组进行清算。法人的董事、理事等执行机构或者决策机构的成员为清算义务人。法律、行政法规另有规定的，依照其规定。清算义务人未及时履行清算义务，造成损害的，应当承担民事责任；主管机关或者利害关系人可以申请人民法院指定有关人员组成清算组进行清算。除了法人解散，第 73 条规定，法人被宣告破产的，依法进行破产清算并完成法人注销登记时，法人终止。

在法人解散或者被宣告破产后，法人的清算程序和清算组职权，依照有关法律的规定；没有规定的，参照适用公司法律的有关规定。依据《民法典》第 72 条规定，清算期间法人存续，但是不得从事与清算无关的活动。可见，清算为法人终止的必经程序，清算组织的主要任务是了结现存的事务、收取债权、清偿债务、移交剩余财产。法人清算后的剩余财产，按照法人章程的规定或者法人权力机构的决议处理。法律另有规定的，依照其规定。清算结束并完成法人注销登记时，法人终止；依法不需要办理法人登记的，清算结束时，法人终止。关于注销登记，通常是指登记主管机关根据法人的申请，对符合终止条件的法人依照法定程序消灭其法人资格的一种具体行政行为，如果法人没有申请注销登记，法人登记主管机关可以依照职权注销法人登记。

第四节　民事法律行为

一、概念

《民法典》第 133 条规定，民事法律行为是民事主体通过意思表示设立、变更、终止民事法律关系的行为。换言之，民事法律行为属于表示行为的一种，是指以意思表示为核心要素的表示行为。

二、民事法律行为的一般规定

1. 民事法律行为的分类

（1）单方的民事法律行为和多方的民事法律行为。《民法典》第 134 条第 1 款规定，民事法律行为可以基于双方或者多方的意思表示一致成立，也可以基于单方的意思表示成立。因此，以民事法律行为的成立所需意思表示的数量为标准，可以把民事法律行为区分为单方民事法律行为和多方民事法律行为。单方民事法律行为，是指根据一项意思表示就可成立的民事行为，既可以是须向特定人进行的单方民事行为，也可以是无须向特定人进行的单方民事行为。多方民事法律行为，是指通常需要两项以上意思表示才可成立的民事行为，包括双方民事行为、共同行为和决议。此外，第 134 条第 2 款规定，法人、非法人组织依照法律或者章程规定的议事方式和表决程序作出决议的，该决议行为成立。

（2）要式行为和不要式行为。《民法典》第 135 条规定，民事法律行为可以采用书面形式、口头形式或者其他形式；法律、行政法规规定或者当事人约定采用特定形式的，应当采用特定形式。因此，以民事法律行为是否需要特定形式或实质条件，可以把民事法律行为区分为要式行为和不要式行为。要式行为，是指依法律或行政法规的规定，应当或者必须采用特定形式的民事法律行为。不要式行为，是指法律或行政法规对其形式并无特别要求的民事法律行为。

2. 民事法律行为的生效

《民法典》第 136 条规定，民事法律行为自成立时生效，但是法律另有规定或者当事人另有约定的除外。行为人非依法律规定或者未经对方同意，不得擅自变更或者解除民事法律行为。可见，在一般情况下，民事法律行为的生效是与成立一致的，但是如果法律另有规定或者当事人另有约定，那么生效将会取决于其他法律的规定或者当事人约定的生效条件。

三、意思表示

1. 意思表示的形式

意思表示属于民事法律行为的核心要素，指表意人将其期望发生某种法律效果的内心意思以一定方式表现于外部的行为，在形式上主要包括口头形式、书面形式、推定形式和沉默方式四种。依据《民法典》第 140 条规定，行为人可以明示或者默示作出意思表示，而沉默只有在有法律规定、当事人约定或者符合当事人之间的交易习惯时，才可以视为意思表示。

2. 意思表示的生效

意思表示生效即意思表示效力的发生，与民事法律行为的生效不同。民事法律行为发生效力意味着该民事法律行为符合价值的法律取向，可以依照民事主体的预期产生相应的法律效果。意思表示生效仅仅指符合特定的形式要件，即可发生效力，只产生形式上的拘束力。

（1）有相对人的意思表示。《民法典》第 137 条规定，以对话方式作出的意思表示，相对人知道其内容时生效。以非对话方式作出的意思表示，到达相对人时生效。以非对话方式作出的采用数据电文形式的意思表示，相对人指定特定系统接收数据电文的，该数据电文进入该特定系统时生效；未指定特定系统的，相对人知道或者应当知道该数据电文进入其系统时生效。当事人对采用数据电文形式的意思表示的生效时间另有约定的，按照其约定。

（2）无相对人的意思表示。《民法典》第 138 条规定，无相对人的意思表示，表示完成时生效。法律另有规定的，依照其规定。

（3）以公告方式作出的意思表示。《民法典》第 139 条规定，以公告方式作出的意思表示，公告发布时生效。最后，行为人可以撤回意思表示，撤回后原意思表示不再发生效力。依据《民法典》第 141 条规定，撤回意思表示的通知应当在意思表示到达相对人前或者与意思表示同时到达相对人。

3. 意思表示的解释

《民法典》第 142 条规定，有相对人的意思表示的解释，应当按照所使用的词句，结合相关条款、行为的性质和目的、习惯以及诚信原则，确定意思表示的含义。无相对人的意思表示的解释，不能完全拘泥于所使用的词句，而应当结合相关条款、行为的性质和目的、习惯以及诚信原则，确定行为人的真实意思。

四、民事法律行为的效力

1. 民事法律行为的生效条件

依据《民法典》第 143 条规定，民事法律行为的生效要件包括：①行为人具有相应的民事行为能力；②意思表示真实；③不违反法律、行政法规的强制性规定，不违背公序良俗。

（1）行为人具有相应的行为能力是对自然人提出的要求，法人和非法人组织不存在不具备相应行为能力的问题。在我国现行民事立法中，完全行为人可以独立实施民事法律行为，限制民事行为人和无民事行为人都有限制性规定。《民法典》第 144 条规定，无民事行为能力人实施的民事法律行为无效。第 145 条规定，限制民事行为能力人实施的纯获利益的民事法律行为或者与其年龄、智力、精神健康状况相适应的民事法律行为有效；实施的其他民事法律行为经法定代理人同意或者追认后有效。相对人可以催告法定代理人自收到通知之日起 30 日内予以追认。法定代理人未作表示的，视为拒绝追认。民事法律行为被追认前，善意相对人有撤销的权利。撤销应当以通知的方式作出。

（2）当事人的意思表示真实一般包括两个方面含义：一是指行为人的内心意思与外部的表示行为相一致的状态，二是指行为人是在意志自由的前提下，进行意思表示的状态。与此相对应，行为人意思表示不真实有两种情形，一是行为人意思与表示不一致，二是行为人意思表示不自由。

第一，行为人意思与表示不一致。①虚伪表示。《民法典》第 146 条规定，行为人与相对人以虚假的意思表示实施的民事法律行为无效，以虚假的意思表示隐藏的民事法律行为的效力依照有关法律规定处理。②错误。《民法典》第 147 条规定，基于重大误解实施的民事法律行为，行为人有权请求人民法院或者仲裁机构予以撤销。

第二，行为人意思表示不自由。①欺诈。《民法典》第 148、第 149 条规定，一方以欺诈手段，使对方在违背真实意思的情况下实施的民事法律行为，受欺诈方有权请求人民法院或者仲裁机构予以撤销。第三人实施欺诈行为，使一方在违背真实意思的情况下实施的民事法律行为，对方知道或者应当知道该欺诈行为的，受欺诈方有权请求人民法院或者仲裁机构予以撤销。②胁迫。《民法典》第 150 条规定，一方或者第三人以胁迫手段，使对方在违背真实意思的情况下实施的民事法律行为，受胁迫方有权请求人民法院或者仲裁机构予以撤销。③利用对方处于危困状态、缺乏判断能力等。《民法典》第 151 条规定，一方利用对方处于危困状态、缺乏判断能力等情形，致使民事法律行为成立时显失公平的，受损害方有权请求人民法院或者仲裁机构予以撤销。

（3）不违反法律或行政法规的强制性规定，不违背公序良俗。作为民事法律行为的生效要件，所谓不违反法律或行政法规，并非指民事法律行为必须符合法律或行政法规的所有规定，而是指民事法律行为不存在违反与其效力相关的法律或行政法规的规定。与民事法律行为效力相关的规定，主要是指禁止当事人采用特定行为模式的强制性规定。不违背公序良俗是指不得违背公共秩序和善良风俗。

2. 效力存在欠缺的民事法律行为

（1）绝对无效的民事法律行为是指已经成立的民事法律行为，严重欠缺民事法律行为的生效条件，因而自始、绝对、确定、当然、永久不按照行为人设立、变更和终止民事法律关系的意思表示发生法律效力的民事法律行为。依据《民法典》第153条、第154条规定，绝对无效的民事法律行为包括：①违反法律、行政法规的强制性规定的民事法律行为；②违背公序良俗的民事法律行为；③行为人与相对人恶意串通，损害他人合法权益的民事法律行为。依据《民法典》第155条的规定，无效的或者被撤销的民事法律行为自始没有法律约束力。

（2）可撤销的民事法律行为是指民事法律行为虽已成立并生效，但因意思表示不真实，可以因行为人撤销权的行使，使其自始不发生效力的民事法律行为。依据《民法典》第147～151条的规定，可撤销的民事法律行为包括：①基于重大误解实施的民事法律行为；②因一方或者第三人的欺诈、胁迫，当事人在违背真实意思的情况下实施的民事法律行为；③一方利用对方处于危困状态、缺乏判断能力等情形，致使成立时显失公平的民事法律行为。

依据《民法典》第152条的规定，撤销权在出现下列情形之一的，撤销权消灭：①当事人自知道或者应当知道撤销事由之日起一年内、重大误解的当事人自知道或者应当知道撤销事由之日起90日内没有行使撤销权；②当事人受胁迫，自胁迫行为终止之日起一年内没有行使撤销权；③当事人知道撤销事由后明确表示或者以自己的行为表明放弃撤销权。当事人自民事法律行为发生之日起5年内没有行使撤销权的，撤销权消灭。第155条规定，被撤销的民事法律行为自始没有法律约束力。

（3）效力待定的民事法律行为是指民事法律行为虽已成立，但是否生效尚不确定，只有经由特定当事人的行为，才能确定生效或不生效的民事法律行为，主要是指限制民事行为能力人所实施的依法不能独立实施的民事法律行为。《民法典》第145条规定，限制民事行为能力人实施的纯获利益的民事法律行为或者与其年龄、智力、精神健康状况相适应的民事法律行为有效；实施的其他民事法律行为经法定代理人同意或者追认后有效。相对人可以催告法定代理人自收到通知之日起30日内予以追认。法定代理人未作表示的，视为拒绝追认。民事法律行为被追认前，善意相对人有撤销的权利。撤销应当以通知的方式作出。

《民法典》第 157 条规定，民事法律行为无效、被撤销或者确定不发生效力后，行为人因该行为取得的财产，应当予以返还；不能返还或者没有必要返还的，应当折价补偿。有过错的一方应当赔偿对方由此所受到的损失；各方都有过错的，应当各自承担相应的责任。法律另有规定的，依照其规定。民事法律行为部分无效，不影响其他部分效力的，其他部分仍然有效。

五、民事责任

民事责任是指民事主体违反约定或者法定的民事义务而依法应承担的民事法律后果。《民法典》第 176 条规定，民事主体依照法律规定或者按照当事人约定，履行民事义务，承担民事责任。

1. 共同民事责任

（1）按份责任。《民法典》第 177 条规定，二人以上依法承担按份责任，能够确定责任大小的，各自承担相应的责任；难以确定责任大小的，平均承担责任。

（2）连带责任。《民法典》第 178 条规定，二人以上依法承担连带责任的，权利人有权请求部分或者全部连带责任人承担责任。连带责任人的责任份额根据各自责任大小确定；难以确定责任大小的，平均承担责任。实际承担责任超过自己责任份额的连带责任人，有权向其他连带责任人追偿。连带责任，由法律规定或者当事人约定。

2. 承担民事责任的方式

承担民事责任的方式，是民事责任的具体体现。《民法典》第 179 条规定，承担民事责任的方式主要有：停止侵害、排除妨碍、消除危险、返还财产、恢复原状、修理重作更换、继续履行、赔偿损失、支付违约金、消除影响、恢复名誉、赔礼道歉。法律规定惩罚性赔偿的，依照其规定。上述承担民事责任的方式，可以单独适用，也可以合并适用。

3. 正当防卫、紧急避险、见义勇为、紧急救助和英烈人格利益的保护

（1）正当防卫。依据《民法典》第 180 条第 2 款规定，不可抗力是不能

预见、不能避免且不能克服的客观情况。第180条第1款规定，因不可抗力不能履行民事义务的，不承担民事责任。法律另有规定的，依照其规定。正当防卫作为行为人不承担责任和减轻责任的情形，是因为行为人的行为具有正当性、合法性，主观上没有过错。

（2）紧急避险。紧急避险是指为了本人或者他人的人身、财产权利免受正在发生的危险，不得已采取的紧急避险行为，造成损害的，不承担责任或者减轻责任的情形。《民法典》第182条规定，因紧急避险造成损害的，由引起险情发生的人承担民事责任。危险由自然原因引起的，紧急避险人不承担民事责任，可以给予适当补偿。紧急避险采取措施不当或者超过必要限度，造成不应有的损害的，紧急避险人应当承担适当的责任。

（3）见义勇为。《民法典》第183条规定，因保护他人民事权益使自己受到损害的，由侵权人承担民事责任，受益人可以给予适当补偿。没有侵权人、侵权人逃逸或者无力承担民事责任，受害人请求补偿的，受益人应当给予适当补偿。

（4）紧急救助。《民法典》第184条规定，因自愿实施紧急救助行为造成受助人损害的，救助人不承担民事责任。本条所规定的紧急救助的责任豁免对鼓励见义勇为和保护救助人，有着积极的意义。

（5）英烈人格利益的保护。《民法典》第185条规定，侵害英雄烈士等的姓名、肖像、名誉、荣誉，损害社会公共利益的，应当承担民事责任。本条特别规定英雄烈士等的人格权益保护，有利于弘扬社会主义核心价值观和英雄烈士精神，培养爱国主义精神，增强民族凝聚力，维护社会公共利益。

4. 违约责任和侵权责任的竞合

违约责任和侵权责任的竞合，是指义务人的违约行为既符合违约要件，又符合侵权要件，导致违约责任和侵权责任一并产生。依据《民法典》第186条规定，因当事人一方的违约行为，损害对方人身权益、财产权益的，受损害方有权选择请求其承担违约责任或者侵权责任。

5. 民事责任优先

《民法典》第187条规定，民事主体因同一行为应当承担民事责任、行政责任和刑事责任的，承担行政责任或者刑事责任不影响承担民事责任；民事主体的财产不足以支付的，优先用于承担民事责任。

第五节　代理制度

一、一般规定

1. 代理与代理制度

代理是指代理人代被代理人实施民事法律行为，其法律效果直接归属于被代理人的行为。代理制度是调整被代理人、代理人和第三人之间关系的法律制度。

2. 代理适用范围和效力

（1）适用范围。《民法典》第 61 条规定，民事主体可以通过代理人实施民事法律行为。依照法律规定、当事人约定或者民事法律行为的性质，应当由本人亲自实施的民事法律行为，不得代理。

（2）效力。《民法典》第 162 条规定，代理人在代理权限内，以被代理人名义实施的民事法律行为，对被代理人发生效力。代理人以被代理人的名义实施的民事法律行为产生的法律效果归属于被代理人：一是代理人在代理权限内实施民事法律行为；二是代理人必须以被代理人的名义实施民事法律行为。

3. 代理类型

《民法典》第 163 条规定，代理包括委托代理和法定代理。委托代理人按照被代理人的委托行使代理权。法定代理人依照法律的规定行使代理权。应当注意的是，职务代理在本质上属于委托代理。《民法典》第 170 条规定，执行法人或者非法人组织工作任务的人员，就其职权范围内的事项，以法人或者非法人组织的名义实施的民事法律行为，对法人或者非法人组织发生效力，同时法人或者非法人组织对执行其工作任务的人员职权范围的限制，不得对抗善意相对人。

二、委托代理

1. 授权委托书

在委托代理中，代理人取得代理权是基于被代理人的授权行为。《民法典》第 165 条规定，委托代理授权采用书面形式的，授权委托书应当载明代理人的姓名或者名称、代理事项、权限和期限，并由被代理人签名或者盖章。因此，授权行为的书面形式称为授权委托书，又称代理证书，具有单独的证明力。同时，该授权行为属于单方民事法律行为，无须取得代理人或者第三人的同意，即可发生授予代理权的效力。授予代理权的行为可以向代理人为之，也可以向特定的第三人为之，还可以采用公告的方式向不特定的第三人为之。

2. 委托代理的分类

（1）单独代理和共同代理。在有数个代理人时，以代理权的行使方式为标准，可以分为单独代理和共同代理。单独代理是指各代理人单独行使代理权，共同代理是指数个代理人共同行使代理权。依据《民法典》第 166 条规定，数人为同一代理事项的代理人的，应当共同行使代理权，但是当事人另有约定的除外。因此，在委托代理中，代理人有数人的，也应共同行使代理权，如果仅有其中一人行使代理权的为无权代理，非经本人或者其他共同代理人承认，通常不发生法律效力。

（2）本代理和复代理。根据代理人代理权来源的不同，代理可以分为本代理和复代理。代理人的代理权来源于被代理人直接授予代理权的行为或者来源于法律的规定，这种代理称为本代理。复代理又称再代理，是代理人为了实施代理权限内的全部或部分行为，以自己的名义选定他人担任被代理人的代理人，该代理行为产生的法律效果直接归属于被代理人。在委托代理中，代理人原则上应当亲自行使代理权，不得转委托他人处理代理事务，但是在事先得到被代理人同意或者事后追认的情况下，以及在发生紧急情况下使代理人不能亲自处理代理事务，任这种状况持续将会进一步损害被代理人利益时，法律允许产生复代理，以更好地保护被代理人的利益。依据《民法典》第 169 条规定，在转委托代理经被代理人同意或者追认后，被代理人可以就代理事务直接指示转委托的第三人，代理人仅就第三人的选任以及对第三人的指示承担责任；转委托代理未经被代理人同意或者追认的，代理人应当对转委托的第三人的行为承担责任。

3. 代理权行使的限制

被代理人之所以委托特定的代理人为自己服务，是基于对该代理人的知识、技能、信用的信赖。因此，代理人应当亲自实施代理行为，并谨慎、勤勉、忠实地行使代理权，不得突破代理权行使的限制。①自己代理。自己代理是指代理人在代理权限内与自己进行民事法律行为。在这种情况下，代理人同时为代理关系中的代理人和第三人，交易双方的交易行为实际上只有一个人实施，容易牺牲被代理人的利益。因此，《民法典》第 168 条第 1 款规定，代理人不得以被代理人的名义与自己实施民事法律行为，但是被代理人同意或者追认的除外。②双方代理。双方代理又称同时代理，是指一个代理人同时代理双方当事人为民事法律行为的情况。在交易中，当事人双方的利益总是互相冲突的，如果由一个人同时代表两种利益，难免顾此失彼。因此，《民法典》第 168 条第 2 款规定，代理人不得以被代理人的名义与自己同时代理的其他人实施民事法律行为，但是被代理的双方同意或者追认的除外。③损害被代理人合法权益的代理行为。代理人应当谨慎、勤勉、忠实地行使代理权，不得损害被代理人的合法权益。依据《民法典》第 164 条规定，代理人不履行或者不完全履行职责，造成被代理人损害的，应当承担民事责任，如果代理人和相对人恶意串通，损害被代理人合法权益的，代理人和相对人应当承担连带责任。

4. 代理违法的民事责任

通常而言，被代理人、代理人利用委托关系从事的违法行为可分为两类：①代理事项本身违法；②代理事项不违法，但代理人实施的代理行为违法。代理违法应当承担相应的民事责任，依据《民法典》第 167 条规定，代理人知道或者应当知道代理事项违法仍然实施代理行为，或者被代理人知道或者应当知道代理人的代理行为违法未作反对表示的，被代理人和代理人应当承担连带责任。

5. 无权代理

依据《民法典》第 171 条第 1 款规定，无权代理主要包括以下三种情况：①行为人没有代理权；②超越代理权；③代理权终止后继续代理。无权代理行为的法律效果有两种情形。

（1）发生与有权代理同样的法律效果。①被代理人行使追认权。通过被代理人行使追认权，可以使无权代理行为中所欠缺的代理权得到补足，转化为有权代理，发生与有权代理同样的法律效果。但是，被代理人追认权的行使，受到了交易相对人催告权的限制。《民法典》第171条第2款规定，相对人可以催告被代理人自收到通知之日起30日内予以追认。被代理人未作表示的，视为拒绝追认。当然，无权代理行为未经被代理人追认的，对被代理人不发生效力。②表见代理。表见代理是指行为人虽然没有代理权，但是交易相对人有理由相信行为人有代理权的无权代理，此时无权代理可以发生与有权代理同样的法律效果。《民法典》第172条规定，行为人没有代理权、超越代理权或者代理权终止后，仍然实施代理行为，相对人有理由相信行为人有代理权的，代理行为有效。法律确认表见代理制度，意在保护动态的交易安全。

（2）不发生与有权代理同样的法律效果。①交易相对人行使撤销权。为平衡当事人之间的利益，与被代理人享有追认权相对应，善意的交易相对人享有撤销权。此处的善意是指交易相对人不知道且不应当知道行为人为无权代理，而且该交易相对人也未通过举证证明其有理由相信行为人有代理权。该善意交易相对人一旦行使撤销权，基于无权代理所为的民事法律行为就确定为不生效法律效力的行为。《民法典》第171条第2款规定，行为人实施的行为被追认前，善意相对人有撤销的权利。撤销应当以通知的方式作出。②被代理人拒绝行使追认权。无权代理发生后，被代理人享有追认或者拒绝追认的选择权，代理行为处于效力未定状态，若被代理人明确表示拒绝追认或者在交易相对人确定的催告期内不作出追认的意思表示，代理行为则不发生法律效力。应当注意的是，无权代理不发生与有权代理同样的法律效果，但是并非不发生任何法律效果。《民法典》第171条第3款规定，行为人实施的行为未被追认的，善意相对人有权请求行为人履行债务或者就其受到的损害请求行为人赔偿。但是，赔偿的范围不得超过被代理人追认时相对人所能获得的利益。第4款还规定，相对人知道或者应当知道行为人无权代理的，相对人和行为人按照各自的过错承担责任。

三、代理的终止

1. 委托代理的终止

依据《民法典》第173条规定，委托代理关系在下列五种情形下终止：

①代理期限届满或者代理事务完成；②被代理人取消委托或者代理人辞去委托；③代理人丧失民事行为能力；④代理人或者被代理人死亡；⑤作为代理人或者被代理人的法人、非法人组织终止。

关于代理人死亡或者被代理人死亡，需要区别对待。代理人死亡，致使代理关系一方失去了主体，而且这一特定的社会关系不再存在，代理权便终止。被代理人死亡后，依据《民法典》第174条规定，委托代理人实施的代理行为在下列情形时有效：①代理人不知道且不应当知道被代理人死亡；②被代理人的继承人予以承认；③授权中明确代理权在代理事务完成时终止；④被代理人死亡前已经实施，为了被代理人的继承人的利益继续代理。作为被代理人的法人、非法人组织终止的，参照适用前款规定。

2. 法定代理的终止

依据《民法典》第175条规定，法定代理关系在下列四种情形下终止：①被代理人取得或者恢复完全民事行为能力；②代理人丧失民事行为能力；③代理人或者被代理人死亡；④法律规定的其他情形。

第六节　人格权

一、一般规定

人格权，是指以主体固有的人格利益为载体，以维护和实现人身自由、人格尊严为目标的权利。《民法典》第990条规定，人格权是民事主体享有的生命权、身体权、健康权、姓名权、名称权、肖像权、名誉权、荣誉权、隐私权等权利。除前款规定的人格权外，自然人享有基于人身自由、人格尊严产生的其他人格权益。

1. 人格权的特征

（1）人格权是民事主体依法所固有的基本权利。固有即自然人从出生、非自然人自成立之日起就享有人格权。该权利的取得无须民事主体积极的作为，而是由法律直接赋予。对于自然人而言，自然人在死亡后就不再具有民事权利能力，即不再享有人格权，但在死者的人格遭受侵害的情形下，其人格利益仍然受到保护。《民法典》第994条规定，死者的姓名、肖像、名誉、荣誉、隐私、遗体等受到侵害的，其配偶、子女、父母有权依法请求行为人承担民事责任；死者没有配偶、子女且父母已经死亡的，其他近亲属有权依法请求行为人承担民事责任。

（2）人格权是民事主体专属享有的民事权利。一方面，人格权是民事主体资格得以维持的前提；另一方面，任何一项人格权皆以具体的民事主体为依托。在具体法律效果上，人格权的专属性集中体现在对权利的放弃、转让和继承的限制中。因此，《民法典》第992条规定，人格权不得放弃、转让或者继承。

（3）人格权以民事主体的人格利益为其客体。《民法典》第991条规定，民事主体的人格权受法律保护，任何组织或者个人不得侵害。作为人格权客体的人格利益，是应受到法律保护的利益，同时基于人格平等的思想，各民事主体的人格利益基本一致。与其相对应的是，身份权的客体身份利益具有多元性，不同的身份权指向的身份利益具有明显差别，夫妻之间、父母子女之间都有各自特点。因此，《民法典》第1001条规定，对自然人因婚姻家庭关系等产生的身份权利的保护，适用本法第一编、第五编和其他法律的相关规定；没有规定的，可以根据其性质参照适用本编人格权保护的有关规定。

2. 人格权的权能

（1）控制权。人格权是民事主体以自己的意思表示对自身的人格利益进行控制的权利，权利人仅凭自己的意志即可直接保有或者支配其人格利益。

（2）利用权。民事主体可以依法通过自己的意志去实现人格利益，即通过各种活动，体现个人存在的价值，并满足自身的需要。

（3）处分权。人格权在法律上的处分主要体现为民事主体通过法律行为的方式将其对部分人格利益的利用转让给他人，典型的处分方式如姓名（名称）、肖像的许可使用等。依据《民法典》第993条规定，民事主体可以将自己的姓名、名称、肖像等许可他人使用，但是依照法律规定或者根据其性质不得许可的除外。

3. 侵害人格权的民事责任

《民法典》第995条规定，人格权受到侵害的，受害人有权依照本法和其他法律的规定请求行为人承担民事责任。受害人的停止侵害、排除妨碍、消除危险、消除影响、恢复名誉、赔礼道歉请求权，不适用诉讼时效的规定。

第 996 条还规定了因违约行为造成严重精神损害的民事责任，即因当事人一方的违约行为，损害对方人格权并造成严重精神损害的，受损害方选择请求其承担违约责任的，不影响受损害方请求精神损害赔偿。在认定行为人侵害人格权民事责任时，除侵害生命权、身体权和健康权外，应当考虑行为人和受害人的职业、影响范围、过错程度，以及行为的目的、方式、后果等因素。

在权利救济上，《民法典》第 997 条规定，民事主体有证据证明行为人正在实施或者即将实施侵害其人格权的违法行为，不及时制止将使其合法权益受到难以弥补的损害的，有权依法向人民法院申请采取责令行为人停止有关行为的措施。

此外，为公共利益实施新闻报道、舆论监督等行为的，依据《民法典》第 999 条规定，可以合理使用自然人的姓名、名称、肖像、个人信息等；使用不合理侵害民事主体人格权的，应当依法承担民事责任。当然，行为人因侵害人格权承担消除影响、恢复名誉、赔礼道歉等民事责任的，依据《民法典》第 1000 条的规定，应当与行为的具体方式和造成的影响范围相当。行为人拒不承担前款规定的民事责任的，人民法院可以采取在报刊、网络等媒体上发布公告或者公布生效裁判文书等方式执行，产生的费用由行为人负担。

二、生命权、身体权和健康权

依据《民法典》第 110 条规定，自然人享有生命权、身体权、健康权、姓名权、肖像权、名誉权、荣誉权、隐私权、婚姻自主权等权利。法人、非法人组织享有名称权、名誉权和荣誉权。生命权、身体权和健康权以及姓名权、肖像权、隐私权、婚姻自主权是自然人享有的专属权利。

1. 生命权

生命权是以自然人的生命安全利益为内容的权利。《民法典》第 1002 条规定，自然人享有生命权。自然人的生命安全和生命尊严受法律保护。任何组织或者个人不得侵害他人的生命权。

2. 身体权

身体权是指自然人保持其身体组织完整并支配其肢体、器官和其他身体组织，行动自由受保护的权利。《民法典》第 1003 条规定，自然人享有身体权。自然人的身体完整和行动自由受法律保护。任何组织或者个人不得侵害他人的身体权。身体权与生命权、健康权息息相关，侵害自然人的身体往往导致对自然人健康的损害，甚至剥夺自然人的生命，但是生命权以保护自然人生命的延续为内容，健康权保护身体各组织及整体功能正常，身体权所保护的则是身体组织的完整及对身体组织的支配。与身体权密切相关的还包括《民法典》第 1011 条规定的人身自由权，根据该条规定，非法拘禁等方式剥夺、限制他人的行动自由，或者非法搜查他人身体的，受害人有权依法请求行为人承担民事责任。

身体权区别于其他人格权的主要特征在于其以身体及其利益为客体。《民法典》第 1006 ~ 1009 条对自然人支配身体组织的权利及保护进行了相应规定。

（1）捐赠权。《民法典》第 1006 条规定，完全民事行为能力人有权依法自主决定无偿捐献其人体细胞、人体组织、人体器官、遗体。任何组织或者个人不得强迫、欺骗、利诱其捐献。完全民事行为能力人依据前款规定同意捐献的，应当采用书面形式，也可以订立遗嘱。自然人生前未表示不同意捐献的，该自然人死亡后，其配偶、成年子女、父母可以共同决定捐献，决定捐献应当采用书面形式。

（2）保护性规定。《民法典》第 1007 条规定，禁止以任何形式买卖人体细胞、人体组织、人体器官、遗体，违反该规定的买卖行为无效。《民法典》第 1008 条规定，为研制新药、医疗器械或者发展新的预防和治疗方法，需要进行临床试验的，应当依法经相关主管部门批准并经伦理委员会审查同意，向受试者或者受试者的监护人告知试验目的、用途和可能产生的风险等详细情况，并经其书面同意。进行临床试验的，不得向受试者收取试验费用。《民法典》第 1009 条规定，从事与人体基因、人体胚胎等有关的医学和科研活动，应当遵守法律、行政法规和国家有关规定，不得危害人体健康，不得违背伦理道德，不得损害公共利益。

3. 健康权

（1）健康权的含义。健康权是指人体各器官系统良好发育及保持正常功能的状态，包括肉体组织和生理及心理机能三个方面。《民法典》第 1004 条规定，自然人享有健康权。自然人的身心健康受法律保护。任何组织或者个人不得侵害他人的健康权。需要注意的是，一项行为可能同时侵害自然人的身体权和健康权。《民法典》第1010条第1款规定，违背他人意愿，以言语、文字、图像、肢体行为等方式对他人实施性骚扰的，受害人有权依法请求行为人承担民事责任。性骚扰行为可能采取触碰受害人身体私密部位的行为方式，这会涉及对身体权的侵害；也可能采取言语、文字、图像等方式，这将影响受害人的心理和身体健康，进而会涉及对健康权的侵害。此外，第2款还规定，机关、企业、学校等单位应当采取合理的预防、受理投诉、调查处置等措施，防止和制止利用职权、从属关系等实施性骚扰。

（2）法定义务。《民法典》第1005条规定，自然人的生命权、身体权、健康权受到侵害或者处于其他危难情形的，负有法定救助义务的组织或者个人应当及时施救。

三、肖像权

《民法典》第1018条规定，自然人享有肖像权，有权依法制作、使用、公开或者许可他人使用自己的肖像。肖像是通过影像、雕塑、绘画等方式在一定载体上所反映的特定自然人可以被识别的外部形象。肖像权作为人格权的一种，除了具备人格权所共同具有的绝对性和专属性特点，还具有两个重要特征：①肖像权的主体只能是特定的自然人；②与其他人格权相比，肖像权具备更多的财产利益。在肖像权保护上，可以从需经肖像权人同意的民事行为和可以不经肖像权人同意的民事行为两方面来认识。

1. 需经肖像权人同意的民事行为

依据《民法典》第1019条规定，需经肖像权人同意的民事行为包括两种：①制作、使用、公开肖像权人的肖像，但是法律另有规定的除外；②肖像作品权利人发表、复制、发行、出租、展览等方式使用或者公开肖像权人的肖像。此外，任何组织或者个人不得以丑化、污损，或者利用信息技术手段伪造等方式侵害他人的肖像权。

2. 可以不经肖像权人同意的民事行为

依据《民法典》第1020条规定，合理实施下列行为的，可以不经肖像权人同意：①为个人学习、艺术欣赏、课堂教学或者科学研究，在必要范围内使用肖像权人已经公开的肖像；②为实施新闻报道，不可避免地制作、使用、公开肖像权人的肖像；③为依法履行职责，国家机关在必要范围内制作、使用、公开肖像权人的肖像；④为展示特定公共环境，不可避免地制作、使用、公开肖像权人的肖像；⑤为维护公共利益或者肖像权人合法权益，制作、使用、公开肖像权人的肖像的其他行为。

在肖像许可使用上，当出现理解争议或者约定瑕疵时，《民法典》第1021～1022条规定了解决的方法：①理解争议。当事人对肖像许可使用合同中关于肖像使用条款的理解有争议的，应当作出有利于肖像权人的解释。②约定瑕疵。当事人对肖像许可使用期限没有约定或者约定不明确的，任何一方当事人可以随时解除肖像许可使用合同，但是应当在合理期限之前通知对方。当事人对肖像许可使用期限有明确约定，肖像权人有正当理由的，可以解除肖像许可使用合同，但是应当在合理期限之前通知对方。因解除合同造成对方损失的，除不可归责于肖像权人的事由外，应当赔偿损失。

此外，依据《民法典》第1023条规定，对姓名等的许可使用，参照适用肖像许可使用的有关规定；对自然人声音的保护，参照适用肖像权保护的有关规定。

四、隐私权和个人信息保护

1. 隐私权

《民法典》第1032条规定，自然人享有隐私权。任何组织或者个人不得以刺探、侵扰、泄露、公开等方式侵害他人的隐私权。隐私是自然人的私人生活安宁和不愿为他人知晓的私密空间、私密活动、私密信息。因此，隐私权是自然人享有的对其个人的、与公共利益无关的个人信息，私人活动和私有领域进行支配的一种人格权。

《民法典》第1033条规定，除法律另有规定或者权利人明确同意外，任何组织或者个人不得实施下列行为：①以电话、短信、即时通信工具、电子邮件、传单等方式侵扰他人的私人生活安宁；②进入、拍摄、窥视他人的住宅、宾馆房间等私密空间；③拍摄、窥视、窃听、公开他人的私密活动；

④拍摄、窥视他人身体的私密部位；⑤处理他人的私密信息；⑥以其他方式侵害他人的隐私权。

2. 个人信息保护

《民法典》第 111 条规定，自然人的个人信息受法律保护。任何组织或者个人需要获取他人个人信息的，应当依法取得并确保信息安全，不得非法收集、使用、加工、传输他人个人信息，不得非法买卖、提供或者公开他人个人信息。第 1034 条规定，自然人的个人信息受法律保护。个人信息是以电子或者其他方式记录的能够单独或者与其他信息结合识别特定自然人的各种信息，包括自然人的姓名、出生日期、身份证件号码、生物识别信息、住址、电话号码、电子邮箱、健康信息、行踪信息等。个人信息中的私密信息，适用有关隐私权的规定；没有规定的，适用有关个人信息保护的规定。这两条规定确认了自然人的个人信息受法律保护，但未明确将个人信息直接规定为一项权利，多数观点认为，个人信息应被规定为权利，以提高受保护程度，亦即应当明文创设个人信息权。

（1）处理个人信息的原则。依据《民法典》第 1035 条的规定，处理个人信息的，应当遵循合法、正当、必要原则，不得过度处理，并符合下列条件：①征得该自然人或者其监护人同意，但是法律、行政法规另有规定的除外；②公开处理信息的规则；③明示处理信息的目的、方式和范围；④不违反法律、行政法规的规定和双方的约定。个人信息的处理包括个人信息的收集、存储、使用、加工、传输、提供、公开等。

（2）处理个人信息不承担民事责任的情形。依据《民法典》第 1036 条的规定，处理个人信息，有下列情形之一的，行为人不承担民事责任：①在该自然人或者其监护人同意的范围内合理实施的行为；②合理处理该自然人自行公开的或者其他已经合法公开的信息，但是该自然人明确拒绝或者处理该信息侵害其重大利益的除外；③为维护公共利益或者该自然人合法权益，合理实施的其他行为。当然，自然人可以依法向信息处理者查阅或者复制其个人信息；发现信息有错误的，有权提出异议并请求及时采取更正等必要措施。自然人发现信息处理者违反法律、行政法规的规定或者双方的约定处理其个人信息的，有权请求信息处理者及时删除。

（3）信息处理者的义务。依据《民法典》第 1038 条的规定，信息处理者不得泄露或者篡改其收集、存储的个人信息；未经自然人同意，不得向他人非法提供其个人信息，但是经过加工无法识别特定个人且不能复原的除外。信息处理者应当采取技术措施和其他必要措施，确保其收集、存储的个人信息安全，防止信息泄露、篡改、丢失；发生或者可能发生个人信息泄露、篡改、丢失的，应当及时采取补救措施，按照规定告知自然人并向有关主管部门报告。此外，《民法典》第 1039 条要求国家机关、承担行政职能的法定机构及其工作人员对于履行职责过程中知悉的自然人的隐私和个人信息，应当予以保密，不得泄露或者向他人非法提供。

第七章 合同[1]法律制度

章节练习
增值服务

学习目的

了解：《中华人民共和国民法典》（以下简称《民法典》）第三编合同关于合同的法律约束力，订立合同的形式与内容，格式条款的规定。**熟悉：**关于合同的履行原则、合同条款补充和确定、合同内容约定不明确的履行规定，合同的变更和转让、合同的解除，违约责任的种类和承担方式、定金罚则、客运合同和委托合同的规定。**掌握：**关于不可抗力、不可抗力的责任、防止损失扩大义务、双方违约和过失相抵规则、第三人造成违约的责任承担的规定。

第一节 概 述

一、合同的定义和法律特征

1. 合同的定义

《民法典》第 464 条规定：合同是民事主体之间设立、变更、终止民事法律关系的协议。

合同制度是社会主义市场经济的基本法律制度。《民法典》第三编合同，在《中华人民共和国合同法》的基础上，完善了合同法律制度。《民法典》

① 本章“合同”的编写参照：黄薇．中华人民共和国民法典释义（中）[M]．北京：法律出版社，2020.

合同编共3个分编29章526条，依据第463条规定，调整因合同产生的民事关系。

2. 合同的法律特征

合同是平等主体的自然人、法人和非法人组织之间的协议。平等主体是民事关系的核心特征，从行政、企业管理的视角而言，行政机关与行政相对人、企业与职工之间为不平等主体，不属于“民事主体”；是两个或者两个以上当事人之间建立的一种民事法律关系；是两个或者两个以上当事人意思一致的表示；当事人在合同关系中的法律地位平等。

婚姻、收养、监护等有关身份关系的协议，适用有关该身份关系的法律规定，可以根据其性质参照合同编的规定。

二、合同的法律约束力

合同的法律约束力，是由国家保证执行的法律上的一种强制作用。[①]《民法典》第465条规定，依法成立的合同，受法律保护。依法成立的合同，仅对当事人具有法律约束力，但是法律另有规定的除外。本条从依法成立的合同受法律保护以及合同的相对性原则两方面规定了合同的约束力。

1. 依法成立的合同受法律保护

合同依法成立，指合同是当事人意思表示一致的协议、符合合同编规定的合同成立时间和成立条件。“意思表示一致”是合同成立的核心要素，合同符合当事人是合格的主体、基于双方或者多方意思表示一致、符合《民法典》合同编规定的时间条件和成立条件，如第483条规定：“承诺生效时合同成立……”；第490条规定“当事人采用合同书形式订立合同的，自当事人均签字、盖章或者按指印时合同成立”等要求，合同即为依法成立。

受法律保护，一是指合同依法成立后，无论是否实际生效，均对当事人产生法律约束力。合同的法律约束力表现在：当事人必须尊重合同，按照合同的约定全面履行合同义务；不允许任何一方当事人擅自解除或者变更合同；违反合同要采取补救措施或者承担违约责任；除非当事人另有约定或法

① 全国人大常委会办公厅研究室经济室. 中华人民共和国合同法［M］. 北京：民主法制出版社，1999.

律另有规定。二是指当事人之外的任何第三人，均不得非法干预、阻止依法成立的合同正常履行。

2. 合同的相对性原则

合同的相对性原则，指依法成立的合同，仅对当事人具有法律约束力，只能由合同当事人享有合同上的权利、承担合同义务，对合同之外的第三人，包括任何组织或个人，不具有法律约束力。

3. 合同相对性原则的例外

合同相对性原则只有一个例外，即“法律另有规定”。一般而言，民事主体之间为了实现交易目的，自愿订立合同、约定合同内容，为了保护合同当事人的交易预期，合同编规定了合同相对性原则。由于民事活动纷繁复杂，合同当事人与第三人存在复杂的利益关系不可避免地与第三人产生联系，为保证合同相对性原则的有效实施，合同编作了例外规定，允许在特定情形下突破合同相对性原则。

第二节　合同的订立

一、合同的订立形式

1. 合同形式的含义

合同形式，指民事主体之间达成设立、变更、终止民事法律关系合意的外在表现形式，是合同内容的载体。《民法典》第 469 条规定，当事人订立合同，可以采用书面形式、口头形式或者其他形式。第 490 条第 2 款规定，法律、行政法规规定或者当事人约定合同采用书面形式订立，当事人未采用书面形式但是一方已经履行主要义务，对方接受的，该合同成立。

2. 合同形式的类别

（1）书面形式。《民法典》第 469 条规定，书面形式是合同书、信件、电报、电传、传真等可以有形地表现所载内容的形式。以电子数据交换、电子邮件等方式能够有形地表现所载内容，并可以随时调取查用的数据电文，视为书面形式。书面形式明确肯定，有据可查，有利于交易的安全，是诉讼中的重要证据。合同的书面形式中最典型的是合同书或者书面合同。《民法典》第490条规定，当事人采用合同书形式订立合同的，自当事人均签名、盖章或者按指印时合同成立。在签名、盖章或者按指印之前，当事人一方已经履行主要义务，对方接受时，该合同成立。

（2）口头形式。指面对面的谈话或者以电话交流等方式而不用文字表现合同主要内容的形式。口头形式的优点在于直接、简便、快捷，缺点在于没有凭证，容易发生争议，发生纠纷时难以取证，不易分清责任。口头形式适用于能即时清结的合同关系。

（3）其他形式。指除了书面形式、口头形式之外，合同还可以采取其他形式订立。合同当事人未使用语言或者文字明确表示成立合同，而是根据当事人的行为推定合同成立的合同，这类合同也被称为默示合同。

二、合同的内容

1. 合同的条款

合同的内容体现为合同条款，是经当事人协商一致、规定双方当事人权利义务的具体条文。合同的条款是否齐备、准确，决定合同能否成立及顺利履行从而实现订立合同的目的，是确定当事人权利义务关系的基本依据、判断合同是否有效的客观依据。

《民法典》第470条第1款规定了合同的8项内容，主要条款的规定具有提示性和示范性，合同的主要内容由当事人约定，一般包括以下条款：当事人的姓名或者名称和住所；标的；数量；质量；价款或者报酬；履行期限、地点和方式；违约责任；解决争议的方法。

2. 合同的示范文本

《民法典》第470条第2款规定，当事人可以参照各类合同的示范文本订立合同。合同示范文本是由市场监督管理部门单独或与有关行业主管部门联合，在广泛听取各方面意见后，按照一定程序制定的具有规范性、指导性的合同文本格式。一般都包含了合同的主要条款和样式，对于提示当事人在订立合同时更好地明确各自的权利义务起着积极的作用，但供当事人参考，并不强制当事人采用。

三、合同的格式条款

1. 格式条款的含义

《民法典》第 496 条第 1 款规定，格式条款是指当事人为了重复使用而预先拟定，并在合同订立时未与对方协商的条款。格式条款具有事先拟定的性质。采用格式条款，有利于降低交易成本，节约大量的人力、物力和时间，实现交易的便捷、高效，在实践中应用较为广泛。

2. 格式条款提供方的提示、说明义务

格式条款由单方利用其优势地位事先拟定并未经过与对方充分磋商，相对方往往只能接受或拒绝，不能实质上影响合同内容。提供者在拟定格式条款时，可能更多地考虑一方利益，减轻其责任，不合理地分配合同交易中的风险，从而对另一方当事人不利。民事活动应当遵守公平原则，为了防止格式条款提供方利用单方拟定格式条款的机会，设计不公平条款内容，防止合同相对方忽视与其有重大利害关系的条款，充分注意并理解格式条款的内容，对签订合同的效果作出合理判断，法律规定了格式合同提供方的说明、提示义务。

《民法典》第 496 条第 2 款规定：采用格式条款订立合同的，提供格式条款的一方应当遵循公平原则确定当事人之间的权利和义务，并采取合理的方式提示对方注意免除或者减轻其责任等与对方有重大利害关系的条款，按照对方的要求，对该条款予以说明。提供格式条款的一方未履行提示或者说明义务，致使对方没有注意或者理解与其有重大利害关系的条款的，对方可以主张该条款不成为合同的内容。

3. 格式条款的无效

格式条款无效，指格式条款不具有法律效力。通过格式条款免除提供格式条款一方当事人的主要义务、排除合同另一方当事人的主要权利，严重地违反了民事活动应当遵守公平原则的法律规定，因而，合同编规定了格式条款的无效情形。《民法典》第 497 条规定，有下列情形之一的，该格式条款无效：具有本法第 1 编第 6 章第 3 节和本法第 506 条规定的无效情形；提供格式条款一方不合理地免除或者减轻其责任、加重对方责任、限制对方主要权利；提供格式条款一方排除对方主要权利。具体而言：

（1）格式条款具有《民法典》第 1 编第 6 章第 3 节规定的与其他民事法律行为通用的无效情形，包括无民事行为能力人实施的民事法律行为，限制民事行为人超出其年龄、智力、精神健康状况实施的民事法律行为，以虚假意思表示实施的民事法律行为，违反法律、行政法规的强制性规定的民事法律行为，违反公序良俗的民事法律行为等无效情形，该格式条款无效。依据总则编第 156 条的规定，格式条款无效，并不意味着含有格式条款的合同整体无效，格式条款无效不影响合同其他部分效力，其他部分仍然有效。

（2）格式条款具有《民法典》第 506 条规定的下列免责条款，该免责条款无效：造成对方人身损害的、因故意或者重大过失造成对方财产损失的。

（3）《民法典》第 497 条第 2、第 3 项规定的“提供格式条款一方不合理地免除或者减轻其责任、加重对方责任、限制对方主要权利；提供格式条款一方排除对方主要权利”，属于格式条款特有的无效情形，均属于违反公平原则的情形。

4. 格式条款的解释

相对于一般合同条款，格式条款具有为了反复使用、单方事先拟定、未与对方协商的特殊性。合同双方当事人对格式条款的理解发生争议时，就需要对格式条款进行合理的解释，以平衡双方利益。《民法典》第 498 条针对格式条款的特点，对包括单一格式条款、既有格式条款也有非格式条款构成的合同，规定了专门的解释规则。

《民法典》第 498 条规定，对格式条款的理解发生争议的，应当按照通常理解予以解释。对格式条款有两种以上解释的，应当作出不利于提供格式条款一方的解释。格式条款和非格式条款不一致的，应当采用非格式条款。

（1）格式条款的解释规则。①当事人双方对格式条款的理解发生争议的，按照通常理解予以解释，是指格式条款是为了重复使用而拟定的，为了保护相对方的利益，既不按照提供方的理解也不按照个别相对方的理解予以解释，而是按照可能订立该格式条款的一般人的理解予以解释。②与处于优势地位的格式条款提供方不同，由于合同相对方不能实际参与格式条款内容的拟定与磋商，并影响格式条款而处于劣势地位，当对格式条款有两种以上解释的，有必要给予合同相对方倾斜性保护：当对格式条款有两种以上解释的，应作出不利于提供格式条款一方的解释。

（2）格式条款与非格式条款不一致的处理。国际上普遍采用非格式条款优先采信规则，这也是由于格式条款事先拟定、单方提供的特点决定的。合同既有格式条款也有非格式条款时，由于非格式条款是双方当事人自愿协商的结果，更能体现双方当事人的真实意愿，据此，法律规定格式条款和非格式条款不一致时，应当采用非格式条款。

第三节 合同的变更、转让和解除

一、合同的变更

1. 合同变更的含义

合同的变更，是指合同内容的变化，在合同成立以后至未履行或者未完全履行之前，当事人经过协商对合同的内容进行修改或补充，不包括合同当事人或者合同主体的改变。

依法成立的合同，对当事人有法律约束力，双方必须严格按照合同约定履行义务，任何一方均不得擅自变更依法成立的合同。在实践中，合同双方当事人可能无法对涉及合同的所有问题都作出明确约定，也可能在合同履行中，遇到新的情况和新的变化，客观上需要调整合同内容，为此法律对合同变更作出限制性规定。

2. 合同变更的限制

（1）合同变更的条件。《民法典》第 543 条规定，当事人协商一致，可以变更合同。这表明，已成立的有效合同，当事人就变更事项协商一致可以对合同的内容进行变更。此外，《民法典》第 502 条第 3 款规定，法律、行政法规规定合同的变更等情形需要办理批准等手续的，应当依照其规定。

（2）合同变更的内容约定不明确。合同的变更直接关系到当事人的利益，会改变当事人之间的权利义务，为了减少在合同变更时可能发生的纠纷，《民法典》第 544 条规定，当事人对合同变更的内容约定不明确的，推定为未变更。这表明，即便当事人对变更合同形成合意，由于对变更的内容约定不明确，推定为未变更，当事人需按照原有合同的规定履行。

二、合同的转让

1. 合同转让的含义

合同的转让，是合同主体的变更，指在不变更合同内容即合同规定的权利义务的前提下，将合同的全部或者部分权利义务转让给第三人，由受让方承担合同的权利义务。合同的转让包括合同权利（债权）的转让、合同义务（债务）的转移、合同权利义务的概括转让。

2. 债权转让

（1）债权转让的限制。债权转让，指不改变债权的内容，由债权人通过合同将其债权转让给第三人。《民法典》第 545 条规定，债权人可以将债权的全部或者部分转让给第三人，但是有下列情形之一的除外：根据债权性质不得转让；按照当事人约定不得转让；依照法律规定不得转让。当事人约定非金钱债权不得转让的，不得对抗善意第三人。当事人约定金钱债权不得转让的，不得对抗第三人。这表明，债权原则上具有可转让性，债权人可以转让其债权；同时为了维护社会公共利益或者特定主体的私人利益，法律又对债权的可转让性作出一定限制。

（2）债权转让的通知义务。债权人转让债权有利于债权的流通，与此同时也会给债务人的利益造成一定的影响，为了保护债务人的利益，《民法典》第 546 条规定，债权人转让债权，未通知债务人的，该转让对债务人不发生效力。债权转让的通知不得撤销，但经受让人同意的除外。此外，还应当依据合同编第 502 条的规定，办理批准等手续。

（3）债权转让的效力。债权转让后，原合同法律关系当事人法律地位及相应权利发生变更，在债权转让人、债权受让人及债务人之间产生一系列法律后果。具体而言：①从权利转移，从权利是指附随于主权利的权利，例如，抵押权、质权、保证等担保权利。《民法典》第 547 条规定，债权人转让债权的，受让人取得与债权有关的从权利，但该从权利专属于债权人自身的除外。受让人取得从权利不因该从权利未办理转移登记手续或者未转移占有而受到影响。②债务抗辩权的转移，《民法典》第 548 条规定，债务人接到债权转让通知后，债务人对让与人的抗辩，可以向受让人主张。③抵销权的转移，如果债务人对债权人也享有债权，债务人可以依照《民法典》第 549 条的规定向受让人主张抵销：有下列情形之一的，债务人可以向受让人主张抵销：债务人接到债权转让通知时，债务人对让与人享有债权，且债务人的债权先于转让的债权到期或者同时到期；债务人的债权与转让的债权是基于同一合同产生。

（4）债权转让增加费用的负担。债权转让后，债务人履行债务的费用可能会有所增加，为了保护债务人的利益，合同编第550条规定，因债权转让增加的履行费用，由让与人负担。

3. 债务转移

（1）债务转移的限制。债务转移，指债务人经债权人同意将合同的债务全部或者部分转让给第三人。《民法典》第551条第1款规定，债务人将合同的债务全部或者部分转移给第三人的，应当经债权人同意。第2款规定，债务人或者第三人可以催告债权人在合理期限内予以同意，债权人未作表示的，视为不同意。这表明，债务人有处分债务的能力，转移的债务具有可转让性，但转让债务，应当经债权人同意。

（2）债务转移的程序。债务人转让债务，须经债权人同意，未经债权人同意的债务转移，不具有法律效力。此外，还应当依据《民法典》第502条的规定，办理批准等手续。

（3）债务转移的效力。债务转移后，原合同法律关系当事人法律地位及相应权利发生变更，在债务转让人、债务受让人及债权人之间产生一系列法律后果。具体而言：①债务加入。《民法典》第552条规定，第三人与债务人约定加入债务并通知债权人，或者第三人向债权人表示愿意加入债务，债权人未在合理期限内明确拒绝的，债权人可以请求第三人在其愿意承担的债务范围内和债务人承担连带债务。②新债务人抗辩和抵销。《民法典》第553条规定，债务人转移债务的，新债务人可以主张原债务人对债权人的抗辩；原债务人对债权人享有债权的，新债务人不得向债权人主张抵销。③新债务人承担从债务。《民法典》第554条规定，债务人转移义务的，新债务人应当承担与主债务有关的从债务，但是该从债务专属于原债务人自身的除外。

4. 债权债务的概括转让

（1）概括转让的含义。债权债务的概括转让也称合同权利义务的一并转让，不同于债权转让、债务转移，指合同一方当事人将其合同权利义务一并转移给第三人，由第三人全部承受这些权利义务。概括转让是一方当事人对其当事人地位的转让，其转让的内容不仅包括债权、债务，而且第三人成为新的当事人。

（2）概括转让的限制。债权债务的概括转让，可能会对对方当事人产生不利，《民法典》第 555 条规定，当事人一方经对方同意，可以将自己在合同中的权利和义务一并转让给第三人。这表明债权债务概括转让必须经对方当事人同意，否则不对对方当事人产生法律效力。此外，还应当依据《民法典》第 502 条的规定，办理批准等手续。

（3）概括转让的法律适用。《民法典》第 556 条规定了债权债务概况转让的法律适用：合同的权利和义务一并转让的，适用债权转让、债务转移的有关规定。

三、合同的解除

1. 合同终止的含义和情形

（1）合同终止。合同是一种债的关系，债是有期限的民事法律行为，有着从设立到终止的过程。合同的终止，指依法生效的合同，因具备法定情形或当事人约定的情形，使确立的权利义务关系消灭，权利人不再享有债权，义务人也不必再履行债务。《民法典》第 7 章规定了合同的权利义务终止的一般事由和后果。

（2）债权债务终止的情形。《民法典》第 557 条第 1 款规定，有下列情形之一的，债权债务终止：债务已经履行；债务相互抵销；债务人依法将标的物提存；债权人免除债务；债权债务同归于一人；法律规定或者当事人约定终止的其他情形。

2. 合同因解除而终止

合同解除是对当事人进行救济的方式之一。通过合同解除，能够使当事人在其合同目的不能实现的情形中摆脱现有合同权利义务的约束，重新获得交易的自由。合同的解除，指合同有效成立后，当具备合同解除条件后，因当事人一方的意思表示或者由当事人双方协商，使合同关系归于终止。《民法典》第 557 条第 2 款规定，合同解除的，该合同的权利义务关系终止。合同的解除包括约定解除和法定解除。

3. 约定解除和法定解除

（1）约定解除。根据民事活动自愿原则，合同当事人在不违背法律和社会利益的条件下，可以在合同订立之前或订立之后，通过约定或协议使合同解除。《民法典》第 562 条规定，当事人协商一致，可以解除合同。当事人可以约定一方解除合同的事由。解除合同的事由发生时，解除权人可以解除合同。这表明，当事人约定解除合同包括协商解除和约定解除两种情况。

（2）法定解除。指合同生效后，没有履行或未履行完毕前，当事人在法律规定的解除事由出现时，行使解除权而使合同关系终止。《民法典》第 563 条第 1 款规定，有下列情形之一的，当事人可以解除合同：因不可抗力致使不能实现合同目的；在履行期限届满前，当事人一方明确表示或者以自己的行为表明不履行主要债务；当事人一方迟延履行主要债务，经催告后在合理期限内仍未履行；当事人一方迟延履行债务或者有其他违约行为致使不能实现合同目的；法律规定的其他情形。

《民法典》第 563 条第 2 款规定，以持续履行债务为内容的不定期合同，当事人可以随时解除合同，但是应当在合理期限之前通知对方。

4. 行使合同解除权的期限

合同解除权的行使，是法律赋予当事人保护自己合法权益的手段。由于解除权的行使会引起合同关系的重大变化，享有解除权的当事人长期不行使解除权，会使合同关系处于不确定的状态，为此，《民法典》第 564 条规定，法律规定或者当事人约定解除权行使期限，期限届满当事人不行使的，该权利消灭。法律没有规定或者当事人没有约定解除权行使期限，自解除权人知道或者应当知道解除事由之日起一年内不行使，或者经对方催告后在合理期限内不行使的，该权利消灭。

5. 合同解除的程序

当事人一方依法行使合同解除权解除合同的，应当遵守合同编第 565 条的规定：当事人一方依法主张解除合同的，应当通知对方。合同自通知到达对方时解除；通知载明债务人在一定期限内不履行债务则合同自动解除，债务人在该期限内未履行债务的，合同自通知载明的期限届满时解除。对方对解除合同有异议的，任何一方当事人均可以请求人民法院或者仲裁机构确认解除行为的效力。当事人一方未通知对方，直接以提起诉讼或者申请仲裁的方式依法主张解除合同，人民法院或者仲裁机构确认该主张的，合同自起诉状副本或者仲裁申请书副本送达对方时解除。

6. 合同解除的法律后果

《民法典》第566条规定，合同解除后，尚未履行的，终止履行；已经履行的，根据履行情况和合同性质，当事人可以要求恢复原状或者采取其他补救措施，并有权要求赔偿损失。合同因违约解除的，解除权人可以请求违约方承担违约责任，但是当事人另有约定的除外。主合同解除后，担保人对债务人应当承担的民事责任仍应当承担担保责任，但是担保合同另有约定的除外。

第四节　合同的履行和违约责任

一、合同的履行

1. 合同履行的含义和原则

（1）含义。合同履行，指合同生效以后，债务人通过完成合同规定的义务，使债权人的合同权利得以实现的行为。合同的履行既是订立合同的出发点，也是订立合同的最终目的，是整个合同制度的核心，对于保护合同当事人的合法权益、维护经济秩序有着重要的意义。

（2）原则。《民法典》第509条规定，当事人应当按照约定全面履行自己的义务。当事人应当遵循诚信原则，根据合同的性质、目的和交易习惯履行通知、协助、保密等义务。当事人在履行合同过程中，应当避免浪费资源、污染环境和破坏生态。

合同履行的原则包括：①全面履行原则，要求当事人应当履行的义务不限于合同的主要义务，对于当事人约定的其他义务，当事人也应当按照约定履行。②诚实信用原则，当事人应当按照诚实守信的原则行使合同权利、履行合同义务，不仅应当按照合同约定履行义务，也要履行合同未做约定但依照诚信原则应当履行的通知、协助和保密的附随义务。③绿色原则。民事主体从事民事活动，应当有利于节约资源、保护生态环境。

2. 合同约定不明确的补救和确定

（1）合同条款补充和确定。《民法典》第510条规定，合同生效后，当事人人就质量、价款或者报酬、履行地点等内容没有约定或者约定不明确的，可以协议补充；不能达成补充协议的，按照合同相关条款或者交易习惯确定。

（2）合同内容约定不明确的履行规定。《民法典》第 511 条规定，当事人就有关合同的内容约定不明确，依照前条规定（第 510 条）仍然不能确定的，适用下列规定：①质量要求不明确的，按照强制性国家标准履行；没有强制性国家标准的，按照推荐性国家标准履行；没有推荐性国家标准的，按照行业标准履行。②价款或者报酬不明确的，按照订立合同时履行地的市场价格履行；依法应当执行政府定价或者政府指导价的，按照规定履行。③履行地点不明确，给付货币的，在接受货币一方所在地履行；交付不动产的，在不动产所在地履行；其他标的，在履行义务一方所在地履行。④履行期限不明确的，债务人可以随时履行，债权人也可以随时请求履行，但是应当给对方必要的准备时间。⑤履行方式不明确的，按照有利于实现合同目的的方式履行。⑥履行费用的负担不明确的，由履行义务一方负担；因债权人原因增加的履行费用，由债权人负担（表 7–1、表 7–2）。

表 7–1　合同没有约定或者约定不明的补救措施

前提	合同内容	情形	补救措施	法律依据
合同已依法成立并生效	质量	没有约定	可以协议补充；不能达成补充协议的，按照相关条款或者交易习惯	《中华人民共和国民法典》第 510 条
	价款或报酬	约定不明确		
	履行地点			

（3）执行政府定价、指导价价格调整的处理。《民法典》第 513 条规定，执行政府定价或者政府指导价的，在合同约定的交付期限内政府价格调整时，按照交付时的价格计价。逾期交付标的物的，遇价格上涨时，按照原价格执行；价格下降时，按照新价格执行。逾期提取标的物或者逾期付款的，遇价格上涨时，按照新价格执行；价格下降时，按照原价格执行。

（4）履行金钱债务的处理。《民法典》第 514 条规定，以支付金钱为内容的债，除法律另有规定或者当事人另有约定外，债权人可以请求债务人以实际履行地的法定货币履行。

表 7-2 合同约定不明确时的履行规定

不明确情形	履行规定	法律依据
质量要求	（1）按照国家强制性标准履行（以下简称强制国标）； （2）没有强制国标的，按照推荐国标； （3）没有推荐国标的，按照行标； （4）没有国标、行标的，按照通常标准或符合合同目的的特定标准	《中华人民共和国民法典》第 511 条
价款或者报酬	按照订立合同时履行地的市场价格； 依法应当执行政府定价或政府指导价的，依照规定	
履行地点	给付货币的，在接受货币一方所在地； 交付不动产的，在不动产所在地； 其他标的，在履行义务一方所在地	
履行期限	债务人可以随时，但应当给予对方必要的准备时间； 债权人也可以随时请求，但应当给予对方必要的准备时间	
履行方式	按照有利于实现合同目的的方式	
履行费用负担	由履行义务一方负担； 因债权人原因增加的履行费用，由债权人负担	

3. 电子合同履行规则

电子合同成立并生效后，即进入合同履行阶段。《民法典》规定了电子合同交付商品或提供服务的方式、时间；标的为提供服务的情形；采用在线传输方式交付标的物的情形等。第 512 条规定，通过互联网等信息网络订立的电子合同的标的为交付商品并采用快递物流方式交付的，收货人的签收时间为交付时间。电子合同的标的为提供服务的，生成的电子凭证或者实物凭证中载明的时间为提供服务时间；前述凭证没有载明时间或者载明时间与实际提供服务时间不一致的，以实际提供服务的时间为准。电子合同的标的物为采用在线传输方式交付的，合同标的物进入对方当事人指定的特定系统且能够检索识别的时间为交付时间。电子合同当事人对交付商品或者提供服务的方式、时间另有约定的，按照其约定。

二、违约责任

1. 违约责任的概念和特征

（1）违约责任，指合同当事人因违反合同义务所应承担的责任，具有以下特点：①违约责任以合同的有效存在为前提；②是合同当事人不履行合同义务所产生的责任；③具有相对性，即违约责任只能在合同关系的当事人之间发生；④具有补偿性为主、惩罚性为辅的双重属性；⑤具有可约定性和法定性相结合的特征；⑥具有强制性；⑦责任形式具有多样性。

（2）预期违约责任。《民法典》第578条规定，当事人一方明确表示或者以自己的行为表明不履行合同义务的，对方可以在履行期限届满前请求其承担违约责任。预期违约降低了另一方享有的合同权利的价值，构成对债权人的侵害和对合同关系的破坏，并影响交易的正常进行。

2. 违约责任的种类和承担方式

《民法典》第577条规定，当事人一方不履行合同义务或者履行合同义务不符合约定的，应当承担继续履行、采取补救措施或者赔偿损失等违约责任。

（1）继续履行。①金钱债务，《民法典》第579条规定，当事人一方未支付价款、报酬、租金、利息，或者不履行其他金钱债务的，对方可以请求其支付。②非金钱债务，《民法典》第580条规定，当事人一方不履行金钱债务未支付价款或报酬的，对方可以要求其支付价款或者报酬。当事人一方不履行非金钱债务或者履行非金钱债务不符合约定的，对方可以请求履行，但是有下列情形之一的除外：法律上或者事实上不能履行；债务的标的不适于强制履行或者履行费用过高；债权人在合理期限内未请求履行。有前款规定的除外情形之一，致使不能实现合同目的的，人民法院或者仲裁机构可以根据当事人的请求终止合同权利义务关系，但是不影响违约责任的承担。

（2）第三人替代履行。《民法典》第581条规定，当事人一方不履行债务或者履行债务不符合约定，根据债务的性质不得强制履行的，对方可以请求其负担由第三人替代履行的费用。

（3）采取补救措施。《民法典》第582条规定，履行不符合约定的，应当按照当事人的约定承担违约责任。对违约责任没有约定或者约定不明确，依照本法第510条的规定仍不能确定的，受损害方根据标的的性质以及损失的大小，可以合理选择请求对方承担修理、重作、更换、退货、减少价款或者报酬等违约责任。

（4）赔偿损失。①采取措施后还有损失的赔偿。《民法典》第583条规定，当事人一方不履行合同义务或者履行合同义务不符合约定的，在履行义务或者采取补救措施后，对方还有其他损失的，应当赔偿损失。②法定的违约赔偿损失。《民法典》第 584 条规定，当事人一方不履行合同义务或者履行合同义务不符合约定，造成对方损失的，损失赔偿额应当相当于因违约所造成的损失，包括合同履行后可以获得的利益；但是，不得超过违约一方订立合同时预见到或者应当预见到的因违约可能造成的损失。③债权人受领迟延。《民法典》第 589 条规定，债务人按照约定履行债务，债权人无正当理由拒绝受领的，债务人可以请求债权人赔偿增加的费用。在债权人受领迟延期间，债务人无须支付利息。

3. 违约金与定金

（1）违约金与定金的含义。违约金，指当事人在合同中约定的或者由法律直接规定的一方违反合同时应向对方支付一定数额的金钱，是违反合同可以采用的承担民事责任的方式，存在于当事人有违约金约定或者法律规定违反合同应支付违约金的情形。定金，指当事人约定的，为保证债权的实现，由一方在履行前预先向对方给付的一定数量的货币或者其他替代物。

（2）违约金的约定及调整。《民法典》第 585 条规定，当事人可以约定一方违约时应当根据违约情况向对方支付一定数额的违约金，也可以约定因违约产生的损失赔偿额的计算方法。约定的违约金低于造成的损失的，人民法院或者仲裁机构可以根据当事人请求予以增加；约定的违约金过分高于造成的损失的，人民法院或者仲裁机构可以根据当事人的请求予以适当减少。当事人就迟延履行约定违约金的，违约方支付违约金后，还应当履行债务。

（3）定金。①定金数额的确定。《民法典》第 586 条规定，当事人可以约定一方向对方给付定金作为债权的担保。定金合同自实际交付定金时成立。定金的数额由当事人约定；但是，不得超过主合同标的额的 20%，超过部分不产生定金的效力。实际交付的定金数额多于或者少于约定数额的，视为变更约定的定金数额。②定金罚则。合同编第 587 条规定，债务人履行债务的，定金应当抵作价款或者收回。给付定金的一方不履行债务或者履行债务不符合约定，致使不能实现合同目的的，无权请求返还定金；收受定金的一方不履行债务或者履行债务不符合约定，致使不能实现合同目的的，应当双倍返还定金。

（4）违约金与定金竞合选择权。《民法典》第 588 条规定，当事人既约定违约金，又约定定金的，一方违约时，对方可以选择适用违约金或者定金条款。定金不足以弥补一方违约造成的损失的，对方可以请求赔偿超过定金数额的损失（表 7–3）。

表 7–3 违约金与定金

项目	违约金	定金
性质	对违约行为的制裁手段，具有补偿性为主、赔偿性为辅的特点，主要是为了弥补因违约行为给合同债权人所造成的损失	担保的一种形式，由于是定金预先交付，定金罚则的数额事先明确，可以督促双方自觉履行义务
作用	主要是对违约方进行经济上的制裁，以补偿非违约方因违约方违约所遭受的损失	除了具有担保和补偿功能外，还有惩罚功能。收受定金一方不履行合同需双倍返还定金，给付定金一方不履行合同则无权要求返还定金
数额限制	数额由当事人约定，也可以根据法律规定确定，没有严格的比例限制，但如果约定的违约金过高或过低，当事人可以请求法院或仲裁机构予以适当调整	数额由当事人约定，但不得超过主合同标的额的 20%，超过部分不产生定金的效力
交付时间	发生违约行为后，根据违约的情况确定是否支付以及支付多少	在合同履行前交付，通常是在合同订立时或者履行前交付
生效条件	是诺成生效的，只要合同成立，违约条款成立，违约金就生效了；又可以被看成一种附条件约定，只有在违约情况发生的情况下约定才生效	是支付以后生效，以实际交付的定金数额为准，若实际交付的定金数额与约定数额不一致，视为对原定金数额的变更
法律后果	当事人约定了违约金，一方违约时，按照合同约定支付违约金。如果违约金不足以弥补损失，还可以要求违约方赔偿不足部分	给付定金的一方不履行约定的债务的，无权要求返还定金；收受定金的一方不履行约定的债务的，应当双倍返还定金
法律依据	《中华人民共和国民法典》第 585 条	《中华人民共和国民法典》第 586、第 587 条
二者关系赔偿适用	依据《中华人民共和国民法典》第 588 条，当事人既约定违约金，又约定定金的，一方违约时，对方可以选择适用违约金或者定金条款。定金不足以弥补一方违约造成的损失，对方可以请求赔偿超过定金数额的损失	

4. 不可抗力、防止损失扩大、双方违约和过错相抵、第三方造成的违约

（1）不可抗力。①含义。《民法典》第 180 条规定，不可抗力是不能预见、不能避免且不能克服的客观情况。②责任。《民法典》第 590 条规定，当事人一方因不可抗力不能履行合同的，根据不可抗力的影响，部分或者全

部免除责任，但是法律另有规定的除外。因不可抗力不能履行合同的，应当及时通知对方，以减轻可能给对方造成的损失，并应当在合理期限内提供证明。当事人迟延履行后发生不可抗力的，不免除其违约责任。

（2）防止损失扩大义务。合同一方当事人违约给对方造成了损失尽管可以从违约方获得赔偿，但是如果可以采取适当措施防止和减轻损失却不采取，致使损失扩大，再让违约方按照实际损失赔偿，则显失公平，于国家、社会公共利益都是不利的。为此，《民法典》第 591 条规定，当事人一方违约后，对方应当采取适当措施防止损失的扩大；没有采取适当措施致使损失扩大的，不得就扩大的损失请求赔偿。当事人因防止损失扩大而支出的合理费用，由违约方承担。

（3）双方违约和违约过错相抵规则。①双方违约。违约可以分为单方违约和双方违约，双方当事人都违约的，称为双方违约。《民法典》第 592 条第 1 款规定，当事人都违反合同的，应当各自承担相应的责任。②过错相抵。指受损害一方对于损害结果的发生存在过错的，在计算损失赔偿时应当予以相应减少。《民法典》第 592 条第 2 款规定，当事人一方违约造成对方损失，对方对损失的发生有过错的，可以减少相应的损失赔偿额。

（4）第三方造成的违约。《民法典》第 593 条规定，当事人一方因第三人的原因造成违约的，应当向对方承担违约责任。当事人一方和第三人之间的纠纷，依照法律规定或者按照约定处理。

第五节　客运合同和委托合同

一、客运合同

1. 客运合同的概念

《民法典》第 809 条规定，运输合同是承运人将旅客或者货物从起运地点运输到约定地点，旅客、托运人或者收货人支付票款或者运输费用的合同。以运输合同的标的划分，运输合同分为客运合同和货运合同。客运合同是指将旅客送达目的地，旅客支付票款的合同。运输合同的一般规定适用于客运合同。

可见，客运合同的主体是承运人和旅客；合同的客体是承运人的运送行为，即将旅客运输到约定地点的行为；客运合同的权利义务双方相对应，承运人履行运送义务获取的权利是收取票款，旅客则有权要求承运人将其运送到约定地点，并履行向承运人支付票款的义务。

2. 客运合同成立时间

客运合同的成立时间和地点涉及合同当事人受合同约束的开始时间和案件管辖问题。客运合同的成立时间与普通民事合同不同。《民法典》第 814 条规定，客运合同自承运人向旅客出具客票时成立，但是当事人另有约定或者另有交易习惯的除外。

3. 承运人的义务

（1）一般规定。①公共运输承运人的强制缔约。《民法典》第 810 条规定，从事公共运输的承运人不得拒绝旅客、托运人通常、合理的运输要求。②及时安全运输。《民法典》第 811 条规定，承运人应当在约定期限或者合理期限内将旅客、货物安全运输到约定地点。按照约定时间进行安全运输是承运人的一项主要义务，未履行义务的，应当承担违约责任。③按照约定或者通常运输路线运输。《民法典》第 812 条规定，承运人应当按照约定的或者通常的运输路线将旅客或者货物运输到约定地点。约定的运输路线，指运输合同当事人在运输合同中明确约定的运输路线，即便是舍近求远的约定运输路线，承运人也应当按照合同约定运送，否则应当承担违约责任。④不得收取不合理费用。《民法典》第 815 条规定，实名制客运合同的旅客丢失客票的，可以请求承运人挂失补办，承运人不得再次收取票款和其他不合理费用。

（2）承运人在承运旅客中的义务。①告知和协助配合。在客运合同中，安全运输就是承运人要确保被运输的旅客安全，为此《民法典》第 819 条规定，承运人应当严格履行安全运输义务，及时告知旅客安全运输应当注意的事项。与此同时，运输中的安全知识具有一定的专业性，旅客可能对此不甚了解，在规定承运人及时告知的前提下，第 819 条规定，旅客对于承运人为安全运输所作的合理安排应当积极协助和配合。②按照约定运输。《民法典》第 820 条规定，承运人应当按照有效客票记载的时间、班次和座位号运输旅客。承运人迟延运输或者有其他不能正常运输情形的，应当及时告知和提醒旅客，采取必要的安置措施，并根据旅客的要求安排改乘其他班次或者退票；由此造成旅客损失的，承运人应当承担赔偿责任，但是不可归责于承运人的除外。③不得变更服务标准。承运人应当按照客运合同约定的服务标准提供服务，实践中最典型的就是变更运输工具进行运输，这种未经旅客同意擅自降低服务标准的行为违背了旅客的意愿，是对合同的违背，有时会对旅客利益造成损害。《民法典》第 821 条规定，承运人擅自降低服务标准的，应当根据旅客的请求退票或者减收票款；提高服务质量的，不得加收票款。④尽力救助。客运合同中的运送是承运人的主要义务，与此同时，承运人还负有衍生于诚信原则的一些包括救助在内的义务。《民法典》第 822 条规定，承运人在运输过程中，应当尽力救助患有急病、分娩、遇险的旅客。

4. 旅客的义务

（1）持有效客票乘坐。《民法典》第 815 条规定，旅客应当按照有效客票记载的时间、班次和座位号乘坐。旅客无票乘坐、超程乘坐、越级乘坐或者持不符合减价条件的优惠客票乘坐的，应当补交票款，承运人可以按照规定加收票款；旅客不支付票款的，承运人可以拒绝运输。

（2）支付票款。这是旅客的主要义务，也是承运人的权利。依据《民法典》第 813 条的规定，旅客应当支付票款。承运人未按照约定路线或者通常路线运输增加票款的，旅客可以拒绝支付增加部分的票款。

（3）依约办理退票和变更手续。客票是旅客运输合同的凭证，旅客应当按照客票记载的时间、客位的等级等进行乘坐。同时，一般都允许其在一定时间退票或者变更客票,《民法典》第 816 条规定，旅客因自身的原因不能按照客票记载的时间乘坐的应当在约定的期限内办理退票或者变更手续；逾期办理的，承运人可以不退票，并不再承担运输义务。

（4）按照规定携带行李，不得违反禁止性规定。为了旅客旅途中的方便，承运人或者有关部门一般允许旅客随身携带一定品种、数量、质量和重量的行李。《民法典》第 817 条规定，旅客随身携带行李应当符合约定的限量和品类要求；超过限量或者违反品类要求携带行李的，应当办理托运手续。

客运过程中，承运人对于旅客的生命财产安全负有义务，同时，旅客在旅行过程中亦负有安全注意义务。《民法典》第 818 条规定，旅客不得随身携带或者在行李中夹带易燃、易爆、有毒、有腐蚀性、有放射性以及可能危及运输工具及运输工具上人身和财产安全的危险物品或者违禁物品。违反规定的，承运人可以将危险物品或者违禁物品卸下、销毁或者送交有关部门。旅客坚持携带或者夹带危险物品或者违禁物品的，承运人应当拒绝运输。

5. 承运人的赔偿责任

（1）旅客伤亡。运输行为的需求在于高速和安全，速度和安全是对立统一的，任何一种现代的交通工具都存在一定的风险，保障旅客运输途中的安全成为承运人的最大义务。承运人未尽到安全运输义务的，应当承担责任。《民法典》第 823 条规定，承运人应当对运输过程中旅客伤亡承担赔偿责任；但是，伤亡是旅客自身健康原因造成或者承运人证明伤亡是旅客故意、重大过失造成的除外。该规定同时适用于按照规定免票、持优待票或者经承运人许可搭乘的无票旅客。

（2）携带物品和托运行李毁损、灭失。旅客出行，其行李一般分为随身携带和托运行李两类。对于这些行李承运人都负有妥善保管、注意其安全的义务；行李毁损、灭失的，承运人依法负有赔偿责任。《民法典》第 824 条规定，在运输过程中旅客随身携带物品毁损、灭失，承运人有过错的，应当承担赔偿责任。旅客托运的行李毁损、灭失的，适用货物运输的有关规定。这表明，对随身携带的物品，因为处于直接控制下，旅客负有一定的保管责任，对承运人实行的是过错责任原则。对托运的行李物品，适用无过错原则，《民法典》第 832 条规定，承运人对运输过程中货物的毁损、灭失承担赔偿责任。但是承运人证明货物的毁损、灭失是因不可抗力、货物自身的自然性质或者合理损耗以及托运人、收货人的过错造成的，不承担赔偿责任。

二、委托合同

1. 委托合同的概念、特征和委托权限

（1）概念。《民法典》第 919 条规定，委托合同是委托人和受托人约定，由受托人处理委托人事务的合同。在委托合同关系中，委托他人为自己处理事务的人称委托人，接受委托的人称受托人。

（2）特征。委托合同的客体是受托人处理委托事务的行为。主要特征是：

委托合同的标的是劳务，范围广泛，除依法不得委托他人处理的外，与人们生活有关的事务都可以委托；是诺成、非要式合同，承诺与否决定着委托合同的成立，口头、书面等方式均可以；可以是有偿的也可以是无偿的；可以是双务合同，也可以是单务合同。

（3）委托权限。《民法典》第 920 条规定，委托人可以特别委托受托人处理一项或者数项事务，也可以概括委托受托人处理一切事务。受托人处理委托事务应以委托人指示的委托事项范围为准。以受托人处理委托事务的范围为标准，委托分为特别委托和概括委托。特别委托，即双方当事人约定受托人为委托人处理一项或者数项事务的委托，通常包括不动产出售、出租或者就不动产设定抵押权，赠与，和解，诉讼，仲裁；概括委托，即双方当事人约定受托人为委托人处理某个方面或者范围内的一切事务的委托，例如委托人委托受托人处理其租赁业务。

（4）共同委托。《民法典》第 932 条规定，两个以上的受托人共同处理委托事务的，对委托人承担连带责任。共同委托是委托人委托两个以上的受托人共同行使代理权处理事务。具有以下特点：①共同委托的代理权必须是由数个受托人共同行使；②受托人承担连带责任。

2. 委托人的主要权利、义务

（1）请求赔偿损失权。《民法典》第 929 条规定，有偿的委托合同，因受托人的过错造成委托人损失的，委托人可以请求赔偿损失。无偿的委托合同，因受托人的故意或者重大过失造成委托人损失的，委托人可以请求赔偿损失。受托人超越权限造成委托人损失的，应当赔偿损失。受托人在处理委托事务的过程中要尽到必要的注意义务，否则可能承担相应的责任。委托合同是无偿的，受托人仅负有一般的注意义务；在有偿合同中，由于受托人可以获得委托人支付的报酬，所负有的注意义务高于一般注意义务。

（2）预付、偿还费用、支付利息义务。《民法典》第 921 条规定，委托人应当预付处理委托事务的费用。受托人为处理委托事务垫付的必要费用，委托人应当偿还该费用并支付利息。受托人在处理事务中往往需要花费一定的费用，诸如交通费、通信费等。无论委托合同是有偿的还是无偿的，委托人都有义务事先提供处理委托事务的费用和补偿受托人为处理委托事务所垫付的必要费用。委托人可以采取预付费用，或者在受托人垫付费用后再予以返还费用并支付利息的方式。《民法典》第928条规定，受托人完成委托事务的，委托人应当按照约定向其支付报酬。因不可归责于受托人的事由，委托合同解除或者委托事务不能完成的，委托人应当向受托人支付相应的报酬。当事人另有约定的，按照其约定。

3. 受托人的主要权利、义务

（1）主要权利。①接受委托人支付报酬。②赔偿权。《民法典》第930条规定，受托人处理委托事务时，因不可归责于自己的事由受到损失的，可以向委托人请求赔偿损失。③另行委托的赔偿权。相互信任是委托合同订立的基础，具有严格的人身属性，委托合同订立后，受托人开始处理委托事务，并为此付出人力、物力、财力，如果委托人擅自另行委托，可能增加受托人的成本甚至造成损失。《民法典》第931条规定，委托人经受托人同意，可以在受托人之外委托第三人处理委托事务。因此造成受托人损失的，受托人可以向委托人请求赔偿损失。

（2）按照指示处理委托事务。《民法典》第922条规定，受托人应当按照委托人的指示处理委托事务。需要变更委托人指示的，应当经委托人同意；因情况紧急，难以和委托人取得联系的，受托人应当妥善处理委托事务，但是事后应当将该情况及时报告委托人。按照委托人的指示处理委托事务是受委托人的首要义务，只有在情况紧急，需要采取新措施；由于客观上的原因，难以和委托人取得联系；为了委托人的利益必须改变的情形下才可以不按照委托人指示处理委托事务。

（3）亲自处理委托事务。《民法典》第923条规定，受托人应当亲自处理委托事务。经委托人同意，受托人可以转委托。转委托经同意或者追认的，委托人可以就委托事务直接指示转委托的第三人，受托人仅就第三人的选任及其对第三人的指示承担责任。转委托未经同意或者追认的，受托人应当对转委托的第三人的行为承担责任；但是，在紧急情况下受托人为了维护委托人的利益需要转委托第三人的除外。委托合同的订立和履行是基于当事人之间的相互信任，委托人也是根据受托人的业务能力、专业水平和信誉、信赖为前提的，同时也表明受托人了解委托人愿意为其办理委托事务的意愿。这种彼此信任是委托合同赖以订立和存续的基础。

（4）报告。受托人应当按照委托人的要求，报告委托事务的处理情况。

委托合同终止时，受托人应当报告委托事务的结果。受托人接受委托人委托处理委托事务是为了委托人的利益，委托人有权了解事务的处理进展、存在的问题和应对措施等情况，并根据新出现的问题和进展调整原来的指示，作出新指示。委托合同终止，无论委托事务是否完成、目的是否实现受托人都有报告诸如委托事务的始末、各种账目、收支情况等，并提供必要的书证和其他证明材料。

（5）转移利益。《民法典》第927条规定，受托人处理委托事务取得的财产，应当转交给委托人。所谓取得的财产，包括取得的金钱、实物、金钱与实物所生的孳息，以及其他财产权利。

（6）继续处理委托。《民法典》第935条规定，因委托人死亡或者被宣告破产、解散，致使委托合同终止将损害委托人利益的，在委托人的继承人、遗产管理人或者清算人承受委托事务之前，受托人应当继续处理委托事务。

（7）受托人的继承人的义务。《民法典》第936条规定，因受托人死亡、丧失民事行为能力或者被宣告破产、解散，致使委托合同终止的，受托人的继承人、遗产管理人、法定代理人或者清算人应当及时通知委托人。因委托合同终止将损害委托人利益的，在委托人作出善后处理之前，受托人的继承人、遗产管理人、法定代理人或者清算人应当采取必要措施。

4. 受托人和第三人签订合同、介入权、第三人的选择权

（1）受托人以自己的名义和第三人签订合同。《民法典》第925条规定，受托人以自己的名义，在委托人的授权范围内与第三人订立的合同，第三人在订立合同时知道受托人与委托人之间的代理关系的，该合同直接约束委托人和第三人；但是，有确切证据证明该合同只约束受托人和第三人的除外。这表明，受托人以自己的名义和第三人订立合同，第三人知道代理关系的，合同直接约束委托人和第三人。

（2）介入权。指在受托人与第三人的合同关系中，委托人取代受托人的地位，介入原来是受托人与第三人的合同关系中。《民法典》第926条第1款规定，受托人以自己的名义与第三人订立合同时，第三人不知道受托人与委托人之间的代理关系的，受托人因第三人的原因对委托人不履行义务，受托人应当向委托人披露第三人，委托人因此可以行使受托人对第三人的权利。

但是，第三人与受托人订立合同时如果知道该委托人就不会订立合同的除外。

（3）第三人的选择权。指在受托人与第三人的合同关系中，因委托人的原因造成受托人不履行义务，受托人应当向第三人披露委托人，第三人因此可以选择受托人或者委托人作为相对人主张其权利，即第三人可以选择请求委托人承担违约责任，也可以请求仍然由受托人承担违约责任。但第三人只能选择其一，选择后不能变更。《民法典》第 926 条第 2 款规定，受托人因委托人的原因对第三人不履行义务，受托人应当向第三人披露委托人，第三人因此可以选择受托人或者委托人作为相对人主张其权利，但是第三人不得变更选定的相对人。

（4）委托人行使介入权、第三人行使选择权的相应法律效果。《民法典》第 926 条第 3 款规定，委托人行使受托人对第三人的权利的，第三人可以向委托人主张其对受托人的抗辩。第三人选定委托人作为其相对人的，委托人可以向第三人主张其对受托人的抗辩以及受托人对第三人的抗辩。委托人行使介入权或者第三人行使选择权后，权利义务的相对人发生变化，也就会产生相应的法律效果。例如委托人行使介入权的，委托人取代受托人的地位，成为第三人的相对人。

5. 委托合同的解除和终止

（1）解除。《民法典》第 933 条规定，委托人或者受托人可以随时解除委托合同。因解除合同造成对方损失的，除不可归责于该当事人的事由外，无偿委托合同的解除方应当赔偿因解除时间不当造成的直接损失，有偿委托合同的解除方应当赔偿对方的直接损失和合同履行后可以获得的利益。该条规定了委托人和受托人对委托合同的任意解除的权利，以及因解除合同给对方造成损失的责任承担。委托合同基于双方信任而订立，一方不守信用失信于另一方，则继续履行合同已无必要，为此，法律赋予双方解除合同的权利，即只要一方当事人想终止合同就可以随时终止，而且无须任何理由。委托合同的一方当事人在不利于对方当事人的时期解除合同而给对方造成损失的，应当承担赔偿责任，这是对任意解除合同权利的限制，体现了公平原则。

（2）终止。《民法典》第 934 条规定，委托人死亡、终止或者受托人死亡、丧失民事行为能力、终止的，委托合同终止；但是，当事人另有约定或者根据委托事务的性质不宜终止的除外。

第八章 侵权责任法律制度

章节练习
增值服务

学习目的

了解：《中华人民共和国民法典》（以下简称《民法典》）第七编侵权责任关于一般规定的内容；人身损害、财产损失、精神损害的责任承担的规定。**熟悉：**《民法典》第七编侵权责任关于监护人、用人单位、教育机构责任，机动车交通事故责任，高度危险活动损害责任的规定。**掌握：**《民法典》第七编侵权责任关于宾馆等经营场所、公共场所的经营者、管理者或者群众性活动的组织者责任，参加具有一定风险文体活动责任，饲养动物损害责任，建筑物和物件损害责任的规定。

第一节 概 述

一、侵权责任的概念和范围调整

1. 概念

侵权责任是民事主体侵害他人民事权益应当承担的法律后果。《民法典》侵权责任编共10章95条，在总结《中华人民共和国侵权责任法》实践的基础上，针对侵权领域出现的新情况，回应了社会关切，并对侵权责任制度作了必要的补充和完善。

2. 调整范围[①]

《民法典》第 1164 条规定，本编调整因侵害民事权益产生的民事关系。这表明侵权责任编保护的对象为民事权益。

《民法典》总则编第 5 章民事权利的规定表明，民事主体享有的权益主要包括：①第 110 条规定，自然人享有生命权、身体权、健康权、姓名权、肖像权、名誉权、荣誉权、隐私权、婚姻自主权等权利，法人、非法人组织享有名称权、名誉权和荣誉权；②第 111 条规定的自然人的个人信息受法律保护的权利；③第 113 条规定的财产权利；④第 114 条规定的物权；⑤第 118 条规定的债权；⑥第 123 条规定的知识产权；⑦第 124 条规定的继承权；⑧第 125 条规定的股权和其他投资性权利；⑨第 126 条规定的法律规定的其他民事权利和权益；⑩第 127 条规定的数据、网络虚拟财产。

二、侵权损害赔偿的归责原则[②]

归责原则是确认和追究行为人侵权责任的基本规则。归责是指行为人因其行为或者物件致使他人损害的事实发生以后，应依何种根据使之负责，从而体现出法律的价值判断（表 8-1）。

1. 过错责任原则

过错责任原则，指以行为人在主观上是否存在过错作为判断侵权行为是否成立的必要条件，并以此确定行为人是否承担侵权责任。《民法典》第 1165 条第 1 款规定，行为人因过错侵害他人民事权益，应当承担侵权责任。

2. 过错推定责任

过错推定责任，指在法律有特别规定的情形下。行为人的行为造成他人民事权益损害的，推定行为人具有过错，并据此判断行为人承担侵权责任。《民法典》第 1165 条第 2 款规定，依照法律规定推定行为人有过错，其不能证明自己没有过错的，应当承担侵权责任。

---

① 本章编写参照黄薇．中华人民共和国民法典释义［M］．北京：法律出版社，2020.

② 张新宝．侵权责任法［M］．北京：中国人民大学出版社，2020：13～21.

3. 无过错责任原则

无过错责任原则，也称严格责任，指不管行为人在主观上有无过错，只要其行为损害了他人的民事权益，都必须依照法律规定承担侵权责任。《民法典》第 1166 条规定，行为人造成他人民事权益损害，不论行为人有无过错，法律规定应当承担侵权责任的，依照其规定。

4. 公平责任原则

公平责任原则，指在法律规定的情形下，根据当事人双方的财产状况等因素，由双方公平合理地分担损失。《民法典》第 1186 条规定，受害人和行为人对损害的发生都没有过错的，依照法律的规定由双方分担损失。

表 8-1　侵权责任归责原则对比表

归责原则	构成要件	举证责任	适用情形	法律依据
过错责任原则	1. 侵权行为 2. 损害结果 3. 因果关系 4. 行为人主观过错	受害人举证 （需证明行为人有过错）	一般侵权行为（如普通人身损害、财产损害）	《民法典》第 1165 条第 1 款
过错推定责任	1. 侵权行为 2. 损害结果 3. 因果关系 4. 法律推定过错	行为人举证 （需自证无过错）	法律特别规定的情形（如特殊侵权行为）	《民法典》第 1165 条第 2 款
无过错责任原则	1. 侵权行为 2. 损害结果 3. 因果关系 （无须过错）	受害人无须举证过错 行为人不得以无过错抗辩	法律明文规定的高风险活动	《民法典》第 1166 条
公平责任原则	1. 双方均无过错 2. 存在实际损失 3. 法律特别规定	法院酌定 （根据经济状况等）	双方均无过错但需分担损失的情形	《民法典》第 1186 条

第二节　一般侵权责任

一般侵权责任，指行为人因过错侵害他人民事权益，并适用过错责任原则而依法应当承担的民事责任。

一、构成要件

1. 加害行为

加害行为是行为人实施的加害于受害人民事权益的不法行为，其不具有意思表示的要素，属于一种事实行为。

2. 损害

损害也称损害后果，指受害人一方因他人的侵害行为或者准侵害行为而遭受的人身、精神或财产方面的不利后果。依据《民法典》第 1179 ~ 1184 条的规定，损害可以分为人身损害、财产损失和精神损害。

3. 因果关系

法律上的因果关系指损害结果和造成损害的原因之间的关联性，它是各种法律责任中确定责任归属的基础。侵权责任中的因果关系，指行为或物件与损害事实之间的前因后果的联系。

4. 过错

过错，指行为人的一种可归责的心理状况，表现为故意和过失两种形态。故意是指行为人预见到损害结果的发生并希望或放任该结果发生的心理状态，分为直接故意和间接故意。过失指行为人因疏忽或轻信而未达到应有的注意程度的一种不正常或不良的心理状态，分为疏忽大意的过失和过于自信的过失。

二、免责和减轻责任的事由

免责事由指减轻或免除行为人责任的事由，也称抗辩事由。免责事由在广义上既包括免除行为人责任的事由，也包括减轻行为人责任的事由。

1. 受害人故意

受害人故意指受害人明知自己的行为会发生损害后果，仍然追求损害后果的发生，或者放任损害后果的发生。《民法典》第 1174 条规定，损害是因受害人故意造成的，行为人不承担责任。

2. 被侵权人过错

受害人过失指受害人疏忽大意或者盲目自信，实施某种积极作为行为或者消极不作为行为，该行为对损害的发生具有原因力的情况。《民法典》第1173条规定，被侵权人对同一损害的发生或者扩大有过错的，可以减轻侵权人的责任。

3. 第三人的原因

第三人的原因指除原告和被告之外的第三人对原告的损害的发生或扩大具有过错，此种过错包括故意和过失。《民法典》第1175条规定，损害是因第三人造成的，第三人应当承担侵权责任。

4. 自甘风险

我国民法典规定的自甘风险作为侵权责任的抗辩事由，仅适用于“具有一定风险的文体活动”，这种活动应当是合法的文体活动，至少是不为法律、行政法规和管理性规定禁止的活动。[①]《民法典》第1176条规定，自愿参加具有一定风险的文体活动，因其他参加者的行为受到损害的，受害人不得请求其他参加者承担侵权责任；但是，其他参加者对损害的发生有故意或者重大过失的除外。活动组织者的责任适用本法第1198～1201条的规定，此处是指自甘风险的具有一定风险的文体活动的组织者，对于造成受害人损害是否承担侵权责任，应当适用违反安全保障义务侵权责任和教育机构损害责任的规定。

5. 自助行为

自助行为是我国民法典新规定的抗辩事由，自助行为具有正当性，造成他人损害时，行为人不承担侵权责任。《民法典》第1177条规定，合法权益受到侵害，情况紧迫且不能及时获得国家机关保护，不立即采取措施将使其合法权益受到难以弥补的损害的，受害人可以在保护自己合法权益的必要范围内采取扣留侵权人的财物等合理措施；但是，应当立即请求有关国家机关处理。受害人采取的措施不当造成他人损害的，应当承担侵权责任。

6. 其他法定免除规则

一部法律解决不了所有民事侵权问题，为此，《民法典》第1178条规定，本法和其他法律对不承担责任或者减轻责任的情形另有规定的，依照其规定。该条规定解决了民法典和其他法律在责任承担上衔接的规定。

① 张新宝. 侵权责任法［M］. 北京：中国人民大学出版社，2020：66～68.

三、数人侵权责任

数人侵权是与单独侵权相对应的，它是指行为人是两个或两个以上的人。数人侵权主要包括三种类型：①共同侵权行为；②共同危险行为；③无意思联络的数人侵权行为。

1. 共同侵权行为

共同侵权行为是指数人基于共同过错而侵害他人的合法权益，依法应当承担连带赔偿责任的侵权行为。《民法典》第1168条规定，二人以上共同实施侵权行为，造成他人损害的，应当承担连带责任。可见，共同侵权行为的本质特征在于数人致人损害，在主观上具有共同的过错。

在上述简单的共同侵权中，数人之间没有明确的分工，但是在一些事前通谋或者基于其他共同故意的共同侵权中，数人之间可能会具有不同的分工。《民法典》第1169条规定，教唆、帮助他人实施侵权行为的，应当与行为人承担连带责任。教唆、帮助无民事行为能力人、限制民事行为能力人实施侵权行为的，应当承担侵权责任；该无民事行为能力人、限制民事行为能力人的监护人未尽到监护责任的，应当承担相应的责任。

2. 共同危险行为

共同危险行为是指数人实施的危险行为都有造成他人损害的可能，其中一人或数人的行为造成他人损害，但是不知造成实际损害的人。《民法典》第1170条规定，二人以上实施危及他人人身、财产安全的行为，其中一人或者数人的行为造成他人损害，能够确定具体侵权人的，由侵权人承担责任；不能确定具体侵权人的，行为人承担连带责任。

3. 无意思联络的数人侵权行为

无意思联络的数人侵权行为是指数个行为人并无共同的过错，而因为偶然结合的行为致受害人遭受同一损害。《民法典》第1171条规定，二人以上分别实施侵权行为造成同一损害，每个人的侵权行为都足以造成全部损害的，行为人承担连带责任。《民法典》第1172条规定，二人以上分别实施侵权行为造成同一损害，能够确定责任大小的，各自承担相应的责任；难以确定责任大小的，平均承担责任。

在法律规定承担连带责任情况下，《民法典》第178条第1款规定，二人以上依法承担连带责任的，权利人有权请求部分或者全部连带责任人承担责任。同时，在连带责任人内部责任上，《民法典》第 178 条第 2 款规定，连带责任人的责任份额根据各自责任大小确定；难以确定责任大小的，平均承担责任。实际承担责任超过自己责任份额的连带责任人，有权向其他连带责任人追偿。

四、侵权责任的承担

1. 侵权责任承担的方式

侵权责任承担的方式，指侵权人承担侵权责任的具体方法。《民法典》第 179 条规定，承担侵权责任的方式主要有：①停止侵害；②排除妨碍；③消除危险；④返还财产；⑤恢复原状；⑥赔偿损失；⑦赔礼道歉；⑧消除影响、恢复名誉。法律规定惩罚性赔偿的，依照其规定。以上承担侵权责任的方式，相比侵权责任编而言更为全面，这些方式可以单独适用，也可以合并适用。

2. 侵权损害赔偿

侵权损害赔偿，指因侵权人侵害他人民事权益造成他人财产损害和精神损害而应承担的损害赔偿责任，通过损害赔偿责任的承担，使受害人遭受的损害得以恢复。在支付方式上，依据《民法典》第 1187 条规定，损害发生后，当事人可以协商赔偿费用的支付方式。协商不一致的，赔偿费用应当一次性支付；一次性支付确有困难的，可以分期支付，但是被侵权人有权请求提供相应的担保。

（1）人身损害赔偿。依据《民法典》第 1179 ~ 1181 条，侵害他人造成人身损害的，应当赔偿医疗费、护理费、交通费、营养费、住院伙食补助费等为治疗和康复支出的合理费用，以及因误工减少的收入。造成残疾的，还应当赔偿辅助器具费和残疾赔偿金；造成死亡的，还应当赔偿丧葬费和死亡赔偿金。因同一侵权行为造成多人死亡的，可以以相同数额确定死亡赔偿金。被侵权人死亡的，其近亲属有权请求侵权人承担侵权责任。被侵权人为组织，该组织分立、合并的，承继权利的组织有权请求侵权人承担侵权责任。被侵权人死亡的，支付被侵权人医疗费、丧葬费等合理费用的人有权请求侵权人赔偿费用，但是侵权人已经支付该费用的除外。

（2）财产损害赔偿。依据《民法典》第1182、第1184条，侵害他人财产的，财产损失按照损失发生时的市场价格或者其他合理方式计算；侵害他人人身权益造成财产损失的，按照被侵权人因此受到的损失或者侵权人因此获得的利益赔偿；被侵权人因此受到的损失以及侵权人因此获得的利益难以确定，被侵权人和侵权人就赔偿数额协商不一致，向人民法院提起诉讼的，由人民法院根据实际情况确定赔偿数额。

（3）精神损害赔偿。精神损害赔偿，指自然人因人身权益受到不法侵害而导致严重精神痛苦，受害人因此可以就其精神痛苦要求金钱上的赔偿，以对受害人予以抚慰并制裁不法行为人。《民法典》第1183条规定，侵害自然人人身权益造成严重精神损害的，被侵权人有权请求精神损害赔偿。因故意或者重大过失侵害自然人具有人身意义的特定物造成严重精神损害的，被侵权人有权请求精神损害赔偿。

第三节　特殊侵权责任

特殊侵权责任，指行为人因侵害或者损害他人民事权益，依照法律规定采取过错推定方式，或者无论行为人是否有过错，都应当依法承担的民事责任。

一、监护人责任

1. 概念

监护人责任，指监护人就无民事行为能力人或限制民事行为能力人造成他人的损害，依法所应承担的责任。《民法典》第1188条第1款规定，无民事行为能力人、限制民事行为能力人造成他人损害的，由监护人承担侵权责任。监护人尽到监护责任的，可以减轻其侵权责任。这就在法律上确立了监护人责任制度，该制度有利于督促监护人履行其监护责任，避免被监护人侵害他人权益，也有利于对受害人进行救济。

2. 构成要件

（1）加害人是无民事行为能力人、限制民事行为能力人。

（2）只有在无民事行为能力人或限制民事行为能力人造成他人损害的时候，监护人才承担侵权责任。

（3）《民法典》第 1188 条第 2 款规定，有财产的无民事行为能力人、限制民事行为能力人造成他人损害的，从本人财产中支付赔偿费用。不足部分，由监护人赔偿。据此，如果被监护人有自己的独立财产，则不能要求监护人承担完全责任。

3. 监护人责任的承担

依据《民法典》第 1188 条第 2 款，监护人的责任范围是以被监护人能否承担责任、承担多大的责任为前提。而且，第 1 款规定，监护人尽到监护责任的，可以减轻其侵权责任。该规则将公平理念引入无过错责任中，缓解了监护人责任的严格性。此外,《民法典》第 1169 条第 2 款规定，教唆、帮助无民事行为能力人、限制民事行为能力人实施侵权行为的，应当承担侵权责任；该无民事行为能力人、限制民事行为能力人的监护人未尽到监护责任的，应当承担相应的责任。《民法典》第 1189 条规定，无民事行为能力人、限制民事行为能力人造成他人损害，监护人将监护职责委托给他人的，监护人应当承担侵权责任；受托人有过错的，承担相应的责任。

二、用人责任

1. 概念

用人责任，指被用工者因执行工作任务或劳务造成他人损害，用工者所应承担的侵权责任。《民法典》第 1191 条第 1 款规定，用人单位的工作人员因执行工作任务造成他人损害的，由用人单位承担侵权责任。用人单位承担侵权责任后，可以向有故意或者重大过失的工作人员追偿。第 1192 条规定，个人之间形成劳务关系，提供劳务一方因劳务造成他人损害的，由接受劳务一方承担侵权责任。接受劳务一方承担侵权责任后，可以向有故意或者重大过失的提供劳务一方追偿。提供劳务一方因劳务受到损害的，根据双方各自的过错承担相应的责任。提供劳务期间，因第三人的行为造成提供劳务一方损害的，提供劳务一方有权请求第三人承担侵权责任，也有权请求接受劳务一方给予补偿。接受劳务一方补偿后，可以向第三人追偿。

上述对单位和个人用工责任的规定，对于保护受害人的合法权益，维护正常的用工关系，促进社会生活的和谐发展具有重要意义。

2. 构成要件

（1）用人责任成立的前提是被用工者实施了侵权行为，如果被用工者没有实施侵权行为，则无法成立用工责任。“被用工者”是指为他人提供劳务或工作，并受他人指挥或监督的人。如果被用工者的行为虽然造成了损害，但是存在法定的免责事由，自然也不构成用人责任。

（2）存在用工关系。用工关系指用工者和被用工者之间因用工而形成的关系，用工关系的存在并不一定以劳动合同的存在为前提，即使在临时用工中，当事人没有签订劳动合同，也可以形成用工关系。因此《民法典》中的用工关系比《中华人民共和国劳动法》中的劳动关系的范围更宽泛。

（3）被用工者因执行工作任务或劳务造成他人损害。在单位用工关系中，用人责任必须是单位的工作人员执行职务造成他人损害；在个人劳务关系中，被用工者因提供劳务而造成他人损害，用工者也要承担责任。

3. 劳务派遣相关的责任承担

劳务派遣，指由劳务派遣机构与被派遣劳动者签订劳动合同，由劳动者向接受劳务派遣的实际用工单位给付劳动的特殊劳动关系。《民法典》第1191条第2款规定，劳务派遣期间，被派遣的工作人员因执行工作任务造成他人损害的，由接受劳务派遣的用工单位承担侵权责任；劳务派遣单位有过错的，承担相应的责任。

三、幼儿园、学校等教育机构责任

1. 概念

幼儿园、学校等教育机构责任主要是指幼儿园、学校等教育机构的侵权责任，指幼儿园、学校等教育机构对无民事行为能力人或者限制民事行为能力人在幼儿园、学校等教育机构学习、生活期间受到的人身损害承担的侵权责任。《民法典》第1199~1201条分别规定了幼儿园、学校等教育机构对自己过错的侵权责任、幼儿园、学校等教育机构对第三人造成损害的侵权责任以及第三人的侵权责任。

2. 构成要件

（1）幼儿园、学校等教育机构对自己过错的侵权责任。①幼儿、学生在幼儿园、学校等教育机构学习、生活期间受到人身损害。如果是财产损害，则不属于此处的幼儿园、学校等教育机构的侵权责任；②幼儿园、学校等教育机构没有尽到教育、管理职责，没有尽到保护义务，存在不作为的消极侵害行为或者作为的积极侵害行为；③幼儿园、学校等教育机构的过错行为与损害之间存在因果关系。如果幼儿、学生受到人身损害与幼儿园、学校等教育机构的过错行为之间不存在因果关系，自然不存在赔偿责任，比如幼儿、学生因为自身的特殊体质遭受损害，幼儿园、学校等教育机构就不承担赔偿责任。

（2）学校等教育机构对第三人造成损害的侵权责任以及第三人的侵权责任。①第三人侵害在园幼儿、在校学生造成幼儿、学生的人身损害。②幼儿园、学校等教育机构未尽到教育管理职责、保护义务。幼儿园、学校等教育机构有采取安全保障措施防止机构外人员伤害幼儿、学生的义务，未尽到教育管理职责、保障义务则会构成侵权。③幼儿园、学校等教育机构的过错与在园幼儿、学校学生受到人身损害之间存在因果关系。此处因果关系有两个方面的要求：一是幼儿园、学校等教育机构的过错导致未能避免第三人的侵害行为之发生，二是第三人的侵害行为造成了在幼儿园、在校学生等的人身损害。

3. 幼儿园、学校等教育机构的责任承担

（1）幼儿园、学校等教育机构对自己过错的侵权责任。①无民事行为能力人。无民事行为能力人在幼儿园、学校或者其他教育机构学习、生活期间受到人身损害的，幼儿园、学校或者其他教育机构应当承担侵权责任；但是，能够证明尽到教育、管理职责的，不承担侵权责任。②限制民事行为能力人。《民法典》第 1200 条规定，限制民事行为能力人在学校或者其他教育机构学习、生活期间受到人身损害，学校或者其他教育机构未尽到教育、管理职责的，应当承担侵权责任。

（2）第三人侵害行为的侵权责任。《民法典》第 1201 条规定，无民事行

为能力人或者限制民事行为能力人在幼儿园、学校或者其他教育机构学习、生活期间，受到幼儿园、学校或者其他教育机构以外的第三人人身损害的，由第三人承担侵权责任，这里体现的是自己责任原则；幼儿园、学校或者其他教育机构未尽到管理职责的，承担相应的补充责任。幼儿园、学校或者其他教育机构承担补充责任后，可以向第三人追偿。

四、违反安全保障义务的责任

1. 概念

违反安全保障义务的责任，指侵权人未尽到法律、合同、习惯等产生的对他人的安全保障义务，造成他人损害时应承担的赔偿责任。《民法典》第 1198 条第 1 款规定，宾馆、商场、银行、车站、机场、体育场馆、娱乐场所等经营场所、公共场所的经营者、管理者或者群众性活动的组织者，未尽到安全保障义务，造成他人损害的，应当承担侵权责任。

2. 构成要件

（1）经营场所、公共场所的经营者、管理者或者群众性活动的组织者。负有安全保障义务之人是特定的主体，即"宾馆、商场、银行、车站、机场、体育场馆、娱乐场所等经营场所、公共场所的经营者、管理者或者群众性活动的组织者"。

（2）未尽到安全保障义务。《民法典》并没有对此做出明确规定，从我国司法实践来看，在判断行为人是否违反安全保障义务时，应当考虑行为人安全保障义务的范围、损害的来源、侵害的强度以及损害预防的能力等多种因素，综合加以判断。

（3）他人遭受了损害。"他人"指安全保障义务人及其工作人员之外的人，这些人可能与安全保障义务人有某种合同关系，也可能曾经有合同关系但已经消灭，也可能完全没有任何合同关系。此外，无论受害人是因安全保障义务人的行为直接遭受侵害，还是因第三人的侵权行为遭受损害，该损害都必须与安全保障义务人未尽安全保障义务的行为之间存在因果关系。

3. 违反安全保障义务责任的承担

依据《民法典》第 1198 条第 1 款的规定，在没有直接侵权人时，安全保障义务人违反了安全保障义务，就要承担全部侵权责任。第 2 款规定，因第三人的行为造成他人损害的，由第三人承担侵权责任；经营者、管理者或组织者未尽到安全保障义务的，承担相应的补充责任。经营者、管理者或者组织者承担补充责任后，可以向第三人追偿。据此，实施行为的第三人所承担的责任为第一顺序的责任，且是独立的责任。只有在受害人无法从第三人那里获得救济的情况下，才应当要求违反安全保障义务的人承担责任，即所谓的补充责任，而且在承担以后可以向第三人追偿。

五、机动车交通事故责任

1. 概念

机动车交通事故责任，指因机动车在道路上运行造成交通事故，导致他人人身或财产的损害，机动车一方所应承担的侵权责任。“机动车”包括汽车、摩托车、非农用拖拉机、各种专用机械车、特种车等用于载人、载物和从事某种作业的轮式车辆。

2. 构成要件

（1）机动车因交通事故造成损害。《民法典》第 1208 条规定，机动车发生交通事故造成损害的，依照道路交通安全法律和本法的有关规定承担赔偿责任。依据《中华人民共和国道路交通安全法》第 119 条第 5 项规定，“交通事故”是指车辆在道路上因过错或者意外造成的人身伤亡或者财产损失的事件。

（2）机动车运行与损害之间具有因果联系。在机动车一方与非机动车、行人之间发生交通事故的情况下，需要强调机动车运行造成了损害。实践中，机动车交通事故责任在因果关系判断上往往需要借助公安机关对交通事故的认定。

（3）机动车一方不能证明自己没有过错。在机动车与非机动车或行人之间发生事故时，机动车致人损害的责任主要是过错推定责任，机动车一方必须在事故发生之后证明自己没有过错，才能在法定的范围内减轻其责任。

3. 机动车一方侵权责任主体的确定[①]

依据《民法典》第 1208 条，机动车一方包括机动车所有人、驾驶人、承租人、借用人、买受人、盗窃者等主体。

（1）租赁、借用机动车情况下侵权责任主体之确定。《民法典》第 1209 条规定，因租赁、借用等情形机动车所有人、管理人与使用人不是同一人时，发生交通事故造成损害，属于该机动车一方责任的，由机动车使用人承担赔偿责任；机动车所有人、管理人对损害的发生有过错的，承担相应的赔偿责任。

（2）转让而未过户情况下侵权责任主体之确定。《民法典》第 1210 条规定，当事人之间已经以买卖或者其他方式转让并交付机动车但是未办理登记，发生交通事故造成损害，属于该机动车一方责任的，由受让人承担赔偿责任。

（3）挂靠营运情况下侵权责任主体之确定。《民法典》第 1211 条规定，以挂靠形式从事道路运输经营活动的机动车，发生交通事故造成损害，属于该机动车一方责任的，由挂靠人和被挂靠人承担连带责任。

（4）转让拼装车、报废车造成损害情形下侵权责任主体之确定。《民法典》第 1214 条规定，以买卖或者其他方式转让拼装或者已经达到报废标准的机动车，发生交通事故造成损害的，由转让人和受让人承担连带责任。

（5）机动车被盗窃、抢劫或者抢夺，以及盗开他人机动车情况下侵权责任主体之确定。《民法典》第 1215 条规定，盗窃、抢劫或者抢夺的机动车发生交通事故造成损害的，由盗窃人、抢劫人或者抢夺人承担赔偿责任。盗窃人、抢劫人或者抢夺人与机动车使用人不是同一人，发生交通事故造成损害，属于该机动车一方责任的，由盗窃人、抢劫人或者抢夺人与机动车使用人承担连带责任。保险人在机动车强制保险责任限额范围内垫付抢救费用的，有权向交通事故责任人追偿。第 1212 条规定，未经允许驾驶他人机动车，发生交通事故造成损害，属于该机动车一方责任的，由机动车使用人承担赔偿责任；机动车所有人、管理人对损害的发生有过错的，承担相应的赔偿责任，但是本章另有规定的除外。

---

① 王利明．民法［M］．北京：中国人民大学出版社，2020：586～591．

4. 责任保险与赔付顺序

我国法律规定了机动车道路交通事故强制责任保险制度，此外，机动车所有人等还可以从保险公司购买自愿性质的机动车交通事故责任商业第三者责任险。在发生机动车交通事故赔偿责任时，法律规定了赔付顺序。《民法典》第 1213 条规定，机动车发生交通事故造成损害，属于该机动车一方责任的，先由承保机动车强制保险的保险人在强制保险责任限额范围内予以赔偿；不足部分，由承保机动车商业保险的保险人按照保险合同的约定予以赔偿；仍然不足或者没有投保机动车商业保险的，由侵权人赔偿。

六、高度危险活动损害责任

1. 概念

高度危险活动损害责任，指从事法律明确规定的高度危险活动（包括高空、高压、地下挖掘活动或者使用高速轨道运输工具），经营者应当承担的严格责任。高度危险活动损害责任适用无过错责任原则。

2. 构成要件

（1）必须是从事高空、高压、地下挖掘活动或者使用高速轨道运输工具。从事高度危险活动是高度危险活动致害责任的基础和前提。依据《民法典》第 1240 条，高度危险活动是法律具体列举的活动，包括高空作业、高压活动、地下挖掘活动和使用高速轨道运输工具。从规定来看，属于封闭性列举，没有兜底规定。

（2）因高度危险活动造成他人损害。此处的损害既包括财产损害，也包括人身损害。

（3）高度危险活动与损害后果之间存在因果关系。高度危险活动责任无须证明责任人的主观过错，但是仍然要以高度危险活动与受害人的损害之间具有因果关系为前提。如果完全是因为受害人的故意行为、不可抗力造成了损害，将导致因果关系中断，行为人不承担侵权责任。

3. 高度危险活动责任

《民法典》第 1240 条规定，从事高空、高压、地下挖掘活动或者使用高速轨道运输工具造成他人损害的，经营者应当承担侵权责任；但是，能够证明损害是因受害人故意或者不可抗力造成的，不承担责任。被侵权人对损害的发生有重大过失的，可以减轻经营者的责任。第1244条规定，承担高度危险责任，法律规定赔偿限额的，依照其规定，但是行为人有故意或者重大过失的除外。这是对最高赔偿限额的确认，主要考虑到高度危险责任的特殊性，因为这种活动是对社会有益的活动，法律要给予其特殊的保护。此外，第1243条规定，未经许可进入高度危险活动区域受到损害，管理人能够证明已经采取足够安全措施并尽到充分警示义务的，可以减轻或者不承担责任。

七、饲养动物损害责任

1. 概念

饲养动物致人损害责任，指饲养的动物造成他人人身或财产损害。《民法典》规定的饲养动物还包括了遗弃、逃逸的动物致害，这对于规范人们饲养动物的行为、救济受害人的损害都具有十分重要的意义。

2. 构成要件

（1）必须是饲养的动物造成损害。侵权责任编中动物的概念有其特定的含义，其主要限定于饲养的动物。野生动物致人损害，不属于饲养动物致人损害的范围。

（2）必须是基于动物固有危险的实现而造成的损害。动物的固有危险是指基于动物的固有本性，脱离于具体的人的指使和控制而造成对他人的损害。

（3）造成了受害人的损害。《民法典》第1245条规定，饲养的动物造成他人损害的，动物饲养人或者管理人应当承担侵权责任；但是，能够证明损害是因被侵权人故意或者重大过失造成的，可以不承担或者减轻责任。

（4）饲养的动物与损害之间存在因果关系。在饲养动物致人损害的情况下，因果关系是指动物致害与损害之间引起与被引起的关系。按照举证责任的一般规则，原告应当举证证明被告饲养的动物造成其损害。

3. 饲养动物致人损害责任的特殊规则

（1）未对动物采取安全措施和禁止饲养的危险动物致人损害的责任。

《民法典》第 1246 条规定，违反管理规定，未对动物采取安全措施造成他人损害的，动物饲养人或者管理人应当承担侵权责任；但是，能够证明损害是因被侵权人故意造成的，可以减轻责任。第 1247 条规定，禁止饲养的烈性犬等危险动物造成他人损害的，动物饲养人或者管理人应当承担侵权责任。

（2）动物园的动物致人损害的责任。《民法典》第 1248 条规定，动物园的动物造成他人损害的，动物园应当承担侵权责任；但是，能够证明尽到管理职责的，不承担侵权责任。该条规定采用的是过错推定责任原则，动物园可以通过证明尽到管理职责而免除责任，但是鉴于动物园所承担的独特的社会功能，不应该只是承担善良管理人的注意义务，而应该承担更高的符合其专业管理动物的注意义务。

（3）遗弃或逃逸的动物致人损害的责任。《民法典》第 1249 条规定，遗弃、逃逸的动物在遗弃、逃逸期间造成他人损害的，由动物原饲养人或者管理人承担侵权责任。本条规定采用的是无过错责任原则。

（4）因第三人过错致使动物致害的责任。《民法典》第 1250 条规定，因第三人的过错致使动物造成他人损害的，被侵权人可以向动物饲养人或者管理人请求赔偿，也可以向第三人请求赔偿。动物饲养人或者管理人赔偿后，有权向第三人追偿。

八、建筑物和物件损害责任

1. 概念

建筑物和物件损害责任，指建筑物或物件的所有人、管理人或者其他主体对其所管领的建筑物或物件致人损害承担的侵权责任。建筑物和物件损害责任适用过错推定责任。

2. 构成要件

（1）建筑物、构筑物或者其他设施及其搁置物、悬挂物致人损害责任。①必须是物件；②受害人遭受损害；③建筑物、构筑物或者其他设施及其搁置物、悬挂物倒塌、塌陷、脱落、坠落与受害人遭受损失之间存在因果关系；④所有人、管理人或者使用人存在推定的过失。

（2）抛掷物或坠物致人损害责任。①发生高楼抛掷物或坠物的情形；

②受害人遭受损害；③从建筑物抛掷物品或坠物与受害人损害之间具有因果关系；④难以确定具体侵权人。

（3）堆放物致人损害责任。①堆放物倒塌、滚落或者滑落；②受害人遭受损害；③堆放物倒塌、滚落或者滑落与受害人遭受损害之间存在因果关系；④堆放人有过错。

（4）妨碍通行物致人损害责任：①在公共道路上堆放、倾倒、遗撒妨碍通行的物品；②受害人遭受损害；③妨碍通行的物品与受害人遭受损害之间存在因果关系；④堆放人、倾倒人、遗撒人有过错。

（5）林木致人损害责任。①林木发生折断、倾倒或者果实坠落；②受害人遭受损害；③折断、倾倒的林木或者坠落的果实与受害人遭受损害之间存在因果关系；④林木的所有人或者管理人存在推定的过失。

（6）地面施工致人损害责任。①行为人是在公共场所或者道路上从事挖掘、修缮安装地下设施等作业的施工人；②行为人违反设置明显标志和采取安全措施的注意义务；③受害人遭受损害；④行为人违反注意义务之不作为与受害人所受损害之间有因果关系。

（7）窨井等地下设施致人损害责任。①窨井等地下设施欠缺覆盖物或者覆盖物有缺陷；②受害人遭受损失；③窨井等地下设施欠缺覆盖物或者覆盖物有缺陷与受害人遭受损失之间存在因果关系；④管理人存在推定的过失。

3. 建筑物和物件损害责任的承担

（1）建筑物、构筑物或者其他设施及其搁置物、悬挂物致人损害责任。①《民法典》第1252条第2款规定，因所有人、管理人或者第三人的原因，建筑物、构筑物或者其他设施倒塌、塌陷造成他人损害的，由所有人、管理人、使用人或者第三人承担侵权责任。第1253条规定，建筑物、构筑物或者其他设施及其搁置物、悬挂物发生脱落、坠落造成他人损害，所有人、管理人或者使用人不能证明自己没有过错的，应当承担侵权责任。②第1253条规定，所有人、管理人或者使用人赔偿后，有其他责任人的，有权向其他责任人追偿。

（2）抛掷物或坠物致人损害责任。《民法典》第1254条规定，禁止从建筑物中抛掷物品。从建筑物中抛掷物品或者从建筑物上坠落的物品造成他人损害的，由侵权人依法承担侵权责任；经调查难以确定具体侵权人的，除能够证明自己不是侵权人的外，由可能加害的建筑物使用人给予补偿。可能加害的建筑物使用人补偿后，有权向侵权人追偿。物业服务企业等建筑物管理人应当采取必要的安全保障措施防止前款规定情形的发生；未采取必要的安全保障措施的，应当依法承担未履行安全保障义务的侵权责任。发生前款规定的情形的，公安等机关应当依法及时调查，查清责任人。

（3）堆放物致人损害责任。《民法典》第1255条规定，堆放物倒塌、滚落或者滑落造成他人损害，堆放人不能证明自己没有过错的，应当承担侵权责任。

（4）妨碍通行物致人损害责任。《民法典》第1256条规定，在公共道路上堆放、倾倒、遗撒妨碍通行的物品造成他人损害的，由行为人承担侵权责任。公共道路管理人不能证明已经尽到清理、防护、警示等义务的，应当承担相应的责任。

（5）林木致人损害责任。《民法典》第1257条规定，因林木折断、倾倒或者果实坠落等造成他人损害，林木的所有人或者管理人不能证明自己没有过错的，应当承担侵权责任。

（6）地面施工致人损害责任。《民法典》第1258条第1款规定，在公共场所或者道路上挖掘、修缮安装地下设施等造成他人损害，施工人不能证明已经设置明显标志和采取安全措施的，应当承担侵权责任。

（7）地下设施致人损害责任。《民法典》第1258条第2款规定，窨井等地下设施造成他人损害，管理人不能证明尽到管理职责的，应当承担侵权责任。

第九章 旅游法的基本知识

章节练习
增值服务

学习目的

了解：《中华人民共和国旅游法》（以下简称《旅游法》）的框架及其附则关于本法用语含义的规定。**熟悉：**关于总则、旅游规划和促进、旅游监督管理及主要法律制度的规定。**掌握：**关于旅游者权益保护制度及其相关法律责任的规定、关于旅游服务合同制度及其相关法律责任的规定。

第一节 概 述

一、旅游法的概念和框架

1. 旅游法的概念

旅游法有广义和狭义之分。广义的旅游法，指调整旅游活动领域中各种社会关系的法律规范的总称，包括狭义的旅游法，以及其他调整旅游活动领域社会关系的法律、法规等规范性文件。狭义的旅游法，指调整游览、度假、休闲等形式的旅游活动以及为旅游活动提供相关服务中发生的权利义务关系的基本法。本章所指旅游法为狭义的旅游法，即我国的《旅游法》。

2.《旅游法》的框架

我国《旅游法》设 10 章 112 条。具体包括：第一章总则 8 条，规定了立法目的、适用范围、原则等；第二章旅游者 8 条，规定了旅游者的权利和义务；第三章旅游规划和促进 11 条，规定了旅游规划的编制、与相关规划的衔接、旅游促进与保障等；第四章旅游经营 29 条，规定了旅行社的设立和经营业务范围、旅游经营的规则、旅游经营者和履行辅助人的权利义务和责任等；第五章旅游服务合同 19 条，规定了旅游服务合同的类别，包价旅游合同的内容和形式，合同当事人的权利、义务和责任等；第六章旅游安全 7 条，确立了旅游目的地安全风险提示制度、旅游突发事件监测评估等旅游安全保障制度，规定了旅游安全的责任主体；第七章旅游监督管理 8 条，确立了旅游综合监管制度，规定了行业组织自律规范；第八章旅游纠纷处理 4 条，规定了旅游投诉统一受理制度、纠纷处理途径和方法等；第九章法律责任 16 条，规定了违反本法应当承担的法律责任；第十章附则 2 条，规定了相关用语的含义、法律的生效。①

二、立法目的和适用范围

1. 立法目的

立法目的也称立法宗旨，是制定法律所要达到的目标。立法目的统领一部法律全部规范的价值取向，决定法律其他具体规范的内容，贯穿于法律条文的始终，并指引法律的适用。《旅游法》第 1 条规定，为保障旅游者和旅游经营者的合法权益，规范旅游市场秩序，保护和合理利用旅游资源，促进旅游业持续健康发展，制定本法。这表明，立法目的包括以下内容：

（1）保障旅游者和旅游经营者的合法权益，规范旅游市场秩序。旅游者是旅游活动的主体，其合法权益得到充分保护，参加旅游活动娱悦身心的目的才能实现，从而增强人们的旅游意愿，实现旅游业可持续发展。伴随着旅游消费需求的日益增长，旅游市场还存在着经营规则不健全、竞争秩序不够

① 本章编写说明：为避免重复，本章设置了 6 节，第一节概述涵盖了《旅游法》总则的内容；第二节旅游者主要依据《旅游法》第二章以及对应条款编写；第三节旅游规划和促进依据《旅游法》第三章编写；第四节旅游经营依据《旅游法》第四章编写，其中的旅行社、导游和领队的相关规定，见本书第十一、第十二章；第五节旅游服务合同依据《旅游法》第五章编写；第六节旅游监督管理依据《旅游法》第七章编写；《旅游法》第六章旅游安全的相关规定，见本书第十三章；《旅游法》第八章旅游纠纷处理的相关规定见本书第十七章；《旅游法》第九章法律责任、第十章附则的相关规定，归类编写至相关章节。

规范，尤其是“零负团费”等恶性竞争、强迫购物、不履行合同等问题，不仅损害了旅游者的合法权益，也冲击了守法的旅游经营者的正当经营，影响了中国旅游形象，亟须通过制定旅游法保障旅游业的健康发展。

（2）保护和合理利用旅游资源。开发利用资源将其建设成为可供人们游览、参观、休闲、度假的旅游资源是旅游者参加旅游活动的基础和前提条件，具有不可替代性，是旅游业发展不可或缺的。一些自然景观、文物古迹一旦被破坏，便不可再生，旅游业的发展也就失去了可持续性。保护资源是旅游开发利用的前提，合理利用是实现资源保护的有效途径。实践中，在资源的旅游利用中，存在盲目建设、过度开发、忽视资源的自然价值和人文内涵等问题，破坏了旅游资源的区域整体性、文化代表性、地域特殊性，影响了旅游资源的永续利用和旅游业的可持续发展等问题。为此，立法强调在有效保护旅游资源的前提下，依法合理利用，以实现保护和合理利用的有机统一。

（3）促进旅游业持续健康发展。旅游业是经济新常态背景下涉及领域广、产业带动强、消耗能源低、创造就业多、综合效益好的经济发展新的增长点。发展旅游业，可以有效拉动居民消费，优化产业结构，扩大就业途径，增加居民收入，促进社会科学和谐发展。通过立法促进旅游业健康、持续发展，充分发挥旅游业对经济、文化、社会、生态文明建设的综合推动作用成为旅游立法的重要目的。

2. 适用范围

法律的适用范围，指法律的效力范围，包括法律适用的地域范围和主体、行为范围。《旅游法》第 2 条规定，在中华人民共和国境内的和在中华人民共和国境内组织到境外的游览、度假、休闲等形式的旅游活动，以及为旅游活动提供相关服务的经营活动，适用本法。

（1）地域范围。作为国内法，《旅游法》的效力仅限于在我国境内开展的旅游活动和经营活动。具体而言：一是我国公民在境内的旅游活动和外国旅游者的入境旅游活动。二是在我国境内，通过旅行社等经营者组织的，由我国境内赴境外的团队旅游活动。

根据属地管辖原则，我国旅游者前往旅游目的地国参加旅游活动，应当遵守所在国或地区的法律。根据属人管辖原则，《旅游法》是我国公民在境外参加旅游活动的行为规范；我国其他出境入境管理法律、法规，出境旅游者也应当遵守。

（2）主体行为范围。《旅游法》的调整对象包括从事游览、休闲、度假等形式的旅游活动，为这些活动提供相关服务的经营活动两类。①主体范围，由于《旅游法》未对适用主体做出限制，则凡从事上述活动的单位和个人都应遵守本法。②行为范围，由于旅游包括食、住、行、游、购、娱各环节，涉及面广，行为范围既包括观光、休闲、度假等有特定目的的旅游活动和经营行为，也包括为旅游活动提供相关服务的其他行业的经营行为。

三、基本原则和主要制度

1. 基本原则

（1）发展旅游事业、完善旅游公共服务的原则。《旅游法》第 3 条规定，国家发展旅游事业，完善旅游公共服务。国家为加快旅游业发展出台了一系列支持政策，为《旅游法》的实施奠定了基础。在第三章旅游规划和促进中，也对国家提供公共服务做出明确、具体的规定，是对本原则的具体化。

（2）依法保护旅游者在旅游活动中权利的原则。基于旅游者在旅游消费中的特殊性，旅游立法充分体现了对旅游者权利的保护。《旅游法》规定，国家发展旅游业，依法保护旅游者在旅游活动中的权利。《旅游法》第二章专章规定了旅游者的权利与义务。为坚持该原则,《旅游法》对旅游公共服务提出明确要求，强调要满足旅游者的基本需求；对旅游经营者及旅游从业人员设定较为严格的义务，体现了对旅游者倾斜性的保护；根据旅游活动的特点，有针对性地规定了旅游者的权利，体现了以人为本，保护旅游者合法权益的立法宗旨。

（3）社会效益、经济效益、生态效益相统一的原则。《旅游法》规定，旅游业发展应当遵循社会效益、经济效益和生态效益相统一的原则。国家鼓励各类市场主体在有效保护旅游资源的前提下，依法合理利用旅游资源。该原则包括三层意思：一是发展旅游业要注意平衡社会效益、经济效益和生态效益的关系，坚持三者的统一。二是鼓励各类市场主体在有效保护旅游资源的前提下，依法合理利用旅游资源，其目的是引导各类市场主体在遵守法律法规的前提下，更多地参与旅游发展，承担社会责任。三是利用公共资源建设的游览场所应当更多地考虑社会效益，应当体现公益性质。

（4）国家鼓励全社会参与旅游业发展的原则。旅游日益成为人们生活中不可或缺的消费需求，发展旅游更需要全社会的共同参与。《旅游法》规定，国家倡导健康、文明、环保的旅游方式，支持和鼓励各类社会机构开展旅游公益宣传，对促进旅游业发展做出贡献的单位和个人给予奖励。

健康：强调从事的旅游活动符合社会主义核心价值观，有利于身心愉悦。文明：指在旅游活动中要遵守社会公共秩序，遵守社会公德，遵守文明行为规范。环保：指开展旅游活动要保护生态环境、节约能源资源。为倡导健康、文明、环保的旅游方式，国家鼓励新闻媒体、公益组织及社会企业进行旅游公益宣传，促进旅游业发展。国家对做出突出贡献的单位和个人给予精神或者物质奖励，表彰其成绩，支持其工作。

2. 主要法律制度

（1）旅游综合管理制度。旅游活动涉及多个行业，为保障旅游与有关行业的工作协调，促进旅游业健康发展，《旅游法》第7条确立了该项制度，规定：国务院建立健全旅游综合协调机制，对旅游业发展进行综合协调。县级以上地方人民政府应当加强对旅游工作的组织和领导，明确相关部门或者机构，对本行政区域的旅游业发展和监督管理进行统筹协调。该制度的内容包括：国务院建立健全旅游综合协调机制；确立了地方政府统筹协调旅游业发展和管理的职能；旅游市场综合监管机制；整合投诉受理机构、投诉受理部门间转办、处理结果告知的旅游投诉统一受理制度。

（2）旅游者权益保护制度。《旅游法》以保护旅游者为主线设立了旅游者权益保护制度。该制度的内容包括：设旅游者专章，规定了旅游者的权利、义务和权利保障措施；对政府旅游公共服务及基础设施建设提出明确要求；对旅游经营者及其从业人员设定较为严格的行为规范和义务；在遵循《中华人民共和国消费者权益保护法》（以下简称《消费者权益保护法》）和相关合同法律一般性原则的基础上，根据旅游活动的特点，规定了针对性强的、特殊的旅游者的权利及其救助途径。

（3）旅游促进和公共服务制度。为满足日益增长的旅游消费需求，提高旅游服务质量，《旅游法》设立了旅游促进和公共服务制度。该制度的内容包括：对各级政府安排资金提出要求，并明确了资金用途；规定政府将旅游业发展纳入国民经济和社会发展规划，制定有利于旅游业持续健康发展的产业扶持政策；完善旅游基础设施建设；政府无偿向旅游者提供旅游景区、线路、交通、气象、住宿等必要的信息和咨询服务；建立统一的旅游形象宣传推广；鼓励和支持发展旅游职业教育和培训。

（4）资源保护和旅游利用制度。旅游业是凭借资源为旅游者提供服务的，资源通过旅游开发成为旅游资源，资源的合理利用十分重要；《旅游法》与相关20多部资源保护法律、法规关系密切，资源的旅游利用、旅游者和旅游经营者在旅游活动中都应当依法履行相关保护义务。为此，《旅游法》规定了资源保护和旅游利用制度。该制度的内容包括：编制完整的规划体系，明确了编制主体和内容；明确旅游规划与其他规划的关系；规定了旅游资源事前、事中、事后保护利用的制度，资源的旅游利用的原则；规定了景区流量控制制度，完善了景区门票价格制度。

（5）旅游服务合同制度。针对旅游服务合同具有关系复杂性、主客体双方不完全对等性、合同的非物质性、合同履行人身关联性等特点，为平等保护合同主体利益，《旅游法》确立了旅游服务合同制度。该制度的内容包括：规范了旅游服务合同的类别、内容、形式；旅游经营者与旅游者的合同权利与义务；特殊情况下对旅游者保护的规则；规范了特殊的责任承担，包括旅行社与旅游者之间，委托社和代理社之间、组团社和地接社之间、旅行社和履行辅助人之间的特殊责任的承担；规定了特殊的合同变更、解除制度等。

（6）规范旅游市场、提高服务质量制度。为促进旅游市场健康发展，《旅游法》第6条规定了规范旅游市场、提高服务质量制度。该制度的主要内容包括：在平衡旅游者与旅游经营者权益的基础上，设立了相关民事法律规范，规范旅游经营者的经营行为；国家建立健全旅游服务标准和市场规则，禁止行业垄断和地区垄断；旅游经营者应当诚信经营，公平竞争，承担社会责任，为旅游者提供安全、健康、卫生、方便的旅游服务；对旅游行业全链条重点领域的经营行为进行规范，尤其对旅行社、从业人员、其他经营者规定不得为的具体要求；规范了旅游综合监管机制；明确了旅游行业组织的自律规范。

（7）旅游安全保障制度。没有安全便没有旅游业的发展，安全是旅游业的生命线。《旅游法》专章规定了旅游安全要求，设立了旅游安全保障制度。该制度的主要内容包括：明确政府统一负责、部门依法履职，旅游经营者主体责任，旅游者的自我保护义务的主体责任制度；规定了旅游安全的全程责任制度，政府、旅游经营者、旅游者的事前预防，政府安全监管和救助、旅游经营者的报告和救助、旅游者遵守安全规定的事中管理，政府、旅游经营者的事后处置，旅游者的配合和依法承担费用的义务。

第二节　旅游者

一、旅游者的属性与特征

1. 旅游者的属性

旅游者具备消费者的一般共性，本质上属于消费者。旅游消费，即旅游者通过购买旅游产品，满足自身旅游需求的过程。在现代社会，为了保持正常生活，人们已经无法摆脱对消费的依赖。尤其是旅游，是一种支出较高的精神文化消费。无论去哪里、采用何种形式旅游，都要通过消费来满足旅游者食、住、行、游、购、娱等最基本的需求。

2. 旅游者的特征

与一般消费者相比，旅游者具有以下特征：

（1）对提供旅游服务的经营者要求更高，参加旅游活动的目的是获得精神上的愉悦，与满足人的基本需求有明显的不同。

（2）特殊的安全保障措施必不可少，由于旅游活动的空间移动性和一定的时间性特征，旅游者的弱者地位更加明显。与一般消费者相比，他们不但会遭遇经济上的损害，还可能遇到生命安全的威胁。

（3）旅游消费的复杂性和专业性，先付费再旅游的特点，使旅游者对旅游经营者的依赖更加明显。实现旅游活动的最终目的，不仅需要经营者的诚信和努力，也需要旅游者积极配合，更需要旅游者文明程度不断提高。

在旅游活动中，旅游者作为一般消费者受《消费者权益保护法》等法律的保护。同时，为了更好地保护旅游者，《旅游法》针对旅游经营行为的特殊性和旅游活动的特点，不仅设专章规定了旅游者的权利和义务，还在其他章节规定了旅游者参加旅游活动的相关权利。

二、旅游者权利

1. 自主选择权

《旅游法》第 9 条规定，旅游者有权自主选择旅游产品和服务，有权拒绝旅游经营者的强制交易行为。即旅游者在购买旅游产品和服务时，享有与旅游经营者进行公平交易的权利。该权利的主要内容有：

（1）能够自主选择价格合理的旅游产品和服务。旅游者可以对旅游产品进行比较、鉴别和挑选，可以自主选择提供旅游产品和提供服务的经营者，可以自主选择旅游产品的品种和服务的方式，可以自主决定是否购买、是否接受任何一种产品和服务。即使是在旅游经营者已经事先拟定好的旅游产品和服务的格式合同中，也应当允许、尊重和保护旅游者按照自己的意志选择消费。

（2）有权拒绝旅游经营者的强制交易行为。实践中，有的旅游经营者擅自将旅游者转给其他经营者接待，或违背市场交易原则，或擅自在行程中增加购物或者自费项目等，上述行为侵害了旅游者的自主选择权，理应被拒绝。

为保护旅游者的自主选择权，《旅游法》第 35 条明确规定，旅行社以低价组织旅游活动，诱骗旅游者，并通过安排购物或者另行付费旅游项目获取回扣等不正当利益；旅行社未与旅游者协商一致或未经旅游者要求，指定购物场所、安排旅游者参加另行付费项目的，旅游者有权在旅游行程结束后 30 日内，要求旅行社为其办理退货并先行垫付退货货款，或者退还另行付费旅游项目的费用。

2. 知悉真情权

《旅游法》第 9 条规定，旅游者有权知悉其购买的旅游产品和服务的真实情况。了解和熟悉旅游产品和服务的真实情况，是旅游者将消费愿望付诸实施的前提，是自主选择权得以实现的保证。该权利的主要内容有：

（1）有权要求宣传信息真实。旅游活动跨区域性的特点，决定了多数旅游者主要通过旅游经营者提供的宣传资料获取旅游目的地信息，信息的描述直接影响旅游者的购买行为。为此，《旅游法》第 32 条明确规定，旅行社为招徕、组织旅游者发布信息，必须真实、准确，不得进行虚假宣传，误导旅游者。旅游经营者应当保证所提供的诸如行程安排、价格、旅游活动中可能存在的风险等信息真实可靠。

（2）有权要求旅游经营者作为合同相对人的情况真实。在包价旅游合同中，负责签约的旅行社将接待业务委托给地接社履行的，应当载明地接社的名称及相关信息；签约的旅行社是受其他旅行社的委托代理销售包价旅游产品的，应当载明委托社和签约旅行社的名称及相关信息。

（3）有权获得旅游产品和服务的真实详情。旅游者有权就包价旅游合同中的行程安排、最低成团人数、服务项目的具体内容和标准、自由活动时间安排、旅行社责任减免信息，以及旅游者应当注意的旅游目的地相关法律法规和风俗习惯、宗教禁忌、依照中国法律不宜参加的活动等内容，要求旅行社做出详细说明，并有权要求旅行社在旅游行程开始前提供旅游行程单。

3. 要求履约权

《旅游法》第 9 条规定，旅游者有权要求旅游经营者按照约定提供产品和服务。《民法典》规定，依法成立的合同，受法律保护；依法成立的合同，对当事人具有法律约束力。据此，当事人应当按照合同约定全面履行合同义务，否则，应当承担赔偿或者违约责任。具体而言：

（1）有权要求旅游经营者按照约定提供旅游产品和服务，无论约定是口头的还是书面的。包价旅游合同必须采用书面形式，该合同附随的旅游行程单是合同的重要组成部分。

（2）有权要求旅游经营者根据诚信原则，严格按照合同约定的旅游行程单的安排全面履行合同义务。

（3）有权要求旅游经营者不得任意解除合同。旅游者有任意解除合同的权利，除旅游者自己提出的、出现《旅游法》第 66 条规定的旅行社法定解除合同情形的、出现《旅游法》第 67 条规定的发生不可抗力或者旅游经营者已尽合理注意义务仍不能避免的事件等可以解除合同的法定情形外，旅游经营者不得擅自解除合同。

4. 被尊重权

《旅游法》第 10 条规定，旅游者的人格尊严、民族风俗习惯和宗教信仰应当得到尊重。旅游者有权要求旅游经营者依据《旅游法》第 52 条的规定，对在经营活动中知悉的旅游者个人信息予以保密。旅游者参加旅游活动是为了获得精神享受，是个体进行体验的经历，与旅游者的人格、习惯和信仰密切相关。该权利的主要内容有：

（1）人格尊严得到尊重。人格尊严在法律上是人格权的一部分，是整个法律体系中的一种基础性权利，是社会个体生存和发展的基础。旅游者的人格尊严得到尊重意味着其在参加旅游活动中，应当受到旅游经营者和他人的尊重，任何人不得侵犯其姓名权、名誉权、荣誉权和肖像权。

（2）民族风俗习惯得到尊重。民族风俗习惯，是指一个民族在长期的生产生活中形成的风尚、礼节、行为、倾向等。我国是一个多民族国家，来自各民族、各地区的旅游者要相互尊重、和睦相处，旅游经营者应当尊重旅游者的民族风俗习惯。

（3）宗教信仰得到尊重。宗教信仰，是指人们对某种特定宗教的信奉和皈依。旅游者在参加旅游活动时可以自由地表达其宗教信仰、表明其宗教身份，旅游经营者和其他人对其宗教信仰应当予以尊重。

5. 特殊群体的便利和优惠权

《旅游法》第 11 条规定，残疾人、老年人、未成年人等旅游者在旅游活动中依照法律、法规和有关规定享受便利和优惠。残疾人、老年人、未成年人等特殊群体有愿望、有条件参与旅游活动，为他们提供便利和优惠是社会文明的基本体现和要求。该权利的主要内容有：

（1）重视对特殊群体的保护，满足其对精神文化生活的需求。残疾人、老年人、未成年人等特殊群体由于年龄和生理特点，在社会生活中属于应当受到照顾的群体。我国在立法、基础设施建设等方面，均体现了对该群体保护的重视。

（2）第 11 条采取“等旅游者”的表述方式，为实践中各地方、景区对诸如在校学生、现役军人、教师等身份的旅游者给予的优惠予以认可。

6. 救助请求权

旅游者的人身、财产安全是其参加旅游活动的前提和保障。人身安全，是指旅游者的生命、健康没有危险，免受威胁，不出事故。财产安全，是指旅游者随身携带的现金、银行卡、身份证件、携带物品等财产不受侵犯。

《旅游法》不仅设置旅游安全专章、在相关条文中规定旅游者的安全权，且在第 12 条中规定，旅游者在人身、财产安全遇有危险时，有请求救助和保护的权利。旅游者人身、财产受到侵害的，有依法获得赔偿的权利，以保障安全权的实现。该权利的主要内容有：

（1）请求救助和保护。自然灾害、事故灾害、公共卫生事件或者人为因素等，都可能给旅游者人身、财产安全带来危险，这种危险可能正在发生，或者能够预见并对旅游者人身或者财产安全直接构成威胁，旅游者有请求救助和保护的权利，以消除可能发生的侵害因素，防止侵害的实际发生，保护自己的人身、财产安全。

（2）依法获得赔偿。旅游者人身、财产受到侵害时，有依法获得赔偿的权利。为保障该权利的实现,《旅游法》第 54 条，第 70 条第 1 款、第 3 款，第 71 条第 2 款等将该权利具体化。由于其他原因造成旅游者人身、财产损害的，旅游者还可以依据《民法典》等相关法律规定请求赔偿、维护其权利。

7. 其他权利

《旅游法》还在相关章节规定了旅游者的安全保障权、合同的任意解除权、合同的替换权、协助返程权、投诉举报权等权利，为旅游者参加旅游活动、实现旅游目的提供了保证。

旅游者的权利与消费者的权利对比见表 9–1。

表 9–1　旅游者的权利与消费者的权利

类别 同异	《中华人民共和国旅游法》		《中华人民共和国消费者权益保护法》		
	旅游者的权利	法律依据	消费者的权利	法律依据	
相同	自主选择权	第 9 条	自主选择权	第 9 条	主要权利
	知悉真情权	第 9 条	知情权	第 8 条	
	公平交易权	第 9 条	公平交易权	第 10 条	
	被尊重权	第 10 条	受尊重权	第 14 条	
	安全保障权	第 12 条	安全保障权	第 7 条	
	依法求偿权	第 12 条	获得赔偿权	第 11 条	

续表

<table>
<tr><th>类别
同异</th><th colspan="2">《中华人民共和国旅游法》</th><th colspan="2">《中华人民共和国消费者权益保护法》</th><th></th></tr>
<tr><td rowspan="7">不同</td><td>要求履约权</td><td>第 9 条</td><td>结社权</td><td>第 12 条</td><td rowspan="6">特定
权利</td></tr>
<tr><td>请求救助和保护权</td><td>第 12 条</td><td>获得有关知识权</td><td>第 13 条</td></tr>
<tr><td>特殊群体的便利和优惠权</td><td>第 11 条</td><td>个人信息权受保护</td><td>第 14 条</td></tr>
<tr><td>合同的替换权</td><td>第 64 条</td><td rowspan="3">监督批评权</td><td rowspan="3">第 15 条</td></tr>
<tr><td>合同的任意解除权</td><td>第 65 条</td></tr>
<tr><td>协助返程权</td><td>第 68 条
第 67 条
第 82 条</td></tr>
<tr><td colspan="2">特别法，适用于旅游者（包括为旅游活动提供相关服务的经营活动）在我国境内的和参加组织到境外的旅游活动的场景；设立了旅游者、旅游安全管理专章。</td><td colspan="2">一般法，
适用各种消费场景</td><td>保护
侧重</td></tr>
</table>

三、旅游者义务

1. 遵纪守法、文明旅游的义务

《旅游法》第 13 条规定，旅游者在旅游活动中应当遵守公共秩序和社会公德，尊重当地风俗习惯、文化传统和宗教信仰，爱护旅游资源，保护生态环境，遵守旅游文明行为规范。公民的权利、义务相一致，旅游者享有权利的同时也应当履行义务。该义务的主要内容有：

（1）遵守社会公共秩序和社会公德。社会公共秩序，指为维护社会公共生活所必需的秩序，包括生产、工作、营业、交通、娱乐、公共场所等方面；社会公德，是全体公民在社会交往和公共生活中应遵守的行为准则。良好的公共秩序和高素质的旅游者，是旅游活动有序进行、旅游业健康发展的保证。

（2）尊重当地风俗习惯、文化传统和宗教信仰。无视旅游地风俗习惯、文化传统和宗教信仰，容易引发与当地居民的摩擦和矛盾，造成纠纷和冲突，不仅影响旅游质量，自身安全还可能受到威胁。

（3）爱护资源、保护生态。旅游资源是旅游业发展的前提；生态环境与人类关系密切，影响人类的生存和发展，杜绝旅游活动中旅游者的不良行为，有利于实现旅游业可持续发展。

（4）遵守旅游文明行为规范。少数旅游者旅游活动中的不文明行为损害了中国形象，为此，国家制定了《中国公民国内旅游文明行为公约》《中国公民出国（境）旅游文明行为指南》等文明旅游行为规范，旅游者应当遵守。

2. 不得损害他人合法权益

《旅游法》第 14 条规定，旅游者在旅游活动中或者在解决旅游纠纷时，不得损害当地居民的合法权益，不得干扰他人的旅游活动，不得损害旅游经营者和旅游从业人员的合法权益。处理好旅游活动中与旅游经营者及其从业人员、旅游目的地居民、同行旅游者的关系，既能保证旅游者舒心、愉快、顺利地实现旅游目的，也能维护良好的旅游市场秩序。该义务的主要内容有：

（1）不得损害当地居民的利益。当地居民的利益，是指旅游目的地或者纠纷发生地的居民受法律保护的权益。旅游者无论在旅游活动中或者在解决旅游纠纷时都不能损害当地居民的合法权益，否则应当承担赔偿责任。

（2）不得干扰他人的旅游活动。即旅游者不得因其行为而使他人的旅游活动难以顺利进行甚至无法进行。

（3）不得损害旅游经营者和从业人员的合法权益。旅游经营者和从业人员的合法权益受法律保护，损害其合法权益，应当依法承担法律责任。

为使旅游者更好地履行该项义务，《旅游法》第 66 条规定，旅游者从事严重影响其他旅游者权益的活动，且不听劝阻、不能制止的，旅行社可以解除合同；给旅行社造成损失的，旅游者应当依法承担赔偿责任。第 72 条规定，旅游者在旅游活动中或者在解决纠纷时，损害旅行社、履行辅助人、旅游从业人员或者其他旅游者的合法权益的，依法承担赔偿责任。

3. 安全配合义务

安全是旅游活动的基本要求，不仅是政府、旅游经营者的责任，旅游者也应当履行安全配合的义务。《旅游法》第 15 条规定，旅游者购买、接受旅游服务时，应当向旅游经营者如实告知与旅游活动相关的个人健康信息，遵守旅游活动中的安全警示规定。旅游者对国家应对重大突发事件暂时限制旅游活动的措施以及有关部门、机构或者旅游经营者采取的安全防范和应急处置措施，应当予以配合。旅游者违反安全警示规定，或者对国家应对重大突发事件暂时限制旅游活动的措施、安全防范和应急处置措施不配合的，依法承担相应责任。该项义务的主要内容有：

（1）如实告知健康信息、遵守安全警示规定。旅游活动能带给人们精神享受，而有的旅游活动则不适合有特定身体疾病的旅游者参加，需要其积极配合，在购买旅游产品或者接受旅游服务时，如实告知与旅游活动相关的个人健康信息。这既是对自身安全、其他旅游者负责，也是与旅游经营者诚信缔约、履约的要求。

（2）对相关措施予以配合。旅游活动中可能遭遇突发事件，根据《中华人民共和国突发事件应对法》的规定，有关人民政府会组织有关部门采取相应的应急处置措施，旅游经营者也会采取必要的处置措施，对旅游者做出妥善安排。为了保障旅游安全，旅游者应当服从指挥和安排，配合应对重大突发事件采取的措施。

（3）不履行配合义务应承担相应责任。旅游者若违反安全警示规定，不配合政府、旅游经营者为应对突发事件采取的应急措施，可能给自身造成损害，也可能给他人或者国家造成损失，应当依法承担相应的民事甚至刑事法律责任。

4. 不得非法滞留、擅自分团或脱团

《旅游法》第 16 条规定，出境旅游者不得在境外非法滞留，随团出境的旅游者不得擅自分团、脱团。入境旅游者不得在境内非法滞留，随团入境的旅游者不得擅自分团、脱团。该规定既适用于我国旅游者前往其他国家和地区参加旅游活动，也适用于来中国参加旅游活动的外国人。该项义务的主要内容是：出境旅游者前往其他国家或者地区参加旅游活动，应当按照证件载明的期限、从国家开放的口岸出入国边境，依据许可的期限在旅游目的地停留，按照旅游行程的安排参加旅游活动。不得非法滞留、擅自分团或脱团。同样，入境旅游者在我国境内参加旅游活动，也应当遵守本规定。

为规范出境、入境旅游者参加出境、入境旅游活动的行为，《旅游法》第 55 条规定，旅游经营者组织、接待出入境旅游，发现有非法滞留和擅自分

团、脱团情形的，应当依法及时向公安机关、旅游主管部门或者我国驻外机构报告，未履行报告义务的，根据《旅游法》第99条的规定，由旅游主管部门对其及其直接负责的主管人员和其他责任人员依法追究责任。

第三节　旅游规划和促进

一、旅游规划

1. 旅游规划的法定地位和编制主体

《旅游法》第17条规定，国务院和县级以上地方人民政府应当将旅游业发展纳入国民经济和社会发展规划。国务院和省、自治区、直辖市人民政府以及旅游资源丰富的设区的市和县，应当按照国民经济和社会发展规划的要求，组织编制旅游发展规划。对跨行政区域且适宜进行整体利用的旅游资源进行利用时，应当由上级人民政府组织编制或由相关地方政府协商编制统一的旅游发展规划。

本条规定了旅游规划的法定地位、政府是组织编制旅游发展规划的主体以及跨行政区域且适宜进行整体利用的旅游资源应当编制统一的旅游发展规划。

2. 旅游规划的内容

《旅游法》第18条规定，旅游发展规划应当包括旅游业发展的总体要求和发展目标，旅游资源保护和利用的要求和措施，以及旅游产品开发、旅游服务质量提升、旅游文化建设、旅游形象宣传和推广、旅游基础设施和公共服务设施建设的要求和促进等内容。

根据旅游发展规划，县级以上人民政府可以编制重点旅游资源开发利用的专项规划，对特定区域内的旅游项目、设施和服务功能配套提出专门要求。

3. 旅游规划和法定规划的关系

《旅游法》第19条规定，旅游发展规划应当与土地利用总体规划、城乡规划、环境保护规划以及其他自然资源和文物等人文资源的保护和利用规划相衔接。本条的立法目的，是避免编制和执行旅游规划中的相互冲突，确保政府编制和批准的各规划间彼此协调，相互促进，有效执行。

（1）旅游规划与其他规划相衔接。通过规定“相衔接”的工作要求，处理好旅游规划与其他法定规划的关系。

①与土地利用总体规划相衔接。土地利用总体规划要适当增加旅游业发展用地；涵养风景、适宜进行旅游利用的土地，应当尽量划定为旅游用地；旅游发展规划也应当根据土地利用总体规划合理确定旅游发展的目标和措施。

②与城乡规划相衔接。城乡规划要将促进旅游业发展作为城乡发展的重要目标之一，科学确定旅游功能分区、用地布局，合理配给和提供旅游基础设施、公共服务设施、建设旅游景观设施等，逐步完善城乡的“游憩”功能。

③与环境保护规划相衔接。主要体现在具体内容上，特别是旅游项目和设施的规划、建设要体现有关法律法规关于环境保护的要求，不得违反有关环境保护的禁止性规定。

④与其他自然资源、文物等保护和利用规划相衔接。旅游规划应当遵循不违反禁止性规定的原则，通过对资源合法、合理的利用，发挥最大效用，实现各产业共同发展，促进经济、环境、社会、文化效益和谐统一。

（2）政府编制其他规划支持旅游业发展。《旅游法》第20条规定，各级人民政府编制土地利用总体规划、城乡规划，应当充分考虑相关旅游项目、设施的空间布局和建设用地要求。规划和建设交通、通信、供水、供电、环保等基础设施和公共服务设施，应当兼顾旅游业发展的需要。

4. 旅游规划的评估

《旅游法》第22条规定，各级人民政府应当组织对本级政府编制的旅游发展规划的执行情况进行评估，并向社会公布。

（1）政府是旅游发展规划评估的组织主体。组织职能包括：确定评估的周期，规划编制完成并开始执行后，即可以开始定期或不定期组织评估；科学确定相应方面代表的比例，确定参评人员的范围；建立相应的评估工作机制程序；确立评估标准和指标体系，以使评估工作有章可循；对评估成果的落实等情况进行监督和检查，并建立责任追究制。

（2）评估的内容及组织。评估的内容包括：规划确定的内容是否得到了严格执行，规划执行中发现规划自身存在的问题。政府应该建立严格的责任追究制，规划没有得到严格执行的，通过内部程序进行解决，纠正偏差；规划本身存在问题的，应该及时调整或修编。遵循以第三方和公众评价为主的原则，评估要按照公平的要求，合理选择政府及部门、第三方机构或专家学者、公众代表等评估人员。

（3）评估的结果应当向社会公布。引入公众监督，畅通公众表达渠道，收集和反馈意见，吸纳合理内容，促进旅游规划的科学实施。可采取通过政府网站、政府公报、新闻发布会以及报刊、广播、电视、网络等方式公布评估结果。

二、旅游促进

1. 旅游产业的政策扶持

《旅游法》第23条规定，国务院和县级以上地方人民政府应当制定并组织实施有利于旅游业持续健康发展的产业政策，推进旅游休闲体系建设，采取措施推动区域旅游合作，鼓励跨区域旅游线路和产品开发，促进旅游与工业、农业、商业、文化、卫生、体育、科教等领域的融合，扶持少数民族地区、革命老区、边远地区和贫困地区旅游业发展。

（1）推进旅游休闲体系建设。旅游休闲体系建设内涵丰富，休息时间的保障、休闲设施的完善、休闲服务的体系性支撑等，都需要政府给予政策支持。

（2）推动区域旅游合作。加强区域旅游合作，可以解决旅游资源的跨区域问题，打破地区间的行政和非行政壁垒，有利于形成合力，实现不同地区的优势互补，促进旅游业发展。

（3）促进与其他产业融合发展。实现旅游业与工业、农业、文化、体育、科教等领域的不断融合，丰富旅游产品类型，带动相关产业发展，需要相关政策的扶持和协调。

（4）扶持老少边穷地区旅游发展。革命老区、少数民族地区、边远地区和贫困地区社会经济发展还比较落后，虽然基础设施差，但是旅游资源丰富。促进这些地区旅游业的发展，具有重要的社会意义和政治意义。

2. 提供资金保障

《旅游法》第24条规定，国务院和县级以上地方人民政府应当根据实际情况安排资金，加强旅游基础设施建设、旅游公共服务和旅游形象推广。促进旅游业发展需要资金保障，法律确立了政府投入资金促进旅游业发展的职责。

政府投入资金需要根据实际情况，总体原则是根据旅游发展的需要，量力而行，因地制宜、因事制宜、以引导为主发挥市场的作用。投入资金的用途主要是：促进旅游基础设施建设、促进旅游公共服务、促进旅游形象推广。

3. 旅游形象推广

《旅游法》第25条规定，国家制定并实施旅游形象推广战略。国务院旅游主管部门统筹组织国家旅游形象的境外推广工作，建立旅游形象推广机构和网络，开展旅游国际合作与交流。县级以上地方人民政府统筹组织本地的旅游形象推广工作。

（1）制定旅游形象推广战略。国家旅游形象确立有特殊市场针对性、国家文化识别性和政治社会代表性，要根据旅游业发展的实际情况和国家整体战略来确立。将旅游形象推广纳入国家整体形象推广的战略布局，建立起国家层面的旅游形象推广工作机制，制定跨行业、跨部门旅游形象的总体规划，明确工作目标、工作任务、工作措施和各部门工作职责，实现各类对外宣传资源的优势互补、资源共享、效果增强。

（2）旅游形象推广战略内容。主要内容包括：将旅游形象推广纳入国家整体形象推广的战略布局；对旅游形象推广进行总体规划，明确工作的目标、推进的主要步骤、采取的主要措施、传播的主要渠道等；构建国家旅游形象统一，各地旅游形象各具特色，有重点、分层次的旅游对外形象体系；确定旅游形象推广重点工程；配套旅游形象推广的保障机制；转变推广理念，创新推广方式和手段，探索政府推力和市场动力相结合的旅游形象推广新路径。

（3）国务院旅游主管部门的主要职责。旅游形象境外推广中的职责主要是：对国家旅游形象境外推广进行统筹组织、建立旅游形象推广机构和网络、开展旅游国际合作与交流。

4. 构建旅游公共服务体系

《旅游法》第 26 条规定，国务院旅游主管部门和县级以上地方人民政府应当根据需要建立旅游公共信息和咨询平台，无偿向旅游者提供旅游景区、线路、交通、气象、住宿、安全、医疗急救等必要信息和咨询服务。设区的市和县级人民政府有关部门应当根据需要在交通枢纽、商业中心和旅游者集中场所设置旅游咨询中心，在景区和通往主要景区的道路设置旅游指示标识。旅游资源丰富的设区的市和县级人民政府可以根据本地的实际情况，建立旅游客运专线或者游客中转站，为旅游者在城市及周边旅游提供服务。

（1）政府是提供旅游公共服务的主体。由于旅游公共服务的提供涉及多个部门、多个产业，应当由政府统一协调和推动，因而，《旅游法》规定了政府提供公共服务的统筹职责。

（2）旅游公共信息和咨询服务。旅游公共信息和咨询平台包括旅游咨询服务中心、旅游集散中心等实体，也包括网络、咨询电话等载体。信息和咨询服务的内容主要指：旅游目的地旅游景区、酒店、餐馆等的简介及价格信息；旅游景区及旅游目的地整体的交通布局、流量等相关信息，包括自驾游线路信息；旅游目的地气象信息；旅游景区及旅游目的地安全环境、不可抗力事件、突发事件、公共卫生事件等安全信息；旅游景区及旅游目的地紧急医疗救助机构等相关信息。

（3）建立旅游客运专线和游客中转站。旅游客运专线主要指联系城市中心区和城市及周边主要景区的专门客运服务；游客中转站一般是集旅游者集散、分流、旅游信息咨询服务等功能于一身的综合服务体。建立的目的是解决通往景区道路交通的拥堵问题。

5. 旅游职业教育和培训

《旅游法》第 27 条规定，国家鼓励和支持发展旅游职业教育和培训，提高旅游从业人员素质。通过立法促进旅游业人力资源的发展，是转变发展方式、增加劳动就业的迫切需要。旅游从业人员与旅游者直接接触，其服务水平关乎旅游者参加旅游体验的满意度。鼓励积极开展对从业人员的教育与培训，实现旅游从业人员综合素质与旅游者满意度的同步提升。

第四节　旅游经营

一、旅游经营者和旅游市场规则

1. 旅游经营者含义、义务及责任承担

（1）含义。《旅游法》第111条第1项规定，旅游经营者是指旅行社、景区以及为旅游者提供交通、住宿、餐饮、购物、娱乐等服务的经营者。

（2）义务。①履行旅游合同。《旅游法》第49条规定，为旅游者提供交通、住宿、餐饮、娱乐等服务的经营者，应当符合法律、法规规定的要求，按照合同约定履行义务。②提供合格产品。《旅游法》第50条规定，旅游经营者应当保证其提供的商品和服务符合保障人身、财产安全的要求。旅游经营者取得相关质量标准等级的，其设施和服务不得低于相应标准；未取得质量标准等级的，不得使用相关质量等级的称谓和标识。③不得进行商业贿赂。《旅游法》第51条规定，旅游经营者销售、购买商品或者服务，不得给予或者收受贿赂。④保护旅游者个人信息。《旅游法》第52条规定，旅游经营者对其在经营活动中知悉的旅游者个人信息，应当予以保密。⑤承担连带责任。《旅游法》第54条规定，景区、住宿经营者将其部分经营项目或者场地交由他人从事住宿、餐饮、购物、游览、娱乐、旅游交通等经营的，应当对实际经营者的经营行为给旅游者造成的损害承担连带责任。⑥履行报告义务。《旅游法》第55条规定，旅游经营者组织、接待出入境旅游，发现旅游者从事违法活动或者有违反本法第16条规定情形的，应当及时向公安机关、旅游主管部门或者我国驻外机构报告。⑦投保责任险。《旅游法》第56条规定，国家根据旅游活动的风险程度，对旅行社、住宿、旅游交通以及本法第47条规定的高风险旅游项目等经营者实施责任保险制度。

（3）旅游经营者的责任承担。违反《旅游法》规定的旅游经营者，将受到相应的处罚。构成犯罪的，依法追究刑事责任。《旅游法》第104条规定，旅游经营者给予或者收受贿赂的，由市场监督管理部门依照有关法律、法规的规定处罚；情节严重的，并由旅游主管部门吊销旅行社业务经营许可证。第107条规定，旅游经营者违反有关安全生产管理和消防安全管理的法律、

法规或者国家标准、行业标准的，由有关主管部门依照有关法律、法规的规定处罚。第 108 条规定，对违反本法规定的旅游经营者及其从业人员，旅游主管部门和有关部门应当记入信用档案，向社会公布。

2. 旅游市场规则

《旅游法》第 6 条规定，国家建立健全旅游服务标准和市场规则，禁止行业垄断和地区垄断。旅游经营者应当诚信经营、公平竞争、承担社会责任，为旅游者提供安全、健康、卫生、方便的旅游服务。

（1）政府通过制定标准，引导旅游经营者提高服务质量，通过制定法律、法规完善市场规则，干预市场失灵。

（2）国家采取措施禁止旅游经营中的行业垄断和地区垄断，以保护市场公平竞争，提高市场效率。

（3）在经营活动中以诚为本，公平确定与交易对方的权利、义务，讲求信用，严格履行合同。

（4）在经营活动中应当公平对待竞争对手，不得以虚假宣传、假冒他人标识、贿赂等不当竞争手段参与市场竞争，损害竞争对手的合法权益，破坏市场秩序。

（5）旅游经营者在履行法律、行政法规规定的强制性服务的基础上，为实现自身和社会可持续发展，在道德规范、商业伦理方面应承担保护生态环境、维护职工权益及参与社会公益事业等社会责任。

二、旅行社经营规则

1. 旅行社及其经营业务范围

（1）设立条件。《旅游法》第 28 条规定了我国对旅行社实行许可制度，并规定了设立旅行社的条件。

（2）经营业务范围。《旅游法》第 29 条规定了旅行社的经营业务范围，并且明确规定，旅行社经营出境旅游、边境旅游业务的，应当取得相应的业务经营许可，遵守相关法规规定。

（3）法律责任。开设旅行社，经营旅行社业务，应当具备法律、法规规定的条件，否则，由旅游主管部门或者市场监督管理部门依据《旅游法》第

95 条追究违法经营者的法律责任。

2. 交纳旅游服务质量保证金

《旅游法》第 31 条将被实践证明行之有效的、保护旅游者合法权益的质量保证金制度法律化，规定旅行社应当按照规定交纳旅游服务质量保证金，并规定了质量保证金的适用范围。

3. 经营行为规范

《旅游法》第 31 ~ 41 条规范了旅行社、导游与领队的行为规范，并规定了违反上述行为规范应当承担的法律责任，为矫正不规范的旅游市场，为旅游者提供优质服务，为旅游业持续、健康发展提供了法律保障。

三、景区经营规则

1. 开放条件

《旅游法》第 42 条规定，景区开放应当具备下列条件，并听取旅游主管部门的意见：一是有必要的旅游配套服务和辅助设施；二是有必要的安全设施及制度，经过安全风险评估，满足安全条件；三是有必要的环境保护设施和生态保护措施；四是法律、行政法规规定的其他条件。

（1）旅游配套服务和辅助设施。旅游配套服务和辅助设施是实现景区旅游功能的条件。一般包括：住宿接待、餐饮、旅游购物、文化娱乐、医疗、景区交通设施及其服务，具体如供水、排水、供电、停车场、通信、公厕、垃圾箱、无障碍设施，以及景区区域界限、服务设施、游览解说系统、通用指示标识、旅游者中心、求助电话等。

（2）安全设施及制度。景区的安全设施及制度：①场所，诸如景区内道路交通、卫生、环境、山体、植被、物种或水域、雷电等自然环境危害的防范设备等；②设施设备，诸如工程管线、游乐设施设备、消防设施设备等；③针对旅游者的安全保障制度等，诸如治安保卫、安全救护、安全警示标识、安全使用说明、紧急救援配置、景区流量控制等安全制度和预案情况、安全操作从业人员和管理人员状况及安全培训。

景区安全风险评估，是指运用各相关领域的科学、专业方法和手段，系统地分析景区本身及开放接待旅游者可能面临的威胁及其存在的脆弱性，评估安全事件发生的可能性以及一旦发生可能造成的危害程度，景区是否具有针对性的抵御威胁的防护对策，有效地保护旅游者。

（3）有必要的环境保护设施和生态保护措施。景区应根据其资源的特质和要求，采取相关措施，包括必要的污水处理设施、生态公厕、旅游者容量控制、植被及绿地的保护、噪声的控制、空气质量的监控等，为旅游者创造良好的旅游环境，实现生态文明的要求。

（4）法律、行政法规规定的其他条件。开放各类型景区其他法律、法规有规定的，景区也应当遵守。

（5）法律责任。《旅游法》第105条第1款规定，景区不符合规定的开放条件接待旅游者的，由景区主管部门责令停业整顿直至符合开放条件，并处2万元以上20万元以下罚款。

2. 门票管理

《旅游法》第43条规定，利用公共资源建设的景区的门票以及景区内的游览场所、交通工具等另行收费项目，实行政府定价或者政府指导价，严格控制价格上涨。拟收费或者提高价格的，应当举行听证会，征求旅游者、经营者和有关方面的意见，论证其必要性、可行性。利用公共资源建设的景区，不得通过增加另行收费项目等方式变相涨价；另行收费项目已收回投资成本的，应当相应降低价格或者取消收费。公益性的城市公园、博物馆、纪念馆等，除重点文物保护单位和珍贵文物收藏单位外，应当逐步免费开放。

（1）严格控制景区的门票等收费项目价格上涨。随着我国经济快速增长以及发展方式的转变，旅游活动日益成为人民大众的普遍需求。“门票经济”已不符合我国旅游业转型升级、建设和谐社会、小康社会发展阶段的要求，需要对这种模式做出适当调整，为此，《旅游法》对门票问题做出规定。严格控制景区门票等价格上涨是基本原则和要求；在定价机制上，实行政府定价或者政府指导价；在定价程序上，拟收费或者提高价格的，应当举行听证会；为防止利用公共资源建设的景区变相涨价，在规定政府定价和政府指导价的基础上，明确景区不得通过增加另行收费项目等方式变相涨价。

（2）公益性城市公园、博物馆、纪念馆逐步免费开放。公益性指涉及社会公众福祉和利益的活动或项目。城市公园与人民群众的生活密切相关，成为其日常休息、锻炼和放松的重要场所；博物馆、纪念馆免费开放有利于完善我国现代国民教育体系并充分利用其教育功能、发挥其社会价值的作用，符合世界文物展览业的发展趋势。

（3）门票价格公示、合并售票、减少收费的规定。《旅游法》第44条规定，景区应当在醒目位置公示门票价格、另行收费项目的价格及团体收费价格。景区提高门票价格应当提前6个月公布。将不同景区的门票或者同一景区内不同游览场所的门票合并出售的，合并后的价格不得高于各单项门票的价格之和，且旅游者有权选择购买其中的单项票。景区内的核心游览项目因故暂停向旅游者开放或者停止提供服务的，应当公示并相应减少收费。

（4）法律责任。《旅游法》第106条规定，景区违反规定，擅自提高门票或者另行收费项目的价格，或者有其他价格违法行为的，由有关主管部门依照有关法律、法规的规定处罚。

3. 承载量

《旅游法》第45条规定，景区接待旅游者不得超过景区主管部门核定的最大承载量。景区应当公布景区主管部门核定的最大承载量，制定和实施旅游者流量控制方案，并可以采取门票预约等方式，对景区接待旅游者的数量进行控制。旅游者数量可能达到最大承载量时，景区应当提前公告并同时向当地人民政府报告，景区和当地人民政府应当及时采取疏导、分流等措施。

（1）景区是流量控制的责任主体。主要责任包括：接待旅游者不得超过景区主管部门核定的最大承载量；在其收费处、入口处、网站，必要时还要通过旅游公共服务信息平台、公共媒体等途径公布最大承载量，保障旅游者的知情权和选择权；制定并实施旅游者流量控制方案，做好各项预案；在旅游者数量可能达到最大承载量时，应当提前公告，并同时向当地人民政府报告，根据旅游流量控制方案、预案，采取切实可行的疏导、分流等措施，保障安全。

（2）当地人民政府对景区流量控制负有统筹职责。当景区旅游者数量可能达到最大承载量时，调动各方资源，与景区共同及时采取疏导、分流等措施。

（3）景区主管部门具有核定和监督景区承载量的职责。核定景区最大承载量有两种方式：一是在景区制定规划时核定旅游者容量；二是在景区开放时核定旅游者容量。景区主管部门可以通过专家评估等方式进行核定。

（4）景区采取流量控制的方式。景区应当公布景区主管部门核定的最大承载量，制定和实施旅游者流量控制方案，可以采取门票预约等方式对接待旅游者的数量进行控制。除此之外，景区还应当采取的其他措施，诸如合理设计景区内的游览线路，提高旅游者的流动率；设置明确、清晰的景区指示牌，避免误导旅游者，造成不必要的拥堵；提前、及时公布景区流量，保持景区流量信息实时畅通，供旅游者选择和参考；合理设计旅游者排队的方式和途径。

（5）法律责任。《旅游法》第 105 条第 2 款规定，景区在旅游者数量可能达到最大承载量时，未依照《旅游法》规定公告或者未向当地人民政府报告，未及时采取疏导、分流等措施，或者超过最大承载量接待旅游者的，由景区主管部门责令改正。情节严重的，责令停业整顿 1 ~ 6 个月。

四、道路旅游客运经营规则

《旅游法》第 53 条规定，从事道路旅游客运的经营者应当遵守道路客运安全管理的各项制度，并在车辆显著位置明示道路旅游客运专用标识，在车厢内显著位置公示经营者和驾驶人信息、道路运输管理机构监督电话等事项。明确了从事道路旅游客运的经营规范。

1. 遵守道路客运安全管理各项制度

我国现行规定道路客运安全管理相关制度的法律法规主要有《道路交通安全法》《道路运输条例》《道路旅客运输及客运站管理规定》和《国务院关于加强道路交通安全工作的意见》，道路旅游客运经营者均应遵守。

2. 遵守旅游方面的道路客运安全管理制度

地方性旅游法规对道路旅游客运做出规定的，道路旅游客运经营者也应当遵守这些规定。

3. 明示道路旅游客运经营的相关信息

（1）明示专用标识。从事道路旅游客运的经营者应当在车辆显要位置明示道路旅游客运专用标识。其目的是加强道路旅游客运市场的管理，形成品牌效应，提升道路旅游客运服务水平。

（2）公布规定事项。从事道路旅游客运的经营者应当在车厢内显著位置公示经营者和驾驶人信息、道路运输管理机构监督电话。其目的是方便旅客在接受旅游客运服务过程中维护自身合法权益，加强对从事道路旅游客运经营者的监督。经营者的信息包括经营者的名称、性质、法人代表或者负责人、联系方式以及取得道路客运经营许可、线路、经营期限等内容。驾驶人信息包括驾驶人姓名、年龄、取得相应的机动车驾驶证，经道路运输管理机构对有关客运法规、机动车维修和旅客急救基本知识考核合格而取得的相应从业资格证书等内容。

五、城镇和乡村居民旅游经营规则

《旅游法》第46条规定，城镇和乡村居民利用自有住宅或其他条件依法从事旅游经营，其管理办法由省、自治区、直辖市制定。自有住宅，是指个人出资购买并已领取房屋所有权证的住房；其他条件，主要指土地、农林渔牧等资源。城镇和乡村居民利用自有住宅或者其他条件从事旅游经营的活动，在满足旅游发展需要的同时，对传承文化、解决就业、提高生活水平、增加收入等方面有着积极的作用。为此，法律从鼓励、支持、引导和规范发展的角度作了规定。

第五节　旅游服务合同

一、旅游服务合同与合同

1. 旅游服务合同

旅游服务合同，指旅游经营者与旅游者约定旅游活动过程中旅行社和旅游者之间权利义务关系的协议。《旅游法》专章规定了旅游服务合同，第57条规定，旅行社组织和安排旅游活动，应当与旅游者签订合同。为保护旅游者、旅游经营者合法权益，规范旅游市场提供了法律依据。

旅游服务合同具有以下法律特征：①是双务、有偿、诺成合同；②合同标的具有特殊性，是一种旅游经历以及为获得这种经历所必需的食、住、行、游、购、娱等旅游服务条件；③多为格式合同。

2. 旅游服务合同类型

《旅游法》规定的旅游服务合同主要是指包价旅游合同、委托旅游合同、旅游代订合同和旅游设计、咨询合同等。本节重点介绍包价旅游合同。

（1）委托旅游合同。《旅游法》第 60 条规定，旅行社委托其他旅行社代理销售包价旅游产品，并与旅游者订立包价旅游合同的，应当在包价旅游合同中载明委托社和代理社的基本信息；旅行社将包价旅游合同中的接待义务委托给地接社履行的，应当在包价旅游合同中载明地接社的基本信息。同时《旅游法》第 63 条第 2 款规定，旅行社因未达到约定人数不能出团的，组团社征得旅游者书面同意，可以委托其他旅行社履行合同。组团社对旅游者承担责任，受委托的旅行社对组团社承担责任。

（2）旅游代订合同。是指旅行社接受旅游者的委托，为其代订交通、住宿、餐饮、游览、娱乐等旅游服务，旅游者支付代办费用的合同，是《民法典》规定的委托合同的一种类型。《旅游法》第 74 条第 1 款规定，旅行社接受旅游者的委托，为其代订交通、住宿、餐饮、游览、娱乐等旅游服务，收取代办费用的，应当亲自处理委托事务。因旅行社的过错给旅游者造成损失的，旅行社应当承担赔偿责任。

旅游代订合同是建立在旅游者（委托人）与旅行社（受托人）相互信任的基础上的。根据《民法典》的规定，受托人应当亲自处理受托的事务，不经委托人同意，不能转托他人处理受托之事。旅行社作为旅游者的受托人，其行为后果由旅游者承担，旅行社仅对其代订行为承担责任。对旅行社而言，为旅游者提供代订相关服务是其经营活动，可以收取代办费用，二者之间成立的旅游代订合同属于有偿合同。

（3）旅游设计、咨询合同。是指旅行社接受旅游者的委托，为旅游者提供旅游行程设计、旅游信息咨询等服务，旅游者为此支付相应服务费用的合同。《旅游法》第 74 条第 2 款规定，旅行社接受旅游者的委托，为其提供旅游行程设计、旅游信息咨询等服务的，应当保证设计合理、可行，信息及时、准确。

3. 旅游服务合同与合同

旅游服务合同具有合同的法律属性，因为旅游服务的特殊性，使得旅游服务合同成为典型合同的一种，属于典型的合同。与旅游服务合同相关的当事人之间确立合同关系、明确权利义务，首先适用《旅游法》的规定，《旅游法》没有规定的，适用《民法典》合同编的规定。此外，《旅行社条例》《旅行社条例实施细则》对旅游服务合同的有关内容做了专门规定，成为订立合同时应当遵守的规范；按照《民法典》合同编第 511 条关于当事人对合同质量要求约定不明确的适用规定，相关国家强制性标准、推荐性国家标准、行业标准等，也是订立旅游合同必须遵守的法律规定。

二、包价旅游合同的概念及特征

1. 包价旅游合同的概念

《旅游法》第 111 条第 3 款对包价旅游合同做出界定：包价旅游合同，是指旅行社预先安排行程，提供或者通过履行辅助人提供交通、住宿、餐饮、游览、导游或领队等两项以上旅游服务，旅游者以总价支付旅游费用的合同。

2. 包价旅游合同的特征

根据《旅游法》的规定，包价旅游合同的特征表现在以下三个方面：

（1）内容预先安排。合同中的旅游行程及相关服务是由旅行社预先安排的。无论是旅行社自主设计还是根据旅游者具体要求安排的线路和日程，都需要旅行社预先确定行程和安排食宿，并通过向交通、食宿、游览等经营者订购相关服务，使旅游行程及完成行程所必需的相关服务共同组成一个完整的旅行社服务。

（2）服务的数量符合法律规定。旅行社所提供的服务应当包括两项或两项以上。交通、住宿、餐饮、游览、导游或者领队服务中任意两项或以上服务的组合，是包价旅游合同服务要素的构成要件，不论其中的服务是由旅行社直接提供，还是旅行社向相关经营者订购后间接提供。

（3）价款以总价方式“一揽子”支付。包价旅游合同的价款，既包括旅行社向交通、住宿、餐饮、游览经营者订购服务的成本，也包括旅行社自身的经营成本，诸如运营费用、人员工资等，还包括其合理利润。由于旅行社向其他经营者的采购量大、能获得一定的折扣，加上其经营成本和利润，旅游者以总价支付购买一个完整的旅游线路产品较旅游者个人逐项支出的总额要低，这也是旅行社的市场优势所在。

三、包价旅游合同的订立

1. 包价旅游合同的形式

《旅游法》第 58 条规定，包价旅游合同应当采用书面形式。签订包价旅游合同是旅行社与旅游者之间做出意思表示、达成合意，最终签订书面合同的过程。

订立书面形式的包价旅游合同，最常见的是采用国家或地方政府相关部门发布的示范文本。例如，在旅游合同方面，国家市场监管部门和国家旅游主管部门联合发布的有 2014 年版《团队境内旅游合同（示范文本）》《团队出境旅游合同（示范文本）》《大陆居民赴台湾地区旅游合同（示范文本）》和《境内旅游组团社与地接社合同（示范文本）》等。依据《民法典》合同编第 470 条第 2 款的规定，当事人可以参照各类合同示范文本，并不强制当事人采用。在实践中，如果旅行社设计使用格式条款性质的包价旅游合同条款，则应当符合《民法典》合同编、《旅游法》及相关法律、法规的规定。

2. 包价旅游合同的内容

《旅游法》第 58 条第 1 款规定，包价旅游合同应当包括下列内容：①旅行社、旅游者的基本信息；②旅游行程安排；③旅游团成团的最低人数；④交通、住宿、餐饮等旅游服务安排和标准；⑤游览、娱乐等项目的具体内容和时间；⑥自由活动时间安排；⑦旅游费用及其交纳的期限和方式；⑧违约责任和解决纠纷的方式；⑨法律、法规规定和双方约定的其他事项。

《旅游法》第 59 条规定，旅行社应当在旅游行程开始前向旅游者提供旅游行程单。旅游行程单是包价旅游合同的组成部分。实践中，旅行社通过提供旅游行程单以说明具体旅游服务时间、地点、内容、顺序等，是对包价旅游合同的履行所做的承诺，是对包价旅游合同中旅行社义务的具体化。因此，合同与行程单虽有先后，但内容、标准和权利义务必须是一致的；旅行社不仅应当按照包价旅游合同履行合同义务，而且应当按照旅游行程单的规定履行合同；如果旅行社提供的实际旅游服务与旅游行程单载明的内容不一致，旅行社应承担相应的违约责任。

3. 旅行社的订约说明告知义务

（1）说明义务。《旅游法》第 58 条第 2 款规定，在订立包价旅游合同时，旅行社负有向旅游者详细说明本条第 1 款所规定的第 2～8 项相关内容的义务；未履行该义务的，即可能因为违反说明义务而导致包价旅游合同不成立、被撤销等，因此造成旅游者损失的，应当承担赔偿损失的责任。

（2）告知事项。《旅游法》第 62 条规定，订立包价旅游合同时，旅行社还应当向旅游者告知下列事项：①旅游者不适合参加旅游活动的情形；②旅游活动中的安全注意事项；③旅行社依法可以减免责任的信息；④旅游者应当注意的旅游目的地相关法律、法规和风俗习惯、宗教禁忌，依照中国法律不宜参加的活动等；⑤法律、法规规定的其他应当告知的事项。

四、包价旅游合同的履行

1. 履行原则

旅游者与旅行社订立包价旅游合同，其目的是通过接受旅行社提供的服务，满足其精神享受的需求，无论组团社直接履行合同，还是委托地接社履行合同，都应当全面、适当地履行合同中对旅游者承诺的义务，以实现旅游者参加包价旅游活动的目的。因此，《旅游法》第 69 条规定，旅行社应当按照包价旅游合同的约定履行义务，不得擅自变更旅游行程安排。经旅游者同意，旅行社将包价旅游合同中的接待业务委托给其他具有相应资质的地接社履行的，应当与地接社订立书面委托合同，约定双方的权利和义务，向地接社提供与旅游者订立的包价旅游合同的副本，并向地接社支付不低于接待和服务成本的费用。地接社应当按照包价旅游合同和委托合同提供服务。

2. 履行规则

（1）组团社必须根据合同约定的内容、标准提供服务。合同的履行，是合同目的的基本要求，合同不履行，合同目的就无法实现。旅游者通常在订立包价旅游合同时，完成了团费的缴纳，即已适当履行了合同义务；而旅行社一方，除由于旅游者个人的原因或不可抗力等客观因素可以解除、变更合同外，必须根据合同所约定的服务内容和标准，向旅游者提供其所承诺的相关服务，且不得降低档次、增减项目。实践中，一些旅行社以满足旅游者个性化需求为借口，或者以多数旅游者的要求为理由，擅自减少合同约定的项目，增加购物和自费旅游项目，以获取不正当利益，损害旅游者权益。为此,《旅游法》特别强调不得擅自变更旅游行程安排。

（2）组团社必须将接待业务委托给有资质的地接社履行。基于旅游活动跨地域性的特征，旅行社履行旅游合同，通常由旅游者居住地的旅行社（组团社）与旅游者签订旅游合同，该旅行社可能不直接到旅游目的地为旅游者提供旅游服务，而是交由旅游目的地的旅行社（地接社）负责接待旅游者，针对此情形，法律做出相应规定。

组团社将接待业务委托地接社履行时应当遵守下列规定：一是缔约对象是选择具有相应资质的旅行社；二是应当采取书面形式约定双方的权利和义务；三是应当向地接社提供与旅游者订立的包价旅游合同的副本；四是应当向地接社支付不低于接待和服务成本的费用。

（3）地接社必须按包价旅游合同履行义务。在履行旅游合同、向旅游者提供旅游服务的过程中，地接社扮演着在旅游目的地实际接待旅游者、具体执行旅游行程安排的重要角色。按照法律规定，地接社应当按照组团社与旅游者签订的包价旅游合同和组团社与地接社签订的委托合同提供服务。该规定有利于明确包价旅游合同履行过程中当事人之间的法律关系。

如果严格根据合同的相对性原则，地接社只需履行与组团社之间的委托合同义务。但是，旅游者在旅游目的地接受旅游服务的过程中，必然是直接面对地接社，如果要求旅游者必须先向组团社提出请求，再由组团社向地接社转达，这不符合实际。因此，法律规定地接社应当按照包价旅游合同和委托合同提供服务，也有利于保护旅游者的权益。

五、包价旅游合同的转让、解除及法律后果

1. 旅游者转让、解除合同权的行使及法律后果

（1）旅游者转让包价旅游合同及法律后果。旅游者需要以亲自参加的方式才能完成旅游行程，但可能会由于不可预见的情势变化，在行程开始前无法参加原定行程。一方面，由于大部分旅行社已向履行辅助人支付旅游团费且难以退还，若旅游者此时解除合同，将承担较大损失。另一方面，多数旅

游活动对于旅游者并无特殊要求，旅游者将合同权利义务转让给第三人，由其替代参加旅游活动，尽管可能需要增加部分费用，但与可能产生的损失相比更可接受。为此，《旅游法》第 64 条规定，旅游行程开始前，旅游者可以将包价旅游合同中自身的权利义务转让给第三人，旅行社没有正当理由的不得拒绝，因此增加的费用由旅游者和第三人承担。

需要注意的是，旅游者行使包价旅游合同的转让权并不是绝对的，旅行社如有正当、合理的理由，有权拒绝转让请求。正当、合理的理由主要有两类：一是对应原报名者办理的相关服务、手续不能变更或者不能及时变更，例如出团前无法为第三人办妥签证等；二是旅游活动对旅游者的身份、资格等有特殊要求的，第三人并不具备相应身份、资格等。

旅游者转让合同中自身权利义务的，应当符合两个要求：一是向旅行社提出转让的请求；二是在“旅游行程开始前”提出。由于旅游者发生了替换，可能会发生旅游费用增加的情形，对于增加的部分，旅游者与第三人应当向旅游经营者补交。

（2）旅游者解除包价旅游合同及法律后果。包价旅游合同具有旅游者必须亲自参加才能得到履行的性质，当旅游者出现因个人原因不能成行，或者已出行却必须终止行程的情形时，《旅游法》第 65 条规定，旅游行程结束前，旅游者解除合同的，组团社应当在扣除必要的费用后，将余款退还旅游者。

包价旅游合同因旅游者行使合同解除权而终止，合同规定的旅游服务已经提供的、旅游者已经享受其利益的，旅游者应当依据解除前的包价旅游合同支付相应的费用；对于尚未提供的旅游服务，旅游经营者无须继续提供，旅游者也无须就未提供的服务向旅游经营者给付报酬。实践中，由于旅游行程开始前，旅游者已预交全部旅游费用，因此，旅游经营者应当向旅游者退还相关费用。

依照法律规定，组团社应当在扣除必要的费用后，将余款退还旅游者。必要费用包括两个部分：一是组团社已向地接社或者履行辅助人支付且不可退还的费用；二是旅游行程中已实际发生的费用。

2. 旅行社转让、解除合同权的行使及法律后果

（1）因未达到约定成团人数不能出团而解除合同及法律责任。包价旅游合同的价格是预先固定的，旅行社是根据形成团队的旅游者数量，与每一履

行辅助人商定价格的；只有达到一定数量，履行辅助人才会提供相应的价格折扣，旅行社以此确定报价；一旦达不到人数的约定，履行辅助人则将相应调高价格，致使旅行社不能再以原报价提供服务。旅游团队的规模化才有履行辅助人的价格优惠，这与现实中的团购情况是相同的。因此，《旅游法》第63条规定：旅行社招徕旅游者组团旅游，因未达到约定人数不能出团的，组团社可以解除合同。但是，境内旅游应当至少提前7日通知旅游者，出境旅游应当至少提前30日通知旅游者。因未达到约定人数不能出团的，组团社经征得旅游者书面同意，可以委托其他旅行社履行合同。组团社对旅游者承担责任，受委托的旅行社对组团社承担责任。旅游者不同意的，可以解除合同。因未达到约定的成团人数解除合同的，组团社应当向旅游者退还已收取的全部费用。

（2）因旅游者原因导致合同解除及法律责任。包价旅游合同关系中，除因不可抗力等导致合同不能履行外，旅行社通常无权解除合同。但是，因旅游者的原因也可能导致合同不能履行，为了保护大多数旅游者的合法权益，法律赋予旅行社在法定情形下的单方解除权。《旅游法》第66条规定，旅游者有下列情形之一的，旅行社可以解除合同：①患有传染病等疾病，可能危害其他旅游者健康和安全的；②携带危害公共安全的物品且不同意交有关部门处理的；③从事违法或者违反社会公德的活动的；④从事严重影响其他旅游者权益的活动，且不听劝阻、不能制止的；⑤法律规定的其他情形。因前款规定情形解除合同的，组团社应当在扣除必要的费用后，将余款退还旅游者；给旅行社造成损失的，旅游者应当依法承担赔偿责任。

3. 包价旅游合同解除后旅行社的协助义务及费用承担

在旅游行程中，由于各种原因导致行程终止、合同解除的情形时有发生。旅游者跟随旅行社统一安排出游，一旦行程终止，其对后续事项的处置，特别是返回出发地的安排，通常需要得到旅行社的协助。为此，《旅游法》第68条规定，旅游行程中解除合同的，旅行社应当协助旅游者返回出发地或者旅游者指定的合理地点。由于旅行社或者履行辅助人的原因导致合同解除的，返程费用由旅行社承担。

（1）旅行社协助旅游者返回的义务。旅游的本质是旅游者离开常住地、前往异地活动。因此，在旅游行程中，无论基于何种原因解除合同，旅游者都会因身处异地而面临信息缺乏甚至语言不通等多方面的困难。作为专门从事旅游服务的经营者，旅行社对旅游目的地的信息掌握较为全面，为保护旅游者的权益和安全，有必要要求旅行社协助安排旅游者返程。

旅游者的返回地，应不限于旅游出发地，也可由旅游者指定合理的地点以方便旅游者。协助旅游者返回出发地或者旅游者指定的合理地点，是《旅游法》基于保护旅游者利益而规定旅行社必须履行的法定义务。

应当指出，无论何种情形导致行程中合同解除、旅游者需要返程的，旅行社都必须协助其返程。

（2）旅游者返程费用的承担。返程费用的负担，需要根据不同情形分别处理：①因旅游者原因解除合同或者旅行社根据《旅游法》第 66 条规定行使解除权的，组团社应当扣除必要的费用后，将余款退还旅游者，返程费用由旅游者自己承担。②因不可抗力或者旅行社、履行辅助人已尽合理注意义务仍不能避免的事件，导致合同不能继续履行，或者旅游者不同意调整行程而解除合同的，应根据《旅游法》第 67 条，返程费用由旅行社与旅游者分担。③由于旅行社或履行辅助人的原因导致合同解除的，根据第 68 条的规定，返程费用由旅行社承担。

六、包价旅游合同的违约责任

1. 旅行社的违约责任

违反合同约定应当承担相应责任是民事法律的基本原则。包价旅游合同，除一般性违约外，故意违约，甚至造成严重后果的，例如旅行社无正当理由拒绝履行合同义务甚至甩团等，仅承担违约、赔偿责任不能体现公平、合理的原则，需要法律予以特殊规定。《旅游法》第 70 条针对不同情形下旅行社的违约责任做出了具体规定。

（1）旅行社一般情形下违约应当承担的责任。违约行为是旅行社承担违约责任的客观前提，是指旅行社不履行包价旅游合同义务或者履行合同义务不符合约定，主要表现为旅行社擅自改变旅游行程、遗漏旅游景点、减少旅游服务项目、降低旅游服务标准等。

《旅游法》第 70 条第 1 款规定了一般情形下旅行社的违约责任，即旅行社不履行包价旅游合同义务或者履行合同义务不符合约定的，应当依法承担继续履行、采取补救措施或者赔偿损失等违约责任。①继续履行，是指违约方不履行合同时，另一方当事人要求违约方按合同规定的标的履行义务，而不得以支付违约金或赔偿金的方式代替履行的违约责任承担方式。旅行社承担继续履行责任，应当以旅游者在合理期限内请求且旅行社能够继续履行合同为前提。②采取补救措施作为一种独立的违约责任形式，是矫正合同不适当履行，使履行缺陷得以消除的具体措施。具体在包价旅游合同中，通常为合理的服务项目的替代。旅游者要求旅行社采取补救措施的，应当在发现旅游服务不符合包价旅游合同约定后的合理期限内提出。③损害赔偿责任，是指违约方因不履行或不完全履行合同义务而给对方造成损失，依法或根据合同约定承担赔偿对方当事人所受损失的责任。具体在包价旅游合同中，承担损害赔偿的范围通常是指旅游者的实际损失，主要包括未完成约定旅游服务项目的费用，以及降低旅游服务标准的差价等。如果因旅行社违约导致旅游者食宿费用的增加，以及产生误工等费用的，也在此范围内。

因旅行社的违约行为，还可能造成旅游者的人身损害或者财产损失，旅行社也应当依法承担赔偿责任。

（2）旅行社的惩罚性赔偿责任。《旅游法》第 70 条第 1 款规定，旅行社具备履行条件，经旅游者要求仍拒绝履行合同，造成旅游者人身损害、滞留等严重后果的，旅游者还可以要求旅行社支付旅游费用 1 倍以上 3 倍以下的赔偿金。该规定针对的主要是“旅行社具备履行条件，经旅游者要求仍拒绝履行合同”的行为，该行为在旅游行业中通常被称为甩团。甩团往往是由于旅游者拒绝购物或者参加另行付费项目，导游、领队未能从中获得回扣等不正当利益所引起的，这种行为性质恶劣，有时会发生旅游者走失、人身伤害、滞留等严重后果。因此，法律规定了对旅行社的惩罚性赔偿。

旅行社承担惩罚性赔偿责任的构成要件包括：①旅行社具备履行条件但拒不履行合同。若旅行社因为不可抗力以及尽到合理注意义务仍因不可预见的事件而无法履行，则不能认为旅行社拒不履行合同。②经旅游者要求仍然拒绝履行合同。旅游者要求旅行社继续履行合同，是旅行社承担惩罚性赔偿责任的必经程序。经旅游者要求仍然拒绝履行合同，并不要求旅行社明确做出拒不履行的意思表示，只要存在不履行合同的事实即可。③旅游者发生人身损害、滞留等严重后果。旅游者因旅行社甩团等原因造成人身损害、滞留异地、滞留境外等严重后果，可要求旅行社承担惩罚性赔偿责任。④拒绝履行与人身损害、滞留之间存在因果关系。

需要说明的是，旅游者要求旅行社承担旅游费用 1 倍以上 3 倍以下的赔偿金，是惩罚性赔偿，不影响旅游者依照《旅游法》第 70 条第 1 款的前述规定要求旅行社承担人身损害、财产损失赔偿的一般性违约责任。

（3）旅行社不承担违约责任的情形。《旅游法》第 70 条第 2 款规定，由于旅游者自身原因导致包价旅游合同不能履行或者不能按照约定履行，或者造成旅游者人身损害、财产损失的，旅行社不承担责任。

旅游者自身的原因包括：旅游者未尽其应尽的配合、协助履行义务，例如擅自脱团、自行参加行程外的活动等主客观原因，以及《旅游法》第 66 条规定的情形。发生上述情形造成旅行社无法履行包价旅游合同时，根据法律规定，旅游者应自负责任，旅行社不承担违约责任。

（4）旅游者自行安排活动期间的旅行社责任。《旅游法》第 70 条第 3 款规定，在旅游者自行安排活动期间，旅行社未尽到安全提示、救助义务的，应当对旅游者的人身损害、财产损失承担相应责任。

旅游者自行安排活动期间，包括旅行社安排的在旅游行程中独立的自由活动期间、旅游者不参加旅游行程的活动期间以及旅游者经导游或者领队同意暂时离队的个人活动期间，也包括旅行社开发的“机票 + 酒店”的包价自助旅游产品等。旅游者自行安排活动期间的本质，是旅行社在此期间不提供旅游服务，由旅游者自己安排自己的旅游活动，这些旅游活动与包价旅游合同没有紧密的关系，不属于包价旅游合同服务的组成部分。尤其是在此期间，团队中所有旅游者的活动是个性化的，离开了旅行社、导游、领队或履行辅助人的视线，既不可预期其活动内容，也不可控制其活动风险。因此，旅行社在此期间无须承担包价旅游合同所要求的全部安全保障义务，只需承担安全提示、救助义务；如果旅行社未尽到安全提示、救助义务，则应承担相应的法律责任。

要求旅行社不提供旅游服务期间承担提示义务，是因为作为提供专业服务的旅行社，对旅游目的地的自然、社会环境较为熟悉，对于该地区容易造成旅游者人身损害、财产损失的风险比较了解，旅游者却可能不完全知悉将会面临的危险。为此，从保护旅游者合法权益的角度考虑，赋予旅行社必要的提示义务，是有其合理性的。对于救助义务，旅游者在自行安排活动期间，即使听从了旅行社的提示，仍然可能遭受各种人身伤害、财产损失。在此情况下，旅行社就负有必要、合理的救助义务，不论此种损害是何种原因造成，旅行社均负有相应的救助义务。

2. 旅游者的违约责任

旅游者在旅游活动中或者在解决纠纷时，享有法定的权利，同时也应承担相应的义务。违反相关义务，给他人造成损害的，应承担相应责任。因此，《旅游法》第 72 条规定，旅游者在旅游活动中或者在解决纠纷时，损害旅行社、履行辅助人、旅游从业人员或者其他旅游者的合法权益的，依法承担赔偿责任。

（1）旅游者的不当行为。由于旅游者在旅游活动中或者在解决纠纷时的不当行为，可能导致损害旅行社、履行辅助人、旅游从业人员或者其他旅游者的合法权益的情形，主要有三种类型：

①影响行程，阻碍合同的正常履行。旅游者不遵守行程时间安排的，擅自脱团不归的，违反目的地法律、法规或风俗习惯、禁忌被当地部门处理的，采取“霸机”、阻止经营者或从业人员正常服务等不正当手段解决纠纷的等，都会造成团队无法按照行程计划顺利进行活动甚至滞留的后果，给旅行社和同团旅游者的利益带来损失。

②侵害他人的财产权。旅游者在行程中故意或过失侵害他人的财产，包括对旅行社、履行辅助人、旅游从业人员或者其他旅游者在内的公私财物的侵犯。例如，拿走飞机上配备的救生衣、损毁酒店或客房物品、在景区内乱涂乱画等。

③侵害他人的人身权。旅游者侮辱、打骂旅游从业人员或其他旅游者等的行为，均属于侵犯人身权的行为。

（2）旅游者的侵权损害赔偿责任。旅游者承担赔偿责任，原则上应具备四个要件：①实施了侵害他人民事权益的行为；②旅行社、履行辅助人、旅游从业人员或者其他旅游者遭受了损害；③旅游者的行为与旅行社、履行辅助人、旅游从业人员或者其他旅游者所受损害之间存在因果关系；④主观上存在过错。

3. 地接社、履行辅助人的违约责任

包价旅游合同中，由于服务内容包含食、住、行等多个方面，旅行社虽然已承诺向旅游者提供这些服务，但实际是委托地接社以及通过交通、餐饮、住宿、景区等履行辅助人直接为旅游者提供合同约定服务的方式实现的。当包价旅游合同出现履行瑕疵或者障碍是由于地接社或其他直接提供服务的履行辅助人的原因造成的，而在实践中确定承担责任主体时，又极易产生纠纷，为有效保护旅游者的合法权益，《旅游法》第 71 条第 1 款规定，由于地接社、履行辅助人的原因导致违约的，由组团社承担责任；组团社承担责任后可以向地接社、履行辅助人追偿。第 71 条第 2 款规定，由于地接社、履行辅助人的原因造成旅游者人身损害、财产损失的，旅游者可以要求地接社、履行辅助人承担赔偿责任，也可以要求组团社承担赔偿责任；组团社承担责任后可以向地接社、履行辅助人追偿。但是，由于公共交通经营者的原因造成旅游者人身损害、财产损失的，由公共交通经营者依法承担赔偿责任，旅行社应当协助旅游者向公共交通经营者索赔。

（1）组团社应当为地接社、履行辅助人的违约行为承担责任。在包价旅游合同关系中，无论相关旅游服务是由组团社提供的，还是由组团社通过其选择的地接社、履行辅助人提供的，违约责任均由组团社承担。因为旅游者与地接社、履行辅助人之间并无直接的合同关系，即使后者违约，旅游者也难以依据合同要求其承担责任。但旅游者与组团社存在合同关系，地接社、履行辅助人又是组团社选择、确定的，是代表或者协助组团社履行合同义务的，因此，其行为的后果应当由组团社负责，旅游者有权要求组团社承担因地接社、履行辅助人违约造成损失的责任。

（2）组团社向地接社、履行辅助人行使追偿权。为了通过地接社、履行辅助人向旅游者提供服务，组团社也需根据包价旅游合同中的服务内容与提供服务的经营者订立合同。地接社、履行辅助人的服务不符合包价旅游合同要求的，也就违反了其与组团社订立的合同，组团社可以据此要求地接社、履行辅助人承担该合同约定的违约责任，形成组团社向旅游者承担包价旅游合同责任后，再向地接社、履行辅助人行使追偿权的机制。

（3）人身损害、财产损失责任的承担。在包价旅游合同的履行中，若旅行社提供的服务存在缺陷，旅游者除不能享受旅游服务外，还可能会受到人

身损害、财产损失。根据《民法典》侵权责任编的规定，旅游者可以以被侵权为由，直接要求作为侵权行为人的地接社、履行辅助人承担侵权赔偿责任，即《旅游法》第 71 条规定的可以要求地接社、履行辅助人承担赔偿责任。但是，地接社、履行辅助人都在旅游目的地经营，直接要求其承担赔偿责任，往往会给异地旅游者造成困难和不便。在此情况下，旅游者也可以要求与其订立合同的组团社承担责任。这就是法律关系中出现的违约与侵权责任竞合的问题。同样地，组团社承担赔偿责任后，有权向地接社、履行辅助人追偿。

（4）旅行社协助旅游者索赔义务。《旅游法》第 71 条第 2 款规定，由于公共交通经营者的原因造成旅游者人身损害、财产损失的，由公共交通经营者依法承担赔偿责任。所指公共交通包括航空、铁路、航运客轮、城市公交、地铁等。之所以将由于公共交通经营者的原因造成的旅游者的损害，排除在旅行社的责任范围之外，其理由主要在于：与其他履行辅助人不同，旅行社对公共交通经营者基本没有选择余地，更无控制能力。虽然不承担赔偿责任，但由于旅行社组织旅游的特性，因此，法律规定其有义务协助旅游者向公共交通经营者索赔。

4. 因不可抗力或者其他原因导致合同解除、变更的法律责任

旅游活动中经常会发生意外状况，导致行程改变以至取消。遇此情形，团队旅游者可能各执己见，难以形成统一意见，而旅行社又不可能满足每位旅游者的诉求。为此，《民法典》合同编、《旅游法》相关条款作出了明确规定。

（1）影响旅游行程的客观因素。①不可抗力。《民法典》第 563 条规定，因不可抗力致使不能实现合同目的，当事人可以解除合同。《民法典》合同编第 590 条规定，当事人因不可抗力不能履行合同的，根据不可抗力的影响，部分或者全部免除责任，但是法律另有规定的除外。《旅游法》也将不可抗力作为当事人可以解除合同的法定情形之一。②旅行社、履行辅助人已尽合理注意义务仍不能避免的事件。除不可抗力外，合同履行过程中，还可能发生其他旅行社、履行辅助人已尽合理注意义务仍不能避免的事件，导致合同不能履行，或者合同虽能履行，但会产生对一方当事人极不公平的后果，依法则应允许变更合同或者解除合同。

（2）因客观原因解除包价旅游合同的法律后果。《旅游法》第 67 条第 1 款规定，由于不可抗力或者旅行社、履行辅助人已尽合理注意义务仍不能避免的事件，致使包价旅游合同无法继续履行的，旅行社和旅游者可以解除合同。合同解除的法律后果，主要体现在以下几个方面：①合同尚未履行的部分，终止履行。②不可抗力等客观原因解除合同，不可归责于旅行社和履行辅助人，旅行社因此不承担解除合同的违约责任。③组团社应当在扣除已向地接社或者履行辅助人支付且不可退还的费用后，将余款退还旅游者。实践中，旅游者在签订旅游合同时，大多已经全部支付旅游费用，因此享有请求旅行社返还剩余旅游费用的权利，组团社应当从旅游费用中扣除已经提供服务的部分和已向地接社或者履行辅助人支付且不可退还的费用。

（3）因客观原因变更包价旅游合同的法律后果。包价旅游合同通常包含多个阶段的旅游活动，而不可抗力等客观原因，有可能仅影响部分阶段的活动，在对合同做部分变更后，旅游合同其他部分依然可以继续履行。据此，《旅游法》第 67 条规定了合同不能完全履行的，旅行社可以在合理范围内变更合同，但应当向旅游者做出说明；旅游者不同意变更的，可以解除合同。在部分旅游者同意变更、部分旅游者不同意变更时，旅行社依法应当仅对同意变更行程的旅游者根据变更后的行程履行旅游合同；对于不同意变更的，则应当根据第 67 条规定，解除旅游合同。

旅游合同变更的法律后果，主要体现在《旅游法》第 67 条第 2 项关于费用增加、减少的处理上。因为变更旅游行程，可能会因此导致旅游费用的增减，按照本条规定，增加的费用由旅游者承担，对于减少的费用应当退还旅游者。

（4）因客观原因需要采取的安全、安置措施与相关费用承担。由于不可抗力或者旅行社、履行辅助人已尽合理注意义务仍不能避免的事件，不仅可能影响旅游行程，还可能发生危及旅游者人身、财产安全，造成旅游者滞留的情况。对此，《旅游法》第 67 条第 3 项和第 4 项分别做了相应的规定。即在发生危及旅游者人身、财产安全的情况下，旅行社应当采取相应的安全措施，因此支出的费用，由旅行社与旅游者分担；在造成旅游者滞留的情况下，旅行社应当采取相应的安置措施，因此增加的食宿费用，由旅游者承担；增加的返程费用，由旅行社与旅游者分担。发生上述情形，旅行社和旅游者双方都无过错，按照公平原则，相关费用应主要由双方分担。

第六节　旅游监督管理

一、监督管理与监督检查

1. 主体

（1）监督管理的主体。《旅游法》第 83 条第 1 款规定，县级以上人民政府旅游主管部门和有关部门依据《旅游法》和有关法律、法规的规定，在各自职责范围内对旅游市场实施监督管理。这表明，对旅游市场实施监督管理的主体，为“县级以上人民政府旅游主管部门和有关部门”。

旅游主管部门，是指县级以上人民政府中负责旅游工作的机构。有关部门，是指县级以上人民政府旅游主管部门以外的其他涉及旅游工作的部门。诸如市场监督管理、交通等执法部门，以及景区主管部门、价格主管部门、负责安全生产监督管理的部门、公安机关等。

（2）监督检查的主体。《旅游法》第 83 条第 2 款规定，县级以上人民政府应当组织旅游主管部门、有关主管部门和市场监督管理、交通等执法部门对相关旅游经营行为实施监督检查。这表明：旅游主管部门、有关主管部门和市场监督管理、交通等执法部门是实施相关监督检查的主体。

2. 依据

监督管理、监督检查的法律依据，主要是指《旅游法》、全国人大或者全国人大常委会通过的规范性文件，以及国务院制定的行政法规、地方人大及其常委会依法制定的地方性法规。

3. 对象

《旅游法》第 83 条规定的监督检查的对象，是“相关旅游经营行为”。根据《旅游法》的相关规定，相关旅游经营行为，主要包括旅行社及其从业人员、景区以及为旅游者提供交通、住宿、餐饮、娱乐等服务的经营者的经营行为。

二、旅游主管部门实施监督检查事项及措施

1. 监督检查事项

《旅游法》第 85 条规定了县级以上人民政府旅游主管部门有权实施监督检查的事项。主要包括：经营旅行社业务以及从事导游、领队服务是否取得经营、执业许可；旅行社的经营行为；导游和领队等旅游从业人员的服务行为；法律、法规规定的其他事项。

2. 实施监督检查可以采取的措施

监督检查也称现场检查，是旅游主管部门履行监督职责、实施监督管理的一种重要方式，同时也是旅游主管部门作为执法机关执行法律的一种重要手段。为防止旅游监督检查部门及其人员滥用职权，侵犯企业和个人的合法权益,《旅游法》第 85 条规定，旅游主管部门实施监督检查时可以对涉嫌违法的合同、票据、账簿及其他资料进行查阅、复制。所指合同，既包括旅行社与旅游者之间签订的包价旅游合同，也包括旅行社与其他经营者之间签订的订购产品和服务的合同。所指票据，是以支付金钱为目的的有价证券。所指账簿即会计账簿。所指其他资料，是指合同、票据、账簿之外，旅行社在开展经营活动过程中产生或者形成的其他单据、凭证等材料，诸如原始凭证、记账凭证等。

三、监督检查主体的行为限制

1. 不得违法收费及参与旅游经营活动

为维护旅游行政执法的公正性、正义性,《旅游法》第 84 条规定，旅游主管部门履行监督管理职责，不得违反法律、行政法规的规定向监督管理对象收取费用。同时还规定，旅游主管部门及其工作人员不得参与任何形式的旅游经营活动。

2. 规范实施监督检查职责

《旅游法》第 86 条规定，旅游主管部门和有关部门依法实施监督检查，其监督检查人员不得少于两人，并应当出示合法证件。“两人以上”和“出示合法证件”必须同时具备，目的是防止监督检查人员独立执法可能出现的

滥用权力，以保证监督检查行为及其获取证据的合法性。此处的合法证件是指地方政府法制部门或者国务院有关主管部门颁发的行政执法证件。

监督检查人员少于两人或者未出示合法证件的，被检查单位和个人有权拒绝。

3. 履行保密义务

《旅游法》第86条第2款规定，监督检查人员对在监督检查中知悉的被检查单位的商业秘密和个人信息应当依法保密。行政机关及其工作人员在进行旅游监督检查时，可能需要查阅经营者的合同、票据、账簿等资料，这些资料有的可能是企业的商业秘密，一旦泄露将有可能给经营者造成损失；旅游经营者直接面对广大旅游者，旅行社、住宿等旅游经营者按照有关法律法规的规定，或者按照交易习惯，通常会要求旅游者向其提供必要的个人信息，并将信息在企业保存一段时间，由于数量较大，监督检查人员在检查中难免有所接触，不经当事人同意泄露，将可能给当事人的生产、生活造成麻烦，甚至带来损失。

4. 法律责任

《旅游法》第109条规定，旅游主管部门和有关部门工作人员在履行监督管理职责中，滥用职权、玩忽职守、徇私舞弊，尚不构成犯罪的，依法给予处分。

四、行业协会自律管理

《旅游法》第8条规定，依法成立的旅游行业组织，实行自律管理。第90条规定，依法成立的旅游行业组织依照法律、行政法规和章程的规定，制定行业经营规范和服务标准，对其会员的经营行为和服务质量进行自律管理，组织开展职业道德教育和业务培训，提高从业人员素质。

1. 自律管理的依据

旅游行业组织的自律管理应当依照法律、行政法规以及本行业组织的章程、自律管理规范。法律、行政法规是旅游行业组织及其会员必须遵守的规范，实行自律管理首先应当监督会员合法经营，履行法定义务。行业组织的章程和自律管理规范，是由会员共同制定、反映会员共同利益和意愿的行为规则，对全体会员具有约束力，也是行业组织进行自律管理的依据。旅游行业组织应当根据本行业的实际情况和需要，制定并不断完善行业经营规范和服务标准，作为自律管理的依据。

2. 监督会员的经营行为和服务质量

对会员的经营行为和服务质量进行监督，是旅游行业组织最重要的自律管理职能。一方面，旅游行业组织应当按照法律、行政法规和自律规范规定的要求和标准，对会员的经营行为和服务质量进行监督，考核其合法与合规性，对不合法不合规的会员，依照自律规范予以惩戒；另一方面，可以按照本行业组织制定的经营规范和服务标准，对会员的经营行为和服务质量进行考核与评价，对于服务质量优良的会员，可以向社会公示或者给予奖励。

3. 开展培训提高从业者素质

发展旅游业，培育人才、提高从业人员素质至关重要。旅游行业组织应当采取多种方式，对从业人员开展职业道德教育和业务培训，提高从业人员素质。旅游行业组织对从业人员进行职业道德教育和业务培训，属于公益性质，应当按照有关规定和本组织的规范进行。

第十章 旅行社法律制度

章节练习
增值服务

学习目的

了解：《旅行社条例》（以下简称《条例》）、《旅行社条例实施细则》（以下简称《实施细则》）关于总则的规定；《文化和旅游市场信用管理规定》（以下简称《信用管理规定》）关于总则的规定；《在线旅游经营服务管理暂行规定》（以下简称《在线管理规定》）关于总则、监督检查的规定。**熟悉：**《旅游法》《条例》《实施细则》关于旅行社的设立与变更的规定。《信用管理规定》关于文化和旅游市场信用信息采集与归集、失信主体的分类，信用信息公开与共享的规定。**掌握：**《旅游法》《实施细则》《旅游服务质量保证金存取管理办法》（以下简称《保证金管理办法》）关于旅行社经营范围、经营原则、经营规范、旅游服务质量保证金制度的规定，旅行社权利和义务等法律制度及其相关法律责任的规定；《信用管理规定》关于文化和旅游市场失信主体认定、管理措施、信用修复、信用评价与信用承诺的规定；《在线管理规定》关于在线旅游经营者运营、法律责任的规定；《旅行社服务质量赔偿标准》（以下简称《赔偿标准》）关于旅游主管部门调解旅游纠纷时执行的赔偿依据的规定。

第一节 概 述

一、旅行社及其《条例》的适用范围

1. 概念

《旅游法》第29条和《条例》第2条规定，旅行社是指从事招徕、组织、接待旅游者等活动，为旅游者提供相关旅游服务，开展境内旅游业务、出境旅游业务、边境旅游业务、入境旅游业务或者其他旅游业务的企业法人。

依据《实施细则》第2条规定，招徕、组织、接待旅游者提供的相关旅游服务主要包括：①安排交通服务；②安排住宿服务；③安排餐饮服务；④安排观光游览、休闲度假等服务；⑤导游、领队服务；⑥旅游咨询、旅游活动设计服务。旅行社还可以接受委托提供的旅游服务包括：①接受旅游者的委托，代订交通客票、代订住宿和代办出境、入境、签证手续等（出境、签证手续等服务，应当由具备出境旅游业务经营权的旅行社代办）；②接受机关、事业单位和社会团体的委托，为其差旅、考察、会议、展览等公务活动，代办交通、住宿、餐饮、会务等事务；③接受企业委托，为其各类商务活动、奖励旅游等，代办交通、住宿、餐饮、会务、观光游览、休闲度假等事务；④其他旅游服务。

2. 立法目的与适用范围

（1）立法目的。《条例》第1条规定，为了加强对旅行社的管理，保障旅游者和旅行社的合法权益，维护旅游市场秩序，促进旅游业的健康发展，制定本条例。

（2）适用范围。《条例》第2条第1款规定，本条例适用于中华人民共和国境内旅行社的设立及经营活动。第67条规定，香港特别行政区、澳门特别行政区和台湾地区的投资者在内地投资设立的旅行社，参照适用本条例。

3. 主管部门和行业组织

（1）主管部门。旅行社的主管部门主要包含国务院旅游行政主管部门、县级以上地方人民政府旅游管理部门及工商、价格、商务、外汇等有关部门。《条例》第 3 条规定，国务院旅游行政主管部门负责全国旅行社的监督管理工作。县级以上地方人民政府管理旅游工作的部门按照职责负责本行政区域内旅行社的监督管理工作。县级以上各级人民政府工商、价格、商务、外汇等有关部门，应当按照职责分工，依法对旅行社进行监督管理。

（2）行业组织。行业组织在宣传贯彻政策法规、维护行业市场秩序、加强合作交流等方面发挥着重要作用。《条例》第 5 条规定，旅行社行业组织应当按照章程为旅行社提供服务，发挥协调和自律作用，引导旅行社合法、公平竞争和诚信经营。

二、旅行社的经营范围和经营原则

1. 经营范围

《旅游法》第 29 条规定，旅行社可以经营下列业务：①境内旅游；②出境旅游；③边境旅游；④入境旅游；⑤其他旅游业务。旅行社经营出境与边境旅游业务，应当取得相应的业务经营许可，具体条件由国务院规定。

《实施细则》第 3 条规定，国内旅游业务，指旅行社招徕、组织和接待中国内地居民在境内旅游的业务。入境旅游业务，指旅行社招徕、组织、接待外国旅游者来我国旅游，香港特别行政区、澳门特别行政区旅游者来内地旅游，台湾地区居民来大陆旅游，以及招徕、组织、接待在中国内地的外国人，在内地的香港特别行政区、澳门特别行政区居民和在大陆的台湾地区居民在境内旅游的业务。出境旅游业务，指旅行社招徕、组织、接待中国内地居民出国旅游，赴香港特别行政区、澳门特别行政区和台湾地区旅游，以及招徕、组织、接待在中国内地的外国人、在内地的香港特别行政区、澳门特别行政区居民和在大陆的台湾地区居民出境旅游的业务。

2. 经营原则

《条例》第 4 条规定，旅行社在经营活动中应当遵循自愿、平等、公平、诚信的原则，提高服务质量，维护旅游者的合法权益。

（1）自愿原则。指旅游者有权自主自愿选择旅游产品，旅行社不得违背旅游者的意愿，强迫或者变相强迫旅游者与自己签订旅游合同，或者干涉旅游者与其他旅行社订立旅游合同。

（2）平等原则。指旅行社和旅游者具有平等的法律地位，在权利义务对等的基础上，双方就旅游合同相关条款充分协商达成一致，旅行社不得将自己的意志强加给旅游者。

（3）公平原则。指在设立权利义务、承担民事责任等方面应当公平、平等，合情合理，保证公平交易和公平竞争。

（4）诚信原则。也称诚实信用原则，诚实是指旅行社在招徕、组织、接待旅游者时，不得对旅游者进行隐瞒、欺骗；信用是指旅行社应当善意地、全面地履行旅游合同，按照约定的旅游项目、标准或者档次提供服务。

三、旅行社的设立与变更

1. 旅行社的设立

（1）设立条件。《旅游法》第 28 条规定，设立旅行社，招徕、组织、接待旅游者，为其提供旅游服务，应当具备下列条件，取得旅游主管部门的许可，依法办理工商登记：①有固定的经营场所；②有必要的营业设施；③有符合规定的注册资本；④有必要的经营管理人员和导游；⑤法律、行政法规规定的其他条件。

《条例》第 6 条规定，申请经营国内旅游业务和入境旅游业务的，应当取得企业法人资格，并且注册资本不少于 30 万元。

《实施细则》第 6 条规定，旅行社的经营场所应当符合下列要求：①申请者拥有产权的营业用房，或者申请者租用的、租期不少于 1 年的营业用房；②营业用房应当满足申请者业务经营的需要。

《实施细则》第 7 条规定，旅行社的营业设施应当至少包括下列设施、设备：① 2 部以上的直线固定电话；②传真机、复印机；③具备与旅游行政管理部门及其他旅游经营者联网条件的计算机。

（2）提交的文件。《实施细则》第 8 条规定，申请设立旅行社，经营境内旅游业务和入境旅游业务的，应当向省、自治区、直辖市旅游行政管理部门提交下列文件：①设立申请书。内容包括申请设立的旅行社的中英文名称及英文缩写，设立地址，企业形式、出资人、出资额和出资方式，申请人、受理申请部门的全称、申请书名称和申请的时间；②法定代表人履历表及身份证明；③企业章程；④经营场所的证明；⑤营业设施、设备的证明或者说明；⑥工商行政管理部门出具的企业法人营业执照。

《实施细则》第 10 条规定，旅行社申请出境旅游业务的，应当向国务院旅游行政主管部门提交经营旅行社业务满两年且连续两年未因侵害旅游者合法权益受到行政机关罚款以上处罚的承诺书和经工商行政管理部门变更经营范围的“企业法人营业执照”。

（3）许可

①国内、入境旅游业务的申请。《条例》第 7 条规定，申请经营国内旅游业务和入境旅游业务的，应当向所在地省、自治区、直辖市旅游行政管理部门或者其委托的设区的市级旅游行政管理部门提出申请，并提交符合“取得企业法人资格并且注册资本不少于 30 万元”的相关证明文件。受理申请的旅游行政管理部门应当自受理申请之日起 20 个工作日内做出许可或者不予许可的决定。予以许可的，向申请人颁发旅行社业务经营许可证；不予许可的，书面通知申请人并说明理由。

②出境旅游业务的申请。《条例》第 9 条规定，申请经营出境旅游业务的，应当向国务院旅游行政主管部门或者其委托的省、自治区、直辖市旅游行政管理部门提出申请，受理申请的旅游行政管理部门应当自受理申请之日起 20 个工作日内做出许可或者不予许可的决定。予以许可的，向申请人换发旅行社业务经营许可证；不予许可的，书面通知申请人并说明理由。《实施细则》第 10 条第 2 款规定，旅行社取得出境旅游经营业务许可的，由国务院旅游行政主管部门换发旅行社业务经营许可证。

2. 变更

《条例》第 12 条规定，旅行社变更名称、经营场所、法定代表人等登记事项或者终止经营的，应当到工商行政管理部门办理相应的变更登记或者注销登记，并在登记办理完毕之日起 10 个工作日内，向原许可的旅游行政管理部门备案，换领或者交回旅行社业务经营许可证。

《实施细则》第 12 条规定，旅行社名称、经营场所、出资人、法定代表人等登记事项变更的，应当在办理变更登记后，持已变更的“企业法人营业执照”向原许可的旅游行政管理部门备案。

旅行社终止经营的，应当在办理注销手续后，持工商行政管理部门出具的注销文件，向原许可的旅游行政管理部门备案。

第二节　旅行社的权利义务及经营规范

一、旅行社的权利

1. 自主签订旅游合同

《旅游法》第 57 条规定，旅行社组织和安排旅游活动，应当与旅游者订立合同。旅行社组织、安排旅游活动，是其作为经营者向旅游者提供、且以营利为目的的服务，双方的权利义务关系通过订立合同作出明确和规范，并以此约束双方的行为。换言之，旅行社有权自主地与任何团体和个人（旅游者）签订旅游服务合同。在此类合同关系中，旅行社与合同另一方当事人法律地位平等，应按平等、自愿、等价有偿的原则履行合同。

2. 收取合理旅游费用

《旅游法》第 58 条规定，包价旅游合同应当采用书面形式，包括旅游费用及其交纳的期限和方式等内容。旅游费用是作为旅行社提供服务的报酬，也是合同价金。合理的旅游费用必须与旅行社提供的服务相称，必须符合国家有关法律和物价政策的规定。

3. 要求旅游者正确履行旅游合同

旅行社有权要求旅游者按照包价旅游合同规定的时间、路线、方式进行旅游，有权要求旅游者遵守法律、法规的相关规定。《旅游法》第 58 条规定，包价旅游合同应当采取书面形式，包括下列内容：①旅行社、旅游者的基本信息；②旅游行程安排；③旅游团成团的最低人数；④交通、住宿、餐饮等旅游服务安排和标准；⑤游览、娱乐等项目的具体内容和时间；⑥自由活动时间安排；⑦旅游费用及其交纳的期限和方式；⑧违约责任和解决纠纷的方式；⑨法律、法规规定和双方约定的其他事项。订立包价旅游合同时，旅行社应当向旅游者详细说明前款第 2 项至第 8 项所载内容。

二、旅行社的义务

1. 警示、告知义务

《旅游法》第 62 条规定，订立包价旅游合同时，旅行社应当向旅游者告知下列事项：①旅游者不适合参加旅游活动的情形；②旅游活动中的安全注意事项；③旅行社依法可以减免责任的信息；④旅游者应当注意的旅游目的地相关法律、法规和风俗习惯、宗教禁忌，依照中国法律不宜参加的活动等；⑤法律、法规规定的其他应当告知的事项。

《条例》第 39 条规定，旅行社对可能危及旅游者人身、财产安全的事项，应当向旅游者做出真实的说明和明确的警示，并采取防止危害发生的必要措施。发生危及旅游者人身安全的情形时，旅行社及其委派的导游人员、领队人员应当采取必要的处置措施并及时报告旅游行政主管部门；在境外发生的，还应当及时报告中华人民共和国驻该国使领馆、相关驻外机构、当地警方。

2. 报告及协助

为维护国家利益，保障旅游市场健康有序发展，《旅游法》第 16 条规定，出境旅游者不得在境外非法滞留，随团出境的旅游者不得擅自分团、脱团。第 55 条规定，旅游经营者组织、接待出入境旅游，发现旅游者从事违法活动或者有违反本法第 16 条规定情形的，应当及时向公安机关、旅游主管部门或者我国驻外机构报告。

《条例》第 40 条规定，旅游者在境外滞留不归的，旅行社委派的领队人员应当及时向旅行社和中华人民共和国驻该国使领馆、相关驻外机构报告。旅行社接到报告后应当及时向旅游行政管理部门和公安机关报告，并协助提供非法滞留者的身份、出境时间和地点、所属旅游团队、游览线路、滞留地点等信息。旅行社接待入境旅游发生旅游者非法滞留我国境内的，应当及时向旅游行政管理部门、公安机关和外事部门报告，并协助提供非法滞留者的身份、入境时间和地点、所属旅游团队、游览线路、滞留地点等信息。

《旅游法》第 99 条规定，旅行社未履行报告义务的，由旅游主管部门处 5000 元以上 5 万元以下罚款；情节严重的，责令停业整顿或者吊销旅行社业务经营许可证；对直接负责的主管人员和其他直接责任人员，处 2000 元以上

2 万元以下罚款，并暂扣或者吊销导游证。《条例》第 64 条规定，因妨害国（边）境管理受到刑事处罚的，在刑罚执行完毕之日起 5 年内不得从事旅行社业务经营活动；旅行社被吊销旅行社业务经营许可证的，其主要负责人在旅行社业务经营许可证被吊销之日起 5 年内不得担任任何旅行社的主要负责人。

3. 提示

（1）旅游意外险。《旅游法》第 61 条规定，旅行社应当提示参加团队旅游的旅游者按照规定投保人身意外伤害保险。《实施细则》第 46 条规定，为减少自然灾害等意外风险给旅游者带来的损害，旅行社在招徕、接待旅游者时，可以提示旅游者购买旅游意外保险。鼓励旅行社依法取得保险代理资格，并接受保险公司的委托，为旅游者提供购买人身意外伤害保险的服务。

（2）文明旅游。《旅游法》第 41 条规定，导游和领队从事业务活动，应当佩戴导游证，遵守职业道德，尊重旅游者的风俗习惯和宗教信仰，应当向旅游者告知和解释旅游文明行为规范，引导旅游者健康、文明旅游，劝阻旅游者违反社会公德的行为。《实施细则》第 48 条规定，在旅游行程中，旅行社及其委派的导游人员、领队人员应当提示旅游者遵守文明旅游公约和礼仪。

三、旅行社的经营规范

1. 依法从事旅游经营活动

（1）按照核定的业务范围开展经营活动。《旅游法》第 29 条规定，旅行社可以经营下列业务：①境内旅游；②出境旅游；③边境旅游；④入境旅游；⑤其他旅游业务。旅行社应当按照核定的业务范围开展经营活动，严禁超范围经营。

《旅游法》第 95 条规定，违反本法未经许可经营旅行社业务的，由旅游主管部门或者市场监督管理部门责令改正，没收违法所得，并处 1 万元以上 10 万元以下罚款；违法所得 10 万元以上的，并处违法所得 1 倍以上 5 倍以下罚款；对有关责任人员，处 2000 元以上 2 万元以下罚款。旅行社未经许可经营出境旅游、边境旅游业务的，除依照前款规定处罚外，并责令停业整顿；情节严重的，吊销旅行社业务经营许可证；对直接负责的主管人员，处

2000元以上2万元以下罚款。

（2）不得含有违法或违反社会公德内容的活动。依据《旅游法》第33条，旅行社及其从业人员组织、接待旅游者，不得安排参观或者参与违反我国法律、法规和社会公德的项目或者活动。依据《条例》第26条，旅行社为旅游者安排或者介绍的旅游活动不得含有违反有关法律、法规规定的内容。

《旅游法》第101条规定，旅行社安排旅游者参观或者参与违反我国法律、法规和社会公德的项目或者活动的，由旅游主管部门责令改正，没收违法所得，责令停业整顿，并处2万元以上20万元以下罚款；情节严重的，吊销旅行社业务经营许可证；对直接负责的主管人员和其他直接责任人员，处2000元以上2万元以下罚款，并暂扣或者吊销导游证。

（3）选择合格的供应商。旅行社组织旅游活动所提供的旅游产品和服务，绝大多数是向旅游活动的要素供应商订购的。因此，《旅游法》第34条规定，旅行社组织旅游活动应当向合格的供应商订购产品和服务。

《旅游法》第97条规定，旅行社向不合格的供应商订购产品和服务的，由旅游主管部门或者有关部门责令改正，没收违法所得，并处5000元以上5万元以下的罚款；违法所得5万元以上的，并处违法所得1倍以上5倍以下罚款；情节严重的，责令停业整顿或者吊销旅行社业务经营许可证；对直接负责的主管人员和其他直接责任人员，处2000元以上2万元以下罚款。

（4）依法委托旅游业务。通常，旅行社根据需要将在旅游目的地接待旅游者的业务委托给地接社。《条例》第36条规定，旅行社需要对旅游业务做出委托的，应当委托给具有相应资质的旅行社，征得旅游者的同意，并与接受委托的旅行社就接待旅游者的事宜签订委托合同，确定接待旅游者的各项服务安排及其标准，约定双方的权利、义务。

《条例》第55条规定，旅行社将旅游业务委托给不具有相应资质的旅行社，由旅游主管部门责令改正，处2万元以上10万元以下罚款；情节严重的，责令停业整顿1个月至3个月。

《条例》第37条规定，旅行社将旅游业务委托给其他旅行社的，应当向接受委托的旅行社支付不低于接待和服务成本的费用；接受委托的旅行社不得接待不支付或者不足额支付接待和服务费用的旅游团队。接受委托的旅行社违约，造成旅游者合法权益受到损害的，做出委托的旅行社应当承担相应的赔偿责任。做出委托的旅行社赔偿后，可以向接受委托的旅行社追偿。接受委托的旅行社故意或者重大过失造成旅游者合法权益受损害的，应当承担连带责任。依据《条例》第62条规定，旅行社、接受委托的旅行社违反以上规定的，由旅游行政管理部门责令改正，停业整顿1个月至3个月；情节严重的，吊销旅行社业务经营许可证。

2. 依法提供诚信服务

（1）发布真实、准确的信息。依据《旅游法》第32条，旅行社为招徕、组织旅游者发布信息，必须真实、准确，不得进行虚假宣传，误导旅游者。第48条第2款规定，发布旅游经营信息的网站，应当保证其信息真实、准确。《条例》第24条规定，旅行社向旅游者提供的旅游服务信息必须真实可靠，不得做虚假宣传。

《旅游法》第97条规定，旅行社进行虚假宣传，误导旅游者的，由旅游主管部门或者有关部门责令改正，没收违法所得，并处5000元以上5万元以下罚款；违法所得5万元以上的，并处违法所得1倍以上5倍以下罚款；情节严重的，责令停业整顿或者吊销旅行社业务经营许可证；对直接负责的主管人员和其他直接责任人员，处2000元以上2万元以下罚款。

（2）合理报价。《旅游法》第35条规定，旅行社不得以不合理的低价组织旅游活动，诱骗旅游者，并通过安排购物或者另行付费旅游项目获取回扣等不正当利益。旅行社组织、接待旅游者，不得指定具体购物场所，不得安排另行付费旅游项目。但是，经双方协商一致或者旅游者要求，且不影响其他旅游者行程安排的除外。旅行社若违反上述规定，旅游者有权在旅游行程结束后30日内，要求旅行社为其办理退货并先行垫付退货货款，或者退还另行付费旅游项目的费用。《条例》第27条规定，旅行社不得以低于旅游成本的报价招徕旅游者。未经旅游者同意，旅行社不得在旅游合同约定之外提供其他有偿服务。

《旅游法》第98条规定，旅行社违反本法第35条规定的，由旅游主管部门责令改正，没收违法所得，责令停业整顿，并处3万元以上30万元以下罚款；违法所得30万元以上的，并处违法所得1倍以上5倍以下罚款；情节严重的，吊销旅行社业务经营许可证；对直接负责的主管人员和其他直接责任人员，没收违法所得，处2000元以上2万元以下罚款，并暂扣或者吊销导游证。

（3）领队或者导游持有证件。《旅游法》第36条规定，旅行社组织团队出境旅游或者组织、接待团队入境旅游，应当按照规定安排领队或者导游全程陪同。《条例》第31条规定，旅行社为接待旅游者委派的导游人员，应当持有国家规定的导游证。取得出境旅游业务经营许可的旅行社为组织旅游者出境旅游委派的领队，应当取得导游证，具有相应的学历、语言能力和旅游从业经历，并与委派其从事领队业务的旅行社订立劳动合同。旅行社应当将本单位领队名单报所在地设区的市级旅游行政管理部门备案。

《旅游法》第96条规定，旅行社违反本法规定的，由旅游主管部门责令改正，没收违法所得，并处5000元以上5万元以下罚款；情节严重的，责令停业整顿或者吊销旅行社业务经营许可证；对直接负责的主管人员和其他直接责任人员，处2000元以上2万元以下罚款。

3. 依法规范内部管理

（1）维护导游、领队的合法权益。《旅游法》第38条规定，旅行社应当与其聘用的导游、领队依法订立劳动合同，支付劳动报酬，缴纳社会保险费用。旅行社临时聘用导游为旅游者提供服务的，应当向导游全额支付在包价旅游合同中载明的导游服务费用。旅行社安排导游为团队旅游提供服务的，不得要求导游垫付或者向导游收取任何费用。

《条例》第32条规定，旅行社聘用导游人员、领队人员应当依法签订劳动合同，并向其支付不低于当地最低工资标准的报酬。《条例》第34条规定，旅行社不得要求导游人员和领队人员接待不支付接待和服务费用或者支付的费用低于接待和服务成本的旅游团队，不得要求导游人员和领队人员承担接待旅游团队的相关费用。

《旅游法》第96条规定，旅行社未向临时聘用的导游支付导游服务费用或要求导游垫付或者向导游收取费用的，由旅游主管部门责令改正，没收违法所得，并处5000元以上5万元以下罚款；情节严重的，责令停业整顿或者吊销旅行社业务经营许可证；对直接负责的主管人员和其他直接责任人员，处2000元以上2万元以下罚款。

（2）妥善保存旅游者信息。《实施细则》第50条规定，旅行社应当妥善保存《条例》规定招徕、组织、接待旅游者的各类合同及相关文件、资料，以备县级以上旅游行政管理部门核查。合同及文件、资料的保存期应当不少于两年。旅行社不得向其他经营者或者个人，泄露旅游者因签订旅游合同提供的个人信息；超过保存期限的旅游者个人信息资料，应当妥善销毁。

《实施细则》第65条规定，违反本实施细则第50条的规定，未妥善保存各类旅游合同及相关文件、资料，保存期不够两年，或者泄露旅游者个人信息的，由县级以上旅游行政管理部门责令改正，没收违法所得，处违法所得3倍以下但最高不超过3万元的罚款；没有违法所得的，处1万元以下的罚款。

第三节　旅游服务质量保证金制度

为加强对旅行社服务质量的监督和管理，保护旅游者的合法权益，《旅游法》第31条规定，旅行社应当按照规定交纳旅游服务质量保证金（以下简称保证金），用于旅游者权益损害赔偿和垫付旅游者人身安全遇有危险时紧急救助的费用。《旅游法》《实施细则》《旅游服务质量保证金存取管理办法》（旅办发〔2013〕170号）均对旅行社质量保证金制度进行了明确规定与完善。

一、使用

（1）含义。《保证金管理办法》第2条规定，旅游服务质量保证金是指根据《旅游法》及《条例》的规定，由旅行社在指定银行缴存或由银行担保提供的一定数额用于旅游服务质量赔偿支付和团队旅游者人身安全遇有危险时紧急救助费用垫付的资金。

（2）使用范围。依据《旅游法》第31条、《保证金管理办法》第2条规定，旅行社应当按照规定交纳旅游服务质量保证金用于旅游者权益损害赔偿和垫付旅游者人身安全遇有危险时紧急救助。

二、交纳

（1）交纳期限。《条例》第13条第1款规定，旅行社应当自取得旅行社业务经营许可证之日起 3 个工作日内，在国务院旅游主管部门指定的银行开设专门的质量保证金账户，存入质量保证金，或者向做出许可的旅游行政管理部门提交依法取得的担保额度不低于相应质量保证金数额的银行担保。

（2）交纳标准。《条例》第 13 条第 2 款规定，经营国内旅游业务和入境旅游业务的旅行社，应当存入质量保证金 20 万元；经营出境旅游业务的旅行社，应当增存质量保证金 120 万元。

《条例》第 14 条规定，旅行社每设立一个经营国内旅游业务和入境旅游业务的分社，应当向其质量保证金账户增存 5 万元；每设立一个经营出境旅游业务的分社，应当向其质量保证金账户增存 30 万元。

（3）交纳方法。旅行社可从规定的两种交纳方法中自行选择。①将现金存入指定银行的专门账户。《保证金管理办法》第 3 条规定，依据《旅行社条例》第 13 条第 1 款的规定，为旅行社开设保证金专用账户或提供保证金担保业务的银行，由国务院旅游主管部门指定。《办法》第 4 条规定，旅行社须在国务院旅游主管部门指定的范围内，选择一家银行（含其银行分支机构）存储保证金。保证金实行专户管理，专款专用。银行为旅行社开设保证金专用账户。②提交银行担保。《条例》第 13 条规定，旅行社向做出许可的旅游主管部门提交担保数额不低于保证金交纳标准的银行担保。规定该交纳方法的目的，是降低旅行社的经营成本、避免资金闲置而允许的一种信用支持。

（4）存期。依据《实施细则》第 14 条，旅行社在银行存入质量保证金的，应当设立独立账户，存期由旅行社确定，但不得少于 1 年。账户存期届满 1 个月前，旅行社应当办理续存手续或者提交银行担保。

三、管理

（1）所有权归属。依据《条例》第 13 条第 3 款规定，质量保证金的利息属于旅行社所有。

（2）取款。《保证金管理办法》第 11 条规定，旅行社因解散或破产清算、业务变更或撤减分社减交、三年内未因侵害旅游者合法权益受到行政机关罚款以上处罚而降低保证金数额 50% 等原因，需要支取保证金时，须向许可的旅游行政主管部门提出，许可的旅游行政主管部门审核出具《旅游服务质量保证金取款通知书》。银行根据《旅游服务质量保证金取款通知书》，将相应数额的保证金退还给旅行社。

（3）动态管理。为激励旅行社合法经营，形成有序的市场环境，促进旅游业健康发展，对保证金实行动态管理。

①标准降低和退还。《条例》第 17 条规定，旅行社自交纳或者补足质量保证金之日起 3 年内未因侵害旅游者合法权益受到行政机关罚款以上处罚的，旅游行政管理部门应当将旅行社服务质量保证金的交存数额降低 50%，并向社会公告。旅行社可凭省、自治区、直辖市旅游行政管理部门出具的凭证减少其质量保证金。

②补足规定。《条例》第 18 条规定，旅行社在旅游行政管理部门使用质量保证金赔偿旅游者的损失，或者依法减少质量保证金后，因侵害旅游者合法权益受到行政机关罚款以上处罚的，应当在收到旅游行政管理部门补交质量保证金的通知之日起 5 个工作日内补足质量保证金。

③存入、续存、增存规定。《实施细则》第 15 条规定，旅行社存入、续存、增存保证金后 7 个工作日内，应当向做出许可的旅游行政管理部门提交存入、续存、增存保证金的证明文件，以及旅行社与银行达成的使用质量保证金的协议。

《实施细则》第 16 条规定，旅行社符合《条例》第 17 条降低质量保证金数额规定条件的，原许可的旅游行政管理部门应当根据旅行社的要求，在 10 个工作日内向其出具降低质量保证金数额的文件。

《条例》第48条规定，旅行社未在规定期限内向其质量保证金账户存入、增存、补足质量保证金或者提交相应的银行担保的，由旅游行政管理部门责令改正；拒不改正的，吊销旅行社业务经营许可证。

四、旅行社服务质量赔偿标准

1. 适用范围

建立旅游服务质量保证金的目的是更好地保障旅游者合法权益。《赔偿标准》第 2 条规定，旅行社不履行合同或者履行合同不符合约定的服务质量标准，旅游者和旅行社对赔偿标准未做出合同约定的，旅游主管部门或者旅游质监执法机构在处理相关旅游投诉时，参照适用本赔偿标准。

2.《赔偿标准》的具体内容

（1）因旅行社的原因不能成行的。第 4 条规定，旅行社与旅游者订立合同或收取旅游者预付旅游费用后，因旅行社原因不能成行的，旅行社应在合理期限内通知旅游者，否则按下列标准承担赔偿责任：①境内旅游应提前 7 日（不含 7 日）通知旅游者，否则应向旅游者全额退还预付旅游费用，并按下述标准向旅游者支付违约金：出发前 7 日（含 7 日）至 4 日，支付旅游费用总额 10% 的违约金；出发前 3 日至 1 日，支付旅游费用总额 15% 的违约金；出发当日，支付旅游费用总额 20% 的违约金。②出境旅游（含赴台游）应提前 30 日（不含 30 日）通知旅游者，否则应向旅游者全额退还预付旅游费用，并按下述标准向旅游者支付违约金：出发前 30 日至 15 日，支付旅游费用总额 2% 的违约金；出发前 14 日至 7 日，支付旅游费用总额 5% 的违约金；出发前 6 日至 4 日，支付旅游费用总额 10% 的违约金；出发前 3 日至 1 日，支付旅游费用总额 15% 的违约金；出发当日，支付旅游费用总额 20% 的违约金。

（2）旅行社擅自转、拼团的。第 5 条规定，旅行社未经旅游者同意，擅自将旅游者转团、拼团的，旅行社应向旅游者支付旅游费用总额 25% 的违约金。解除合同的，还应向未随团出行的旅游者全额退还预付旅游费用，向已随团出行的旅游者退还未实际发生的旅游费用。

（3）歧视性收费的。第 6 条规定，在同一旅游行程中，旅行社提供相同服务，因旅游者的年龄、职业等差异增收费用的，旅行社应返还增收的费用。

（4）因旅行社的原因未乘坐交通工具的。第 7 条规定，因旅行社原因造成旅游者未能乘坐预定的公共交通工具的，旅行社应赔偿旅游者的直接经济损失，并支付直接经济损失 20% 的违约金。

（5）安排的旅游活动和服务不符合约定的。第 8 条规定，旅行社安排的旅游活动及服务档次与合同不符，造成旅游者经济损失的，旅行社应退还旅游者合同金额与实际花费的差额，并支付同额违约金。

（6）提供的服务不符合标准的。第 9 条规定，导游或领队未按照国家或旅游行业对旅游者服务标准提供导游或者领队服务，影响旅游服务质量的，旅行社应向旅游者支付旅游费用总额 1%～5% 的违约金，本赔偿标准另有规定的除外。

（7）违反合同约定的。第 10 条规定，旅行社及导游或领队违反旅行社与旅游者的合同约定，损害旅游者合法权益的，旅行社按下述标准承担赔偿责任：①擅自缩短游览时间、遗漏旅游景点、减少旅游服务项目的，旅行社应赔偿未完成约定旅游服务项目等合理费用，并支付同额违约金。遗漏无门票景点的，每遗漏一处旅行社向旅游者支付旅游费用总额 5% 的违约金。②未经旅游者签字确认，擅自安排合同约定以外的用餐、娱乐、医疗保健、参观等另行付费项目的，旅行社应承担另行付费项目的费用。③未经旅游者签字确认，擅自违反合同约定增加购物次数、延长停留时间的，每次向旅游者支付旅游费用总额 10% 的违约金。④强迫或者变相强迫旅游者购物的，每次向旅游者支付旅游费用总额 20% 的违约金。⑤旅游者在合同约定的购物场所所购物品系假冒伪劣商品的，旅行社应负责挽回或赔偿旅游者的直接经济损失。⑥私自兜售商品，旅行社应全额退还旅游者购物价款。

（8）中止提供旅游服务的。第 11 条规定，旅行社违反合同约定，中止对旅游者提供住宿、用餐、交通等旅游服务的，应当负担旅游者在被中止旅游服务期间所订的同等级别的住宿、用餐、交通等必要费用，并向旅游者支付旅游费用总额 30% 的违约金。

第四节　文化和旅游市场信用管理制度

一、概述

1. 制定目的和实施原则

（1）制定目的。《市场信用管理规定》第 1 条规定，为规范和加强文化和旅游市场信用管理，保护各类市场主体、从业人员和消费者合法权益，维护文化和旅游市场秩序，促进文化和旅游市场高质量发展，根据相关法律法规，制定本规定。

（2）实施原则。《信用管理规定》第2条规定，文化和旅游主管部门实施信用管理，应当坚持依法行政、合理关联、保护权益、审慎适度原则，确保奖惩措施与守信失信行为相当。

2. 适用范围

《信用管理规定》第3条第1款规定，本规定适用于文化和旅游市场主体和从业人员的信用信息的采集、归集、公开和共享，守信激励和失信惩戒，信用修复，信用承诺和信用评价等活动。

3. 管理主体及职责

（1）国家主管部门。《信用管理规定》第4条规定，文化和旅游部信用管理部门负责指导协调和监督管理全国文化和旅游市场信用管理工作。具体职责包括：①承担文化和旅游行业信用体系建设工作，拟定行业信用体系建设规划并组织实施，实施行业信用监管，统筹推进信用联合奖惩；②组织起草文化和旅游市场信用管理规章制度、标准规范等，开展信用监督检查；③承担社会信用体系建设部际联席会议相关工作，开展文化和旅游市场失信主体认定工作；④负责管理文化和旅游市场信用信息采集、归集、公开和共享工作；⑤负责管理信用承诺、信用评价、守信激励和失信惩戒、信用修复等工作；⑥负责建设管理全国文化和旅游市场信用管理系统，负责信用信息安全管理，组织开展信用信息分析与监测工作；⑦开展诚信文化建设，指导组织信用培训和宣传等工作。

（2）地方政府。《信用管理规定》第5条规定，县级以上地方人民政府文化和旅游主管部门负责本行政区域内文化和旅游市场信用管理工作。具体职责包括：①负责本行政区域文化和旅游市场信用管理制度规范的组织实施，开展本行政区域文化和旅游市场失信主体认定工作；②开展本行政区域内信用信息采集、归集、公开和共享工作，组织开展信用承诺、信用评价、守信激励和失信惩戒、信用修复等工作；③组织开展本行政区域诚信文化建设、信用信息分析与监测、信用培训和宣传等工作。

（3）其他机构。《信用管理规定》第6条规定，鼓励行业协会商会、第三方信用服务机构、金融机构、新闻媒体等各类单位和个人依法参与信用管理。鼓励各类市场主体在生产经营活动中广泛、主动地应用信用报告；支持行业协会商会开展行业信用建设。支持行业协会商会对认定为失信主体的会员采取公开谴责、取消评优评先资格等行业自律措施，加强诚信宣传教育。

二、信用信息采集与归集

《信用管理规定》第 7 条规定，文化和旅游部建立全国文化和旅游市场主体和从业人员信用信息记录；地方各级文化和旅游主管部门负责补充完善信用信息记录，管理本行政区域内信用信息有关工作。第 8 条规定，文化和旅游市场信用信息包括下列信息：①注册登记、备案等用以识别、记载市场主体和从业人员基本情况的信息；②司法裁判仲裁执行信息；③行政许可、行政处罚信息；④与其他部门实施联合奖惩的信息；⑤信用评价结果信息、信用承诺履行情况信息；⑥其他反映市场主体和从业人员信用状况的相关信息。

《信用管理规定》第 9 条规定，文化和旅游主管部门应当按照“谁管理、谁采集”的要求，依法依职责采集相关信用信息，任何单位和个人不得违法违规采集。《信用管理规定》第 10 条规定，文化和旅游主管部门应当通过全国文化和旅游市场信用管理系统归集职责范围内的相关信用信息。

三、失信主体的分类与认定

1. 失信主体分类

《信用管理规定》第 3 条第 2、第 3 款规定，文化市场主体包括从事营业性演出、娱乐场所、艺术品、互联网上网服务、网络文化、社会艺术水平考级等经营活动的法人或者其他组织；从业人员包括上述市场主体的法定代表人、主要负责人、实际控制人等有关人员。

旅游市场主体包括从事旅行社经营服务、A 级旅游景区经营服务、旅游住宿经营服务、在线旅游经营服务的法人或者其他组织；从业人员包括上述市场主体的法定代表人、主要负责人、实际控制人以及导游等有关人员。

2. 失信主体的认定

《信用管理规定》第 11 条规定，文化和旅游市场失信主体分为严重失信主体和轻微失信主体。

（1）严重失信主体认定情形及程序

文化市场类认定情形。《信用管理规定》第 12 条规定，文化市场主体和从业人员有下列情形之一的，应当将其认定为严重失信主体：①因欺骗、故意隐匿、伪造、变造材料等不正当手段取得许可证、批准文件的，或者伪造、变造许可证、批准文件的；②提供含有法律、行政法规、规章禁止的内容，造成严重后果的；③受到文化和旅游主管部门吊销许可证行政处罚的；④擅自从事营业性演出、娱乐场所、互联网上网服务等文化市场经营活动，特别是造成重大事故或者恶劣社会影响的；⑤其他应当认定为严重失信主体的情形。

旅游市场类认定情形。《信用管理规定》第 13 条规定，旅游市场主体和从业人员有下列情形之一的，应当将其认定为严重失信主体：①因欺骗、故意隐匿、伪造、变造材料等不正当手段取得许可证、批准文件的，或者伪造、变造许可证、批准文件的；②发生重大安全事故，属于旅游市场主体主要责任的；③因侵害旅游者合法权益，造成游客滞留或者严重社会不良影响的；④受到文化和旅游主管部门吊销旅行社业务经营许可证、导游证行政处罚的；⑤未经许可从事旅游市场经营活动，特别是造成重大事故或者恶劣社会影响的；⑥其他应当认定为严重失信主体的情形。

严重失信主体认定程序（图 10–1）。《信用管理规定》第 14 条规定，文化和旅游主管部门将市场主体和从业人员认定为严重失信主体，应当遵守以下程序规定：①告知。经查证符合严重失信主体认定标准的，应当向文化和旅游市场主体和从业人员送达《严重失信主体认定告知书》，载明认定理由、依据、惩戒措施和当事人享有的陈述、申辩权利。②陈述与申辩。当事人在被告知的 10 个工作日内有权向认定部门提交书面陈述、申辩及相关证明材料，逾期不提交的，视为放弃。认定部门应当在 15 个工作日内给予答复。陈述、申辩理由被采纳的，不认定为严重失信主体。③认定。符合严重失信主体认定标准的，经专家评估、法制审核、集体讨论等程序，依法在 15 个工作日内作出决定。④决定与送达。认定部门应当向当事人出具《严重失信主体认定决定书》并送达。

《信用管理规定》第 14 条

［启动］，符合认定标准→发送《告知书》

↓

当事人 10 个工作日内申辩→无申辩→视为放弃

↓是 ↓

部门 15 个工作日内审核→理由成立→终止程序

↓不成立

专家评估→法制审核→集体讨论（15个工作日内）

↓

出具《认定决定书》→送达→［结束］

图 10-1 严重失信主体认定程序

（2）轻微失信主体认定情形及程序

轻微失信主体认定情形。《信用管理规定》第 15 条规定，文化和旅游市场主体和从业人员有下列情形之一的，应当认定为轻微失信主体：①存在“捂票炒票”、虚假宣传、未履行相关义务、违反公序良俗等行为，造成不良社会影响的；②因故意或者重大过失严重损害旅游者合法权益，但尚不符合严重失信主体认定情形的；③在旅游经营活动中存在安全隐患，未在指定期限内整改完毕的；④拒不配合投诉处置、执法检查，拒不履行行政处罚决定，造成不良社会影响的；⑤ 12 个月内受到文化和旅游主管部门两次较大数额罚款行政处罚，造成不良社会影响的；⑥其他应当认定为轻微失信主体的情形。12 个月内第 3 次认定为轻微失信主体的，应当认定为严重失信主体。

轻微失信主体认定程序。《信用管理规定》第 16 条规定，符合轻微失信主体认定标准的，由县级以上地方人民政府文化和旅游主管部门依法作出决定。认定部门应当向行政相对人出具《轻微失信主体认定决定书》并送达。符合轻微失信主体认定标准的，在作出决定前，经文化和旅游主管部门约谈督促，改正违法行为、履行赔偿补偿义务、挽回社会不良影响的，可以不认定为轻微失信主体。

四、信用管理措施

1. 激励措施

《信用管理规定》第 17 条规定，文化和旅游主管部门对守信情况良好的市场主体和从业人员，可以采取加强宣传、公开鼓励、提供便利服务等激励措施。

2. 对严重失信主体的管理措施

（1）文化市场类。《信用管理规定》第 18 条规定，文化和旅游主管部门对文化市场严重失信主体实施下列管理措施：①适当提高抽查比例和频次，纳入重点监管对象；②将失信信息提供给有关部门查询，供其在相关行政管理、公共服务、评优评先等活动中参考使用；③将失信信息提供给各类市场主体查询，供其在市场活动中参考使用；④因擅自从事娱乐场所经营活动而被认定为严重失信主体的，其投资人和负责人终身不得投资开办娱乐场所或者担任娱乐场所的法定代表人、负责人；⑤因擅自设立互联网上网服务营业场所经营单位而被认定为严重失信主体的，其法定代表人或者主要负责人 5 年内不得担任互联网上网服务营业场所经营单位的法定代表人或者主要负责人；⑥因被吊销营业性演出许可证而被认定为严重失信主体的，当事人为单位的，其法定代表人、主要负责人 5 年内不得担任文艺表演团体、演出经纪机构或者演出场所经营单位的法定代表人、主要负责人；⑦因营业性演出含有禁止内容被吊销营业性演出许可证而被认定为严重失信主体的，不得再次从事营业性演出或者营业性演出的居间、代理、行纪活动；⑧因被吊销或者撤销娱乐经营许可证而被认定为严重失信主体的，其法定代表人、主要负责人 5 年内不得担任娱乐场所的法定代表人、负责人；⑨因被吊销《网络文化经营许可证》而被认定为严重失信主体的，其法定代表人或者主要负责人 5 年内不得担任互联网上网服务营业场所经营单位的法定代表人或者主要负责人；⑩法律、行政法规和党中央、国务院政策文件规定的其他管理措施。

（2）旅游市场类。《规定》第 19 条规定，文化和旅游主管部门对旅游市场严重失信主体实施下列管理措施：①适当提高抽查比例和频次，纳入重点监管对象；②将失信信息提供给有关部门查询，供其在相关行政管理、公共服务、评优评先等活动中参考使用；③将失信信息提供给各类市场主体查询，供其在市场活动中参考使用；④旅行社因被吊销旅行社业务经营许可证而被认定为严重失信主体的，其主要负责人5年内不得担任任何旅行社的主要负责人；⑤导游、领队因被吊销导游证而被认定为严重失信主体的，旅行社有关管理人员因旅行社被吊销旅行社业务经营许可证而被认定为严重失信主体的，自处罚之日起3年内不得重新申请导游证或者从事旅行社业务；⑥旅行社因侵犯旅游者合法权益受到罚款以上行政处罚而被认定为严重失信主体的，自处罚之日起2年内不得申请出境旅游业务；⑦法律、行政法规和党中央、国务院政策文件规定的其他管理措施。

3. 对轻微失信主体的管理措施

《信用管理规定》第20条规定，文化和旅游主管部门对轻微失信主体实施下列管理措施：①依据法律、行政法规和党中央、国务院政策文件，在审查行政许可、资质资格等时作为参考因素；②加大日常监管力度，提高随机抽查的比例和频次；③将失信信息提供给有关部门查询，供其在相关行政管理、公共服务等活动中参考使用；④在行政奖励、授予称号等方面予以重点审查；⑤法律、行政法规和党中央、国务院政策文件规定的其他管理措施。

《信用管理规定》第21条规定，对严重失信主体实施信用管理措施的期限为3年，对轻微失信主体实施信用管理措施的期限为1年；法律法规另有规定的，从其规定。

五、信用信息公开与共享

1. 公开与共享原则

《信用管理规定》第22条规定，文化和旅游市场信用信息的公开与共享坚持合法、必要、安全原则，防止信息泄露，不得侵犯商业秘密和个人隐私。第23条规定，失信主体信息应当按照“谁认定、谁公开”原则通过全国文化和旅游市场信用管理系统等渠道公开。第24条规定，文化和旅游部信用管理部门应当建立健全信用信息查询、应用和反馈机制，推进信用信息与其他有关部门共享，实施信用联合奖惩。

各级文化和旅游主管部门有关职能部门、文化市场综合执法机构，应当将执法信息等相关信用信息及时与同级文化和旅游信用管理部门共享。

2. 信用信息查询及更正

《信用管理规定》第 25 条规定，公民、法人和其他组织有权查询与自身相关的信用信息。文化和旅游主管部门应当依法依规为查询提供便利。认定部门或者信用信息归集管理部门发现信用信息有误的，应当及时主动更正。公民、法人和其他组织认为自己的信用信息有误时，有权向认定部门申请更正相关信息。认定部门应当在收到实名提交的书面更正申请之日起 5 个工作日内作出是否更正的决定。

六、信用修复

1. 修复条件

《信用管理规定》第 26 条规定，符合以下条件的，认定部门应当主动进行信用修复：①实施信用管理措施期限届满；②认定为失信主体的依据被撤销或者变更，不符合认定为失信主体标准的；③因为政策变化或者法律法规修订，已经不适宜认定为失信主体的；④其他应当主动修复的情形。信用修复应当通过全国文化和旅游市场信用管理系统进行。

2. 修复程序

《信用管理规定》第 27 条规定，文化和旅游市场失信主体积极进行合规整改、纠正失信行为、消除不良影响、接受信用修复培训、作出信用承诺的，可以向认定部门提出信用修复申请，并遵循以下程序。

（1）申请。有关市场主体和从业人员可以向认定部门提出信用修复申请，说明事实和理由，提交信用修复申请书、培训记录、纠正失信行为等有关材料。

（2）受理。认定部门收到申请后，应当于 10 个工作日内予以受理。不符合条件的不予受理并说明理由。

（3）核查。认定部门应当自受理之日起 10 个工作日内，采取线上、书面、实地等方式检查核实。必要时，可以组织开展约谈或者指导。

（4）决定。认定部门应当自核查完成之日起 5 个工作日内作出准予信用修复或者不予信用修复的决定，不予信用修复的应当说明理由。

（5）修复。认定部门应当自作出准予信用修复决定之日起5个工作日内，解除对失信主体的相关管理措施。

3. 不予修复的情形

《信用管理规定》第 28 条规定，具有下列情形之一的，不予信用修复：①认定为严重失信主体不满 6 个月的、认定为轻微失信主体不满 3 个月的；②因违反相关法律法规规定，依法被限制或者禁止行业准入期限尚未届满的；③距离上一次信用修复时间不到 1 年的；④申请信用修复过程中存在弄虚作假、故意隐瞒事实等欺诈行为的；⑤申请信用修复过程中又因同一原因受到行政处罚，造成不良社会影响的；⑥法律法规和党中央、国务院政策文件明确规定不可修复的。

七、信用评价与信用承诺

1. 信用评价

《信用管理规定》第 29 条规定，文化和旅游部根据工作需要，制定行业信用评价制度和规范，组织开展信用评价，实施分级分类管理。各级文化和旅游主管部门在职责范围内开展信用评价工作；鼓励行业协会商会、第三方信用服务机构等具备条件的机构依法依规参与信用评价。《信用管理规定》第 30 条规定，鼓励各部门在评优评先、人员招聘、试点示范等方面优先选择信用评价较好的市场主体和从业人员；鼓励和支持有关机构积极利用信用评价结果，拓展信用应用场景。

2. 信用承诺

《信用管理规定》第 31 条规定，文化和旅游主管部门在行政管理、政务服务等工作中应当规范应用信用承诺，将文化和旅游市场主体和从业人员的承诺履约情况记入信用信息记录，作为监督管理的重要依据；文化和旅游市场主体和从业人员被认定为严重失信主体或者曾经作出虚假承诺的，不适用信用承诺的有关规定。

第五节　在线旅游经营服务管理法律制度

一、制定目的和相关概念

1. 制定目的

2020 年 10 月 1 日，文化和旅游部发布实施的《在线旅游经营服务管理暂行规定》第 1 条规定，为保障旅游者合法权益，规范在线旅游市场秩序，促进在线旅游行业可持续发展，依据相关法律、行政法规，制定本规定。

2. 相关概念

（1）在线旅游经营服务。《在线管理规定》第 2 条第 2 款规定，在线旅游经营服务是指通过互联网等信息网络为旅游者提供包价旅游服务或者交通、住宿、餐饮、游览、娱乐等单项旅游服务的经营活动。

（2）《在线管理规定》第 3 条第 1 款规定，在线旅游经营者，指从事在线旅游经营服务的自然人、法人和非法人组织，包括在线旅游平台经营者、平台内经营者以及通过自建网站、其他网络服务提供旅游服务的经营者。

（3）平台经营者。《在线管理规定》第 3 条第 2 款规定，平台经营者，是指为在线旅游经营服务交易双方或者多方提供网络经营场所、交易撮合、信息发布等服务的法人或者非法人组织。

（4）平台内经营者。《在线管理规定》第 3 条第 3 款规定，平台内经营者，是指通过平台经营者提供旅游服务的在线旅游经营者。

二、经营原则及监管

1. 经营原则

《在线管理规定》第 4 条规定，在线旅游经营者提供在线旅游经营服务，应当遵守社会主义核心价值观的要求，坚守人身财产安全、信息内容安全、网络安全等底线，诚信经营、公平竞争，承担产品和服务质量责任，接受政府和社会的监督。

2. 监管

在线旅游经营服务的监管主体为文化和旅游部、县级以上地方文化和旅游主管部门。《在线管理规定》第 5 条规定，文化和旅游部按照职责依法负责全国在线旅游经营服务的指导、协调、监管工作；县级以上地方文化和旅游主管部门按照职责分工负责本辖区内在线旅游经营服务的监督管理工作。

三、运营与法律责任

1. 信息采集、核验与信息监管管理

（1）游客信息采集。《在线管理规定》第 14 条规定，在线旅游经营者应当保护旅游者个人信息等数据安全，在收集旅游者信息时事先明示收集旅游者个人信息的目的、方式和范围，并经旅游者同意；同时，在签订包价旅游合同或者出境旅游产品代订合同时，应当提示旅游者提供紧急联络人信息。

（2）在线旅游经营者信息管理。《在线管理规定》第 8 条规定，在线旅游经营者发现法律、行政法规禁止发布或者传输的信息，应当立即停止传输该信息，采取消除等处置措施防止信息扩散，保存有关记录并向主管部门报告；平台经营者应当对上传至平台的文字、图片、音视频等信息内容加强审核，确保平台信息内容安全。

《在线管理规定》第 31 条规定，在线旅游经营者违反本规定第 8 条第 1 款规定，由县级以上文化和旅游主管部门依照《中华人民共和国网络安全法》（以下简称《网络安全法》）第 68 条有关规定处理。《中华人民共和国网络安全法》第 68 条规定，网络运营者违反本法第 47 条规定，对法律、行政法规禁止发布或者传输的信息未停止传输、采取消除等处置措施、保存有关记录的，由有关主管部门责令改正，给予警告，没收违法所得；拒不改正或者情节严重的，处 10 万元以上 50 万元以下罚款，并可以责令暂停相关业务、停业整顿、关闭网站、吊销相关业务许可证或者吊销营业执照，对直接负责的主管人员和其他直接责任人员处 1 万元以上 10 万元以下罚款。

（3）平台经营者信息核验与监管。《在线管理规定》第 11 条规定，平台经营者应当对平台内经营者的身份、地址、联系方式、行政许可、质量标准等级、信用等级等信息进行真实性核验、登记，建立登记档案，并定期核验

更新；平台经营者应当督促平台内经营者对其旅游辅助服务者的相关信息进行真实性核验、登记。

依据《在线管理规定》第 28 条第 2 款规定，平台经营者未对平台内经营者资质进行审核，造成旅游者合法权益损害的，依法承担相应责任。

2. 预案预警、网络安全等级保护、保险投保等安全管理

（1）安全保护。《在线管理规定》第 7 条规定，在线旅游经营者应当依法建立旅游者安全保护制度，制定应急预案，结合有关政府部门发布的安全风险提示等信息进行风险监测和安全评估，及时排查安全隐患，做好旅游安全宣传与引导、风险提示与防范、应急救助与处置等工作。第 28 条第 1 款规定，平台经营者知道或者应当知道平台内经营者不符合保障旅游者人身、财产安全要求或者有其他侵害旅游者合法权益行为，未及时采取必要措施的，依法与该平台内经营者承担连带责任。

《在线管理规定》第 30 条规定，因不可抗力或者第三人造成旅游者损害的，在线旅游经营者应当及时进行救助。在线旅游经营者未及时进行救助造成旅游者损害的，依法承担相应责任。旅游者接受救助后，依法支付应当由个人承担的费用。

（2）网络安全等级保护。《在线管理规定》第 9 条规定，在线旅游经营者应当按照《网络安全法》等相关法律规定，贯彻网络安全等级保护制度，落实网络安全管理和技术措施，制定网络安全应急预案，并定期组织开展演练，确保在线旅游经营服务正常开展。

（3）保险。《在线管理规定》第 17 条规定，经营旅行社业务的在线旅游经营者应当投保旅行社责任险。在线旅游经营者应当提示旅游者投保人身意外伤害保险。销售出境旅游产品时，应当为有购买境外旅游目的地保险需求的旅游者提供必要协助。在线旅游经营者未依法投保旅行社责任保险的，《旅游法》第 97 条规定，由县级以上文化和旅游主管部门责令改正，没收违法所得，并处 5000 元以上 5 万元以下罚款；违法所得 5 万元以上的，并处违法所得 1 倍以上 5 倍以下罚款；情节严重的，责令停业整顿或者吊销旅行社业务经营许可证；对直接负责的主管人员和其他直接责任人员，处 2000 元以上 2 万元以下罚款。

3. 打击虚假宣传、不合理低价游、价格歧视等管理制度

（1）虚假宣传。为防止虚假宣传，《在线管理规定》对在线旅游经营服务提供的信息、平台性质及预订渠道做出详细规定。依据第12条规定，在线旅游经营者应当提供真实、准确的旅游服务信息，不得进行虚假宣传。具体包括未取得质量标准、信用等级的，不得使用相关称谓和标识；平台经营者应当以显著方式区分标记自营业务和平台内经营者开展的业务；在线旅游经营者为旅游者提供交通、住宿、游览等预订服务的，应当建立公开、透明、可查询的预订渠道，促成相关预订服务依约履行。

《在线管理规定》第34条规定，在线旅游经营者违反本规定第12条第1款有关规定，未取得质量标准、信用等级使用相关称谓和标识的，由县级以上文化和旅游主管部门责令改正，给予警告，可并处3万元以下罚款。

（2）不合理低价游。《在线管理规定》第18条规定，在线旅游经营者应当协助文化和旅游主管部门对不合理低价游进行管理，不得为其提供交易机会。

《在线管理规定》第36条规定，在线旅游经营者违反本规定第18条规定，为以不合理低价组织的旅游活动提供交易机会的，由县级以上文化和旅游主管部门责令改正，给予警告，可并处3万元以下罚款。

（3）价格歧视。为防止利用大数据等对旅游者价格歧视（大数据杀熟）等行为，依据《在线管理规定》第15条的规定，在线旅游经营者不得滥用大数据分析等技术手段，基于旅游者消费记录、旅游偏好等设置不公平的交易条件，侵犯旅游者合法权益。

4. 处理措施规定

《在线管理规定》第20条规定，社交网络平台、移动应用商店等信息网络提供者知道或者应当知道他人利用其服务从事违法违规在线旅游经营服务，或者侵害旅游者合法权益的，应当采取删除、屏蔽、断开链接等必要措施。第28条第1款规定，平台经营者未及时采取必要措施的，依法与该平台内经营者承担连带责任。

《在线管理规定》第22条规定，平台经营者发现以下情况，应当立即采取必要的救助和处置措施，并依法及时向县级以上文化和旅游主管部门报告：①提供的旅游产品或者服务存在缺陷，危及旅游者人身、财产安全的；

②经营服务过程中发生突发事件或者旅游安全事故的；③平台内经营者未经许可经营旅行社业务的；④出现法律、法规禁止交易的产品或者服务的；⑤其他应当报告的事项。

5. 其他规定

（1）保障旅游者的评价权。《在线管理规定》第 13 条规定，在线旅游经营者应当保障旅游者的正当评价权，不得擅自屏蔽、删除旅游者对其产品和服务的评价，不得误导、引诱、替代或者强制旅游者做出评价，对旅游者做出的评价应当保存并向社会公开。在线旅游经营者删除法律、法规禁止发布或者传输的评价信息的，应当在后台记录和保存。

（2）信用监管。《在线管理规定》第 19 条规定，平台经营者应当对平台内经营者服务情况、旅游合同履行情况以及投诉处理情况等产品和服务信息、交易信息依法进行记录、保存，进行动态管理。不依法履行商品和服务信息、交易信息保存义务的，依照《电子商务法》第 80 条的规定处罚。

（3）资质审核。《在线管理规定》第 10 条规定，在线旅游经营者经营旅行社业务的，应当依法取得旅行社业务经营许可。在线旅游经营者未依法取得旅行社业务经营许可开展相关业务的，依照《旅游法》第 95 条的规定，由县级以上文化和旅游主管部门责令改正，没收违法所得，并处 1 万元以上 10 万元以下罚款；违法所得 10 万元以上的，并处违法所得 1 倍以上 5 倍以下罚款；对有关责任人员，处 2000 元以上 2 万元以下罚款。

（4）纠纷解决。《在线管理规定》第 21 条规定，平台经营者应当在首页显著位置公示全国旅游投诉渠道。平台内经营者与旅游者发生旅游纠纷的，平台经营者应当积极协助旅游者维护合法权益。鼓励平台经营者先行赔付。

（5）合同签订。《在线管理规定》第 16 条规定，在线旅游经营者为旅游者提供包价旅游服务的，应当依法与旅游者签订合同，并在全国旅游监管服务平台填报合同有关信息。《在线管理规定》第 35 条规定，违反本规定第 16 条规定，未在全国旅游监管服务平台填报包价旅游合同有关信息的，由县级以上文化和旅游主管部门责令改正，给予警告；拒不改正的，处 1 万元以下罚款。

第十一章 导游管理法律制度

章节练习
增值服务

学习目的

熟悉:《旅游法》《旅行社条例》(以下简称《条例》)、《导游人员管理条例》(以下简称《管理条例》)、《导游管理办法》(以下简称《管理办法》)、《导游等级考核管理办法》关于导游资格考试制度、导游执业许可制度、导游等级考核制度及导游从事领队服务的条件的规定; **掌握:**《旅游法》《条例》《管理条例》《管理办法》关于导游执业管理、导游执业保障与激励、导游的权利和义务及其相关法律责任的规定。

第一节 概 述

一、导游的概念

《管理条例》第 2 条规定，导游是指依照条例规定取得导游证，接受旅行社委派，为旅游者提供向导、讲解及相关旅游服务的人员。具体而言：

(1) 依法取得导游证，是担任导游工作的前提条件。只有参加导游资格考试合格，并取得导游证的人，才能从事导游工作。

(2) 接受旅行社委派，是导游的主要特征。只有接受旅行社的委派从事导游活动的人，其合法从业权才能受到法律保护，私自承揽导游业务进行导游活动的行为将受到法律的追究。

（3）为旅游者提供向导、讲解及相关旅游服务，是导游的工作范围。向导是指引路、带路；讲解是指解说、指点风景名胜；相关旅游服务一般是指代办各种旅行证件和手续、代购交通票据、安排旅游行程等与旅行游览有关的各种活动。

二、导游管理立法简况

1987 年，为了规范导游活动，保障旅游者和导游人员的合法权益，促进旅游业的健康发展，国务院批准国家旅游局发布实施《导游人员管理暂行规定》。1999 年，国务院发布《导游人员管理条例》。2001 年颁布《导游人员管理实施办法》。2013 年，《旅游法》将经过实践证明行之有效的政策、制度上升为法律制度，规定了导游证的申领，导游的权益保障，导游和领队的行为规范，导游、领队的法律责任等。

2016 年 9 月，国务院旅游主管部门发布《关于废止〈导游人员管理实施办法〉的决定》，同时导游岗前培训考核制度、计分管理制度、年审管理制度和导游资格证 3 年有效等制度停止实施。2018 年 1 月 1 日，《导游管理办法》正式施行。2025 年 1 月，文化和旅游部发布了于同年 3 月 1 日起施行的《导游等级考核管理办法》。

第二节　导游资格考试、执业许可与管理制度

一、导游资格考试制度

资格考试制度即导游从业资格核准制度，指欲从事导游职业者通过本人申请并按照规定的程序参加全国统一的导游资格考试，考试合格并经国务院旅游主管部门审核批准，方可取得从业资格的管理制度。

1. 导游资格考试的报考条件

《管理条例》第 3 条规定，国家实行全国统一的导游人员资格考试制度；具有高级中学、中等专业学校或者以上学历，身体健康，具有适应导游需要的基本知识和语言表达能力的中华人民共和国公民，可以参加导游人员资格

考试。

2. 导游资格考试的监督管理

《管理办法》第 6 条第 2、第 3 款规定，国务院旅游主管部门负责制定全国导游资格考试政策、标准，组织导游资格统一考试，以及对地方各级旅游主管部门导游资格考试实施工作进行监督管理；省、自治区、直辖市旅游主管部门负责组织、实施本行政区域内导游资格考试具体工作。

3. 导游资格证书的颁发

《管理办法》第 6 条第 1 款规定，经导游人员资格考试合格的人员，方可取得导游资格证书。《管理条例》第 3 条第 2 款规定，经考试合格的，由国务院旅游行政部门或者国务院旅游行政部门委托省、自治区、直辖市人民政府旅游主管部门颁发导游人员资格证书。导游资格证由国务院旅游主管部门统一印制，在中华人民共和国全国范围内使用。2016 年 9 月 27 日，国家旅游局发布第 40 号令《关于废止〈导游人员管理实施办法〉的决定》，明确停止实施导游人员资格证 3 年有效制度。

二、从事导游、领队服务的条件

1. 从事导游服务的执业条件

《旅游法》第 37 条规定，参加导游资格考试成绩合格，与旅行社订立劳动合同或者在相关旅游行业组织注册的人员，可以申请取得导游证。《条例》第 31 条第 1 款规定，旅行社为接待旅游者委派的导游人员，应当持有国家规定的导游证。第 32 条规定，旅行社聘用导游人员、领队人员应当依法签订劳动合同，并向其支付不低于当地最低工资标准的报酬。

（1）参加导游资格考试成绩合格。经过导游资格考试合格，取得国务院旅游主管部门颁发的导游资格证书，是从事导游职业的前提条件。导游资格是衡量一个公民是否具备从事导游业务应当具有的基本政治思想、道德品质、遵纪守法观念等基本素质，以及必备的专业知识和技能的标准。

（2）取得导游证。依法取得导游证是进行导游活动的必备条件，没有取得导游证，不得为谋取经济利益从事导游活动。申领导游证有两种途径：①与旅行社订立劳动合同；②在相关旅游行业组织注册。相关旅游行业组织可以是导游协会、旅游协会的导游分会或导游工作部门等。

2. 导游从事领队服务的执业条件

《旅游法》第 39 条规定，从事领队业务，应当取得导游证，具有相应的学历、语言能力和旅游从业经历，并与委派其从事领队业务的取得出境旅游业务经营许可的旅行社订立劳动合同。《条例》第 31 条第 2 款规定，取得出境旅游业务经营许可的旅行社为组织旅游者出境旅游委派的领队，应当取得导游证，具有相应的学历、语言能力和旅游从业经历，并与委派其从事领队业务的旅行社订立劳动合同。旅行社应当将本单位领队名单报所在地设区的市级旅游行政管理部门备案。第 32 条规定，旅行社聘用导游人员、领队人员应当依法签订劳动合同，并向其支付不低于当地最低工资标准的报酬。这表明，从事领队服务应当具备以下三个条件：

（1）取得导游证。这是导游从事领队服务的前提条件。领队的执业特点和导游类似，由于领队工作的区域有别于导游，因此对领队有更高的政策水平、语言、专业能力要求。取得导游证，表明具备了从事领队职业的基本素质。

（2）具有相应的学历、语言能力和旅游从业经历。根据《实施细则》第 31 条规定，导游从事领队业务应当具有大专以上学历；取得相关语言水平测试等级证书或通过外语语种导游资格考试，但为赴港澳台地区旅游委派的领队除外；具有两年以上旅行社业务经营、管理或导游等相关从业经历。

（3）与旅行社订立劳动合同。导游从事领队业务应与取得出境旅游业务经营许可的旅行社订立劳动合同。

三、导游执业许可制度

1. 导游证的核发

（1）电子导游证。《管理办法》第 7 条规定，导游证采用电子证件形式，由国务院旅游主管部门制定格式标准，由各级旅游主管部门通过全国旅游监管服务信息系统实施管理。电子导游证以电子数据形式保存于导游个人移动电话等移动终端设备中。导游在执业过程中应当携带电子导游证、佩戴导游身份标识，并开启导游执业相关应用软件。其中导游身份标识，是指标识有导游姓名、证件号码等导游基本信息，以便于旅游者和执法人员识别身份的工作标牌，具体标准也由国务院旅游主管部门制定。

（2）核发程序。根据《管理办法》第 10 条规定，申请取得导游证，申请人应当通过全国旅游监管服务信息系统填写申请信息，并提交规定的材料。

提交申请材料包括：①身份证的扫描件或者数码照片等电子版；②未患有传染性疾病的承诺；③无过失犯罪以外的犯罪记录的承诺；④与经常执业地区的旅行社订立劳动合同或者在经常执业地区的旅游行业组织注册的确认信息。

申请电子导游证者，可下载“全国导游之家”App 申领电子导游证，也可登录网站“全国旅游监管服务平台”，进入“导游入口”在线申领电子导游证，旅游主管部门审核完毕后，导游可在 App 上获取电子导游证。

根据新法优于旧法的原则，根据《管理办法》第 10 条第 2 款规定，旅行社或者旅游行业组织应当自申请人提交申请之日起 5 个工作日内确认。《管理办法》第 11 条规定，所在地旅游主管部门对申请人提出的取得导游证的申请，应当依法出具受理或者不予受理的书面凭证。需补正相关材料的，应当自收到申请材料之日起 5 个工作日内一次性告知申请人需要补正的全部内容；逾期不告知的，收到材料之日起即为受理；所在地旅游主管部门应当自受理申请之日起 10 个工作日内，作出准予核发或者不予核发导游证的决定。不予核发的，应当书面告知申请人理由。

2. 不予颁发导游证的情形

《管理条例》第 5 条规定，有下列情形之一的，不得颁发导游证：①无民事行为能力或者限制民事行为能力的；②患有传染性疾病的；③受过刑事处罚的，过失犯罪的除外；④被吊销导游证的。《管理办法》进一步细化，第 12 条规定，具有下列情形的，不予核发导游证：①无民事行为能力或者限制民事行为能力的；②患有甲类、乙类以及其他可能危害旅游者人身健康安全的传染性疾病的；③受过刑事处罚的，过失犯罪的除外；④被吊销导游证之日起未逾 3 年的。

（1）无民事行为能力或者限制民事行为能力的。执业的导游要行使法定权利，承担法定义务，不具备完全民事行为能力的人是不能履行导游职务的。

（2）患有传染性疾病。具体为患有甲类、乙类以及其他可能危害旅游者人身健康安全的传染性疾病的。根据《中华人民共和国传染病防治法》规定，甲类传染病是指鼠疫、霍乱；乙类传染病是指新型冠状病毒感染的肺炎、传染性非典型肺炎、艾滋病、病毒性肝炎、脊髓灰质炎、人感染高致病性禽流感、麻疹、流行性出血热、狂犬病、流行性乙型脑炎、登革热、细菌性和阿米巴性痢疾、肺结核、伤寒和副伤寒、流行性脑脊髓膜炎、百日咳、白喉、新生儿破伤风、猩红热、淋病、梅毒、疟疾等。旅游主管部门不得向患有传染性疾病的申请人颁发导游证，是由导游这一职业的特性决定的。导游为旅游者提供向导、讲解及相关旅游服务，在旅游活动中与旅游者朝夕相处，若患有传染性疾病，就可能将其患有的疾病传染给旅游者，造成交叉传染。

（3）受过刑事处罚的。此类人员曾因其行为触犯了国家刑法依法受到刑罚制裁，旅游主管部门不对这类人员颁发导游证。《管理条例》及《管理办法》同时又规定“过失犯罪的除外”。规定除外情形的理由是，根据《中华人民共和国刑法》的规定，犯罪分为故意犯罪和过失犯罪。明知自己的行为会发生危害社会的结果，并且希望或者放任这种结果发生，因而构成犯罪的，是故意犯罪；应当预见自己的行为可能发生危害社会的结果，因为疏忽大意而没有预见，或者已经预见而轻信能够避免，以致发生这种结果的是过失犯罪。因此，过失犯罪的人虽然也受到过刑罚的制裁，但仍然可以申请领取导游证，旅游主管部门也可以对其颁发导游证。

（4）被吊销导游证之日起未逾 3 年的。这是指曾经取得导游证的人员，因违反有关导游管理法律、法规，被旅游主管部门处以吊销导游证的处罚，需经过一段从业禁止的期限方可重新申请导游证。此类人员在进行导游活动中有过不良记录、受过被吊销导游证的处罚，表明已不适合继续从事该职业。关于导游的从业禁止期限，《旅游法》第 103 条规定，违反本法规定被吊销导游证的导游、领队，自处罚之日起未逾 3 年的，不得重新申请导游证。

四、导游执业管理制度

1. 导游证的管理

（1）有效期满继续执业的。《管理办法》第 13 条第 1 款规定，导游证的有效期为 3 年。导游需要在导游证有效期届满后继续执业的，应当在有效期限届满前 3 个月内，通过全国旅游监管服务信息系统向所在地旅游主管部门提出申请，并提交本办法第 10 条第（二）项至第（四）项规定的材料。

（2）有效信息变更的。《管理办法》第 14 条规定，导游与旅行社订立的劳动合同解除、终止或者在旅游行业组织取消注册的，导游及旅行社或者旅游行业组织应当自解除、终止合同或者取消注册之日起 5 个工作日内，通过全国旅游监管服务信息系统将信息变更情况报告旅游主管部门。

《管理办法》第 15 条规定，导游应当自下列情形发生之日起 10 个工作日内，通过全国旅游监管服务信息系统提交相应材料，申请变更导游证信息：①姓名、身份证号、导游等级和语种等信息；②与旅行社订立的劳动合同解除、终止或者在旅游行业组织取消注册后，在 3 个月内与其他旅行社订立劳动合同或者在其他旅游行业组织注册的；③经常执业地区发生变化的；④其他导游身份信息发生变化的。

旅行社或者旅游行业组织应当自收到申请之日起 3 个工作日内对信息变更情况进行核实。所在地旅游主管部门应当自旅行社或者旅游行业组织核实信息之日起 5 个工作日内予以审核确认。

2. 导游证的撤销

导游证的撤销指依法取消导游证行政许可法律效力的行为。根据《管理办法》第 16 条规定，有下列情形之一的，所在地旅游主管部门应当对以下情形给予导游证撤销：①对不具备申请资格或者不符合法定条件的申请人核发导游证的；②申请人以欺骗、贿赂等不正当手段取得导游证的；③依法可以撤销导游证的其他情形。

3. 导游证的注销

导游证的注销指一种程序性的行为，主要针对导游证行政许可已经失去法律效力或者在事实上导游证无法使用的情况下，行政机关履行取消登记的一种行政管理行为。

《管理办法》第 17 条规定，有下列情形之一的，所在地旅游主管部门应当对以下情形给予导游证注销：①导游死亡的；②导游证有效期届满未申请换发导游证的；③导游证依法被撤销、吊销的；④导游与旅行社订立的劳动合同解除、终止或者在旅游行业组织取消注册后，超过 3 个月未与其他旅行社订立劳动合同或者未在其他旅游行业组织注册的；⑤取得导游证后出现无民事行为能力或限制行为能力，患有甲类、乙类以及其他可能危害旅游者人身健康安全的传染性疾病的，受过刑事处罚情形的；⑥依法应当注销导游证的其他情形。导游证被注销后，导游符合法定执业条件需要继续执业的，应当依法重新申请取得导游证。

第三节　导游的等级考核与保障激励制度

一、导游等级考核制度

1. 概述

导游等级考核制度旨在加强导游队伍建设，提高导游综合素质和职业技能，促进导游服务水平提升。依据《导游等级考核管理办法》（以下简称《等级管理办法》）第 3、第 6 条，全国实行统一的导游等级考核制度，由国务院文化和旅游主管部门负责组织实施。

《等级管理办法》第 3、第 7 条规定，导游等级分为初级、中级、高级、特级四个等级。取得导游资格证书的人员，在依法申请取得导游证后，即获得初级导游等级；中级、高级导游等级通过考核或者激励晋升的方式获得；特级导游等级通过考核的方式获得。

2. 考核方式与内容

依据《等级管理办法》第 8 条，导游等级考核的形式包括笔试、面试、论文答辩等。中级、高级导游等级考核，原则上采取笔试形式，每 2 年开展一次；特级导游等级考核，原则上采取论文答辩形式，每 4 年开展一次。根据需要，中级、高级导游等级考核可以增加面试形式，特级导游等级考核可以增加笔试形式。

依据《等级管理办法》第 9 条，导游等级考核的科目和内容主要包括：

①中级导游为导游专题知识和中国语言文学知识等；②高级导游为综合案例分析和导游词创作等；③特级导游为导游词创作和导游相关专业论文等。

3. 考核条件与程序

（1）考核条件

依据《等级管理办法》第 10 条的规定，申请参加导游等级考核的人员，应当符合下列条件：①申请参加中级、高级导游等级考核的，应当具有大学专科以上学历，取得上一个导游等级满 2 年，2 年内在全国旅游监管服务平台的带团记录不少于 25 次或者 90 天；②申请参加特级导游等级考核的，应当具有大学本科以上学历，取得高级导游等级满 3 年，3 年内在全国旅游监管服务平台的带团记录不少于 25 次或者 90 天；③ 2 年内未因侵害旅游者合法权益受到罚款以上处罚，未被认定为文化和旅游市场失信主体。

（2）考核程序

依据《等级管理办法》第 11~13 条的规定，导游等级考核包括申请、资格审核、考试或者答辩考核、成绩发布等程序。初级、中级导游在获得下列表彰奖励 2 年内，可以通过激励晋升的方式申请晋升一个导游等级。多次获得或者同时获得多项表彰奖励的，只晋升一次导游等级：

①国务院文化和旅游主管部门组织的全国导游大赛一、二、三等奖；

②省级文化和旅游主管部门组织的省级导游大赛一等奖；

③省级以上劳动模范、五一劳动奖章、青年岗位能手、三八红旗手、巾帼建功标兵；

④国务院文化和旅游主管部门认定的其他符合激励晋升的情况。

其中，获得第 1 项至第 3 项表彰奖励的导游，可以向省级文化和旅游主管部门申请晋升一个导游等级；省级文化和旅游主管部门作出晋升决定后，应当报国务院文化和旅游主管部门备案。符合第 4 项激励晋升情况的导游，可以向国务院文化和旅游主管部门提出晋升申请。

二、执业保障与激励制度

1. 签订劳动合同

导游劳动报酬及相关权益的实现，主要依靠劳动合同得以保障。《管理办法》第 28 条规定，旅行社应当与通过其取得导游证的导游订立不少于 1 个月期限的劳动合同，并支付基本工资、带团补贴等劳动报酬，缴纳社会保险费用。旅行社临时聘用在旅游行业组织注册的导游为旅游者提供服务的，应当依照旅游和劳动相关法律、法规的规定足额支付导游服务费用；旅行社临时聘用的导游与其他单位不具有劳动关系或者人事关系的，旅行社应当与其订立劳动合同。

2. 执业安全保障

导游带团过程中的安全事件频发引起了对导游执业安全保障的关注。《管理办法》第 26 条第 2 款规定，旅行社等用人单位应当维护导游执业安全、提供必要的职业安全卫生条件并为女性导游提供执业便利、实行特殊劳动保护。《管理办法》第 29 条规定，旅行社应当提供设置"导游专座"的旅游客运车辆，安排的旅游者与导游总人数不得超过旅游客运车辆核定乘员数；导游应当在旅游车辆"导游专座"就座，避免在高速公路或者危险路段站立讲解。

3. 星级评价

导游星级评价制度是一种与导游服务质量直接相关，通过市场化方式对导游服务水平进行标识的评价模式，以便于旅行社、旅游消费者对导游进行辨识和选择。星级评价与等级评价的不同之处在于，星级评价侧重于导游服务水平，而等级评价侧重于导游技能水平的评价和考量。星级评价制度有利于促进导游诚实劳动、至诚服务，赢得更好的社会评价，取得更高的星级，获取更多的就业机会（表 11–1）。

导游星级以游客满意度为导向，包括若干客观性评价指标。《管理办法》第 30 条规定，导游服务星级评价是对导游服务水平的综合评价，星级评价指标由技能水平、学习培训经历、从业年限、奖惩情况、执业经历和社会评价等构成。导游服务星级根据星级评价指标通过全国旅游监管服务信息系统自动生成，并根据导游执业情况每年度更新一次；旅游主管部门、旅游行业组织和旅行社等单位应当通过全国旅游监管服务信息系统，及时、真实地备注各自获取的导游奖惩情况等信息。

表 11-1　导游等级与导游星级对比

<table>
<tr><th rowspan="2">维度</th><th rowspan="2">导游等级
考核制度</th><th>依据</th><th rowspan="2">导游星级评价制度</th><th>依据</th></tr>
<tr><th>《导游等级考核管理办法》</th><th>《导游管理办法》</th></tr>
<tr><td>制度属性</td><td>国家考核
政府主导，全国统一</td><td>第 9 条</td><td>市场化评价、市场选择
依托数据自动生成</td><td rowspan="5">第 30 条</td></tr>
<tr><td>评价方式</td><td>考试 / 考核方式</td><td>第 7 条</td><td>旅游者的客观评价</td></tr>
<tr><td>评价指标</td><td>学历、从业年限、考核成绩、带团记录、职业操守。</td><td>第 10、第 12 条</td><td>技能水平、学习培训经历、从业年限、奖惩情况、执业经历、社会评价等。</td></tr>
<tr><td>等级 / 星级划分</td><td>四级制：初级→中级→高级→特级</td><td>第 3 条</td><td>五星级制（1~5 星），动态调整</td></tr>
<tr><td>结果应用</td><td>与职业资格、薪酬待遇挂钩；
高级 / 特级导游可纳入人才引进政策</td><td>第 21、第 22 条</td><td>直接影响市场竞争力；
高星级导游更易获得就业机会和游客选择</td></tr>
</table>

4. 教育培训

国家鼓励支持旅游教育与培训，《旅游法》第 27、第 90 条对旅游培训教育做出了规定，《管理办法》第 31 条规定，各级旅游主管部门应当积极组织开展导游培训，培训内容应当包括政策法规、安全生产、突发事件应对和文明服务等，培训方式可以包括培训班、专题讲座和网络在线培训等，每年累计培训时间不得少于 24 小时。培训不得向参加人员收取费用；旅游行业组织和旅行社等应当对导游进行包括安全生产、岗位技能、文明服务和文明引导等内容的岗前培训和执业培训；导游应当参加旅游主管部门、旅游行业组织和旅行社开展的有关政策法规、安全生产、突发事件应对和文明服务内容的培训；鼓励导游积极参加其他培训，提高服务水平。

第四节　导游的权利与义务

一、导游权利

1. 含义与特征

（1）导游的权利，主要指导游的法律权利。表现为权利享有者可以做出一定的行为，也可以要求他人做出或不做出一定的行为。导游的权利主要包括三个方面的内容：导游依法实施一定行为的可能性和限度；可以请求他人为一定行为或不为一定行为的范围；在权利受到侵犯时，有请求有关机关保护的可能性。法律、法规确定的导游的权利，是上述三方面内容的具体化。

（2）特征。①依法享有。主要指导游在履行职务时所具有的权能，本章所指导游的权利主要是指来自《旅游法》《条例》《管理条例》《管理办法》及有关法律的规定，因而得到国家确认和保证；是保障权利人利益的法律手段。②权利义务相一致。权利与义务是对立统一、相辅相成、缺一不可的。③与职业相关联。在有些情况下，导游的权利是与职责相连的，是履行职务时的权利，是代表所属企业的权利，因而与一般权利相比，具有不能轻易放弃的性质。

2. 导游的权利

（1）人身权。《管理条例》第 10 条规定，导游人员进行导游活动时，其人格尊严应当受到尊重，其人身安全不受侵犯；导游人员有权拒绝旅游者提出的侮辱其人格尊严或者违反其职业道德的不合理要求。《管理办法》第 26 条规定，导游在执业过程中，其人格尊严受到尊重，人身安全不受侵犯，合法权益受到保障。导游有权拒绝旅行社和旅游者的下列要求：①侮辱其人格尊严的要求；②违反其职业道德的要求；③不符合我国民族风俗习惯的要求；④可能危害其人身安全的要求；⑤其他违反法律、法规和规章规定的要求。旅行社等用人单位应当维护导游执业安全、提供必要的职业安全卫生条件，并为女性导游提供执业便利、实行特殊劳动保护。

（2）劳动报酬权。①权利内容。为保护导游获取劳动报酬的权利，《旅游法》第 38 条规定，旅行社应当与其聘用的导游依法订立劳动合同，支付劳动报酬，缴纳社会保险费用；旅行社临时聘用导游为旅游者提供服务的，应当全额向导游支付在包价旅游合同中载明的导游服务费；旅行社安排导游为团队旅游提供服务的，不得要求导游垫付或者向导游收取任何费用。《条例》第34条规定，旅行社不得要求导游人员和领队人员接待不支付接待和服务费用或者支付的费用低于接待和服务成本的旅游团队，不得要求导游人员和领队人员承担接待旅游团队的相关费用。这表明：一是旅行社对与其明确了劳动合同关系的导游，应当支付劳动报酬、缴纳社会保险费用。二是旅行社对其临时聘用的导游，应当支付包价旅游合同约定的导游服务费。三是为确保导游获取劳动报酬的权利，旅行社不得要求导游垫付或者向导游收取费用。②法律保障。《旅游法》第96条规定，旅行社发生未向临时聘用的导游支付导游服务费用的；要求导游垫付或者向导游收取费用的行为的，由旅游主管部门责令改正，没收违法所得，并处5000元以上5万元以下罚款；情节严重的，责令停业整顿或者吊销旅行社业务经营许可证；对直接负责的主管人员和其他直接责任人员，处2000元以上2万元以下罚款。

（3）履行职务权。《实施细则》第49条规定，旅行社及其委派的导游人员、领队人员在经营、服务中享有下列权利：①要求旅游者如实提供旅游所必需的个人信息，按时提交相关证明文件。②要求旅游者遵守旅游合同约定的旅游行程安排，妥善保管随身物品。③出现突发公共事件或者其他危急情形，以及旅行社因违反旅游合同约定采取补救措施时，要求旅游者配合处理防止扩大损失，以将损失降到最低限度。④拒绝旅游者提出的超出旅游合同约定的不合理要求。⑤制止旅游者违背旅游目的地的法律、风俗习惯的言行。

（4）调整或变更接待计划权。《管理条例》第13条第2款规定，导游人员在引导旅游者旅行、游览过程中，遇有可能危及旅游者人身安全的紧急情形时，经征得多数旅游者的同意，可以调整或者变更接待计划，但是应当立即报告旅行社。

导游行使调整或变更接待计划权，应当注意四个限制条件：①必须在引导旅游者旅行、游览的过程中。即旅游活动开始后、结束前。在旅游合同订立后，旅游活动开始前出现不利于旅游活动的情形，应由旅行社与旅游者协商，达成一致意见后，由旅行社调整、变更旅游接待计划。②必须是遇到有可能危及人身安全的紧急情形。③必须征得多数旅游者同意。通常，旅游合同包括旅游接待计划一经双方确认后，应严格按约定履行，但发生了法定的紧急情形，为保证旅游者的人身安全，导游只要征得多数旅游者的同意，就可以行使该项权利。④必须立即报告旅行社。旅游接待计划是旅行社确定，并得到旅游者认可的，导游受旅行社委派执行旅游接待计划本无变更权，在法定情形下行使该权利应当立即报告旅行社，以得到旅行社的认可。

二、导游的职责

1. 含义

导游的职责指为完成工作任务，在执业过程中应承担的工作任务及完成这些需承担的法律责任。导游的法律义务指导游必须依法履行的责任，包括必须做出的行为和不得做出的行为。

2. 导游职责

（1）提高业务素质和职业技能。《管理条例》第 7 条第 1 款规定，导游人员应当不断提高自身业务素质和职业技能。导游自身业务素质的高低、职业技能的优劣，直接关系导游服务的质量，影响到能否为旅游者提供优良的导游服务。因此，提高导游业务素质及职业技能，对旅游业的发展至关重要。

（2）维护国家利益和民族尊严。《管理条例》第 11 条规定，导游进行导游活动时，应当自觉维护国家利益和民族尊严，不得有损害国家利益和民族尊严的言行。《管理办法》第 22 条第 1 项规定，导游在执业过程中应当自觉维护国家利益和民族尊严。热爱祖国、拥护社会主义制度、维护国家利益和民族尊严，不得有损害国家利益和民族尊严的言行，是导游必须具备的政治条件和业务要求。为此，导游在进行导游活动时，应当自觉履行该项义务。

《管理条例》第 20 条规定，导游人员进行导游活动时，有损害国家利益和民族尊严的言行的，由旅游主管部门责令改正；情节严重的，由省、自治区、直辖市人民政府旅游主管部门吊销导游证并予以公告；对该导游人员所在旅行社予以警告直至责令停业整顿。

（3）依约提供服务。《管理办法》第 22 条第 3 项规定，导游在执业过程中应按照旅游合同提供导游服务，讲解自然和人文资源知识、风俗习惯、宗教禁忌、法律法规和有关注意事项。

讲解是导游服务的核心，对导游服务质量起着决定性作用。导游在执业过程中进行导游讲解，应当严格按照服务规范的要求，在行前、行中、行后各环节提供相应的景点讲解和注意事项的说明。《管理条例》第 12 条第 2 款规定，导游人员进行导游活动时，应当向旅游者讲解旅游地点的人文和自然情况，介绍风土人情和习俗；但是，不得迎合个别旅游者的低级趣味，在讲解、介绍中掺杂庸俗下流的内容。

（4）尊重旅游者的权利。根据《旅游法》第二章对旅游者的权利义务所做的具体规定，旅游者的权利包含自主选择权、知情权、获得诚信服务权、被尊重权、遭遇危险与损害时要求救助和赔偿的权利等。

其中人格尊严、民族风俗习惯、宗教信仰应当得到尊重，是旅游者基本权利的重要体现，也与导游服务密切相关。《管理条例》第 12 条第 1 款规定，导游人员进行导游活动时，应当遵守职业道德，着装整洁，礼貌待人，尊重旅游者的人格尊严、宗教信仰、民族风俗和生活习惯。

（5）引导文明旅游。《旅游法》第 41 条第 1 款规定，导游和领队从事业务活动，应当佩戴导游证，遵守职业道德、尊重旅游者的风俗习惯和宗教信仰，应当向旅游者告知和解释旅游文明行为规范，引导旅游者健康、文明旅游，劝阻旅游者违反社会公德的行为。导游、领队在执业活动中，应当严格按照《导游领队引导文明旅游规范》（LB/T 039—2015）的规定，率先垂范遵守文明旅游行为，告知旅游者《中国公民国内旅游文明行为公约》和《中国公民出国（境）旅游文明行为指南》等所明确的旅游文明行为规范。

（6）警示、处置风险及突发事件。《管理条例》第 14 条规定，导游人员在引导旅游者旅行、游览过程中，应当就可能发生危及旅游者人身、财物安全的情况，向旅游者做出真实说明和明确警示，并按照旅行社的要求采取防止危害发生的措施。导游应当严格遵守《旅游安全管理办法》（国家旅游局第 41 号令）、《管理办法》第 24 条规定的旅游突发事件报告制度、突发事件应急处置措施进行处理。《管理办法》第 33 条规定，不依照本办法第 24 条规定采取相应措施的，由县级以上旅游主管部门责令改正，并可以处 1000 元以下罚款；情节严重的，可以处 1000 元以上 5000 元以下罚款。

三、导游义务

《旅游法》《条例》《管理条例》《管理办法》规定了导游执行职务应当履行的主要义务，导游执业不履行相应义务应当承担法律责任。

1. 提供导游服务应当接受委派

（1）行为准则。《旅游法》第 40 条规定，导游和领队为旅游者提供服务必须接受旅行社委派，不得私自承揽导游和领队业务。因此，导游服务并不是独立的，而是从属于旅行社，必须经过旅行社委派方能执业。只有接受旅行社的委派从事导游活动的人，其合法从业权才能受到法律保护，私自承揽导游业务进行导游活动的行为将受到法律的追究。

（2）法律责任。《旅游法》第 102 条第 2 款规定，导游、领队违反规定，私自承揽业务的，由旅游主管部门责令改正，没收违法所得，处 1000 元以上 1 万元以下罚款，并暂扣或者吊销导游证。

2. 携带、佩戴有效执业证件

（1）行为准则。《旅游法》第 41 条第 1 款规定，导游和领队从事业务活动，应当佩戴导游证。根据《管理办法》第 7 条第 2 款规定，导游证均采用电子导游证的形式，由国务院旅游主管部门制定格式标准，由各级旅游主管部门通过全国旅游监管服务信息系统实施管理。电子导游证以电子数据形式保存于导游个人移动电话等移动终端设备中。《管理办法》第 20 条规定，导游在执业过程中应当携带电子导游证、佩戴导游身份标识，并开启导游执业相关应用软件。以醒目、直观地向旅游者证明其具有合法资格，便于旅游者、旅游经营者和旅游主管部门识别和监管。

（2）法律责任。《管理条例》第 21 条规定，导游人员进行导游活动时未佩戴导游证的，由旅游行政部门责令改正；拒不改正的，处 500 元以下的罚款。

3. 不安排违反法律和社会公德的旅游活动

（1）行为准则。《旅游法》第 33 条规定，旅行社及其从业人员组织、接待旅游者，不得安排参观或参与违反我国法律、法规和社会公德的项目或者活动。《管理办法》第 23 条第 1 项规定，导游在执业过程中不得安排参观或者参与涉及色情、赌博、毒品等违反我国法律、法规和社会公德的项目或者活动。

（2）法律责任。《实施细则》第30条将《条例》第26条的规定具体化，规定旅行社不得安排的活动包括：含有损害国家利益和民族尊严内容的；含有民族、种族、宗教歧视内容的；含有淫秽、赌博、涉毒内容的；其他含有违反法律、法规规定内容的行为。

4. 严格执行旅游行程安排

（1）行为准则。《旅游法》第41条第2款规定，导游和领队应当严格执行旅游行程安排，不得擅自变更旅游行程或者中止服务活动，不得向旅游者索取小费，不得诱导、欺骗、强迫或者变相强迫旅游者购物或者参加另行付费旅游项目。《管理条例》第13条规定，导游人员应当严格按照旅行社确定的接待计划，安排旅游者的旅行、游览活动，不得擅自增加、减少旅游项目或者中止导游活动；导游人员在引导旅游者旅行、游览过程中，遇有可能危及旅游者人身安全的紧急情形时，经征得多数旅游者的同意，可以调整或者变更接待计划，但是应当立即报告旅行社。《条例》第33条规定，旅行社及其委派的导游人员和领队人员不得有下列行为：①拒绝履行旅游合同约定的义务；②非因不可抗力改变旅游合同安排的行程；③欺骗、胁迫旅游者购物或者参加需要另行付费的游览项目。旅游行程安排，是旅行社确定的接待计划，是经旅游者认可的，是旅行社与旅游者订立的旅游合同的一部分，对双方都有约束力。为保证旅游者合法权利，导游应当严格按照旅行社确定的接待计划安排旅游者的旅行游览活动。但导游在引导旅游者旅行、游览过程中，遇有可能危及旅游者人身安全的紧急情形时，经征得多数旅游者的同意，可以调整或者变更接待计划，并应立即报告旅行社。

导游不得擅自中止导游活动。通常，构成中止导游活动的行为，必须同时具备下列条件：①必须在导游活动已经开始尚未结束之前，是出现在执行接待计划过程中；②必须是擅自中止，这是中止导游活动的最主要特征。这就排除了由于旅行社的决定和其他外部作用的影响而导致的导游中止导游活动；③必须是彻底中止，即导游彻底放弃了原来的导游活动。如果导游因某种原因暂时放弃了正在进行的导游活动，待该原因消失后又继续进行导游活动的，是导游活动的中断。

（2）法律责任。《管理条例》第22条规定，导游人员有下列情形之一的，由旅游行政部门责令改正，暂扣导游证3~6个月；情节严重的，由省、自治区、直辖市人民政府旅游行政部门吊销导游证并予以公告：①导游擅自增加或者减少旅游项目的；②擅自变更接待计划的；③擅自中止导游活动的。

《条例》第59条规定，违反本条例的规定，有下列情形之一的，对旅行社，由旅游行政管理部门或者工商行政管理部门责令改正，处10万元以上50万元以下的罚款；对导游人员、领队人员，由旅游行政管理部门责令改正，处1万元以上5万元以下的罚款；情节严重的，吊销旅行社业务经营许可证、导游证：①拒不履行旅游合同约定的义务的；②非因不可抗力改变旅游合同安排的行程的；③欺骗、胁迫旅游者购物或者参加需要另行付费的游览项目的。

5. 不兜售物品及索要小费

（1）行为准则。《管理条例》第15条规定，导游人员进行导游活动，不得向旅游者兜售物品或者购买旅游者的物品，不得以明示或者暗示的方式向旅游者索要小费。《管理办法》第23条第8、第9项规定，导游不得向旅游者兜售物品或者购买旅游者的物品，不得向旅游者索要小费。

该义务的履行是以“不作为”的形式表现的，有两层含义：①向旅游者兜售物品或购买旅游者的物品，既不属于导游的职责范围，也与其身份不相称。以导游这一特定身份向旅游者兜售物品或购买旅游者的物品，极易造成交易上的不公平和不公正，从而侵害旅游者的合法权益，损害导游的职业形象，并因此产生纠纷。②索要小费，历来为我国旅游法规所禁止。无论导游采用语言、文字或其他直接表达意思的方法明确地向旅游者索要小费，还是采取其他方式索要小费，都是法律不允许的。

（2）法律责任。《管理条例》第23条规定，导游进行导游活动，向旅游者兜售物品或购买旅游者的物品的，或者以明示或者暗示的方式向旅游者索要小费的，由旅游行政部门责令改正，处1000元以上3万元以下罚款；有违法所得的，并处没收违法所得；情节严重的，由省、自治区、直辖市人民政府旅游主管部门吊销导游证并予以公告；对委派该导游的旅行社予以警告，直至责令停业整顿。此外，《旅游法》第102条规定，导游、领队向旅游者索要小费的，由旅游主管部门责令退还，处1000元以上1万元以下罚款；情节严重的，并暂扣或者吊销导游证。按照上位法优于下位法的原则，对于导游向旅游者索要小费的行为，应当按照《旅游法》对导游实施行政处罚。

6. 不诱导、欺骗、强迫或变相强迫消费

（1）行为准则。《管理条例》第16条规定，导游人员进行导游活动，不得欺骗、胁迫旅游者消费或者与经营者串通欺骗、胁迫旅游者消费。《管理办法》第23条第3~6项规定，导游不得诱导、欺骗、强迫或者变相强迫旅游者购物或者参加另行付费旅游项目。诱导也是采用引诱和引导方式的一种欺骗；胁迫是指以给旅游者及其亲友的生命健康、名誉、荣誉、财产等造成损害为要挟，迫使旅游者做出违背真实消费意思表示的行为；欺骗是指故意告知旅游者虚假的情况，或者隐瞒真实情况，诱使旅游者做出错误消费意思表示的行为。诱导、欺骗、胁迫旅游者消费，是严重侵犯旅游者合法权益的行为，理应为法律、法规所禁止。

（2）法律责任。《管理条例》第24条规定，导游人员进行导游活动，欺骗、胁迫旅游者消费或者与经营者串通欺骗、胁迫旅游者消费的，由旅游行政部门责令改正，处1000元以上3万元以下的罚款；有违法所得的，并处没收违法所得；情节严重的，由省、自治区、直辖市人民政府旅游行政部门吊销导游证并予以公告；对委派该导游人员的旅行社予以警告，直至责令停业整顿；构成犯罪的，依法追究其刑事责任。

7. 法律法规规定的其他义务

导游除了要遵守以上义务，还应遵守按期报告信息变更情况、申请变更导游证信息、申请更换导游身份标识、依规参加培训、提供真实材料及信息等法律法规规定的其他义务。

第十二章 旅游安全管理与责任保险法律制度

章节练习
增值服务

学习目的

了解:《旅游安全管理办法》(以下简称《安全管理办法》)关于旅游突发事件等级及相关罚则，关于及时上报突发事件信息的内容要求;《大型群众性活动安全管理条例》(以下简称《条例》)关于大型群众性活动的界定、参加大型群众性活动的义务的规定;《中华人民共和国安全生产法》(以下简称《安全生产法》)关于从业人员的安全生产权利义务的规定。**熟悉:**《旅游法》《旅行社条例》《安全管理办法》《旅行社责任保险管理办法》(以下简称《保险管理办法》)关于旅游安全保障、安全管理、责任保险制度的规定；**掌握:**《安全管理办法》关于旅游经营者安全经营义务与责任、旅游目的地安全风险提示制度的规定,《中华人民共和国突发事件应对法》(以下简称《突发事件应对法》)关于突发事件的界定、种类、级别，公民、法人和其他组织参与突发事件应对的义务、突发事件预警制度、突发事件应急处置与救援制度的规定。

第一节　概　　述

一、旅游安全

1. 旅游安全与管理的概念

（1）旅游安全，指旅游活动可以容忍的风险程度，是对旅游活动处于平衡、稳定、正常发展状态的统称，主要表现为旅游者、旅游企业和旅游地等主体不受威胁和外界因素干扰而免予承受身心压力、伤害或财物损失的自然状态。

（2）旅游安全管理，指面向整个旅游行业，通过提高旅游行业的安全管理水平，预防和减少旅游突发事件，以保障旅游者和旅游从业人员的人身、财产安全，保障旅游企业安全运营为目标的各项工作的统称。

2. 旅游安全立法概况

我国历来重视旅游安全，1990 年 2 月 20 日，国务院旅游主管部门发布了《旅游安全管理暂行办法》，此后相继发布一系列配套或相关规范性文件，初步形成旅游安全管理的制度体系。我国《旅游法》单设旅游安全一章，使旅游安全管理规范日趋完善，为构建我国旅游安全管理制度体系提供了法律依据。

2016 年 9 月 27 日，为了加强旅游安全管理，提高应对旅游突发事件的能力，保障旅游者的人身、财产安全，促进旅游业持续健康发展，根据相关法律法规，国务院旅游主管部门公布了同年 12 月 1 日起施行的《旅游安全管理办法》，分为总则、经营安全、风险提示、安全管理、罚则和附则六章，基本覆盖了旅游安全管理的各项工作。

2007 年 11 月 1 日，我国第一部突发事件应急管理的综合性法律《突发事件应对法》正式颁布实施，对于规范突发事件应对活动，保护人民生命财产安全，维护公共安全和社会稳定，具有十分重要的意义。各级旅游主管部门不断提升对《突发事件应对法》所蕴含的规律性认识，坚持把常态管理与非常态管理统一于旅游行业管理的各方面，坚持把应急管理贯穿于旅游业发展的全过程，切实保障旅游业的健康持续发展。

二、责任保险

1. 责任保险的概念

《中华人民共和国保险法》（以下简称《保险法》）第 65 条第 4 款规定，责任保险是指以被保险人对第三者依法应负的赔偿责任为保险标的的保险，即保险人与投保人签订保险合同，约定由投保人缴纳保险费，由保险人承担投保人（被保险人）在生产、业务活动或日常生活中，由于疏忽、过失等行为造成他人财产或人身伤亡时所应承担的赔偿责任。

2. 旅游经营者责任保险立法概况

2001 年 5 月 15 日，国务院旅游主管部门发布了《旅行社投保旅行社责任保险规定》，开始实行旅行社责任保险制度。2010 年 10 月，由国务院旅游主管部门、中国保监会联合发布《旅行社责任保险管理办法》进一步完善了该项制度。我国《旅游法》第 56 条规定，国家根据旅游活动的风险程度，对住宿、旅游交通以及本法第 47 条规定的高风险旅游项目等经营者实施责任保险制度，其中第 47 条规定的高风险旅游项目包括高空、高速、水上、潜水、探险等高风险旅游项目。以法律的形式确立了责任保险制度，保险形式为强制保险，对保障旅游者权益，化解旅游经营者与旅游者的矛盾纠纷发挥了重要作用。

三、大型群众性活动安全管理

1. 立法目的和举办原则

2007 年，国务院颁布同年 10 月 1 日施行的《大型群众性活动安全管理条例》第 1 条规定的立法目的是，加强对大型群众性活动的安全管理，保护公民生命和财产安全，维护社会治安秩序和公共安全。第 2 条规定，大型群众性活动的安全管理者应当遵循安全第一、预防为主的方针，坚持承办者负责、政府监管的原则。

2. 大型群众性活动的界定

《条例》第 2 条规定，大型群众性活动是指法人或者其他组织面向社会公众举办的每场次预计参加人数达到 1000 人以上的下列活动：①体育比赛活动；②演唱会、音乐会等文艺演出活动；③展览、展销等活动；④游园、灯会、庙会、花会、焰火晚会等活动；⑤人才招聘会、现场开奖的彩票销售等活动。界定大型群众性活动的核心要素有两个：一是面向的对象是不特定的社会公众，而不是特定的群体；二是预计参加人数达到1000人以上。鉴于影剧院、音乐厅、公园、娱乐场所等在其业务范围内举办的活动虽然符合大型群众性活动的特征，但是已通过相关部门依法经营许可，其安全问题可以纳入日常公共安全进行管理，不适用本条例的规定。

3. 参加大型群众性活动的义务

《条例》第9条规定，参加大型群众性活动的人员应当遵守下列规定：①遵守法律、法规和社会公德，不得妨碍社会治安、影响社会秩序；②遵守大型群众性活动场所治安、消防等管理制度，接受安全检查，不得携带爆炸性、易燃性、放射性、毒害性、腐蚀性等危险物质或者非法携带枪支、弹药、管制器具；③服从安全管理，不得展示侮辱性标语、条幅等物品，不得围攻裁判员、运动员或者其他工作人员，不得投掷杂物。

《条例》第23条规定，参加大型群众性活动的人员有违反本条例第9条规定行为的，由公安机关给予批评教育；有危害社会治安秩序、威胁公共安全行为的，公安机关可以将其强行带离现场，依法给予治安管理处罚；构成犯罪的，依法追究刑事责任。

四、安全生产法规定的从业人员的安全生产权利义务

1. 从业人员的界定

生产经营单位的从业人员，是指该单位从事生产经营活动各项工作的所有人员，包括管理人员、技术人员和各岗位的工人，也包括生产经营单位临时聘用的人员和被派遣劳动者。

从业人员是生产经营单位中从事生产经营活动的主体，依据宪法、劳动法等法律规定，应当受到劳动保护，同时也应当遵守法律、法规和生产经营单位的规章制度，履行安全生产义务。为此，《安全生产法》第6条规定，生产经营单位的从业人员有依法获得安全生产保障的权利，并应当依法履行安全生产方面的义务，并在第三章作出具体规定。

2. 从业人员的安全生产权利

（1）知情权。包括获得安全生产教育和技能培训的权利，被如实告知作业场所和工作岗位存在的危险因素、防范措施及事故应急措施的权利；获得符合国家标准的劳动防护用品的权利。《安全生产法》第52条规定，生产经营单位与从业人员订立的劳动合同，应当载明有关保障从业人员劳动安全、防止职业危害的事项，以及依法为从业人员办理工伤保险的事项。生产经营单位不得以任何形式与从业人员订立协议，免除或者减轻其对从业人员因安全生产事故伤亡依法应承担的责任。第53条规定，生产经营单位的从业人员有权了解其作业场所和工作岗位存在的危险因素、防范措施及事故应急措施。有权对本单位的安全生产工作提出建议。

（2）批评建议权。《安全生产法》第51条规定，从业人员有权对本单位安全生产工作中存在的问题提出批评、检举、控告。

（3）拒绝权。《安全生产法》第54条规定，从业人员有权拒绝违章指挥和强令冒险作业。

（4）采取紧急避险措施权。《安全生产法》第55条规定，从业人员发现直接危及人身安全的紧急情况时，有权停止作业或者在采取紧急措施后撤离作业场所。

（5）获得救治赔偿权。《安全生产法》第56条规定，因生产安全事故受到损害的从业人员，除依法享有工伤保险外，依照有关民事法律尚有获得赔偿的权利的，有权提出赔偿要求。

3. 从业人员安全生产的义务

（1）依规操作。《安全生产法》第57条规定，从业人员在作业过程中，应当严格落实岗位安全责任，遵守本单位的安全生产规章制度和操作规程，服从管理，正确佩戴和使用劳动防护用品。

（2）接受教育培训、掌握技能。《安全生产法》第58条规定，从业人员应当接受安全生产教育和培训，掌握本职工作所需的安全生产知识，提高安全生产技能，增强事故预防和应急处理能力。

（3）报告。《安全生产法》第59条规定，从业人员发现事故隐患或者其他不安全因素，应当立即向现场安全生产管理人员或者本单位负责人报告；接到报告的人员应当及时予以处理。

（4）特种作业人员持证上岗。特种作业人员在工作中接触的危险因素较多，危险性较大，易发生生产安全事故，对作业人员有特殊技能要求。为此，《安全生产法》第30条确立了特种作业人员持证上岗制度，规定生产经营单位的特种作业人员必须按照国家有关规定经专门的安全作业培训，取得相应资格，方可上岗。

第二节 突发事件应对法律制度

一、突发事件的界定、种类与等级

2024年6月28日，第十四届全国人民代表大会常务委员会第十次会议审议通过了新修订的《突发事件应对法》，自2024年11月1日起施行。此次修订，以习近平新时代中国特色社会主义思想为指导，全面贯彻习近平法治思想，深入贯彻落实习近平总书记关于突发事件应对工作的重要指示精神和党中央决策部署，坚持总体国家安全观，统筹发展和安全，坚持人民至上、生命至上，把党的十八大以来突发事件应对工作成熟有效的政策措施以及深化党和国家机构改革的最新成果上升为法律制度，对于完善我国应急管理制度体系，推动新时代应急管理事业高质量发展，具有重要里程碑意义。

除《突发事件应对法》外，《中华人民共和国传染病防治法》是突发公共卫生事件应对的专门法律。

1. 界定

《突发事件应对法》第2条规定，突发事件是指突然发生，造成或者可能造成严重社会危害，需要采取应急处置措施予以应对的自然灾害、事故灾难、公共卫生事件和社会安全事件。通过概括和列举相结合的方式界定了突发事件，其主要核心要素是：①具有明显的公共性或社会性；②具有突发性和紧迫性，往往是突如其来的，如果不能及时采取应对措施，危机就会迅速扩大和升级，造成更大的危害和损害；③具有危害性和破坏性，这是突发事件的本质特征；④必须借助于公权力的介入或动用社会人力、物力才能解决，公权力在突发事件应对过程中发挥着领导、组织、指挥、协调等功能，公权力介入既是政府的权力，也是政府的义务。

2. 种类

《突发事件应对法》第 2 条规定，按照突发事件的性质、过程和机制的不同，将其分为自然灾害、事故灾难、公共卫生事件和社会安全事件。①自然灾害。主要包括水旱灾害、气象灾害、地震灾害、地质灾害、海洋灾害、生物灾害和森林草原火灾等。②事故灾难。主要包括工矿商贸等企业的各类安全事故、交通运输事故、公共设施和设备事故、环境污染和生态破坏事件等。③公共卫生事件。主要包括传染病疫情、群体性不明原因疾病、食品安全和职业危害、动物疫情以及其他严重影响公共健康和生命安全的事件。④社会安全事件。主要包括严重危害社会治安秩序的突发事件。

3. 等级

《突发事件应对法》第 3 条规定，按照社会危害程度、影响范围等因素，自然灾害、事故灾难、公共卫生事件分为特别重大、重大、较大和一般四级。法律、行政法规或者国务院另有规定的，从其规定。突发事件分级标准由国务院或者国务院确定的部门制定。

二、公民、法人和其他组织参与突发事件应对的义务

1. 参与应对

《突发事件应对法》第 23 条规定，公民、法人和其他组织有义务参与突发事件应对工作。在突发事件的处置过程中，政府处置突发事件的权力具有优先性，公民、法人和其他组织要自觉接受来自政府权力的限制，并且根据本法和其他有关法律、法规、规范性文件的要求负有较平常时期更多、更严格的法律义务，以配合应急权力的行使。

2. 履行报告责任

（1）公民、法人或者其他组织。《突发事件应对法》第60条规定，公民、法人或者其他组织发现发生突发事件，或者发现可能发生突发事件的异常情况，应当立即向所在地人民政府、有关主管部门或者指定的专业机构报告。社会动员和参与机制，体现了信息报告义务主体的广泛性。突发事件的信息报告需要群众的参与，应充分发挥人民群众的作用，拓宽收集突发事件信息的渠道。在政府管治中，成熟而广泛的公民参与可以丰富和充实公共管理的

内容，强化政府的公共责任，提升公共服务的品质，推进和保证公共利益的实现。

（2）政府部门。《突发事件应对法》第 17 条规定，突发事件发生后，发生地县级人民政府应当立即采取措施控制事态发展，组织开展应急救援和处置工作，并立即向上一级人民政府报告，必要时可以越级上报，具备条件的，应当进行网络直报或者自动速报。突发事件发生地县级人民政府不能消除或者不能有效控制突发事件引起的严重社会危害的，应当及时向上级人民政府报告。

《突发事件应对法》第 87 条第 1 款规定，突发事件应急处置工作结束后，履行统一领导职责的人民政府应当立即组织对突发事件造成的影响和损失进行调查评估，制订恢复重建计划，并向上一级人民政府报告。第 92 条规定，履行统一领导职责的人民政府在突发事件应对工作结束后，应当及时查明突发事件的发生经过和原因，总结突发事件应急处置工作的经验教训，制定改进措施，并向上一级人民政府提出报告。

（3）受到灾害的单位。《突发事件应对法》第 87 条规定，受到自然灾害危害或者发生事故灾难、公共卫生事件的单位，应当立即组织本单位应急救援队伍和工作人员营救受害人员，疏散、撤离、安置受到威胁的人员，控制危险源，标明危险区域，封锁危险场所，并采取其他防止危害扩大的必要措施，同时向所在地县级人民政府报告。

3. 制定、演练应急预案与排查、消除风险隐患义务

（1）制定与演练。《突发事件应对法》第 37 条第 1 款规定，公共交通工具、公共场所和其他人员密集场所的经营单位或者管理单位应当制定具体应急预案，为交通工具和有关场所配备报警装置和必要的应急救援设备、设施，注明其使用方法，并显著标明安全撤离的通道、路线，保证安全通道、出口的畅通。

《突发事件应对法》第 42 条规定，县级人民政府及其有关部门、乡级人民政府、街道办事处应当组织开展面向社会公众的应急知识宣传普及活动和必要的应急演练。居民委员会、村民委员会、企业事业单位、社会组织应当根据所在地人民政府的要求，结合各自的实际情况，开展面向居民、村民、职工等的应急知识的宣传普及活动和必要的应急演练。

新闻媒体应当无偿开展突发事件预防与应急、自救与互救知识的公益宣传。

（2）排查消除风险。《突发事件应对法》第 37 条第 2 款规定，有关单位应当定期检测、维护其报警装置和应急救援设备、设施，使其处于良好状态，确保正常使用。

（3）开展教育。《突发事件应对法》第 43 条规定，各级各类学校应当把应急教育纳入教育教学计划，对学生及教职工开展应急知识教育和应急演练，培养安全意识，提高自救与互救能力。教育主管部门应当对学校开展应急教育进行指导和监督，应急管理等部门应当给予支持。

（4）法律责任。《突发事件应对法》第 96 条规定，有关单位未按照规定采取预防措施，导致发生较大以上突发事件的；未及时消除已发现的可能引发突发事件的隐患，导致发生较大以上突发事件的；未做好应急物资储备和应急设备、设施日常维护、检测工作，导致发生较大以上突发事件或者突发事件危害扩大的；突发事件发生后，不及时组织开展应急救援工作，造成严重后果的，由所在地履行统一领导职责的人民政府有关部门责令停产停业，暂扣或者吊销许可证件，并处 5 万元以上 20 万元以下的罚款；情节特别严重的，并处 20 万元以上 100 万元以下的罚款。其他法律对前款行为规定了处罚的，依照较重的规定处罚。

4. 参加应急专、兼职或志愿者救援队伍义务

在建立综合性应急救援队伍的基础上，应逐步建立社会化的应急救援机制，推动企事业单位、社会力量专兼职应急队伍建设，以壮大救援队伍力量。《突发事件应对法》第 39 条第 2 款规定，单位应当建立由本单位职工组成的专职或者兼职应急救援队伍。第 3 款规定，国家鼓励和支持社会力量建立提供社会化应急救援服务的应急救援队伍。

5. 为应急处置提供科研、宣传、医疗、物质、技术、生产能力等义务

《突发事件应对法》第 56 条规定，国家加强应急管理基础科学、重点行业领域关键核心技术的研究，加强互联网、云计算、大数据、人工智能等现代技术手段在突发事件应对工作中的应用，鼓励、扶持有条件的教学科研机构、企业培养应急管理人才和科技人才，研发、推广新技术、新材料、新设备和新工具，提高突发事件应对能力。其他方面，如《突发事件应对法》第

52 条第 1 款规定，国家鼓励公民、法人和其他组织为突发事件应对工作提供物资、资金、技术支持和捐赠。

6. 执行有关决定和命令义务

（1）义务。公民、法人、其他组织应服从人民政府的决定、命令，服从人民政府关于疏散、撤离的安排。《突发事件应对法》第 78 条第 2 款规定，在突发事件应急处置中，突发事件发生地的其他单位应当服从人民政府发布的决定、命令，配合人民政府采取的应急处置措施。做好本单位的应急救援工作，并积极组织人员参加所在地的应急救援和处置工作。第 79 条规定，突发事件发生地的个人应当依法服从人民政府、居民委员会、村民委员会或者所属单位的指挥和安排，配合人民政府采取的应急处置措施，积极参加应急救援工作，协助维护社会秩序。

（2）法律责任。《突发事件应对法》第 98 条规定，单位或者个人违反本法规定，不服从所在地人民政府及其有关部门依法发布的决定、命令或者不配合其依法采取的措施的，责令改正；造成严重后果的，依法给予行政处罚；负有直接责任的人员是公职人员的，还应当依法给予处分。

7. 个人信息保护义务

（1）义务。《突发事件应对法》第 84 条规定，在突发事件应急处置中，有关单位和个人因依照本法规定配合突发事件应对工作或者履行相关义务，需要获取他人个人信息的，应当依照法律规定的程序和方式取得并确保信息安全，不得非法收集、使用、加工、传输他人个人信息，不得非法买卖、提供或者公开他人个人信息。第 85 条规定，因依法履行突发事件应对工作职责或者义务获取的个人信息，只能用于突发事件应对，并在突发事件应对工作结束后予以销毁。确因依法作为证据使用或者调查评估需要留存或者延期销毁的，应当按照规定进行合法性、必要性、安全性评估，并采取相应保护和处理措施，严格依法使用。

（2）法律责任。《突发事件应对法》第 99 条规定，单位或者个人违反本法第 84 条、第 85 条关于个人信息保护规定的，由主管部门依照有关法律规定给予处罚。

8. 服从征用措施义务

征用是负责突发事件应急处置工作的人民政府在突发事件应急处置与救

援过程中，通过行使行政权，强制征用单位、个人的财产。《突发事件应对法》第 12 条规定，县级以上人民政府及其部门为应对突发事件的紧急需要，可以征用单位和个人的设备、设施、场地、交通工具等财产。被征用的财产在使用完毕或者突发事件应急处置工作结束后，应当及时返还。财产被征用或者征用后毁损、灭失的，应当给予公平、合理的补偿。《突发事件应对法》第 76 条规定，履行统一领导职责或者组织处置突发事件的人民政府及其有关部门，必要时可以向单位和个人征用应急救援所需设备、设施、场地、交通工具和其他物资。有关人民政府及部门为了应对突发事件，征用单位和个人的财产的具体行政行为属于应急征用。这种强制征用措施的采取是通过给行政管理相对人设定一项法律义务的方式实现的，被征用的单位、个人必须服从。

三、突发事件预警制度

1. 突发事件预警级别

突发事件的早发现、早报告、早预警，是及时做好应急准备、有效处置突发事件、减少人员伤亡和财产损失的前提。我国建立健全突发事件预警制度，目的在于及时向公众发布突发事件即将发生的信息，使公众为应对突发事件做好准备。

《突发事件应对法》第 63 条第 2 款规定，可以预警的自然灾害、事故灾难和公共卫生事件的预警级别，按照突发事件发生的紧急程度、发展势态和可能造成的危害程度分为一级、二级、三级和四级，分别用红色、橙色、黄色和蓝色标示，一级为最高级别。

2. 预警信息的发布和报告、通告

（1）自然灾害、事故灾难或者公共卫生事件。《突发事件应对法》第 64 条规定，可以预警的自然灾害、事故灾难或者公共卫生事件即将发生或者发生的可能性增大时，县级以上地方人民政府应当根据有关法律、行政法规和国务院规定的权限和程序，发布相应级别的警报，决定并宣布有关地区进入预警期，同时向上一级人民政府报告，必要时可以越级上报；具备条件的，应当进行网络直报或者自动速报；同时向当地驻军和可能受到危害的毗

邻或者相关地区的人民政府通报。发布警报应当明确预警类别、级别、起始时间、可能影响的范围、警示事项、应当采取的措施、发布单位和发布时间等。

（2）社会安全事件。《突发事件应对法》第69条规定，对即将发生或者已经发生的社会安全事件，县级以上地方人民政府及其有关主管部门应当按照规定向上一级人民政府及其有关主管部门报告，必要时可以越级上报，具备条件的，应当进行网络直报或者自动速报。

《突发事件应对法》第95条规定，地方各级人民政府和县级以上人民政府有关部门违反本法规定，不履行或者不正确履行法定职责的，由其上级行政机关责令改正；迟报、谎报、瞒报、漏报或者授意他人迟报、谎报、瞒报以及阻碍他人报告有关突发事件的信息，或者通报、报送、公布虚假信息，造成后果的，未按照规定及时发布突发事件警报、采取预警期的措施，导致损害发生的，由有关机关综合考虑突发事件发生的原因、后果、应对处置情况、行为人过错等因素，对负有责任的领导人员和直接责任人员依法给予处分。

3. 突发事件发布应采取的措施

（1）三级、四级警报。《突发事件应对法》第66条规定，发布三级、四级警报，宣布进入预警期后，县级以上地方人民政府应当根据即将发生的突发事件的特点和可能造成的危害，采取下列措施：①启动应急预案；②责令有关部门、专业机构、监测网点和负有特定职责的人员及时收集、报告有关信息，向社会公布反映突发事件信息的渠道，加强对突发事件发生、发展情况的监测、预报和预警工作；③组织有关部门和机构、专业技术人员、有关专家学者，随时对突发事件信息进行分析评估，预测发生突发事件可能性的大小、影响范围和强度以及可能发生的突发事件的级别；④定时向社会发布与公众有关的突发事件预测信息和分析评估结果，并对相关信息的报道工作进行管理；⑤及时按照有关规定向社会发布可能受到突发事件危害的警报，宣传避免、减轻危害的常识，公布咨询或者求助电话等联络方式和渠道。

（2）一级、二级警报。《突发事件应对法》第67条规定，发布一级、二级警报，宣布进入预警期后，县级以上地方人民政府除采取本法第66条规定的措施外，还应当针对即将发生的突发事件的特点和可能造成的危害，采取下列一项或者多项措施：①责令应急救援队伍、负有特定职责的人员进入待命状态，并动员后备人员做好参加应急救援和处置工作的准备；②调集应急救援所需物资、设备、工具，准备应急设施和应急避难、封闭隔离、紧急医疗救治等场所，并确保其处于良好状态、随时可以投入正常使用；③加强对重点单位、重要部位和重要基础设施的安全保卫，维护社会治安秩序；④采取必要措施，确保交通、通信、供水、排水、供电、供气、供热、医疗卫生、广播电视、气象等公共设施的安全和正常运行；⑤及时向社会发布有关采取特定措施避免或者减轻危害的建议、劝告；⑥转移、疏散或者撤离易受突发事件危害的人员并予以妥善安置，转移重要财产；⑦关闭或者限制使用易受突发事件危害的场所，控制或者限制容易导致危害扩大的公共场所的活动；⑧法律、法规、规章规定的其他必要的防范性、保护性措施。根据《突发事件应对法》第 95 条规定，地方各级人民政府和县级以上人民政府有关部门违反本法规定，不履行或者不正确履行法定职责的，由其上级行政机关责令改正；未按照规定及时发布突发事件警报、采取预警期的措施，导致损害发生的，或未按照规定及时采取措施处置突发事件或者处置不当，造成后果的，由有关机关综合考虑突发事件发生的原因、后果、应对处置情况、行为人过错等因素，对负有责任的领导人员和直接责任人员依法给予处分。

4. 预警级别的调整及解除

突发事件预警在发布之后应根据发展情况进行动态调整或解除。《突发事件应对法》第 70 条规定，发布突发事件警报的人民政府应当根据事态的发展，按照有关规定适时调整预警级别并重新发布。有事实证明不可能发生突发事件或者危险已经解除的，发布警报的人民政府应当立即宣布解除警报，终止预警期，并解除已经采取的有关措施。

四、突发事件应急处置与救援制度

1. 应急处置制度

（1）应急响应制度。应急处置措施，是一种暂时的强制性行政应急措施，包括应急响应和处置实施。应急响应制度是为应对突发事件而预先建立的一套分级响应机制。

《突发事件应对法》第71条规定，国家建立健全突发事件应急响应制度。突发事件的应急响应级别，按照突发事件的性质、特点、可能造成的危害程度和影响范围等因素分为一级、二级、三级和四级，一级为最高级别。突发事件应急响应级别划分标准由国务院或者国务院确定的部门制定。县级以上人民政府及其有关部门应当在突发事件应急预案中确定应急响应级别。第72条规定，突发事件发生后，履行统一领导职责或者组织处置突发事件的人民政府应当针对其性质、特点、危害程度和影响范围等，立即启动应急响应，组织有关部门，调动应急救援队伍和社会力量，依照法律、法规、规章和应急预案的规定，采取应急处置措施，并向上级人民政府报告；必要时，可以设立现场指挥部，负责现场应急处置与救援，统一指挥进入突发事件现场的单位和个人。启动应急响应，应当明确响应事项、级别、预计期限、应急处置措施等。履行统一领导职责或者组织处置突发事件的人民政府，应当建立协调机制，提供需求信息，引导志愿服务组织和志愿者等社会力量及时有序参与应急处置与救援工作。

（2）自然灾害、事故灾难或者公共卫生事件处置。《突发事件应对法》第49条规定，自然灾害、事故灾难或者公共卫生事件发生后，履行统一领导职责的人民政府应当采取下列一项或者多项应急处置措施：①组织营救和救治受害人员，转移、疏散、撤离并妥善安置受到威胁的人员以及采取其他救助措施；②迅速控制危险源，标明危险区域，封锁危险场所，划定警戒区，实行交通管制、限制人员流动、封闭管理以及其他控制措施；③立即抢修被损坏的交通、通信、供水、排水、供电、供气、供热、医疗卫生、广播电视、气象等公共设施，向受到危害的人员提供避难场所和生活必需品，实施医疗救护和卫生防疫以及其他保障措施；④禁止或者限制使用有关设备、设施，关闭或者限制使用有关场所，中止人员密集的活动或者可能导致危害扩大的生产经营活动以及采取其他保护措施；⑤启用本级人民政府设置的财政预备费和储备的应急救援物资，必要时调用其他急需物资、设备、设施、工具；⑥组织公民法人和其他组织参加应急救援和处置工作，要求具有特定专长的人员提供服务；⑦保障食品、饮用水、药品燃料等基本生活必需品的供应；⑧经济性管制措施：依法从严惩处囤积居奇、哄抬价格、牟取暴利、制假售假等扰乱市场秩序的行为，维护市场秩序；⑨依法从严惩处哄抢财物、干扰破坏应急处置工作等扰乱社会秩序的行为，维护社会治安；⑩开展生态环境应急监测，保护集中式饮用水水源地等环境敏感目标，控制和处置污染物；⑪采取防止发生次生、衍生事件的必要措施。《突发事件应对法》第95条规定，地方各级人民政府和县级以上人民政府有关部门违反本法规定，不履行法定职责的，由其上级行政机关责令改正；未按照规定采取预防措施，导致发生突发事件，或未采取必要的防范措施，导致发生次生、衍生事件的，或截留、挪用、私分或者变相私分应急救援资金、物资的，由有关机关综合考虑突发事件发生的原因、后果、应对处置情况、行为人过错等因素，对负有责任的领导人员和直接责任人员依法给予处分。

（3）社会安全事件处置。《突发事件应对法》第74条规定，社会安全事件发生后，组织处置工作的人民政府应当立即启动应急响应，组织有关部门针对事件的性质和特点，依照有关法律、行政法规和国家其他有关规定，采取下列一项或者多项应急处置措施：①强制隔离使用器械相互对抗或者以暴力行为参与冲突的当事人，妥善解决现场纠纷和争端，控制事态发展；②对特定区域内的建筑物、交通工具、设备、设施以及燃料、燃气、电力、水的供应进行控制；③封锁有关场所、道路，查验现场人员的身份证件，限制有关公共场所内的活动；④加强对易受冲击的核心机关和单位的警卫，在国家机关、军事机关、国家通讯社、广播电台、电视台、外国驻华使领馆等单位附近设置临时警戒线；⑤法律、行政法规和国务院规定的其他必要措施。

（4）严重影响国民经济事件处置。《突发事件应对法》第75条规定，发生突发事件，严重影响国民经济正常运行时，国务院或者国务院授权的有关主管部门可以采取保障、控制等必要的应急措施，保障人民群众的基本生活需要，最大限度地减轻突发事件的影响。

2. 救援制度

突发事件的应急处置与救援是一个复杂的系统工程，政府在应急处置与救援中扮演了主要角色，同时居民委员会、村民委员会、有关单位、公民及其他组织在救援中也贡献着重大的力量。

（1）居民委员会、村民委员会

城市居民、农村村民自我管理、自我教育、自我服务的基层群众性自治组织，其他社会组织包括工会、共青团、妇联等群众团体。《突发事件应对法》第 77 条规定，突发事件发生地的居民委员会、村民委员会和其他组织应当按照当地人民政府的决定、命令，进行宣传动员，组织群众开展自救与互救，协助维护社会秩序；情况紧急的，应当立即组织群众开展自救与互救等先期处置工作。

（2）遭受突发事件的单位

《突发事件应对法》第 78 条规定，受到自然灾害危害或者发生事故灾难、公共卫生事件的单位，应当立即组织本单位应急救援队伍和工作人员营救受害人员，疏散、撤离、安置受到威胁的人员，控制危险源，标明危险区域，封锁危险场所，并采取其他防止危害扩大的必要措施，同时向所在地县级人民政府报告；对因本单位的问题引发的或者主体是本单位人员的社会安全事件，有关单位应当按照规定上报情况，并迅速派出负责人赶赴现场开展劝解、疏导工作。

突发事件发生地的其他单位应当服从人民政府发布的决定、命令，配合人民政府采取的应急处置措施，做好本单位的应急救援工作，并积极组织人员参加所在地的应急救援和处置工作。

《突发事件应对法》第 96 条规定，突发事件发生后，不及时组织开展应急救援工作，造成严重后果的，由所在地履行统一领导职责的人民政府有关部门责令停产停业，暂扣或者吊销许可证件，并处 5 万元以上 20 万元以下的罚款；情节特别严重的，并处 20 万元以上 100 万元以下的罚款。

（3）个人

《突发事件应对法》第 79 条规定，突发事件发生地的公民应当服从人民政府、居民委员会、村民委员会或者所属单位的指挥和安排，配合人民政府采取的应急处置措施，积极参加应急救援工作，协助维护社会秩序。

第三节　旅游安全管理制度

一、旅游经营者的安全义务与责任

1. 安全防范、管理和保障

（1）法律依据。《旅游法》第 79 条规定，旅游经营者应当严格执行安全生产管理和消防安全管理的法律、法规和国家标准、行业标准，具备相应的安全生产条件，制定旅游者安全保护制度和应急预案。旅游经营者应当对直接为旅游者提供服务的从业人员开展经常性应急救助技能培训，对提供的产品和服务进行安全检验、监测和评估，采取必要措施防止危害发生。旅游经营者组织、接待老年人、未成年人、残疾人等旅游者，应当采取相应的安全保障措施。

（2）安全经营要求。《安全管理办法》第 6 条细化《旅游法》第 79 条的规定，旅游经营者应当遵守下列要求：①服务场所、服务项目和设施设备符合有关安全法律、法规和强制性标准的要求；②配备必要的安全和救援人员、设施设备；③建立安全管理制度和责任体系；④保证安全工作的资金投入。第 7 条规定，旅游经营者应当定期检查本单位安全措施的落实情况，及时排除安全隐患；对可能发生的旅游突发事件及采取安全防范措施的情况，应当按照规定及时向所在地人民政府或者人民政府有关部门报告。

（3）教育和培育。《安全管理办法》第 9 条规定，旅游经营者应当对从业人员进行安全生产教育和培训，保证从业人员掌握必要的安全生产知识、规章制度、操作规程、岗位技能和应急处理措施，知悉自身在安全生产方面的权利和义务。旅游经营者应建立安全生产教育和培训档案，如实记录安全生产教育和培训的时间、内容、参加人员以及考核结果等情况。未经安全生产教育和培训合格的旅游从业人员，不得上岗作业；特种作业人员必须按照国家有关规定经专门的安全作业培训，取得相应资格。第 11 条规定，旅行社组织和接待旅游者，应当合理安排旅游行程，向合格的供应商订购产品和服务。旅行社及其从业人员发现履行辅助人提供的服务不符合法律、法规规定或者存在安全隐患的，应当予以制止或者更换。

（4）高风险项目的安全保障。《安全管理办法》第 8 条第 2 款规定，经营高风险旅游项目或者向老年人、未成年人、残疾人提供旅游服务的，应当根据需要采取相应的安全保护措施。

（5）投保责任保险。《旅行社条例》也涉及安全防范、管理和保障义务相关规定。第 38 条规定，旅行社应当投保旅行社责任险。旅行社责任险的具体方案由国务院旅游行政主管部门会同国务院保险监督管理机构另行制定。《旅行社责任保险管理办法》为呼应《旅行社条例》，在第 2 条中规定：在中华人民共和国境内依法设立的旅行社，应当依照《旅行社条例》和本办法的规定，投保旅行社责任保险。

2. 安全说明或警示义务

（1）订立履行合同中的告知。旅游法第 62 条还规定，订立包价旅游合同时或者在包价旅游合同履行中，旅行社应当向旅游者告知下列事项：①旅游者不适合参加旅游活动的情形；②旅游活动中的安全注意事项；③旅行社依法可以减免责任的信息；④旅游者应当注意的旅游目的地相关法律、法规和风俗习惯、宗教禁忌，依照中国法律不宜参加的活动等；⑤法律、法规规定的其他应当告知的事项。相关规定也涉及安全警示告知义务。旅游活动中的相关提示事项。

（2）《旅游法》第 80 条规定，旅游经营者应当就旅游活动中的下列事项，以明示的方式事先向旅游者做出说明或者警示：①正确使用相关设施、设备的方法；②必要的安全防范和应急措施；③未向旅游者开放的经营、服务场所和设施、设备；④不适宜参加相关活动的群体；⑤可能危及旅游者人身、财产安全的其他情形。本条规定重在强调“明示”和“事先”，明示主要指旅游经营者或其从业人员用积极的、直接的、明确的方式，将说明或者警示的内容表达、告知给旅游者，具体包括口头明示、书面明示、警示牌标示等方式，与默示相对；事先主要是指预先防范，在旅游者开始进行某项旅游活动前的时间区间，包括旅游行程开始前或者某一个具体旅游项目开始前。《旅行社条例》第 39 条第 1 款规定，旅行社对可能危及旅游者人身、财产安全的事项，应当向旅游者作出真实的说明和明确的警示，并采取防止危害发生的必要措施。

旅游经营者按照“明示”和“事先”的原则，合理履行说明或警示义务，既可以保证消费者知情权的实现，也体现了旅游经营者的安全保障义务。

（3）进行安全评估。《安全管理办法》第 8 条第 1 款规定，旅游经营者应当对其提供的产品和服务进行风险监测和安全评估，依法履行安全风险提示义务，必要时应当采取暂停服务、调整活动内容等措施。第 10 条规定，旅游经营者应当主动询问与旅游活动相关的个人健康信息，要求旅游者按照明示的安全规程，使用旅游设施和接受服务，并要求旅游者对旅游经营者采取的安全防范措施予以配合。

（4）制作安全信息卡。《安全管理办法》第 12 条规定，旅行社组织出境旅游，应当制作安全信息卡。安全信息卡应当包括旅游者姓名、出境证件号码和国籍，以及紧急情况下的联系人、联系方式等信息，使用中文和目的地官方语言（或者英文）填写。旅行社应当将安全信息卡交由旅游者随身携带，并告知其自行填写血型、过敏药物和重大疾病等信息。可见，旅游经营者合理履行说明或警示义务，既可以保证消费者知情权的实现，也体现了旅游经营者的安全保障义务。

3. 履行报告义务

（1）旅行社及其从业人员。《旅行社条例》第 39 条第 2 款规定，旅行社对可能危及旅游者人身、财产安全的事项，应当向旅游者作出真实的说明和明确的警示，并采取防止危害发生的必要措施。发生危及旅游者人身安全的情形的，旅行社及其委派的导游人员、领队人员应当采取必要的处置措施并及时报告旅游行政管理部门；在境外发生的，还应当及时报告中华人民共和国驻该国使领馆、相关驻外机构、当地警方。第 40 条规定，旅游者在境外滞留不归的，旅行社委派的领队人员应当及时向旅行社和中华人民共和国驻该国使领馆、相关驻外机构报告。旅行社接到报告后应当及时向旅游行政管理部门和公安机关报告，并协助提供非法滞留者的信息。旅行社接待入境旅游发生旅游者非法滞留我国境内的，应当及时向旅游行政管理部门、公安机关和外事部门报告，并协助提供非法滞留者的信息。

（2）旅游经营者。《安全管理办法》第 15 条规定，旅游突发事件发生后，旅游经营者的现场人员应当立即向本单位负责人报告，单位负责人接到报告后，应当于 1 小时内向发生地县级旅游主管部门、安全生产监督管理部门和负有安全生产监督管理职责的其他相关部门报告；旅行社负责人应当同时向单位所在地县级以上地方旅游主管部门报告。情况紧急或者发生重大、特别重大旅游突发事件时，现场有关人员可直接向发生地、旅行社所在地县级以上旅游主管部门、安全生产监督管理部门和负有安全生产监督管理职责的其他相关部门报告。旅游突发事件发生在境外的，旅游团队的领队应当立即向当地警方、中国驻当地使领馆或者政府派出机构，以及旅行社负责人报告。旅行社负责人应当在接到领队报告后1小时内，向单位所在地县级以上地方旅游主管部门报告。

（3）旅游主管部门。《安全管理办法》第28条规定，旅游主管部门在接到旅游经营者依据本办法第十五条规定的报告后，应当向同级人民政府和上级旅游主管部门报告。一般旅游突发事件上报至设区的市级旅游主管部门；较大旅游突发事件逐级上报至省级旅游主管部门；重大和特别重大旅游突发事件逐级上报至国家旅游局。向上级旅游主管部门报告旅游突发事件，应当包括下列内容：①事件发生的时间、地点、信息来源；②简要经过、伤亡人数、影响范围；③事件涉及的旅游经营者、其他有关单位的名称；④事件发生原因及发展趋势的初步判断；⑤采取的应急措施及处置情况；⑥需要支持协助的事项；⑦报告人姓名、单位及联系电话。前款所列内容暂时无法确定的，应当先报告已知情况；报告后出现新情况的，应当及时补报、续报。

4. 安全救助和处置

（1）法律依据。《旅游法》第81条规定，突发事件或者旅游安全事故发生后，旅游经营者应当立即采取必要的救助和处置措施，依法履行报告义务，并对旅游者做出妥善安排。旅游经营者作为旅游安全工作的责任主体，在突发事件或者旅游安全事故发生后，在第一现场、第一时间实施安全救助、处置，并报告相关情况，是其应当履行的基本义务，这也有利于有关部门第一时间掌握事件情况，启动相应的旅游应急处置方案，合理安排人力、物力、财力，顺利开展安全救援工作。

（2）旅游经营者。为贯彻落实《旅游法》的精神，进一步阐明安全救助、处置和报告的程序和内容，《安全管理办法》第13条规定，旅游经营者应当依法制定旅游突发事件应急预案，与所在地县级以上地方人民政府及其相关部门的应急预案相衔接，并定期组织演练。第14条规定，旅游突发事件发生后，旅游经营者及其现场人员应当采取合理、必要的措施救助受害旅游者，控制事态发展，防止损害扩大。旅游经营者应当按照履行统一领导职责或者组织处置突发事件的人民政府的要求，配合其采取的应急处置措施，并参加所在地人民政府组织的应急救援和善后处置工作。旅游突发事件发生在境外的，旅行社及其领队应当在中国驻当地使领馆或者政府派出机构的指导下，全力做好突发事件应对处置工作。

二、旅游目的地安全风险提示制度

1. 旅游目的地安全风险提示制度的含义

《旅游法》第 77 条规定，国家建立旅游目的地安全风险提示制度。旅游目的地安全风险提示制度，主要指预先发现境内外旅游目的地对旅游者的人身、财产可能造成损害的自然灾害、事故灾难、公共卫生事件和社会安全事件等潜在的或者已经存在的安全风险，运用定性和定量分析相结合的方法，识别旅游安全风险的类别、等级，提出旅游出行的建议，并按规定的权限和程序，向社会发布相关提示信息的制度。

2. 安全风险提示的级别划分

《安全管理办法》第 16 条第 2、第 3 款规定，根据可能对旅游者造成的危害程度、紧急程度和发展态势，风险提示级别分为一级（特别严重）、二级（严重）、三级（较重）和四级（一般），分别用红色、橙色、黄色和蓝色标示。风险提示级别的划分标准，由国务院旅游主管部门会同外交、卫生、公安、国土、交通、气象、地震和海洋等有关部门制定或者确定。这些风险等级的划分为旅游目的地安全风险提示级别的划分提供了借鉴，国务院旅游主管部门应当会同有关部门按照本法规定，在综合各方面风险级别的基础上，划分旅游目的地的安全风险等级，并正式公开相关信息。

3. 风险提示信息的内容

《安全管理办法》第 17 条规定，风险提示信息，应当包括风险类别、提示级别、可能影响的区域、起始时间、注意事项、应采取的措施和发布机关等内容。一级、二级风险的结束时间能够与风险提示信息内容同时发布的，应当同时发布；无法同时发布的，待风险消失后通过原渠道补充发布。三级、四级风险提示可以不发布风险结束时间，待风险消失后自然结束。

4. 风险提示信息的应对措施

（1）旅行社。《安全管理办法》第 18 条第 1 款规定，风险提示发布后，旅行社应当根据风险级别采取下列措施：①四级风险的，加强对旅游者的提示。②三级风险的，采取必要的安全防范措施。③二级风险的，停止组团或者带团前往风险区域；已在风险区域的，调整或者中止行程。④一级风险的，停止组团或者带团前往风险区域，组织已在风险区域的旅游者撤离。

（2）其他旅游经营者。《安全管理办法》第 18 条第 2 款规定，其他旅游经营者应当根据风险提示的级别，加强对旅游者的风险提示，采取相应的安全防范措施，妥善安置旅游者，并根据政府或者有关部门的要求，暂停或者关闭易受风险危害的旅游项目或者场所。

（3）旅游者。《安全管理办法》第 19 条规定，风险提示发布后，旅游者应当关注相关风险，加强个人安全防范，并配合国家应对风险暂时限制旅游活动的措施，以及有关部门、机构或者旅游经营者采取的安全防范和应急处置措施。

5. 风险提示信息的发布权限与发布渠道

（1）发布权限。《安全管理办法》第 20 条规定，国务院旅游主管部门负责发布境外旅游目的地国家（地区），以及风险区域范围覆盖全国或者跨省级行政区域的风险提示。发布一级风险提示的，需经国务院批准；发布境外旅游目的地国家（地区）风险提示的，需经外交部门同意。地方各级旅游主管部门应当及时转发上级旅游主管部门发布的风险提示，并负责发布前款规定之外涉及本辖区的风险提示。

（2）发布渠道。《安全管理办法》第 21 条规定，风险提示信息应当通过官方网站、手机短信及公众易查阅的媒体渠道对外发布。一级、二级风险提示应同时通报有关媒体。

三、旅游突发事件的含义和等级

1. 旅游突发事件的含义

《安全管理办法》第 39 条第 1 款规定，旅游突发事件，是指突然发生，造成或者可能造成旅游者人身伤亡、财产损失，需要采取应急处置措施予以应对的自然灾害、事故灾难、公共卫生事件和社会安全事件。

2. 旅游突发事件的等级

《安全管理办法》第 39 条第 2 款规定，根据旅游突发事件的性质、危害程度、可控性以及造成或者可能造成的影响，旅游突发事件一般分为特别重大、重大、较大和一般四级（表 12–1）。

表 12–1　旅游突发事件等级划分

情形 等级	造成或者可能造成的人员伤亡情况	滞留超过 24 小时的人数，及对当地生产生活秩序造成的影响程度	其他在境内外产生影响，并对旅游者人身、财产安全造成的威胁程度	法律依据
特别重大	死亡（含失踪）>30 人，或者重伤 >100 人	人数 > 500，并对当地生产生活秩序造成严重影响	特别重大威胁	《安全管理办法》第 39 条第 2 款
重大	10 人 < 死亡（含失踪）< 30 人，或者 50 人 < 重伤 < 100 人	200 < 人数 <500，对当地生产生活秩序造成较严重影响	重大威胁	
较大	3 人 < 死亡（含失踪）< 10 人，或者 10 人 < 重伤 < 50 人	50 < 人数 < 200，并对当地生产生活秩序造成较大影响	较大威胁	
一般	死亡（含失踪）<3 人，或者重伤 <10 人	人数 < 50，并对当地生产生活秩序造成一定影响	一定威胁	

四、相关罚则

1. 违反安全生产和消防安全管理的

《旅游法》第 107 条规定，旅游经营者违反有关安全生产管理和消防安全管理的法律、法规或者国家标准、行业标准的，由有关主管部门依照有关法律、法规的规定处罚。《安全管理办法》第 33 条进一步规定，旅游经营者及其主要负责人、旅游从业人员违反法律、法规有关安全生产和突发事件应对规定的，依照相关法律、法规处理。

2. 未制止履行辅助人的非法或不规范行为的

《安全管理办法》第 34 条规定，旅行社未制止履行辅助人的非法、不安全服务行为，或者未更换履行辅助人的，由旅游主管部门给予警告，可并处 2000 元以下罚款；情节严重的，处 2000 元以上 10000 元以下罚款。

3. 不按要求制作安全信息卡的

《安全管理办法》第 35 条规定，旅行社不按要求制作安全信息卡，未将安全信息卡交由旅游者，或者未告知旅游者相关信息的，由旅游主管部门给予警告，可并处 2000 元以下罚款；情节严重的，处 2000 元以上 10000 元以下罚款。

4. 针对风险提示不采取相应措施的

《安全管理办法》第 36 条规定，旅行社针对旅游目的地安全风险提示，不采取相应措施的，由旅游主管部门处 2000 元以下罚款；情节严重的，处 2000 元以上 10000 元以下罚款。

5. 按国家、行业标准评定的旅游经营者违法的

《安全管理办法》第 37 条规定，按照旅游业国家标准、行业标准评定的旅游经营者违反本办法规定的，由旅游主管部门建议评定组织依据相关标准做出处理。

6. 旅游主管部门及其工作人员违法的

《安全管理办法》第 38 条规定，旅游主管部门及其工作人员违反相关法律、法规及本办法规定，玩忽职守，未履行安全管理职责的，由有关部门责令改正，对直接负责的主管人员和其他直接责任人员依法给予处分。

第四节　责任保险管理制度

一、旅行社责任保险

1. 责任保险的法律依据

（1）《旅行社条例》第 38 条规定，旅行社应当投保旅行社责任险。旅行社责任险的具体方案由国务院旅游主管部门会同国务院保险监督管理机构另行制定。

（2）《保险管理办法》具体规定了旅行社责任保险的含义，投保范围，保险合同的成立、变更和解除，发生保险事故的赔偿，行政机关的监督管理，以及违法的相应处罚。

2. 旅行社责任保险的含义及监管

（1）含义。《保险管理办法》所称旅行社责任保险，是指旅行社因其组织的旅游活动对旅游者和受其委派并为旅游者提供服务的导游或者领队人员依法应当承担的赔偿责任为保险标的的保险。

（2）旅行社责任保险是旅游保险中的重要险种之一，具有下列特征：①旅行社责任保险属于强制保险。依据《条例》第38条规定，旅行社责任保险属于强制保险。旅行社从事旅游业务经营活动，应当履行投保责任险的义务。《旅游法》规定，国家根据旅游活动的风险程度，对旅行社等经营者实施责任保险制度。②是财产保险。所谓财产保险是以财产及其有关利益为保险标的的保险。旅行社通过购买旅行社责任保险，将自身的赔偿风险转嫁给保险公司，保险公司所承保的是旅行社的赔偿责任，因此，旅行社责任保险属于财产保险。③投保人和被保险人是旅行社。旅行社向保险公司投保并支付保险费，目的在于转嫁赔偿责任的风险。根据谁投保谁受益的原则，旅行社在组织旅游活动中依法应承担的赔偿责任，属于保险责任的，保险公司将在责任限额内对旅行社予以赔偿，从而实现了集合危险、分散损失的保险的基本功能。④保险人是保险公司，因此责任险的赔付主体是保险公司。通过投保责任险，旅行社将发生事故之后的损害赔偿责任转移给保险公司。

（3）法律责任。对旅行社未按照规定投保旅行社责任保险的，《旅游法》第97条规定，由旅游主管部门或者有关部门责令改正，没收违法所得，并处5000元以上5万元以下罚款；违法所得5万元以上的，并处违法所得1倍以上5倍以下罚款；情节严重的，责令停业整顿或者吊销旅行社业务经营许可证；对直接负责的主管人员和其他直接责任人员，处2000元以上2万元以下罚款。

3. 监管体制

《保险管理办法》为保监机构和旅游主管部门联合发布的部门规章，对旅游行业和保险行业都具有约束作用。为此，我国对责任险的监管实行“旅保合作”机制，两部门依法在各自职权范围内共同对责任险行使监管权。监管权包括监督检查和行使行政处罚权。

（1）监管主体及职责。①县级以上旅游主管部门依法对旅行社投保责任险情况实施监督管理。②中国保监会及其派出机构依法对旅行社责任险的保险条款和保险费率进行管理；依法对保险公司开展旅行社责任保险业务实施监督管理。

（2）行政处罚权限。①县级以上旅游主管部门对旅行社解除保险合同但未同时订立新的保险合同，保险合同期满前未及时续保，或者人身伤亡责任限额低于20万元的，依据《旅行社条例》第49条规定责令改正；拒不改正的，吊销旅行社业务经营许可证。②保监会或者其派出机构对保险公司经营旅行社责任保险，违反有关保险条款和保险费率管理规定的，依据《保险法》和中国保监会的有关规定予以处罚；保监会或者其派出机构对保险公司拒绝或者妨碍依法监督检查的，依据《保险法》的有关规定予以处罚。

4. 投保

（1）赔偿责任。保险责任，是保险人依照保险合同的规定，在旅行社组织旅游业务经营活动中依法对旅游者的人身伤亡、财产损失承担的赔偿责任和依法对接受旅行社委派并为旅游者提供服务的导游或者领队人员的人身伤亡承担的赔偿责任。

保险责任范围是确定保险人合同义务的基本依据。保险公司是否向旅行社赔偿，以及赔偿的具体数额，要由双方在合同中约定，但不得小于《保险管理办法》第4条第2款所规定的赔偿范围：①因旅行社疏忽或过失应当承担赔偿责任的；②因发生意外事故旅行社应当承担赔偿责任的；③国务院旅游主管部门会同中国保险监督管理委员会规定的其他情形。

（2）保险责任种类。《保险管理办法》第4条第1款规定，保险责任包括两类：①对旅游者的责任。即旅行社在组织旅游活动中依法对旅游者的人身伤亡、财产损失承担的赔偿责任。对旅游者的责任包括：对旅游者的人身伤亡所承担的赔偿责任和对旅游者的财产损失所承担的赔偿责任。②对导游或者领队人员的责任。即依法对受旅行社委派并为旅游者提供服务的导游或者领队人员的人身伤亡所承担的赔偿责任。对导游或者领队人员的责任仅限于其人身伤亡所应承担的赔偿责任，而不包括导游或者领队人员的财产损失所应承担的赔偿责任。

5. 保险费率和赔偿限额

（1）保险费率。是应缴纳保险费与保险金额的比率，换言之，是保险人用以计算保险费的标准，一般由纯费率和附加费率两部分组成。保险费率应当遵循市场化原则，并与旅行社经营风险相匹配。

（2）赔偿限额。是经保险人和投保人协商约定的、作为保险人承担保险责任的最高限额。旅行社在组织旅游活动中发生保险责任范围情形的，保险公司依法根据保险合同约定，在旅行社责任保险责任限额内予以赔偿。

依据《保险管理办法》第 18 条第 2 款规定，责任限额可以根据旅行社业务经营范围、经营规模、风险管控能力、当地经济社会发展水平和旅行社自身需要，由旅行社与保险公司协商确定，但每人人身伤亡责任限额不得低于 20 万元。此即构成了旅行社的最低投保义务，如果旅行社不足额投保，则需要承担相应的责任。

6. 当事人的义务

投保责任保险的当事人，是指旅行社（投保人）和保险公司（承保人）。双方应当依法订立书面旅行社责任保险合同（保险合同）；应当依照《保险法》的有关规定履行告知和说明义务。旅行社投保责任险，可以依法自主投保，也可以由组织统一投保。

（1）旅行社的义务。《保险管理办法》第 10 条规定，①保险合同成立后，按照约定交付保险费。②第 12 条规定，保险合同成立后，旅行社要解除保险合同的，应当同时订立新的保险合同，并书面通知所在地县级以上旅游主管部门，但因旅行社业务经营许可证被依法吊销或注销而解除合同的除外。③第 14 条规定，旅行社名称、法定代表人或者业务经营范围等重要事项变更时，应及时通知保险公司。必要时应当依法办理保险合同变更手续。

（2）保险公司的义务。①《保险管理办法》第 9 条规定，订立保险合同时，保险公司不得强制旅行社投保其他商业保险。②第 10 条规定，保险公司应当及时向旅行社签发保险单或者其他保险凭证，并在保险单或者其他保险凭证中载明当事人双方约定的合同内容，同时按照约定的时间开始承担保险责任。③第 11 条规定，保险合同成立后，除符合《保险法》规定的情形，保险公司不得解除保险合同。④第 13 条规定，保险合同解除的，保险公司应当收回保险单，并书面通知旅行社所在地县级以上旅游主管部门。

7. 保险期限

保险期限，又称保险期间，是保险合同的有效期限，也是保险责任的起讫期限。既是保险合同当事人履行义务的重要根据，又是计算保险费的根据。《保险管理办法》第15条规定，旅行社责任保险的保险期限为1年。第16条规定，旅行社应当在保险合同期满前及时续保。

8. 赔偿

《保险管理办法》规范了请求赔偿人在责任险索赔过程中旅行社与保险公司的责任与行为。请求赔偿人，是指旅行社、受害人（受害的旅游者、导游及领队人员）。

（1）旅行社的责任与行为。①通知。《保险管理办法》第19条规定，旅行社组织的旅游活动中发生保险事故，旅行社或者受害的旅游者、导游及领队人员通知保险公司。②提供证明和资料。第20条规定，保险事故发生后，旅行社按照保险合同请求保险公司赔偿保险金时，应当向保险公司提交其所能提供的与确认保险事故的性质、原因、损失程度等有关的证明和资料。保险公司按照保险合同的约定，认为有关的证明和资料不完整的，应当及时一次性通知旅行社补充提供。③依法解决争议。双方对赔偿有争议的，可以按照双方的约定申请仲裁，或者依法向人民法院提起诉讼。

（2）保险公司的责任与行为。①告知。保险公司接到请求赔偿人的通知，依据《保险管理办法》第19条规定，应当及时告知具体的赔偿程序等有关事项。②直接赔偿。第20条规定，旅行社对旅游者、导游或者领队人员应负的赔偿责任确定的，根据旅行社的请求，保险公司应当直接向受害的旅游者、导游或者领队赔偿保险金。旅行社怠于请求的，受害人有权就其应获赔偿部分直接向保险公司请求赔偿。③履行赔偿义务。《保险管理办法》第21条规定，保险公司收到赔偿保险金的请求和相关证明、资料后，应当及时做出核定；情形复杂的，应当在30日内做出核定，但合同另有规定的除外。保险公司应当及时将核定结果通知旅行社以及受害的旅游者、导游或者领队；对属于保险责任的，在与旅行社达成赔偿保险金的协议后10日内，履行赔偿保险金义务。④代位请求赔偿权。《保险管理办法》第22条规定，因抢救受伤人员需要保险公司先行赔付保险金用于支付抢救费用的，保险公司在接到旅行社或者受害人通知后，经核定属于保险责任的，可以在责任限额内先向医疗机构支付必要的费用。第23条规定，因第三人损害而造成保险事故的，保险公司自直接赔偿保险金或者先行支付抢救费用之日起，在赔偿、支付金额范围内代为行使对第三者请求赔偿的权利。旅行社以及受害的旅游者、导游或者领队应当向保险公司提供必要的文件和所知道的有关情况。

（3）争议解决与保密义务。《保险管理办法》第24条规定，旅行社与保险公司对赔偿有争议的，可以按照双方的约定申请仲裁，或者依法向人民法院提起诉讼。第25条规定，保险公司的工作人员对当事人的个人隐私应当保密。

二、其他旅游经营者责任保险

1. 确立其他旅游经营者实行责任保险的必要性

旅游活动具有群体性、异地性的特点，旅游经营场所属于公众聚集场所，容易发生旅游安全事故。基于以下原因我国确立其他旅游经营者实行责任保险制度：

（1）有的经营场所属于人员密集场所，有的经营活动风险程度较高，一旦发生群体性伤亡事故，需要大量赔付资金。实行责任保险制度，有利于旅游经营者转移风险，提高赔付能力，保障旅游者的利益。

（2）法定强制责任险有利于降低单个经营者投保责任险的保费。责任保险费率的制定，通常根据责任保险的风险大小、损失率的高低及投保人的数量等来确定。目前，一些住宿、景区、高风险旅游项目经营者愿意投保责任险，但是由于投保人基数过低，导致保费数额巨大，企业难以承受。

（3）我国旅游者投保商业险的意识相对较低，规定强制责任保险制度，有利于提高经营者的风险防范和保险意识。

2. 其他旅游者实施责任保险的规定

随着《旅行社条例》和《保险管理办法》对旅行社责任保险制度的实施，特别是在全国旅行社推广的责任险统保示范项目得到了社会的充分认可，保险的范围、金额、赔付程序等也在不断优化，为将责任保险制度上升到法律的层面奠定了基础。

《旅游法》第56条规定，国家根据旅游活动的风险程度，对住宿、旅游交通以及本法第47条规定的高风险旅游项目等经营者实施责任保险制度。这表明旅行社、住宿、旅游交通以及高空、高速、水上、潜水、探险等高风险旅游项目的经营者应当依法投保责任保险。通过立法确立并完善了我国的责任保险制度，对保护旅游者合法权益、提高旅游经营者的风险防范和保险意识有着积极的意义。

第十三章 入出境与交通法律制度

章节练习
增值服务

学习目的

了解:《中华人民共和国民用航空法》(以下简称《民航法》)关于运输凭证、承运人的责任,《中华人民共和国铁路法》(以下简称《铁路法》)关于铁路运输营业中铁路运输合同、铁路运输企业和旅客权利义务的规定。《中华人民共和国道路运输条例》(以下简称《道路运输条例》)关于客运经营的规定。《国内水路运输管理规定》(以下简称《水路运输规定》)关于水路运输承运人和旅客之间权利义务的规定。**熟悉:**《民航法》关于劫持航空器、危及飞行安全、携带危险品及管制刀具等乘坐航空器、在航空器上放置危险品、损毁移动航空设施、聚众扰乱机场秩序法律责任的规定;《中华人民共和国出境入境管理法》(以下简称《出境入境管理法》)、《中华人民共和国护照法》(以下简称《护照法》)关于中国公民出境入境和外国人入境出境的义务性规定和禁止性规定及相关法律责任的规定。

第一节　概　　述

一、出境入境

1. 出境入境的概念

《出境入境管理法》第 89 条规定，出境，是指中国内地前往其他国家或者地区，由中国内地前往香港特别行政区、澳门特别行政区，由大陆前往台湾地区；入境，是指由其他国家或地区进入中国内地，由香港特别行政区、澳门特别行政区进入中国内地，由台湾地区进入中国大陆。

2. 立法情况

出境入境法律制度是国家主权与安全的重要保障，也是维护社会秩序的关键环节。作为现代旅游业发展不可或缺的法治基础，出境入境管理规范体系直接影响着旅游行业的规范运营。旅游从业者特别是经营出境入境业务的旅行社及其工作人员，必须深入掌握相关法律规范，确保业务开展符合法治要求。

我国出境入境法律体系历经多次完善，其中 2007 年 1 月 1 日起施行的《护照法》首次系统构建了出境入境证件管理制度框架。2013 年 7 月 1 日正式生效的《出境入境管理法》进一步健全了法律规范体系，不仅明确了中国公民出入境的基本准则，更对外国人入出境行为作出全面规制。该法通过设定权利义务条款、禁止性规范以及违法责任条款，构建起层次分明、权责清晰的出入境管理法治网络。

二、旅游交通

1. 含义及特点

（1）含义。旅游交通，是指利用一定的载运工具，通过一定的交通线路和场、站、港等设施，在约定的期限内，为旅游者提供空间位置转移的服务活动。通常包括民航运输、铁路运输、道路运输、水路运输等。旅游交通是构成旅游业的基础要素，是实现旅游者空间移动的主要手段。

（2）特点。旅游交通具有游览性、舒适性、有明显的淡旺季之分的特点。

2. 立法概况

为保障交通运输的安全有序，相关交通运输的法律法规和部门规章规定了承运人与包含旅游者在内的旅客之间的权利、义务及相应的法律责任，为运输秩序维护和旅客人身财产安全提供了制度保障。

（1）民航运输领域，以《民航法》为基本法，该法自 1996 年 3 月 1 日施行以来历经六次修正，构建起空运安全的核心框架。民航主管部门依此制定系列实施细则，形成覆盖航空运输全流程的规范网络。

（2）铁路运输领域，以《铁路法》为基本法，该法自 1991 年 5 月 1 日生效后完成两次重要修订，确立铁路运输的基础性制度。国务院及铁道主管部门配套出台行政法规和部门规章，形成层级分明的铁路运输管理规范体系。

（3）道路运输领域，通过国务院2004年4月1日颁布的《道路运输条例》实现系统规制，该条例历经五次修订完善，配合地方立法形成动态调整的道路运输法治框架，有效应对行业快速发展需求。

（4）水路运输领域，以交通运输部 2014 年实施的《国内水路运输管理规定》为基准，经过三次修订更新，建立起适应内河航运特点的专门管理制度，与上位法共同构成水运安全法律屏障。

第二节　入出境管理法律制度

一、入出境义务性规定

1. 中国公民出境入境

（1）依法申办证件。《出境入境管理法》第 9 条规定，中国公民出境入境，应当依法申请办理护照或者其他旅行证件。《护照法》第 5 条规定，公民因前往外国定居、探亲、学习、就业、旅行、从事商务活动等非公务原因出国的，由本人向户籍所在地的县级以上地方人民政府公安机关出入境管理机构申请普通护照。第 6 条规定，公民申请普通护照，应当提交本人的居民身份证、户口簿、近期免冠照片以及申请事由的相关材料。

中国公民前往其他国家或者地区，还需要取得前往国签证或者其他入境许可证明。但是，中国政府与其他国家政府签订互免签证协议或者公安部、外交部另有规定的除外。截至 2025 年 4 月，我国已与 157 个国家缔结互免签证协议，中国公民持所适用的护照前往下列国家短期旅行通常无须事先申请签证。①

对港澳台地区通行事宜,《出境入境管理法》第 10 条规定，中国公民往来内地与香港特别行政区、澳门特别行政区，中国公民往来大陆与台湾地区，应当依法申请办理通行证件，并遵守本法有关规定。具体管理办法由国务院规定。

（2）依法交验证件。《出境入境管理法》第 11 条规定，中国公民出境入境，应当向出入境边防检查机关交验本人的护照或者其他旅行证件等出境入境证件，履行规定的手续，经查验准许，方可出境入境。值得注意的是，法律规定，具备条件的口岸、出入境边防检查机关应当为中国公民出境入境提供专用通道等便利措施，体现了便民服务与严格监管相结合的原则。

（3）依法接受检查。《出境入境管理法》第 6 条规定，中国公民以及交通运输工具应当从对外开放的口岸出境入境，特殊情况下，可以从国务院或者国务院授权的部门批准的地点出境入境。出境入境人员和交通运输工具应当接受出境入境边防检查。

2. 外国人入出中国国境

（1）依法办理证件。《出境入境管理法》第 15 条规定，外国人入境，应当向驻外签证机关申请办理签证，但是本法另有规定的除外。

（2）依法交验证件。《出境入境管理法》第 24 条、第 27 条规定，外国人入境，应当向出入境边防检查机关交验本人的护照或者其他国际旅行证件、签证或者其他入境许可证明，履行规定的手续，经查验准许，方可入境出境。这种“入口 + 出口”的双重把关机制，有效强化了出境入境管理的系统性和完整性。

（3）依法接受检查。《出境入境管理法》第 6 条规定，外国人以及交通运输工具应当从对外开放的口岸出境入境，特殊情况下，可以从国务院或者

① 中国领事服务网．中国与外国互免签证协定一览表

国务院授权的部门批准的地点出境入境。出境入境人员和交通运输工具应当接受出境入境边防检查。

（4）遵守中国法律。《出境入境管理法》第3条规定，在中国境内的外国人的合法权益受法律保护。在中国境内的外国人应当遵守中国法律，不得危害中国国家安全、损害社会公共利益、破坏社会公共秩序。

二、入出境禁止性规定

1. 中国公民的出境限制

《出境入境管理法》第12条规定，中国公民有下列情形之一的，不准出境：未持有效出境入境证件或者拒绝、逃避接受边防检查的；被判处刑罚尚未执行完毕或者属于刑事案件被告人、犯罪嫌疑人的；有未了结的民事案件，人民法院决定不准出境的；因妨害国（边）境管理受到刑事处罚或者因非法出境、非法居留、非法就业被其他国家或者地区遣返，未满不准出境规定年限的；可能危害国家安全和利益，国务院有关主管部门决定不准出境的；法律、行政法规规定不准出境的其他情形（表13-1）。

关于"未持有效出境入境证件"的认定标准，《护照法》第13条进行了规定，护照签发机关不予签发护照的情形有：不具有中华人民共和国国籍的；无法证明身份的；在申请过程中弄虚作假的；被判处刑罚正在服刑的；人民法院通知有未了结的民事案件不能出境的；属于刑事案件被告人或者犯罪嫌疑人的；国务院有关主管部门认为出境后将对国家安全造成危害或者对国家利益造成重大损失的。在此基础上，《护照法》第14条进一步规定行政处罚与护照签发限制的衔接机制，申请人有下列情形之一的，护照签发机关自其刑罚执行完毕或者被遣返回国之日起六个月至三年以内不予签发护照：因妨害国（边）境管理受到刑事处罚的；因非法出境、非法居留、非法就业被遣返回国的。

表 13–1　中国公民不准出境的情形

序号	《中华人民共和国出境入境管理法》	
	不准出境的情形	法律依据
1	未持有效出境入境证件或者拒绝、逃避接受边防检查的	第 12 条
2	被判处刑罚尚未执行完毕，或属于刑事案件被告人、犯罪嫌疑人的	
3	有未了结的民事案件，人民法院决定不准出境的	
4	因妨害国（边）境管理受到刑事处罚，或因非法出境、非法居留、非法就业被其他国家 / 地区遣返，未满不准出境规定年限的	
5	可能危害国家安全和利益，国务院有关主管部门决定不准出境的	
6	法律、行政法规规定不准出境的其他情形	

2. 外国人入出中国国境的限制

（1）入境限制性规定。《出境入境管理法》第 25 条规定，外国人不准入境的情形有：未持有效出境入境证件或者拒绝、逃避接受边防检查的；具有本法规定的不予签发签证情形的；入境后可能从事与签证种类不符的活动的；法律、行政法规规定不准入境的其他情形。对不准入境的，出入境边防检查机关可以不说明理由。

对于外国人不予签发签证情形，《出境入境管理法》第 21 条进行了规定：被处驱逐出境或者被决定遣送出境，未满不准入境规定年限的；患有严重精神障碍、传染性肺结核病或者有可能对公共卫生造成重大危害的其他传染病的；可能危害中国国家安全和利益、破坏社会公共秩序或者从事其他违法犯罪活动的；在申请签证过程中弄虚作假或者不能保障在中国境内期间所需费用的；不能提交签证机关要求提交的相关材料的；签证机关认为不宜签发签证的其他情形。对不予签发签证的，签证机关可以不说明理由。

（2）出境限制性规定。《出境入境管理法》第 28 条规定，外国人不准出境的情形有：被判处刑罚尚未执行完毕或者属于刑事案件被告人、犯罪嫌疑人的，但是按照中国与外国签订的有关协议，移管被判刑人的除外；有未了结的民事案件，人民法院决定不准出境的；拖欠劳动者的劳动报酬，经国务院有关部门或省、自治区、直辖市人民政府决定不准出境的；法律、行政法规规定不准出境的其他情形（表 13–2）。

表 13–2　外国人限制入出中国国境的情形

限制类型	《中华人民共和国出境入境管理法》	
	具体情形	法律依据
不准入境	1. 未持有效出境入境证件，或拒绝、逃避接受边防检查的	第 25 条
	2. 具有《中华人民共和国出境入境管理法》规定的不予签发签证情形的： ①被处驱逐出境或者被决定遣送出境，未满不准入境规定年限的； ②患有严重精神障碍、传染性肺结核病或者有可能对公共卫生造成重大危害的其他传染病的； ③可能危害中国国家安全和利益、破坏社会公共秩序或者从事其他违法犯罪活动的； ④在申请签证过程中弄虚作假或者不能保障在中国境内期间所需费用的； ⑤不能提交签证机关要求提交的相关材料的； ⑥签证机关认为不宜签发签证的其他情形。	
	3. 入境后可能从事与签证种类不符的活动的	
	4. 法律、行政法规规定不准入境的其他情形	
不准出境	1. 被判处刑罚尚未执行完毕，或属于刑事案件被告人、犯罪嫌疑人的	第 28 条
	2. 有未了结的民事案件，人民法院决定不准出境的	
	3. 拖欠劳动者劳动报酬，经国务院有关部门或省级人民政府决定不准出境的	
	4. 法律、行政法规规定不准出境的其他情形	

三、法律责任

（1）非法出境入境的法律责任。《出境入境管理法》第 71 条规定，有下列行为之一的，处 1000 元以上 5000 元以下罚款；情节严重的，处 5 日以上 10 日以下拘留，可以并处 2000 元以上 1 万元以下罚款：①持用伪造、变造、骗取的出境入境证件出境入境的；②冒用他人出境入境证件出境入境的；③逃避出境入境边防检查的；④以其他方式非法出境入境的。

《出境入境管理法》第 75 条规定，中国公民出境后非法前往其他国家或者地区被遣返的，出入境边防检查机关应当收缴其出境入境证件，出境入境证件签发机关自其被遣返之日起 6 个月至 3 年以内不予签发出境入境证件。

（2）协助他人非法出境入境的法律责任。《出境入境管理法》第 72 条规定，协助他人非法出境入境的，处 2000 元以上 1 万元以下罚款；情节严重的，处 10 日以上 15 日以下拘留，并处 5000 元以上 2 万元以下罚款，有违法所得的，没收违法所得。

（3）骗取出境入境证件的法律责任。《出境入境管理法》第 73 条规定，弄虚作假骗取签证、停留居留证件等出境入境证件的，处 2000 元以上 5000 元以下罚款；情节严重的，处 10 日以上 15 日以下拘留，并处 5000 元以上 2 万元以下罚款。

（4）违规为外国人出具有关材料的法律责任。《出境入境管理法》第 74 条规定，违反法律规定，为外国人出具邀请函件或者其他申请材料的，处 5000 元以上 1 万元以下罚款；有违法所得的，没收违法所得，并责令其承担所邀请外国人的出境费用。

（5）其他法律责任。《出境入境管理法》第 76 条规定，有下列情形之一的，给予警告，可以并处 2000 元以下罚款：①外国人拒不接受公安机关查验其出境入境证件的；②外国人拒不交验居留证件的；③未按照规定办理外国人出生登记、死亡申报的；④外国人居留证件登记事项发生变更，未按照规定办理变更的；⑤在中国境内的外国人冒用他人出境入境证件的；⑥未按照《出境入境管理法》规定办理住宿登记的。

第三节　交通运输法律制度

一、民航运输法律制度

1. 运输凭证

（1）客票。客票是承运人和旅客双方客运合同关系的证据，是旅客搭乘交通运输工具的凭证。《民航法》第 111 条第 1 款规定客票是航空旅客运输合同订立和运输合同条件的初步证据。第 109 条规定，承运人运送旅客，应当出具客票。旅客乘坐民用航空器，应当交验有效客票。这说明，客票作为航空运输法律关系的重要载体，具有双重法律功能：既是承运人履行运输义务的法定凭证，也是旅客主张运输权利的必备要件。

《民航法》第 110 条规定客票应当包括的内容由国务院民用航空主管部门规定，至少应当包括以下内容：①出发地点和目的地点；②出发地点和目的地点均在中华人民共和国境内，而在境外有一个或者数个约定的经停地点的，至少注明一个经停地点；③旅客航程的最终目的地点、出发地点或者约定的经停地点之一不在中华人民共和国境内，依照所适用的国际航空运输公约的规定，应当在客票上声明此项运输适用该公约的，客票上应当载有该项声明。为保障旅客安全、加强交通运输管理，我国在民航运输中对客票实行实名制。实名制客运合同的旅客丢失客票的，可以请求承运人挂失补办，承运人不得再次收取票款和其他不合理费用。第 111 条第 2 款规定，旅客未能出示客票、客票不符合规定或者客票遗失，不影响运输合同的存在或者有效。

（2）行李票。《民航法》第 112 条规定，承运人载运托运行李时，行李票可以包含在客票之内或者与客票相结合。行李票是行李托运和运输合同条件的初步证据。旅客未能出示行李票、行李票不符合规定或者行李票遗失，不影响运输合同的存在或者有效。

2. 承运人的责任

（1）造成旅客人身伤亡的责任。《民航法》第 124 条规定，因发生在民用航空器上或者在旅客上、下民用航空器过程中的事件，造成旅客人身伤亡的，承运人应当承担责任；但是，旅客的人身伤亡完全是由于旅客本人的健康状况造成的，承运人不承担责任。

“事件”的含义很广泛，如果旅客的人身伤亡是因为承运人的故意或过错行为造成的，属于法定的“事件”，承运人要承担赔偿责任。一些造成旅客人身伤亡的原因，承运人可能没有主观上的过错，例如劫机、气流造成的飞机颠簸等，也属于“事件”的范畴。

（2）造成行李物品毁灭、遗失或者损坏的责任。《民航法》第 125 条规定，因发生在民用航空器上或者在旅客上、下民用航空器过程中的事件，造成旅客随身携带物品毁灭、遗失或者损坏的，承运人应当承担责任。因发生在航空运输期间的事件，造成旅客的托运行李毁灭、遗失或者损坏的，承运人应当承担责任。旅客随身携带物品或者托运行李的毁灭、遗失或者损坏完全是由于行李本身的自然属性、质量或者缺陷造成的，承运人不承担责任。

只有发生在航空运输期间的事件，造成旅客的托运行李毁灭、遗失或者损坏的，承运人才应当承担责任。具体来说，“航空运输期间”是指在机场内、民用航空器上或者机场外降落的任何地点，托运行李处于承运人掌管之下的全部期间。“航空运输期间”不包括机场外的任何陆路运输、海上运输、内河运输过程；但是，此种陆路运输、海上运输、内河运输是为了履行航空运输合同而装载、交付或者转运，在没有相反证据的情况下，所发生的损失视为在航空运输期间发生的损失。

（3）因延误造成损失的责任。《民航法》第 126 条规定，旅客、行李或者货物在航空运输中因延误造成的损失，承运人应当承担责任；但是，承运人证明本人或者其受雇人、代理人为了避免损失的发生，已经采取一切必要措施或者不可能采取此种措施的，不承担责任。

（4）免责和减轻责任的情形。《民航法》第 127 条规定，在旅客、行李运输中，经承运人证明，损失是由索赔人的过错造成或者促成的，应当根据造成或者促成此种损失的过错的程度，相应免除或者减轻承运人的责任。旅客以外的其他人就旅客死亡或者受伤提出赔偿请求时，经承运人证明，死亡或者受伤是旅客本人的过错造成或者促成的，同样应当根据造成或者促成此种损失的过错的程度，相应免除或者减轻承运人的责任。

3. 承运人的责任限额

（1）国内航空运输。《民航法》第 128 条规定，国内航空运输承运人的赔偿责任限额由国务院民用航空主管部门制定，报国务院批准后公布执行。旅客或者托运人在交运托运行李或者货物时，特别声明在目的地点交付时的利益，并在必要时支付附加费的，除承运人证明旅客或者托运人声明的金额高于托运行李或者货物在目的地点交付时的实际利益外，承运人应当在声明金额范围内承担责任；本法第 129 条的其他规定，除赔偿责任限额外，适用于国内航空运输。

（2）国际航空运输。《民航法》第 129 条规定，国际航空运输承运人的赔偿责任限额按照下列规定执行：①对每名旅客的赔偿责任限额为 16600 计算单位；但是，旅客可以同承运人书面约定高于本项规定的赔偿责任限额。②对托运行李或者货物的赔偿责任限额，每千克为 17 计算单位。旅客或者托运人在交运托运行李或者货物时，特别声明在目的地点交付时的利益，并在必要时支付附加费的，除承运人证明旅客或者托运人声明的金额高于托运行李或者货物在目的地点交付时的实际利益外，承运人应当在声明金额范围内承担责任。托运行李或者货物的一部分或者托运行李、货物中的任何物件毁灭、遗失、损坏或者延误的，用以确定承运人赔偿责任限额的重量，仅为该一包件或者数包件的总重量；但是，因托运行李或者货物的一部分或者托运行李、货物中的任何物件的毁灭、遗失、损坏或者延误，影响同一份行李票或者同一份航空货运单所列其他包件的价值的，确定承运人的赔偿责任限额时，此种包件的总重量也应当考虑在内。③对每名旅客随身携带的物品的赔偿责任限额为 332 计算单位。

《民航法》第 130 条规定，任何旨在免除本法规定的承运人责任或者降低本法规定的赔偿责任限额的条款，均属无效；但是，此种条款的无效，不影响整个航空运输合同的效力。第 131 条规定，有关航空运输中发生的损失的诉讼，不论其根据如何，只能依照本法规定的条件和赔偿责任限额提出，但是不妨碍谁有权提起诉讼以及他们各自的权利。第 132 条规定，经证明，航空运输中的损失是由于承运人或者其受雇人、代理人的故意或者明知可能造成损失而轻率地作为或者不作为造成的，承运人无权援用本法第 128 条、第 129 条有关赔偿责任限制的规定；证明承运人的受雇人、代理人有此种作为或者不作为的，还应当证明该受雇人、代理人是在受雇、代理范围内行事。

4. 法律责任

（1）劫持航空器。《民航法》第 191 条规定，以暴力、胁迫或者其他方法劫持航空器的，依照刑法有关规定追究刑事责任。

（2）危及飞行安全。《民航法》第 192 条规定，对飞行中的民用航空器上的人员使用暴力，危及飞行安全的，依照刑法有关规定追究刑事责任。

（3）携带危险品及管制刀具等乘坐航空器。《民航法》第 193 条规定，违反本法规定，隐匿携带炸药、雷管或者其他危险品乘坐民用航空器，或者以非危险品品名托运危险品的，依照刑法有关规定追究刑事责任。企业事业单位犯前款罪的，判处罚金，并对直接负责的主管人员和其他直接责任人员依照前款规定追究刑事责任。隐匿携带枪支子弹、管制刀具乘坐民用航空器的，依照刑法有关规定追究刑事责任。

（4）在航空器上放置危险品。《民航法》第 195 条规定，故意在使用中的民用航空器上放置危险品或者唆使他人放置危险品，足以毁坏该民用航空器，危及飞行安全的，依照刑法有关规定追究刑事责任。

（5）损毁移动航空设施。《民航法》第 197 条规定，盗窃或者故意损毁、移动使用中的航行设施，危及飞行安全，足以使民用航空器发生坠落、毁坏危险的，依照刑法有关规定追究刑事责任。

（6）聚众扰乱机场秩序。《民航法》第 198 条规定，聚众扰乱民用机场秩序的，依照刑法有关规定追究刑事责任。

二、铁路运输法律制度

1. 铁路运输合同

《铁路法》第 11 条规定，铁路运输合同是明确铁路运输企业与旅客、托运人之间权利义务关系的协议。旅客车票、行李票、包裹票和货物运单是合同或者合同的组成部分。

为保障旅客安全、加强交通运输管理，我国在铁路运输中对客票实行实名制。实名制客运合同的旅客丢失客票的，可以请求承运人挂失补办，承运人不得再次收取票款和其他不合理费用。

2. 承运人的权利

（1）收取费用。《铁路法》第 14 条规定，对无票乘车或者持失效车票乘车的，应当补收票款，并按照规定加收票款；拒不交付的，铁路运输企业可以责令下车。

（2）处理无人领取的货物。《铁路法》第 22 条规定，自铁路运输企业发出领取货物通知之日起满 30 日仍无人领取的货物，或者收货人书面通知铁路运输企业拒绝领取的货物，铁路运输企业应当通知托运人，托运人自接到通知之日起满 30 日未作答复的，由铁路运输企业变卖；所得价款在扣除保管等费用后尚有余款的，应当退还托运人，无法退还、自变卖之日起 180 日内托运人又未领回的，上缴国库。自铁路运输企业发出领取通知之日起满 90 日仍无人领取的包裹或者到站后满 90 日仍无人领取的行李，铁路运输企业应当公告，公告满 90 日仍无人领取的，可以变卖；所得价款在扣除保管等费用后尚有余款的，托运人、收货人或者旅客可以自变卖之日起 180 日内领回，逾期不领回的，上缴国库。对危险物品和规定限制运输的物品，应当移交公安机关或者有关部门处理，不得自行变卖。对不宜长期保存的物品，可以按照国务院铁路主管部门的规定缩短处理期限。

（3）进行运输安全检查。《铁路法》第 48 条规定，禁止旅客携带危险品进站上车。铁路公安人员和国务院铁路主管部门规定的铁路职工，有权对旅客携带的物品进行运输安全检查。实施运输安全检查的铁路职工应当佩戴执勤标志。

（4）制止危害运输安全行为。《铁路法》第 49 条规定，对损毁、移动铁路信号装置及其他行车设施或者在铁路线路上放置障碍物的，铁路职工有权制止，可以扭送公安机关处理。第 50 条规定，禁止偷乘货车、攀附行进中的列车或者击打列车。对偷乘货车、攀附行进中的列车或者击打列车的，铁路职工有权制止。第 51 条规定，禁止在铁路线路上行走、坐卧。对在铁路线路上行走、坐卧的，铁路职工有权制止。第 53 条规定，对聚众拦截列车或者聚众冲击铁路行车调度机构的，铁路职工有权制止；不听制止的，公安人员现场负责人有权命令解散；拒不解散的，公安人员现场负责人有权依照国家有关规定决定采取必要手段强行驱散，并对拒不服从的人员强行带离现场或者予以拘留。第 55 条规定，在列车内，寻衅滋事，扰乱公共秩序，危害旅客人身、财产安全的，铁路职工有权制止，铁路公安人员可以予以拘留。

3. 承运人的义务

（1）按约定运输旅客和行李物品。《铁路法》第 12 条规定，铁路运输企业应当保证旅客按车票载明的日期、车次乘车，并到达目的站。因铁路运输企业的责任造成旅客不能按车票载明的日期、车次乘车的，铁路运输企业应当按照旅客的要求，退还全部票款或者安排改乘到达相同目的站的其他列车。第 16 条第 1 款规定，铁路运输企业应当按照合同约定的期限或者国务院铁路主管部门规定的期限，将货物、包裹、行李运到目的站；逾期运到的，铁路运输企业应当支付违约金。

（2）提供良好的旅行环境和服务设施。《铁路法》第13条规定，铁路运输企业应当采取有效措施做好旅客运输服务工作，做到文明礼貌、热情周到，保持车站和车厢内的清洁卫生，提供饮用开水，做好列车上的饮食供应工作。

（3）保障旅客和货物运输安全。《铁路法》第10条规定，铁路运输企业应当保证旅客和货物运输的安全，做到列车正点到达。第42条规定，铁路运输企业必须加强对铁路的管理和保护，定期检查、维修铁路运输设施，保证铁路运输设施完好，保障旅客和货物运输安全。

（4）对旅客人身伤亡进行赔偿。《铁路法》第58条规定，因铁路行车事故及其他铁路运营事故造成人身伤亡的，铁路运输企业应当承担赔偿责任；如果人身伤亡是因不可抗力或者由于受害人自身的原因造成的，铁路运输企业不承担赔偿责任。违章通过平交道口或者人行过道，或者在铁路线路上行走、坐卧造成的人身伤亡，属于受害人自身的原因造成的人身伤亡。

（5）对行李物品损失进行赔偿。《铁路法》第17条规定，铁路运输企业应当对承运的货物、包裹、行李自接受承运时起到交付时止发生的灭失、短少、变质、污染或者损坏，承担赔偿责任。

赔偿限额有两种情况：一是托运人或者旅客根据自愿申请办理保价运输的，按照实际损失赔偿，但最高不超过保价额。二是未按保价运输承运的，按照实际损失赔偿，但最高不超过国务院铁路主管部门规定的赔偿限额；如果损失是由于铁路运输企业的故意或者重大过失造成的，不适用赔偿限额的规定，按照实际损失赔偿。托运人或者旅客根据自愿可以向保险公司办理货物运输保险，保险公司按照保险合同的约定承担赔偿责任。托运人或者旅客根据自愿，可以办理保价运输，也可以办理货物运输保险，还可以既不办理保价运输，也不办理货物运输保险。不得以任何方式强迫办理保价运输或者货物运输保险。

不承担赔偿责任的情形：《铁路法》第18条规定，由于不可抗力，货物或者包裹、行李中的物品本身的自然属性，或者合理损耗，托运人、收货人或者旅客的过错造成的货物、包裹、行李损失的，铁路运输企业不承担赔偿责任。

铁路运输承运人的权利和义务见表 13-3。

表 13-3　铁路运输承运人的权利和义务

权利 / 义务	《中华人民共和国铁路法》	
	具体内容	法律来源
权利	1. 收取费用	第 14 条
	2. 处理无人领取的货物	第 22 条
	3. 进行运输安全检查	第 48 条
	4. 制止危害运输安全行为	第 49 条、第 50 条、第 51 条、第 53 条、第 55 条
义务	1. 按约定运输旅客和行李物品	第 12 条
	2. 提供良好的旅行环境和服务设施	第 13 条
	3. 保障旅客和货物运输安全	第 10 条、第 42 条
	4. 对旅客人身伤亡进行赔偿	第 58 条
	5. 对行李物品损失进行赔偿	第 17 条

4. 旅客的权利

旅客有权要求铁路运输企业按照约定的运输时间，提供与座位等级相适应的服务，保障运输正常和安全。对运输期间，因铁路运输企业过错造成的人身损害，旅客有权要求赔偿。铁路运输企业逾期 30 日仍未将货物、包裹、行李交付收货人或者旅客的，托运人、收货人或者旅客有权按货物、包裹、行李灭失向铁路运输企业要求赔偿。

5. 旅客的义务

（1）持有效车票乘车。《铁路法》第 14 条规定，旅客乘车应当持有效车票。

（2）按规定托运行李物品。《铁路法》第 19 条规定，托运人应当如实填报托运单，铁路运输企业有权对填报的货物和包裹的品名、重量、数量进行检查。经检查，申报与实际不符的，检查费用由托运人承担；申报与实际相符的，检查费用由铁路运输企业承担，因检查对货物和包裹中的物品造成的损坏由铁路运输企业赔偿。托运人因申报不实而少交的运费和其他费用应当补交，铁路运输企业按照国务院铁路主管部门的规定加收运费和其他费用。

《铁路法》第 20 条规定，托运货物需要包装的，托运人应当按照国家包装标准或者行业包装标准包装；没有国家包装标准或者行业包装标准的，应当妥善包装，使货物在运输途中不因包装原因而受损坏。铁路运输企业对承运的容易腐烂变质的货物和活动物，应当按照国务院铁路主管部门的规定和合同的约定，采取有效的保护措施。

《铁路法》第 48 条规定，运输危险品必须按照国务院铁路主管部门的规定办理，禁止以非危险品品名托运危险品。

（3）及时领取行李物品。《铁路法》第 21 条规定，货物、包裹、行李到站后，收货人或者旅客应当按照国务院铁路主管部门规定的期限及时领取，并支付托运人未付或者少付的运费和其他费用；逾期领取的，收货人或者旅客应当按照规定交付保管费。

（4）承担对铁路运输企业造成的财产损失。《铁路法》第 23 条规定，因旅客、托运人或者收货人的责任给铁路运输企业造成财产损失的，由旅客、托运人或者收货人承担赔偿责任。

三、道路运输管理制度

1. 从事客运经营的条件

《道路运输条例》第 8 条规定，申请从事客运经营的，应当具备下列条件：有与其经营业务相适应并经检测合格的车辆；有符合规定条件的驾驶人员；有健全的安全生产管理制度。申请从事班线客运经营的，还应当有明确的线路和站点方案。第 9 条规定，从事客运经营的驾驶人员，应当符合下列条件：取得相应的机动车驾驶证；年龄不超过 60 周岁；3 年内无重大以上交通责任事故记录；经设区的市级人民政府交通运输主管部门对有关客运法律法规、机动车维修和旅客急救基本知识考试合格。

2. 客运经营者的权利

为维护运输秩序、保障旅客权益，客运经营者依法享有双重管理权限：

一是票务查验权，客运经营者有权依法查验旅客客票，并进行安全检查。二是安全检查权，有权禁止旅客携带危险品乘车。《道路运输条例》第 17 条规定，旅客应当持有效客票乘车，遵守乘车秩序，讲究文明卫生，不得携带国家规定的危险物品及其他禁止携带的物品乘车。

3. 客运经营者的义务

（1）提供良好的乘车环境。根据《道路运输条例》第 16 条规定，客运经营者应当为旅客提供良好的乘车环境，保持车辆清洁、卫生。

（2）保障旅客安全。根据《道路运输条例》第 16 条规定，客运经营者应采取必要的措施防止在运输过程中发生侵害旅客人身、财产安全的违法行为。第 28 条规定，客运经营者应当加强对从业人员的安全教育、职业道德教育，确保道路运输安全。道路运输从业人员应当遵守道路运输操作规程，不得违章作业。驾驶人员连续驾驶时间不得超过 4 小时。

（3）按约定提供服务。《道路运输条例》第 33 条规定，道路运输车辆应当随车携带车辆营运证，不得转让、出租。第 18 条规定，班线客运经营者取得道路运输经营许可证后，应当向公众连续提供运输服务，不得擅自暂停、终止或者转让班线运输。第 19 条规定，从事包车客运的，应当按照约定的起始地、目的地和线路运输。从事旅游客运的，应当在旅游区域按照旅游线路运输。第 20 条规定，客运经营者不得强迫旅客乘车，不得甩客、敲诈旅客；不得擅自更换运输车辆。

（4）使用符合标准的车辆。《道路运输条例》第 29 条第 2 款规定，客运经营者应当使用符合国家规定标准的车辆从事道路运输经营。第 30 条规定，客运经营者应当加强对车辆的维护和检测，确保车辆符合国家规定的技术标准；不得使用报废的、擅自改装的和其他不符合国家规定的车辆从事道路运输经营。

（5）按照核定标准运输旅客。《道路运输条例》第 29 条第 1 款规定，生产（改装）客运车辆的企业应当按照国家规定标定车辆的核定人数或者载重量，严禁多标或者少标车辆的核定人数或者载重量。第 34 条规定，道路运输车辆运输旅客的，不得超过核定的人数，不得违反规定载货；运输货物的，不得运输旅客，运输的货物应当符合核定的载重量，严禁超载；载物的长、宽、高不得违反装载要求。

（6）制定突发事件应急预案。《道路运输条例》第 31 条规定，客运经营者应当制定有关交通事故、自然灾害以及其他突发事件的道路运输应急预案。应急预案应当包括报告程序、应急指挥、应急车辆和设备的储备以及处置措施等内容。第 32 条规定，发生交通事故、自然灾害以及其他突发事件，客运经营者应当服从县级以上人民政府或者有关部门的统一调度、统一指挥。

（7）投保责任险。《道路运输条例》第 35 条规定，客运经营者应当为旅客投保承运人责任险。

道路运输承运人的义务见表 13–4。

表 13–4　道路运输承运人的义务

《中华人民共和国道路运输条例》	
具体内容	法律来源
1. 提供良好乘车环境	第 16 条
2. 保障旅客安全	第 16 条
3. 按约定提供服务	第 18 条、第 19 条、第 20 条、第 33 条
4. 使用符合标准的车辆	第 29 条第 2 款
5. 按照核定标准运输旅客	第 29 条第 1 款
6. 制定突发事件应急预案	第 31 条
7. 投保责任险	第 35 条

4. 客运经营者的法律责任

（1）擅自从事道路客运经营。根据《道路运输条例》第 63 条规定，未取得道路运输经营许可，擅自从事道路客运经营，由县级以上地方人民政府交通运输主管部门责令停止经营，并处罚款；构成犯罪的，依法追究刑事责任，违法所得超过 2 万元的，没收违法所得，处违法所得 2 倍以上 10 倍以下的罚款；没有违法所得或者违法所得不足 2 万元的，处 1 万元以上 10 万元以下的罚款。

（2）非法驾驶运输经营车辆。根据《道路运输条例》第 64 条规定，不符合规定条件的人员驾驶道路运输经营车辆的，由县级以上地方人民政府交通运输主管部门责令改正，处 200 元以上 2000 元以下的罚款；构成犯罪的，依法追究刑事责任。

（3）非法转让、出租许可证件。根据《道路运输条例》第 66 条规定，违反本条例的规定，客运经营者非法转让、出租道路运输许可证件的，由县级以上地方人民政府交通运输主管部门责令停止违法行为，收缴有关证件，处 2000 元以上 1 万元以下的罚款；有违法所得的，没收违法所得。

（4）未投保责任险。根据《道路运输条例》第 67 条规定，违反本条例的规定，客运经营者未按规定投保承运人责任险的，由县级以上地方人民政府交通运输主管部门责令限期投保；拒不投保的，由原许可机关吊销道路运输经营许可证。

（5）不按约定提供服务。根据《道路运输条例》第 68 条规定，违反本条例的规定，客运经营者有下列情形之一的，由县级以上地方人民政府交通运输主管部门责令改正，处 1000 元以上 2000 元以下的罚款；情节严重的，由原许可机关吊销道路运输经营许可证：不按批准的客运站点停靠或者不按规定的线路、公布的班次行驶的；在旅客运输途中擅自变更运输车辆或者将旅客移交他人运输的；未报告原许可机关，擅自终止客运经营的。客运经营者强行招揽旅客的，由县级以上地方人民政府交通运输主管部门责令改正，处 1000 元以上 3000 元以下的罚款；情节严重的，由原许可机关吊销道路运输经营许可证。

（6）不按规定维护和检测车辆。根据《道路运输条例》第 69 条第 1 款规定，违反本条例的规定，客运经营者不按规定维护和检测运输车辆的，由县级以上地方人民政府交通运输主管部门责令改正，处 1000 元以上 5000 元以下的罚款。

（7）擅自改装车辆。根据《道路运输条例》第 69 条第 2 款规定，违反本条例的规定，客运经营者、货运经营者擅自改装已取得车辆营运证的车辆的，由县级以上地方人民政府交通运输主管部门责令改正，处 5000 元以上 2 万元以下的罚款。

四、水路运输法律制度[1]

1. 承运人的权利

（1）危险品拒载权。《国内水路运输管理规定》第 26 条第 1 款规定，水路旅客运输业务经营者应当拒绝携带或者托运国家规定的危险物品及其他禁止携带或者托运的物品的旅客乘船。船舶开航后发现旅客随船携带或者托运国家规定的危险物品及其他禁止携带或者托运的物品的，应当妥善处理，旅客应当予以配合。

（2）凭证查验权。《国内水路运输管理规定》第 26 条第 3 款规定，旅客应当持有效凭证乘船，遵守乘船相关规定，自觉接受安全检查。因此，水路旅客运输业务经营者有权查验旅客乘船凭证，并对旅客及其行李物品进行安全检查。

2. 承运人的义务

（1）依据资质合法经营。《国内水路运输管理规定》第 20 条规定，水路运输经营者应当保持相应的经营资质条件，按照国内水路运输经营许可证核定的经营范围从事水路运输经营活动。第 21 条规定，水路运输经营者不得出租、出借水路运输经营许可证，或者以其他形式非法转让水路运输经营资格。第 22 条规定，从事水路运输的船舶应当随船携带船舶营业运输证或者具有同等效力的可查验信息，不得转让、出租、出借或者涂改。船舶营业运输证遗失或者损毁的，应当及时向原配发机关申请补发。

（2）依法载客。《国内水路运输管理规定》第 23 条规定，水路运输经营者应该按照船舶营业运输证标定的载客定额、载货定额和经营范围从事旅客和货物运输，不得超载。水路运输经营者使用客货船或者滚装客船载运危险货物时，不得载运旅客，但按照相关规定随船押运货物的人员和滚装车辆的司机除外。第 25 条规定，水路运输经营者不得擅自改装客船，危险品船增加载客定额、载货定额或者变更从事散装液体危险货物运输的种类。

（3）公布有关信息。《国内水路运输管理规定》第 26 条第 2 款规定，

① 本章仅介绍《国内水路运输管理规定》中水路运输经营者和旅客之间的权利和义务关系及法律责任。

水路旅客运输业务经营者应当向社会公布国家规定的不得随船携带或者托运的物品清单。第 27 条规定，水路旅客班轮运输业务经营者应当自取得班轮航线经营许可之日起 60 日内开航，并在开航的 15 日前通过媒体在该航线停靠的各客运站点的明显位置向社会公布所使用的船舶、班期、班次、票价等信息。旅客班轮应当按照公布的班期、班次运行。变更班期、班次、票价的（因不可抗力变更班期、班次的除外），水路旅客班轮运输业务经营者应当在变更的 15 日前向社会公布。停止经营部分或者全部班轮航线的，经营者应当在停止经营的 30 日前向社会公布，并报原许可机关备案。

（4）票务规范。《国内水路运输管理规定》第 29 条第 1 款规定，水路旅客运输业务经营者应当向旅客提供客票。客票包括纸质客票、电子客票等乘船凭证，一般应当载明经营者名称、船舶名称、始发港、目的港、乘船时间、票价等基本信息。鼓励水路旅客运输业务经营者开展互联网售票。水路旅客运输业务经营者应当以公布的票价销售客票，不得对相同条件的旅客实施不同的票价，不得以搭售、现金返还、加价等不正当方式变相变更公布的票价并获取不正当利益，不得低于客票载明的舱室或者席位等级安排旅客。水路旅客运输业务经营者应当向旅客明示退票、改签等规定。

（5）诚信经营。《国内水路运输管理规定》第 31 条规定，水路运输经营者从事水路运输经营活动，应当依法经营，诚实守信，禁止以不合理的运价或者其他不正当方式、不规范行为争抢客源、货源及提供运输服务。水路旅客运输业务经营者为招揽旅客发布信息，必须真实、准确，不得进行虚假宣传，误导旅客，对其在经营活动中知悉的旅客个人信息，应当予以保密。

（6）保障运输安全。《国内水路运输管理规定》第 32 条规定，水路旅客运输业务经营者应当配备具有相应业务知识和技能的乘务人员，保持船上服务设施和警告标志完好，为老幼病残孕等需要帮助的旅客提供无障碍服务，在船舶开航前播报旅客乘船安全须知，并及时向旅客播报特殊情况下的禁航等信息。

（7）明示有关事项。《国内水路运输管理规定》第 33 条规定，水路旅客运输业务经营者应当就运输服务中的下列事项，以明示的方式向旅客作出说明或者警示：①不适宜乘坐客船的群体；②正确使用相关设施、设备的方法；③必要的安全防范和应急措施；④未向旅客开放的经营、服务场所和设施、设备；⑤可能危及旅客人身、财产安全的其他情形。

水路运输承运人的义务见表13–5。

表13–5　水路运输承运人的义务

《国内水路运输管理规定》	
具体内容	法律来源
1. 依据资质合法经营	第20条
2. 依法载客	第23条
3. 公布有关信息	第26条第2款
4. 遵守票务规范	第29条第1款
5. 诚信经营	第31条
6. 保障运输安全	第32条
7. 明示有关事项	第33条

3. 旅客的权利

旅客有权要求水路旅客运输业务经营者按照约定的运输时间，提供与座位等级相适应的服务，保障运输正常和安全。根据《国内水路运输管理规定》第30条规定，军人、人民警察、国家综合性消防救援队伍人员、学生、老幼病残孕等旅客按有关规定享有优先、优惠、免票等优待服务。

4. 旅客的义务

《国内水路运输管理规定》第26条第3款规定，旅客应当持有效凭证乘船，遵守乘船相关规定，自觉接受安全检查。

第十四章 食品、住宿、娱乐法律制度

章节练习
增值服务

学习目的

熟悉：《中华人民共和国食品安全法》（以下简称《食品安全法》）关于食品安全保障法律制度及相关法律责任的规定；《旅游法》《旅馆业治安管理办法》（以下简称《治安管理办法》）及有关法律法规关于饭店经营者权利和义务及相关责任的规定；《娱乐场所管理条例》《娱乐场所管理办法》关于娱乐场所的设立和经营规则、监督管理及相关法律责任的规定。**掌握：**《食品安全法》关于食品安全事故处理制度及相关法律责任的规定。

第一节 食品安全法律制度

一、食品安全与管理

我国食品安全的法律体系由法律、行政法规、部门规章组成（表 14-1）。十一届全国人大常委会第七次会议通过了于 2009 年 6 月 1 日起施行的《食品安全法》，并依法进行了 3 次修订。与食品安全相关的行政法规、部门规章有《食品安全法实施条例》《食品安全国家标准管理办法》《新食品原料安全性审查管理办法》等。除法律、行政法规、部门规章外，我国的食品安全标准也具有明确的法律授权，对食品生产与销售等企业具有一定的强制约束力，可以作为行政执法的依据。

表 14–1　我国食品安全主要法律制度列表

类别	法律法规 / 标准名称	核心内容与实施要求
基础法律	《中华人民共和国食品安全法》（2009年制定，2015年、2018年、2021年修正）	确立风险管理、全程控制原则，覆盖食品生产、流通、进出口全链条；明确企业主体责任及法律责任
	《中华人民共和国农产品质量安全法》（2006年制定，2018年、2022年修正）	规范食用农产品种植养殖环节，衔接市场销售环节的质量安全监管要求
	《中华人民共和国产品质量法》（1993年制定，2000年、2009年、2018年修正）	通用性产品质量规范，适用于食品包装材料、添加剂等关联领域
行政法规	《中华人民共和国食品安全法实施条例》（2009年制定，2016年、2019年修订）	细化企业自查、风险监测、召回制度等操作要求；明确食品安全委员会职责
	《国务院关于加强食品等产品安全监督管理的特别规定》（2007年）	明确生产经营者、监督管理部门和地方人民政府的责任，加强各监督管理部门的协调、配合，保障人体健康和生命安全。
司法解释	《关于办理危害食品安全刑事案件适用法律若干问题的解释》（2021年）	明确生产销售有毒有害食品、非法添加等犯罪行为量刑标准
	《最高人民法院关于审理食品药品纠纷案件适用法律若干问题的规定》（2021年）	明确因食品、药品存在质量问题造成消费者损害，消费者可以分别起诉或者同时起诉销售者和生产者
国家标准	《食品生产通用卫生规范》（GB 14881—2013）	强制规定食品生产环境卫生、设备设施、人员健康等基础要求
	《食品添加剂使用标准》（GB 2760—2024）	限定添加剂使用范围、剂量及残留量
部门规章	《食品生产许可管理办法》（2020年国家市场监督管理总局令第24号）	明确食品生产许可申请、审查、发证及变更程序
	《食品召回管理办法》（2015年国家食品药品监督管理总局令第12号）	规定问题食品分级召回机制及召回流程

续表

类别	法律法规 / 标准名称	核心内容与实施要求
部门规章	《食品安全国家标准管理办法》（2023 年国家卫生健康委员会令第 10 号）	规定了食品安全国家标准规划和制（修）订计划的内容及制定程序、标准起草过程要求、标准审查程序、标准批准发布形式及实施后的管理等
	《新食品原料安全性审查管理办法》（2013 年国家卫生和计划生育委员会令第 1 号）	规范了新食品原料应当具有的食品原料属性和特征
地方性法规	各省《食品安全条例》	如《北京市食品安全条例》《上海市食品安全条例》，补充地方特色食品监管要求，强化网络食品销售等新兴业态管理

食品安全，指食品无毒、无害，符合应当有的营养要求，对人体健康不造成任何急性、亚急性或者慢性危害。即食品的种植、养殖、加工、包装、储藏、运输、销售、消费等活动符合国家强制标准和要求，不存在可能损害或威胁人体健康的有毒、有害物质致消费者病亡或者危及消费者及其后代的隐患。[①]

《食品安全法》第 3 条规定，食品安全工作实行预防为主、风险管理、全程控制、社会共治，建立科学、严格的监督管理制度。第 5 条规定，国务院设立食品安全委员会，其职责由国务院规定。国务院食品安全监督管理部门依照本法和国务院规定的职责，对食品生产经营活动实施监督管理。国务院卫生行政部门依照本法和国务院规定的职责，组织开展食品安全风险监测和风险评估，会同国务院食品安全监督管理部门制定并公布食品安全国家标准。国务院其他有关部门依照本法和国务院规定的职责，承担有关食品安全工作。

二、食品安全保障制度

1. 食品安全风险监测和评估制度

《食品安全法》第 14 条规定，国家建立食品安全风险监测制度，对食源

① 李援.《中华人民共和国食品安全法》释义及实用指南［M］. 北京：中国民主法制出版社，2013.

性疾病、食品污染以及食品中的有害因素进行监测。国务院卫生行政部门会同国务院食品安全监督管理等部门，制定、实施国家食品安全风险监测计划。

《食品安全法》第17条规定，国家建立食品安全风险评估制度，运用科学方法，根据食品安全风险监测信息、科学数据以及有关信息，对食品、食品添加剂、食品相关产品中生物性、化学性和物理性危害因素进行风险评估。国务院卫生行政部门负责组织食品安全风险评估工作，成立由医学、农业、食品、营养、生物、环境等方面的专家组成的食品安全风险评估专家委员会进行食品安全风险评估。食品安全风险评估结果由国务院卫生行政部门公布。

2. 食品安全国家标准制度

《食品安全法》第24条规定，制定食品安全标准，应当以保障公众身体健康为宗旨，做到科学合理、安全可靠。第25条规定，食品安全标准是强制执行的标准。除食品安全标准外，不得制定其他食品强制性标准。

《食品安全法》第27条规定，食品安全国家标准由国务院卫生行政部门会同国务院食品安全监督管理部门制定、公布，国务院标准化行政部门提供国家标准编号。

《食品安全法》第29条规定，对地方特色食品，没有食品安全国家标准的，省、自治区、直辖市人民政府卫生行政部门可以制定并公布食品安全地方标准，报国务院卫生行政部门备案。食品安全国家标准制定后，该地方标准即行废止。第30条规定，国家鼓励食品生产企业制定严于食品安全国家标准或者地方标准的企业标准，在本企业适用，并报省、自治区、直辖市人民政府卫生行政部门备案。

《食品安全法》第92条规定，进口的食品、食品添加剂、食品相关产品应当符合我国食品安全国家标准。

3. 食品生产经营许可制度

《食品安全法》第35条规定，国家对食品生产经营实行许可制度。从事食品生产、食品销售、餐饮服务，应当依法取得许可。但是，销售食用农产品，不需要取得许可。

《食品安全法》第39条规定，国家对食品添加剂生产实行许可制度。从事食品添加剂生产，应当具有与所生产食品添加剂品种相适应的场所、生产设备或者设施、专业技术人员和管理制度，并依照本法第35条第2款规定的程序，取得食品添加剂生产许可。

4. 食品安全全程追溯制度

《食品安全法》第42条规定，食品生产经营者应当依照本法的规定，建立食品安全追溯体系，保证食品可追溯。国家鼓励食品生产经营者采用信息化手段采集、留存生产经营信息，建立食品安全追溯体系。国务院食品安全监督管理部门会同国务院农业行政等有关部门建立食品安全全程追溯协作机制。

5. 食品从业人员健康管理制度

《食品安全法》第45条规定，食品生产经营者应当建立并执行从业人员健康管理制度。患有国务院卫生行政部门规定的有碍食品安全疾病的人员，不得从事接触直接入口食品的工作。从事接触直接入口食品工作的食品生产经营人员应当每年进行健康检查，取得健康证明后方可上岗工作。

6. 食品安全自查制度

《食品安全法》第47条规定，食品生产经营者应当建立食品安全自查制度，定期对食品安全状况进行检查评价。生产经营条件发生变化，不再符合食品安全要求的，食品生产经营者应当立即采取整改措施；有发生食品安全事故潜在风险的，应当立即停止食品生产经营活动，并向所在地县级人民政府食品安全监督管理部门报告。

7. 食品出厂检验记录制度

《食品安全法》第51条规定，食品生产企业应当建立食品出厂检验记录制度，查验出厂食品的检验合格证和安全状况，如实记录食品的名称、规格、数量、生产日期或者生产批号、保质期、检验合格证号、销售日期以及购货者名称、地址、联系方式等内容，并保存相关凭证。第52条规定，食品、食品添加剂、食品相关产品的生产者，应当按照食品安全标准对所生产的食品、食品添加剂、食品相关产品进行检验，检验合格后方可出厂或者销售。

8. 食品召回制度

《食品安全法》第63条规定，国家建立食品召回制度。食品生产者发现其生产的食品不符合食品安全标准或者有证据证明可能危害人体健康的，应当立即停止生产，召回已经上市销售的食品，通知相关生产经营者和消费者，并记录召回和通知情况。

食品经营者发现其经营的食品有前款规定情形的，应当立即停止经营，通知相关生产经营者和消费者，并记录停止经营和通知情况。食品生产者认为应当召回的，应当立即召回。由于食品经营者的原因造成其经营的食品有前款规定情形的，食品经营者应当召回。

9. 特殊食品严格监管制度

《食品安全法》第 74 条规定，国家对保健食品、特殊医学用途配方食品和婴幼儿配方食品等特殊食品实行严格监督管理。

《食品安全法》第 75 条规定，保健食品声称保健功能，应当具有科学依据，不得对人体产生急性、亚急性或者慢性危害。第 78 条规定，保健食品的标签、说明书不得涉及疾病预防、治疗功能，内容应当真实，与注册或者备案的内容相一致，载明适宜人群、不适宜人群、功效成分或者标识性成分及其含量等，并声明“本品不能代替药物”。保健食品的功能和成分应当与标签、说明书相一致。

《食品安全法》第 80 条规定，特殊医学用途配方食品应当经国务院食品安全监督管理部门注册。注册时，应当提交产品配方、生产工艺、标签、说明书以及表明产品安全性、营养充足性和特殊医学用途临床效果的材料。

《食品安全法》第 81 条规定，生产婴幼儿配方食品使用的生鲜乳、辅料等食品原料、食品添加剂等，应当符合法律、行政法规的规定和食品安全国家标准，保证婴幼儿生长发育所需的营养成分。

10. 民事赔偿优先制度

《食品安全法》第 147 条规定，违反本法规定，造成人身、财产或者其他损害的，依法承担赔偿责任。生产经营者财产不足以同时承担民事赔偿责任和缴纳罚款、罚金时，先承担民事赔偿责任。

11. 首负责任制和惩罚性赔偿制度

《食品安全法》第 148 条规定，消费者因食用不符合食品安全标准的食品受到损害的，可以向经营者要求赔偿损失，也可以向生产者要求赔偿损失。接到消费者赔偿要求的生产经营者，应当实行首负责任制，先行赔付，不得推诿；属于生产者责任的，经营者赔偿后有权向生产者追偿；属于经营者责任的，生产者赔偿后有权向经营者追偿。生产不符合食品安全标准的食品或者经营明知是不符合食品安全标准的食品，消费者除要求赔偿损失外，还可以向生产者或者经营者要求支付价款 10 倍或者损失 3 倍的赔偿金；增加赔偿的金额不足 1000 元的，为 1000 元。但是，食品的标签、说明书存在不影响食品安全且不会对消费者造成误导的瑕疵的除外。

惩罚性赔偿制度有利于惩治消费领域的欺诈行为，维护消费者的合法权益。值得注意的是，即使消费者购买后尚未食用不符合食品安全标准的食品，没有造成实际损失，仍可要求生产经营者支付价款 10 倍的赔偿金。

三、食品安全事故处置

1. 食品安全事故应急预案体系

《食品安全法》第 102 条规定，国务院组织制定国家食品安全事故应急预案。县级以上地方人民政府应当根据有关法律、法规的规定和上级人民政府的食品安全事故应急预案以及本行政区域的实际情况，制定本行政区域的食品安全事故应急预案，并报上一级人民政府备案。食品安全事故应急预案应当对食品安全事故分级、事故处置组织指挥体系与职责、预防预警机制、处置程序、应急保障措施等做出规定。食品生产经营企业应当制定食品安全事故处置方案，定期检查本企业各项食品安全防范措施的落实情况，及时消除事故隐患。

2. 食品安全事故的处置和法律责任

（1）事故单位的应急处置

事故发生单位是食品安全事故的源头，处在事故第一线，其反应是否快速，采取的措施是否得当，直接影响到事故的涉及面和危害程度。《食品安全法》第 103 条规定，发生食品安全事故的单位应当立即采取措施，防止事故扩大。

事故单位和接收病人进行治疗的单位应当及时向事故发生地县级人民政府食品安全监督管理、卫生行政部门报告。县级以上人民政府农业行政等部门在日常监督管理中发现食品安全事故或者接到事故举报，应当立即向同级食品安全监督管理部门通报。

发生食品安全事故，接到报告的县级人民政府食品安全监督管理部门应当按照应急预案的规定向本级人民政府和上级人民政府食品安全监督管理部门报告。县级人民政府和上级人民政府食品安全监督管理部门应当按照应急预案的规定上报。任何单位和个人不得对食品安全事故隐瞒、谎报、缓报，不得隐匿、伪造、毁灭有关证据。

《食品安全法》第 104 条规定，医疗机构发现其接收的病人属于食源性疾病病人或者疑似病人的，应当按照规定及时将相关信息向所在地县级人民政府卫生行政部门报告。县级人民政府卫生行政部门认为与食品安全有关的，应当及时通报同级食品安全监督管理部门。县级以上人民政府卫生行政部门在调查处理传染病或者其他突发公共卫生事件中发现与食品安全相关的信息，应当及时通报同级食品安全监督管理部门。

（2）采取行政处理措施

《食品安全法》第 105 条规定，县级以上人民政府食品安全监督管理部门接到食品安全事故的报告后，应当立即会同同级卫生行政、农业行政等部门进行调查处理，并采取下列措施，防止或者减轻社会危害：①开展应急救援工作，组织救治因食品安全事故导致人身伤害的人员；②封存可能导致食品安全事故的食品及其原料，并立即进行检验，对确认属于被污染的食品及其原料，责令食品生产经营者依照本法第 63 条的规定召回或者停止经营；③封存被污染的食品相关产品，并责令进行清洗消毒；④做好信息发布工作，依法对食品安全事故及其处理情况进行发布，并对可能产生的危害加以解释、说明。

第 105 条规定，发生食品安全事故需要启动应急预案的，县级以上人民政府应当立即成立事故处置指挥机构，启动应急预案，依照前款和应急预案的规定进行处置。发生食品安全事故，县级以上疾病预防控制机构应当对事故现场进行卫生处理，并对与事故有关的因素开展流行病学调查，有关部门应当予以协助。县级以上疾病预防控制机构应当向同级食品安全监督管理、卫生行政部门提交流行病学调查报告。

（3）法律责任

①事故单位。《食品安全法》第 128 条规定，违反本法规定，事故单位

在发生食品安全事故后未进行处置、报告的，由有关主管部门按照各自职责分工责令改正，给予警告；隐匿、伪造、毁灭有关证据的，责令停产停业，没收违法所得，并处10万元以上50万元以下罚款；造成严重后果的，吊销许可证。

②政府的直接责任人。《食品安全法》第142条规定，县级以上地方人民政府有下列行为之一的，对直接负责的主管人员和其他直接责任人员给予记大过处分；情节较重的，给予降级或者撤职处分；情节严重的，给予开除处分；造成严重后果的，其主要负责人还应当引咎辞职：一是对发生在本行政区域内的食品安全事故，未及时组织协调有关部门开展有效处置，造成不良影响或者损失；二是对本行政区域内涉及多环节的区域性食品安全问题，未及时组织整治，造成不良影响或者损失；三是隐瞒、谎报、缓报食品安全事故；四是本行政区域内发生特别重大食品安全事故，或者连续发生重大食品安全事故。

③食品安全监督管理、卫生行政等部门的直接责任人。《食品安全法》第144条规定，违反本法规定，县级以上人民政府食品安全监督管理、卫生行政、农业行政等部门有下列行为之一的，对直接负责的主管人员和其他直接责任人员给予记大过处分；情节较重的，给予降级或者撤职处分；情节严重的，给予开除处分；造成严重后果的，其主要负责人还应当引咎辞职：一是隐瞒、谎报、缓报食品安全事故；二是未按规定查处食品安全事故，或者接到食品安全事故报告未及时处理，造成事故扩大或者蔓延；三是经食品安全风险评估得出食品、食品添加剂、食品相关产品不安全结论后，未及时采取相应措施，造成食品安全事故或者不良社会影响；四是对不符合条件的申请人准予许可，或者超越法定职权准予许可；五是不履行食品安全监督管理职责，导致发生食品安全事故。

第二节 住宿管理法律制度

一、住宿业与立法

旅游住宿业，是指为旅游者提供住宿、餐饮及多种综合服务的行业。我国旅游住宿业的业态形式包括旅馆、饭店、宾馆、酒店、招待所、民宿客栈等。

我国住宿业经营管理的法律体系由法律、行政法规、部门规章组成。《民法典》《消防法》《旅游法》《治安管理处罚法》（以下简称《处罚法》）等相关规定适用于住宿业的经营与管理。行政法规上主要是《治安管理办法》《公共场所卫生管理条例》等，部门规章主要指涉及住宿业经营管理中的卫生、安全、价格、税务等方面。同时还有《中国旅游饭店行业规范》《旅游饭店星级的划分与评定》等，以及若干住宿业方面的国际公约和国际协定，都用于调整有关住宿业的各种关系，对规范住宿业经营管理发挥着重要作用。

二、饭店经营者的权利与义务

1. 饭店经营者的权利

（1）向旅客收取费用的权利。饭店提供的服务一般都是有偿服务，这是由饭店自身的企业性质决定的。因此，当饭店向旅客提供住宿客房及相关配套服务时，旅客有义务承担住宿费和法律允许或双方约定的服务费用，例如餐饮、洗衣、电话等费用。当旅客无力支付或拒绝支付时，饭店有权留置旅客的财物，从旅客的财物中受偿住宿等费用。但是，旅客被留置的财物价值只能是相当于旅客所欠缴的实际费用，同时饭店的留置权在旅客付清所欠费用时终止。

（2）合理拒绝接待旅客的权利。饭店在接待旅客的过程中，不得因旅客的种族、国籍、肤色、宗教信仰等原因对旅客加以歧视，甚至拒绝接待。但在有正当理由的前提下，饭店可以合理地拒绝接待旅客，即不与旅客签订住宿合同或者终止与旅客的住宿合同。一般而言，发生下列情形饭店可以拒绝接待旅客：①旅客已满，无客房出租；②旅客的行为违反饭店制定的合理规则；③旅客自身状态不适合于住店；④不可抗力发生的情况下；⑤旅客从事赌博、卖淫、盗窃等违反法律法规的活动；⑥旅客无力或者拒绝支付饭店费用；⑦旅客被饭店列为黑名单；⑧法律法规规定的其他情况。饭店在依法拒绝接待旅客时，行为应当慎重，要使用足够谨慎、合理的方式，否则容易引起新的纠纷。对于旅客的违法犯罪行为，饭店应当及时向公安机关报告。

（3）制止旅客在饭店内不良行为的权利。对于旅客在饭店内从事违背社会公序良俗但未构成犯罪的行为，以及给其他大多数旅客带来不良感受的行为，饭店有权加以制止，但是制止的方式不宜粗暴，不得使旅客受到不必要的强制或屈辱。对于旅客在饭店里进行的违法犯罪活动，饭店经营者和工作人员应当举报，并配合公安机关的执法行为。

（4）要求旅客遵守饭店规则的权利。饭店有权要求旅客正确使用饭店提供的设施、设备，爱护饭店的公共财物，遵守饭店作息时间，登记时查验旅客身份证明，旅客不得私自留客住宿或转让床位，不得卧床吸烟等。

（5）要求旅客赔偿合理损失的权利。旅客不履行合同的约定造成饭店损失的，饭店可以要求旅客赔偿合理的损失。旅客预订客房不住宿又不及时通知，给饭店造成不必要的损失的，应当向饭店承担违约责任，饭店有权在合理的范围内要求旅客赔偿其损失。在饭店内住宿的旅客，不遵守合同的约定和饭店有关规定，造成饭店设施、设备损坏等情形的，饭店也有权向旅客索赔，视情况要求旅客承担相应的赔偿责任。

2. 饭店经营者的义务

（1）按照合同约定提供服务的义务。饭店和旅客的住宿合同一旦成立，就必须按照合同约定提供住宿以及与饭店性质相适应的其他服务；提供的服务应当符合国家或行业标准，否则应当承担违约责任；造成旅客人身损害或者财产损失的，应当支付赔偿金。因某种客观原因不能向旅客提供预订房间的，在征得旅客同意的前提下，饭店可以在本饭店内另换标准相近的房间，或将其转移至其他饭店，为其提供相同等级的服务，因此增加的合理费用，由饭店承担。《旅游法》第 75 条规定，住宿经营者应当按照旅游服务合同的约定为团队旅游者提供住宿服务。住宿经营者未能按照旅游服务合同提供服务的，应当为旅游者提供不低于原定标准的住宿服务，因此增加的费用由住宿经营者承担；但由于不可抗力、政府因公共利益需要采取措施造成不能提供服务的，住宿经营者应当协助安排旅游者住宿。可见，由于住宿服务具有特殊性，要求饭店继续按照约定提供住宿服务，且其标准不得低于约定的服务标准，是最符合旅客利益的，因此《旅游法》要求饭店对违约承担继续履行的责任。当然，由于不可抗力、政府因公共利益需要采取措施造成饭店不能提供服务的，应当免除其实际履行的责任，但是依然应当协助安排旅客住宿。

（2）保障旅客人身安全的义务。保障旅客人身安全是人类基本权利在旅游领域中的体现。在饭店经营中，有多种因素可能影响旅客的人身安全，诸如设备故障损坏、火灾、食物中毒、工作人员疏忽大意、第三人在饭店范围内实施侵权行为等。因此，饭店应当把保障旅客的人身安全放在首要位置，预防损害旅客人身安全的各类事故的发生。《民法典》第 1198 条规定，宾馆、商场、银行、车站、机场、体育场馆、娱乐场所等经营场所、公共场所的经营者、管理者或者群众性活动的组织者，未尽到安全保障义务，造成他人损害的，应当承担侵权责任。因第三人的行为造成他人损害的，由第三人承担侵权责任；经营者、管理者或者组织者未尽到安全保障义务的，承担相应的补充责任。经营者、管理者或者组织者承担补充责任后，可以向第三人追偿。饭店在实际经营过程中，常常将其部分经营项目或者场地交由他人从事住宿、餐饮、购物、娱乐等经营，从而在饭店与实际经营者之间形成租赁合同、承包合同等法律关系。实际经营者向旅客提供住宿、餐饮、购物、娱乐等服务时，会形成相应的合同法律关系。《旅游法》第 54 条规定，景区、住宿经营者将其部分经营项目或者场地交由他人从事住宿、餐饮、购物、游览、娱乐、旅游交通等经营的，应当对实际经营者的经营行为给旅游者造成的损害承担连带责任。因此，当实际旅游经营者的经营行为给旅客造成人身损害或财产损失时，旅客既有权向饭店和实际经营者要求共同承担责任，又可以要求其中的任何一方承担全部责任，任何一方均不得拒绝。

（3）保障旅客财产安全的义务。饭店在保障旅客人身安全的同时，还应当保护旅客的财产安全。当饭店和旅客之间的服务合同成立后，饭店对旅客的财产安全即负有责任。因此，旅客可以依照合同要求饭店保护自身财物的安全。饭店有义务对旅客寄存的贵重财物进行保管，并设置保险箱、柜、室，指定专人负责，建立登记、领取和交接制度。同时，饭店还应当保护旅客在饭店停车场内车辆的安全，并提醒旅客保管好放置在汽车内的物品，贵重财物需要寄存。由于饭店的原因造成旅客财物灭失、毁损的，饭店应当承担赔偿责任；由于旅客自己的行为造成损害的，饭店不承担赔偿责任；双方均有过错的，应当各自承担相应的责任。当旅客离店后，如果在客房内发现旅客遗留下来的财物，饭店应当将其记录在登记册上，并写明旅客的姓名、房号、离店时间、物品名称及拾得者姓名，交领班送客房部妥善保管，然后根据旅客登记所留下的地址或联系方式设法将遗留财物归还原主，决不能占为己有。当旅客索取时，饭店应当无条件返还，但是可以收取一定数量的保管费。

（4）尊重旅客隐私权的义务。隐私权是一种基本人格权利。旅客租用饭店的客房，依法享有在客房里独处和安宁地使用客房的权利，并且私人信息受到饭店的保护。因此，饭店应当充分尊重旅客的隐私权。非经旅客的允许或者法定的事由，饭店的工作人员不得随意进入旅客的房间，也不得将旅客的住宿信息告诉他人或者将旅客的房间钥匙交给他人。因工作需要，执行公务的人员对旅客的房间进行搜查，应当出示规定的证件，符合法律规定的程序。

三、住宿业治安管理制度

1.《治安管理办法》[①] 适用范围

《治安管理办法》适用于所有经营接待游客住宿的主体，第 2 条明确规定，凡经营接待旅客住宿的旅馆、饭店、宾馆、招待所、客货栈、车马店、浴池等（以下统称旅馆），不论是国营、集体经营，还是合伙经营、个体经营、外商投资经营，无论是专营还是兼营，无论是常年经营，还是季节性经营，都必须遵守本办法。

2. 公安机关的治安管理职责

《治安管理办法》第 14 条规定，公安机关对旅馆治安管理的职责为指导、监督旅馆建立各项安全管理制度和落实安全防范措施，协助旅馆对工作人员进行安全业务知识的培训，依法惩办侵犯旅馆和旅客合法权益的违法犯罪分子。这表明，公安机关是旅馆业治安管理的主体，依法履行管理职责。

（1）开办中的治安管理。《治安管理办法》第 3 条规定，开办旅馆，要具备必要的防盗等安全设施。第 4 条规定，申请开办旅馆，应取得市场监管部门核发的营业执照，向当地公安机关申领特种行业许可证后，方准开业。经批准开业的旅馆，如有歇业、转业、合并、迁移、改变名称等情况，应当在市场监管部门办理变更登记后 3 日内，向当地的县、市公安局、公安分局备案。

① 1987 年 11 月 10 日，经国务院批准，公安部发布并于同日施行了《旅馆业治安管理办法》，后历经 2011 年、2020 年和 2022 年三次修订。

（2）经营中的治安管理。①建立各项制度。《治安管理办法》第5条规定，经营旅馆，必须遵守国家的法律，建立各项安全管理制度，设置治安保卫组织或者指定安全保卫人员。②严格住宿登记。第6条规定，旅馆接待旅客住宿必须登记。登记时，应当查验旅客的身份证件，按规定的项目如实登记。接待境外旅客住宿，还应当在24小时内向当地公安机关报送住宿登记表。③完善财物保管。第7条规定，旅馆应当设置旅客财物保管箱、柜或者保管室、保险柜，指定专人负责保管工作。对旅客寄存的财物，要建立登记、领取和交接制度。第8条规定，旅馆对旅客遗留的物品，应当妥为保管，设法归还原主或揭示招领；经招领3个月后无人认领的，要登记造册，送当地公安机关按拾遗物品处理，对违禁物品和可疑物品，应当及时报告公安机关处理。④依法进行检查。公安机关建立定期和不定期的检查制度，检查旅馆的经营行为是否符合特种行业的治安管理要求。第14条规定，公安人员到旅馆执行公务时，应当出示证件，严格依法办事，要文明礼貌待人，维护旅馆的正常经营和旅客的合法权益。旅馆工作人员和旅客应当予以协助。⑤履行报告责任。第9条规定，旅馆工作人员发现违法犯罪分子，形迹可疑的人员和被公安机关通缉的罪犯，应当立即向当地公安机关报告，不得知情不报或隐瞒包庇。⑥严禁违法行为。进入旅馆的旅客和其他人员，要遵守法律的规定，不得在旅馆内从事违法犯罪行为。包括第11条规定的，严禁旅客将易燃、易爆、剧毒、腐蚀性和放射性等危险物品带入旅馆；包括第12条规定的，旅馆内严禁卖淫、嫖宿、赌博、吸毒、传播淫秽物品等违法犯罪活动；包括第13条规定的，旅馆内不得酗酒滋事、大声喧哗，影响他人休息，旅客不得私自留客住宿或者转让床位。

3. 法律责任

（1）旅馆的开办人。《治安管理办法》第15条规定，违反本办法第4条规定开办旅馆的，公安机关可以酌情给予警告或者处以200元以下罚款；未经登记，私自开业的，公安机关应当协助工商行政管理部门依法处理。

（2）旅馆的工作人员和负责人。《治安管理办法》第16条规定，违反本办法第9条规定，旅馆工作人员发现违法犯罪分子、形迹可疑的人员和被公安机关通缉的罪犯，未向当地公安机关报告，知情不报或隐瞒包庇的，公安机关可以酌情给予警告或者处以200元以下罚款；情节严重构成犯罪的，依法追究刑事责任。旅馆负责人参与违法犯罪活动，其所经营的旅馆已成为犯罪活动场所的，公安机关除依法追究其责任外，对该旅馆还应当会同工商行政管理部门依法处理。

第 17 条规定，旅馆接待旅客住宿不按规定登记的，依照《治安管理处罚法》有关条款的规定，处罚有关人员；发生重大事故、造成严重后果构成犯罪的，依法追究刑事责任。

（3）旅客。《治安管理办法》第 17 条规定，旅客将易燃、易爆、剧毒、腐蚀性和放射性等危险物品带入旅馆，在旅馆内从事卖淫、嫖宿、赌博、吸毒、传播淫秽物品等违法犯罪活动的，依照《处罚法》有关条款的规定，处罚有关人员；发生重大事故、造成严重后果构成犯罪的，依法追究刑事责任。

第三节　娱乐场所管理法律制度

一、娱乐场所及其管理

1. 娱乐场所

娱乐是旅游的要素之一，是文化休闲活动的重要组成部分，娱乐场所已成为满足人民群众多样化精神文化需求的重要途径。我国娱乐场所管理相关立法体系除适用于《民法典》《消防法》《旅游法》《治安管理处罚法》等相关规定外，行政法规《娱乐场所管理条例》[①]（以下简称《条例》），部门规章《娱乐场所治安管理办法》《娱乐场所管理办法》[②]等进一步细化娱乐场所管理制度，是加强对娱乐场所的管理、保障娱乐业健康发展的重要法律依据。

《条例》第 2 条规定，娱乐场所，是指以营利为目的，并向公众开放、消费者自娱自乐的歌舞、游艺等场所。这表明，娱乐场所具有下列特点：是营业性的，以营利为目的；是对公众开放的，不包括家庭或单位的娱乐活动；是消费者自娱自乐的场所，不涵盖电影院、剧院等观赏场所；适用范围是歌舞、游艺等场所的经营活动。

① 2006 年 1 月 29 日中华人民共和国国务院令第 458 号公布，后经 2016 年、2020 年两次修订。
② 2013 年 2 月 4 日文化部令第 55 号发布，后经 2017 年、2022 年两次修订。

2. 娱乐场所管理部门及其职责

《条例》第 3 条规定了娱乐场所管理部门及其职责。县级以上人民政府文化主管部门负责对娱乐场所日常经营活动的监督管理；县级以上公安部门负责对娱乐场所消防、治安状况的监督管理。

二、娱乐场所的设立

1. 娱乐场所设立的限制性规定

（1）从业限制。《条例》第 5 条规定，有下列情形之一的人员，不得开办娱乐场所或者在娱乐场所内从业：①曾犯有组织、强迫、引诱、容留、介绍卖淫罪，制作、贩卖、传播淫秽物品罪，走私、贩卖、运输、制造毒品罪，强奸罪，强制猥亵、侮辱妇女罪，赌博罪，洗钱罪，组织、领导、参加黑社会性质组织罪的；②因犯罪曾被剥夺政治权利的；③因吸食、注射毒品曾被强制戒毒的；④因卖淫、嫖娼曾被处以行政拘留的。

（2）设立地点的限制。《条例》第 7 条规定，娱乐场所不得设在下列地点：①居民楼、博物馆、图书馆和被核定为文物保护单位的建筑物内；②居民住宅区和学校、医院、机关周围；③车站、机场等人群密集的场所；④建筑物地下一层以下；⑤与危险化学品仓库毗连的区域。

《娱乐场所管理办法》第 6 条进一步细化设立地点的限制性规定：①房屋用途中含有住宅的建筑内；②博物馆、图书馆和被核定为文物保护单位的建筑物内；③居民住宅区；④《中华人民共和国未成年人保护法》规定的学校、幼儿园周围；⑤依照《医疗机构管理条例》及实施细则规定取得《医疗机构执业许可证》的医院周围；⑥各级中国共产党委员会及其所属各工作部门、各级人民代表大会机关、各级人民政府及其所属各工作部门、各级政治协商会议机关、各级人民法院、检察院机关、各级民主党派机关周围；⑦车站、机场等人群密集的场所；⑧建筑物地下一层以下（不含地下一层）；⑨与危险化学品仓库毗连的区域，与危险化学品仓库的距离必须符合《危险化学品安全管理条例》的有关规定。娱乐场所与学校、幼儿园、医院、机关距离及其测量方法由省级人民政府文化和旅游主管部门规定。

（3）边界噪声标准的限制。《条例》第 7 条规定，娱乐场所的边界噪声，应当符合国家规定的环境噪声标准。

（4）设立面积的限制。《条例》第 8 条规定，娱乐场所的使用面积，不得低于国务院文化主管部门规定的最低标准；设立含有电子游戏机的游艺娱乐场所，应当符合国务院文化主管部门关于总量和布局的要求。

2. 关于外商投资者的规定

《条例》第 6 条规定，外国投资者可以在中国境内设立娱乐场所。

3. 申请从事娱乐场所经营活动的程序性规定

（1）申请。《条例》第 9 条规定，娱乐场所申请从事娱乐场所经营活动，应当向所在地县级人民政府文化主管部门提出申请；外商投资的娱乐场所申请从事娱乐场所经营活动，应当向所在地省、自治区、直辖市人民政府文化主管部门提出申请。

《娱乐场所管理办法》第 7 条规定，依法登记的娱乐场所申请从事娱乐场所经营活动，应当符合以下条件：①有与其经营活动相适应的设施设备，提供的文化产品内容应当符合文化产品生产、出版、进口的规定；②符合国家治安管理、消防安全、噪声污染防治等相关规定；③法律、法规和规章规定的其他条件。

娱乐场所申请从事娱乐场所经营活动，应当提交投资人员、拟任的法定代表人和其他负责人没有本条例规定的资格限制情形的书面声明。申请人应当对书面声明内容的真实性负责。

《娱乐场所管理办法》第 11 条规定，依法登记的娱乐场所申请从事娱乐场所经营活动，应当提交以下文件：①申请书；②营业执照；③投资人、法定代表人、主要负责人的有效身份证件以及无《条例》第 4、第 5、第 53 条规定情况的书面声明；④房产权属证书，租赁场地经营的，还应当提交租赁合同或者租赁意向书；⑤经营场所地理位置图和场所内部结构平面图。有关法律、行政法规规定需要办理消防、卫生、环境保护等审批手续的，从其规定。

（2）核查、检查和决定。《条例》第 9 条规定，受理申请的文化主管部门应当就书面声明向公安部门或者其他有关单位核查，公安部门或者其他有关单位应当予以配合；经核查属实的，文化主管部门应当依据本条例第 7 条、第 8 条对娱乐场所的设立地点、边界噪声和使用面积进行实地检查，做出决定。予以批准的，颁发娱乐经营许可证，并根据国务院文化主管部门的规定核定娱乐场所容纳的消费者数量；不予批准的，应当书面通知申请人并说明理由。

《娱乐场所管理办法》第 12 条规定，文化和旅游主管部门受理申请后，应当对设立场所的位置、周边环境、面积等进行实地检查。符合条件的，应当在设立场所、文化和旅游主管部门办公场所显著位置向社会公示 10 日，并依法组织听证。第 13 条规定，文化和旅游主管部门应当对歌舞娱乐场所使用的歌曲点播系统和游艺娱乐场所使用的游戏游艺设备进行内容核查。

（3）听证。《条例》第 10 条规定，文化主管部门审批娱乐场所应当举行听证。有关听证的程序，依照《中华人民共和国行政许可法》的规定执行。

（4）备案。《条例》第 11 条规定，娱乐场所依法取得营业执照和相关批准文件、许可证后，应当在 15 日内向所在地县级公安部门备案。第 12 条规定，娱乐场所改建、扩建营业场所或者变更场地、主要设施设备、投资人员，或者变更娱乐经营许可证载明的事项，应当向原发证机关申请重新核发娱乐经营许可证，并向公安部门备案；需要办理变更登记的，应当依法向工商行政管理部门办理变更登记。

4. 娱乐经营许可证管理

《娱乐场所管理办法》第 17 条规定，娱乐经营许可证有效期 2 年。娱乐经营许可证有效期届满 30 日前，娱乐场所经营者应当持许可证、营业执照副本以及营业情况报告到原发证机关申请换发许可证。原发证机关应当在有效期届满前做出是否准予延续的决定，逾期未做决定的，视为准予延续。第 18 条规定，娱乐经营许可证有效期届满未延续的，由原发证机关向社会公告注销娱乐经营许可证，并函告公安机关、市场监督管理部门。

5. 法律责任

（1）擅自从事经营活动的。《条例》第 41 条规定，违反本条例规定，擅自从事娱乐场所经营活动的，由文化主管部门依法予以取缔；公安部门在查处治安、刑事案件时，发现擅自从事娱乐场所经营活动的，应当依法予以取缔。

（2）骗取许可证的。《条例》第 42 条规定，以欺骗等不正当手段取得娱乐经营许可证的，由原发证机关撤销娱乐经营许可证。

（3）未办理备案的。《条例》第 47 条规定，娱乐场所取得营业执照后，未按照规定向公安部门备案的，由县级公安部门责令改正，给予警告。

（4）未按规定变更的。《条例》第 49 条规定，娱乐场所变更有关事项，未按照规定申请重新核发娱乐经营许可证的，由县级人民政府文化主管部门责令改正，给予警告；情节严重的，责令停业整顿 1 个月至 3 个月。

三、娱乐场所经营规则和法律责任

1. 禁止性规定

（1）禁止的内容。《条例》第 13 条规定，国家倡导弘扬民族优秀文化，禁止娱乐场所内的娱乐活动含有下列内容：①违反宪法确定的基本原则的；②危害国家统一、主权或者领土完整的；③危害国家安全，或者损害国家荣誉、利益的；④煽动民族仇恨、民族歧视，伤害民族感情或者侵害民族风俗、习惯，破坏民族团结的；⑤违反国家宗教政策，宣扬邪教、迷信的；⑥宣扬淫秽、赌博、暴力以及与毒品有关的违法犯罪活动，或者教唆犯罪的；⑦违背社会公德或者民族优秀文化传统的；⑧侮辱、诽谤他人，侵害他人合法权益的；⑨法律、行政法规禁止的其他内容。

（2）禁止的行为。《条例》第 14 条规定，娱乐场所及其从业人员不得实施下列行为，不得为进入娱乐场所的人员实施下列行为提供条件：①贩卖、提供毒品，或者组织、强迫、教唆、引诱、欺骗、容留他人吸食、注射毒品；②组织、强迫、引诱、容留、介绍他人卖淫、嫖娼；③制作、贩卖、传播淫秽物品；④提供或者从事以营利为目的的陪侍；⑤赌博；⑥从事邪教、迷信活动；⑦其他违法犯罪行为。娱乐场所的从业人员不得吸食、注射毒品，不得卖淫、嫖娼；娱乐场所及其从业人员不得为进入娱乐场所的人员实施上述行为提供条件。

2. 娱乐场所的环境规则

（1）闭路电视监控设备。《条例》第 15 条规定，歌舞娱乐场所应当按照国务院公安部门的规定在营业场所的出入口、主要通道安装闭路电视监控设备，并应当保证闭路电视监控设备在营业期间正常运行，不得中断。歌舞娱乐场所应当将闭路电视监控录像资料留存 30 日备查，不得删改或者挪作他用。

（2）包厢、包间门窗装置。《条例》第16条规定，歌舞娱乐场所的包厢、包间内不得设置隔断，并应当安装展现室内整体环境的透明门窗。包厢、包间的门不得有内锁装置。

（3）亮度标准。《条例》第17条规定，营业期间，歌舞娱乐场所内亮度不得低于国家规定的标准。

（4）音像制品或电子产品。《条例》第18条规定，娱乐场所使用的音像制品或者电子游戏应当是依法出版、生产或者进口的产品。歌舞娱乐场所播放的曲目和屏幕画面以及游艺娱乐场所的电子游戏机内的游戏项目，不得含有本条例禁止的内容；歌舞娱乐场所使用的歌曲点播系统不得与境外的曲库相连接。《娱乐场所管理办法》第20条规定，歌舞娱乐场所经营应当符合以下规定：①播放、表演的节目不得含有《条例》第13条禁止内容；②不得将场所使用的歌曲点播系统连接至境外曲库。

（5）游戏设施设备。《条例》第19条规定，游艺娱乐场所不得设置具有赌博功能的电子游戏机机型、机种、电路板等游戏设施设备，不得以现金或者有价证券作为奖品，不得回购奖品。《娱乐场所管理办法》第21条规定，游艺娱乐场所经营应当符合以下规定：①不得设置未经文化和旅游主管部门内容核查的游戏游艺设备；②进行有奖经营活动的，奖品目录应当报所在地县级文化和旅游主管部门备案；③除国家法定节假日外，设置的电子游戏机不得向未成年人提供。

（6）消防安全。《条例》第20条规定，娱乐场所的法定代表人或者主要负责人应当对娱乐场所的消防安全和其他安全负责。娱乐场所应当确保其建筑、设施符合国家安全标准和消防技术规范，定期检查消防设施状况，并及时维护、更新。娱乐场所应当制订安全工作方案和应急疏散预案。第21条规定，营业期间，娱乐场所应当保证疏散通道和安全出口畅通，不得封堵、锁闭疏散通道和安全出口，不得在疏散通道和安全出口设置栅栏等影响疏散的障碍物。娱乐场所应当在疏散通道和安全出口设置明显指示标志，不得遮挡、覆盖指示标志。

（7）安全检查。《条例》第22条规定，任何人不得非法携带枪支、弹药、管制器具或者携带爆炸性、易燃性、毒害性、放射性、腐蚀性等危险物品和传染病病原体进入娱乐场所。迪斯科舞厅应当配备安全检查设备，对进入营业场所的人员进行安全检查。

（8）警示标志。《条例》第30条规定，娱乐场所应当在营业场所的大厅、包厢、包间内的显著位置悬挂含有禁毒、禁赌、禁止卖淫嫖娼等内容的警示标志，未成年人禁入或者限入标志。标志应当注明公安部门、文化主管部门的举报电话。

（9）保安人员。《条例》第26条规定，娱乐场所应当与保安服务企业签订保安服务合同，配备专业保安人员；不得聘用其他人员从事保安工作。

（10）消费者。《条例》第23条规定，歌舞娱乐场所不得接纳未成年人。除国家法定节假日外，游艺娱乐场所设置的电子游戏机不得向未成年人提供。

3. 娱乐场所的营业规则

（1）第一责任人。《娱乐场所管理办法》第19条规定，娱乐场所法定代表人或者主要负责人是维护本场所经营秩序的第一责任人，是本场所安全生产的第一责任人。

（2）文明执业。《条例》第27条规定，营业期间，娱乐场所的从业人员应当统一着工作服，佩戴工作标识并携带居民身份证或者外国人就业许可证。从业人员应当遵守职业道德和卫生规范，诚实守信，礼貌待人，不得侵害消费者的人身和财产权利。

（3）营业时间限定。《条例》第28条规定，每日凌晨2时至上午8时，娱乐场所不得营业。

（4）公平交易。《条例》第29条规定，娱乐场所提供娱乐服务项目和出售商品，应当明码标价，并向消费者出示价目表；不得强迫、欺骗消费者接受服务、购买商品。

（5）建立巡查制度。《条例》第31条规定，娱乐场所应当建立巡查制度，发现娱乐场所内有违法犯罪活动的，应当立即向所在地县级公安部门、县级人民政府文化主管部门报告。

（6）提供场地、招用外国人演出。《娱乐场所管理办法》第22条规定，娱乐场所不得为未经文化和旅游主管部门批准的营业性演出活动提供场地。娱乐场所招用外国人从事演出活动的，应当符合《营业性演出管理条例》及

《营业性演出管理条例实施细则》的规定。

4. 法律责任

（1）违反娱乐活动禁止性规定。《条例》第 43 条规定，娱乐场所实施本条例禁止的违法犯罪行为或者为违法犯罪分子提供条件的，由县级公安部门没收违法所得和非法财物，责令停业整顿 3 个月至 6 个月；情节严重的，由原发证机关吊销娱乐经营许可证，对直接负责的主管人员和其他直接责任人员处 1 万元以上 2 万元以下的罚款。

（2）违反娱乐场所环境规则。《条例》第 44 条规定，违反本条例规定，有下列情形之一的，由县级公安部门责令改正，给予警告；情节严重的，责令停业整顿 1 个月至 3 个月：①照明设施、包厢、包间的设置以及门窗的使用不符合本条例规定的；②未按照本条例规定安装闭路电视监控设备或者中断使用的；③未按照本条例规定留存监控录像资料或者删改监控录像资料的；④未按照本条例规定配备安全检查设备或者未对进入营业场所的人员进行安全检查的；⑤未按照本条例规定配备保安人员的。

《条例》第 45 条规定，娱乐场所违反本条例规定，有下列情形之一的，由县级公安部门没收违法所得和非法财物，并处违法所得 2 倍以上 5 倍以下的罚款；没有违法所得或者违法所得不足 1 万元的，并处 2 万元以上 5 万元以下的罚款；情节严重的，责令停业整顿 1 个月至 3 个月：①设置具有赌博功能的电子游戏机机型、机种、电路板等游戏设施设备的；②以现金、有价证券作为奖品，或者回购奖品的。

《条例》第 48 条规定，娱乐场所违反本条例规定，有下列情形之一的，由县级人民政府文化主管部门没收违法所得和非法财物，并处违法所得 1 倍以上 3 倍以下的罚款；没有违法所得或者违法所得不足 1 万元的，并处 1 万元以上 3 万元以下的罚款；情节严重的，责令停业整顿 1 个月至 6 个月：①歌舞娱乐场所的歌曲点播系统与境外的曲库连接的；②歌舞娱乐场所播放的曲目、屏幕画面或者游艺娱乐场所电子游戏机内的游戏项目含有娱乐活动禁止内容的；③歌舞娱乐场所接纳未成年人的；④游艺娱乐场所设置的电子游戏机在国家法定节假日外向未成年人提供的；⑤娱乐场所容纳的消费者超过核定人数的。

《条例》第 51 条规定，娱乐场所未按照规定悬挂警示标志、未成年人禁入或者限入标志的，由县级人民政府文化主管部门、县级公安部门依据法定职权责令改正，给予警告。

（3）违反娱乐场所营业规则。《条例》第49条规定，违反本条例规定，有下列情形之一的，由县级人民政府文化主管部门责令改正，给予警告；情节严重的，责令停业整顿1个月至3个月：①变更有关事项，未按照本条例规定申请重新核发娱乐经营许可证的；②在本条例规定的禁止营业时间内营业的；③从业人员在营业期间未统一着装并佩戴工作标志的。

四、娱乐场所的监督管理制度和法律责任

1. 监管制度

（1）警示记录公开。《条例》第34条规定，文化主管部门、公安部门和其他有关部门应当建立娱乐场所违法行为警示记录系统；对列入警示记录的娱乐场所，应当及时向社会公布，并加大监督检查力度。

（2）信息通报。《条例》第36条规定，文化主管部门、公安部门和其他有关部门应当建立相互间的信息通报制度，及时通报监督检查情况和处理结果。

（3）信用监管。《条例》第35条规定，文化主管部门应当建立娱乐场所的经营活动信用监管制度，建立健全信用约束机制，并及时公布行政处罚信息。《娱乐场所管理办法》第26条规定，文化和旅游主管部门应当建立娱乐场所信用管理档案，记录被文化和旅游主管部门、公安机关、市场监督管理部门、消防救援机构、负有噪声污染防治监督管理职责的部门实施处罚的情况以及娱乐场所法定代表人、主要负责人、投资人等信息。

（4）及时处理举报。《条例》第32条规定，各级文化主管部门、公安部门和其他有关部门的工作人员依法履行监督检查职责时，有权进入娱乐场所。娱乐场所应当予以配合，不得拒绝、阻挠。第37条规定，任何单位或者个人发现娱乐场所内有违反《条例》规定行为的，有权向文化主管部门、公安部门等有关部门举报。文化主管部门、公安部门等有关部门接到举报，应当记录，并及时依法调查、处理；对不属于本部门职责范围的，应当及时移送有关部门。

2. 法律责任

《条例》第 56 条规定，文化主管部门、公安部门、工商行政管理部门和其他有关部门的工作人员有下列行为之一的，对直接负责的主管人员和其他直接责任人员依法给予行政处分，其中构成犯罪的，依法追究刑事责任：①向不符合法定设立条件的单位颁发许可证、批准文件、营业执照的；②不履行监督管理职责，或者发现擅自从事娱乐场所经营活动不依法取缔，或者发现违法行为不依法查处的；③接到对违法行为的举报、通报后不依法查处的；④利用职务之便，索取、收受他人财物或者谋取其他利益的；⑤利用职务之便，参与、包庇违法行为，或者向有关单位、个人通风报信的；⑥有其他滥用职权、玩忽职守、徇私舞弊行为的。

第十五章 旅游资源法律制度

章节练习
增值服务

学习目的

了解：《博物馆条例》关于博物馆开展社会服务的原则、设立条件、社会服务及其相关法律责任的规定。《保护世界文化和自然遗产公约》（以下简称《公约》）关于文化遗产和自然遗产的定义、国家保护和国际保护；《保护非物质文化遗产公约》关于非物质文化遗产的定义、缔约国的作用及保护措施的规定。**熟悉：**《风景名胜区条例》（以下简称《条例》）关于风景名胜区及其设立、保护、利用和管理及其相关法律责任的规定；《中华人民共和国非物质文化遗产法》（以下简称《非物质文化遗产法》）关于非物质文化遗产及其保护措施和原则，非物质文化遗产代表性项目传承与传播的规定。**掌握：**《自然保护区条例》（以下简称《保护区条例》）关于自然保护区及其类别、设立条件、区域构成、管理及相关法律责任的规定；《中华人民共和国文物保护法》（以下简称《文物保护法》）关于适用范围、文物工作方针、所有权归属，不可移动文物、民间收藏文物、文物出境及其相关法律责任的规定。

第一节　风景名胜区法律制度

一、风景名胜区的概念及其管理

1. 概念

《条例》第 2 条规定，风景名胜区，是指具有观赏、文化或者科学价值，自然景观、人文景观比较集中，环境优美，可供人们游览或者进行科学、文化活动的区域。

2. 管理原则与管理部门

（1）原则。《条例》第 3 条规定，国家对风景名胜区实行科学规划、统一管理、严格保护、永续利用的原则。

（2）管理部门。《条例》第 5 条规定，国务院建设主管部门负责全国风景名胜区的监督管理工作。国务院其他有关部门按照国务院规定的职责分工，负责风景名胜区的有关监督管理工作。省、自治区人民政府建设主管部门和直辖市人民政府风景名胜区主管部门，负责本行政区域内风景名胜区的监督管理工作。省、自治区、直辖市（以下简称省级）人民政府其他有关部门按照规定的职责分工，负责风景名胜区的有关监督管理工作。《条例》第 4 条规定，风景名胜区所在地县级以上地方人民政府设置的风景名胜区管理机构，负责风景名胜区的保护、利用和统一管理工作。

二、风景名胜区的设立与等级

1. 设立

《条例》第 7 条规定，设立风景名胜区，应当有利于保护和合理利用风景名胜资源。新设立的风景名胜区与自然保护区不得重合或者交叉；已设立的风景名胜区与自然保护区重合或者交叉的，风景名胜区规划与自然保护区规划应当相协调。

2. 等级与审批

（1）级别。《条例》第 8 条规定，风景名胜区划分为国家级风景名胜区和省级风景名胜区。自然景观和人文景观能够反映重要自然变化过程和重大历史文化发展过程，基本处于自然状态或者保持历史原貌，具有国家代表性的，可以申请设立国家级风景名胜区；具有区域代表性的，可以申请设立省级风景名胜区。

（2）审批。《条例》第 10 条规定，设立国家级风景名胜区，由省、自治区、直辖市人民政府提出申请，国务院建设主管部门会同国务院环境保护主管部门、林业主管部门、文物主管部门等有关部门组织论证，提出审查意见，报国务院批准公布。设立省级风景名胜区，由县级人民政府提出申请，省、自治区人民政府建设主管部门或者直辖市人民政府风景名胜区主管部门，会同其他有关部门组织论证，提出审查意见，报省、自治区、直辖市人民政府批准公布。

三、保护制度

1. 严格保护原则

《条例》第 24 条规定，风景名胜区内的景观和自然环境，应当根据可持续发展的原则，严格保护，不得破坏或者随意改变。

2. 保护机构及其职责

《条例》第 24、第 25 条规定，风景名胜区管理机构是风景名胜资源保护的责任主体，应当建立健全风景名胜资源保护的各项管理制度，对区内的重要景观进行调查、鉴定，并制定相应的保护措施。

3. 居民和游览者的义务

《条例》第 24 条规定，风景名胜区内的居民和游览者应当保护风景名胜区的景物、水体、林草植被、野生动物和各项设施。

4. 禁止性行为

（1）《条例》第 26 条规定，在风景名胜区内禁止进行的活动包括：①开山、采石、开矿、开荒、修坟立碑等破坏景观、植被和地形地貌的活动；②修建储存爆炸物、易燃物、放射物、毒害性、腐蚀性物品的设施；③在景物或者设施上刻画、涂污；④乱扔垃圾。

（2）《条例》第 27 条规定，禁止违反风景名胜区规划，在风景名胜区内设立各类开发区和在核心区内建设宾馆、招待所、培训中心、疗养院以及与风景名胜资源保护无关的其他建筑物；已经建设的，应当按照风景名胜区规划，逐步迁出。

5. 活动的审批

（1）《条例》第28条规定，在风景名胜区内的建设活动应当符合《条例》规定，经风景名胜区管理机构审核后，依照有关法律、法规的规定办理审批手续。在国家级风景名胜区内修建缆车、索道等重大建设工程，项目的选址方案应当报省、自治区人民政府建设主管部门和直辖市人民政府风景名胜区主管部门核准。

（2）《条例》第29条规定，从事下列活动，应当经风景名胜区管理机构审核后，依照有关法律、法规的规定报有关主管部门批准：①设置、张贴商业广告；②举办大型游乐等活动；③改变水资源、水环境自然状态的活动；④其他影响生态和景观的活动。

6. 管理信息系统

《条例》第31条规定，国家应建立风景名胜区管理信息系统，对风景名胜区规划实施和资源保护情况进行动态监控。国家级风景名胜区所在地的风景名胜区管理机构应当每年向国务院建设主管部门报送风景名胜区规划实施和土地、森林等自然资源保护的情况；国务院建设主管部门应当及时抄送国务院有关部门。

7. 法律责任

（1）《条例》第40条规定，有下列行为之一的，由风景名胜区管理机构责令停止违法行为、恢复原状或者限期拆除，没收违法所得，并处50万元以上100万元以下的罚款：①在风景名胜区内进行开山、采石、开矿等破坏景观、植被、地形地貌的活动的；②在风景名胜区内修建储存爆炸物、易燃性、放射性、毒害性、腐蚀性物品设施的；③在核心景区内建设宾馆、招待所、培训中心、疗养院以及与风景名胜资源保护无关的其他建筑物的。

县级以上地方人民政府及其有关主管部门批准实施上述行为的，对直接负责的主管人员和其他直接责任人员依法给予降级或撤职的处分；构成犯罪的，依法追究刑事责任。

（2）《条例》第41条规定，在风景名胜区内从事禁止范围以外的建设活动的，未经风景名胜区管理机构审核的，由风景名胜区管理机构责令停止建设、限期拆除，对个人处2万元以上5万元以下的罚款，对单位处20万元以上50万元以下的罚款。

（3）《条例》第42条规定，在国家级风景名胜区内修建缆车、索道等重大建设工程，项目的选址方案未经省、自治区人民政府建设主管部门和直辖市人民政府风景名胜区主管部门核准，县级以上地方人民政府有关部门核发选址意见书的，对直接负责的主管人员和其他责任人依法给予处分；构成犯罪的，依法追究刑事责任。

（4）《条例》第43条规定，个人在风景名胜区内进行开荒、修坟立碑等破坏景观、植被、地形地貌活动的，由风景名胜区管理机构责令停止违法行为、限期恢复原状或者采取其他补救措施，没收违法所得，并处1000元以上1万元以下罚款。

（5）《条例》第44条规定，在景物、设施上刻画、涂污或者在风景名胜区内乱扔垃圾的，由风景名胜区管理机构责令恢复原状或者采取其他补救措施，处50元的罚款；刻画、涂污或者以其他方式故意损坏国家保护的文物、名胜古迹的，按照《治安管理处罚法》的有关规定予以处罚；构成犯罪的，追究刑事责任。

（6）《条例》第45条规定，未经风景名胜区管理机构审核，在风景名胜区内进行下列活动的，由风景名胜区管理机构责令停止违法行为、限期恢复原状或者采取其他补救措施，没收违法所得，并处5万元以上10万元以下的罚款；情节严重的，并处10万元以上20万元以下的罚款：①设置、张贴商业广告的；②举办大型游乐等活动的；③改变水资源、水环境自然状态的；④其他影响生态和景观的活动。

四、利用和管理制度

1. 开发利用原则

《条例》第32条规定，风景名胜区管理机构应当根据风景名胜区的特点，保护民族民间传统文化，开展健康有益的游览观光和文化娱乐活动，普及历史文化和科学知识。

2. 监督检查和评估

《条例》第35条规定，国务院建设主管部门应当对国家级风景名胜区的规划实施情况、资源保护状况进行监督检查和评估，对发现的问题及时纠正、处理。

3. 安全保障制度

《条例》第36条规定，风景名胜区管理机构应当建立健全安全保障制度，加强安全管理，保障游览安全，并督促风景名胜区内经营单位接受有关部门依据法律、法规进行的监督检查。禁止超过允许容量接纳游客和在没有安全保障的区域开展游览活动。

4. 门票和资源有偿使用

《条例》第37条规定，进入风景名胜区的门票，由风景名胜区管理机构负责出售。门票价格依照有关价格的法律、法规的规定执行。第38条规定，风景名胜区的门票收入和风景名胜资源有偿使用费，实行收支两条线管理，门票收入和有偿使用费应当专门用于风景名胜资源的保护和管理以及对风景名胜区内财产的所有权人、使用权人损失的补偿。

5. 经营项目的管理

《条例》第37条规定，风景名胜区内的交通、服务等项目，应当由风景名胜区管理机构依照法律、法规和风景名胜区规划，采用招标等公平竞争方式确定经营者。风景名胜区管理机构应当与经营者签订合同，依法确定各自的权利义务。经营者应当缴纳风景名胜资源有偿使用费。第39条规定，风景名胜区管理机构不得从事以营利为目的的经营活动，不得将规划、管理和监督等行政管理职能委托给企业或者个人行使。管理机构的工作人员不得在区内的企业兼职。

6. 法律责任

（1）《条例》第46条规定，施工单位在施工过程中，对周围景物、水体、林木植被、野生动物资源和地形地貌造成破坏的，由风景名胜区管理机构责令停止违法行为、限期恢复原状或者采取其他补救措施，并处2万元以上10万元以下的罚款；逾期未恢复原状或者未采取有效措施的，由风景名胜区管理机构责令停止施工。

（2）《条例》第48条规定，风景名胜区管理机构有下列行为之一的，由设立该风景名胜区管理机构县级以上地方人民政府责令改正；情节严重的，对直接负责的主管人员和其他责任人员给予降级或者撤职的处分；构成犯罪的，依法追究刑事责任：①超过允许容量接纳游客或者在没有安全保障的区域开展游览活动的；②未设置风景名胜区标识和路标、安全警示等标牌的；③从事以营利为目的的经营活动的；④将规划、管理和监督等行政管理职能委托给企业或者个人行使的；⑤允许风景名胜区管理机构的工作人员在风景名胜区内兼职的；⑥审核同意在风景名胜区内进行不符合风景名胜区规划的建设活动的；⑦发现违法行为不查处的。

第二节 自然保护区法律制度

一、自然保护区的概念及其设立条件

1. 概念

根据《保护区条例》第 2 条，自然保护区，是指对有代表性的自然生态系统，珍稀濒危野生动植物物种的天然集中分布区、有特殊意义的自然遗址等保护对象所在的陆地、陆地水体或者海域，依法划出一定面积予以特殊保护和管理的区域。

2. 适用范围和设立条件

（1）适用范围。《保护区条例》第 3 条规定，凡在中华人民共和国领域和中华人民共和国管辖的其他海域内建设和管理自然保护区，必须遵守本条例。这表明，建立自然保护区、对保护区进行管理、利用和建设，应当遵守本条例。

（2）设立条件。《保护区条例》第 10 条规定，凡具有下列条件之一的，应当建立自然保护区：①典型的自然地理区域、有代表性的自然生态系统区域以及已经遭受破坏但经保护能够恢复的同类自然生态系统区域；②珍稀、濒危野生动植物物种的天然集中分布区域；③具有特殊保护价值的海域、海岸、岛屿、湿地、内陆水域、森林、草原和荒漠；④具有重大科学文化价值的地质构造、著名溶洞、化石分布区、冰川、火山、温泉等自然遗址；⑤经国务院或者省、自治区、直辖市人民政府批准，需要予以特殊保护的其他自然区域。

二、自然保护区的类别与区域构成

1. 类别

《保护区条例》第 11 条规定，自然保护区分为国家级自然保护区和地方级自然保护区。国家级自然保护区指在国内外有典型意义，在科学上有重大国际影响或者有特殊科学研究价值的自然保护区。地方级自然保护区指除国家级自然保护区外，其他具有典型意义或者重要科学研究价值的自然保护区。

2. 区域构成

《保护区条例》第 18 条规定，自然保护区可以分为核心区、缓冲区和实验区（图 15–1）。

自然保护区内保存完好的天然状态的生态系统以及珍稀、濒危动植物的集中分布地，应当划分为核心区，禁止任何单位和个人进入；除依照本条例第 27 条规定经批准外，也不允许进入从事科学研究活动。

核心区外围可以划定一定面积的缓冲区，只准进入从事科学研究观测活动。

缓冲区外围划为实验区，可进入从事科学实验、教学实习、参观考察、旅游以及驯化、繁殖珍稀、濒危野生动植物等活动。

原批准建立自然保护区的人民政府认为必要时，可以在自然保护区的外围划定一定面积的外围保护地带。

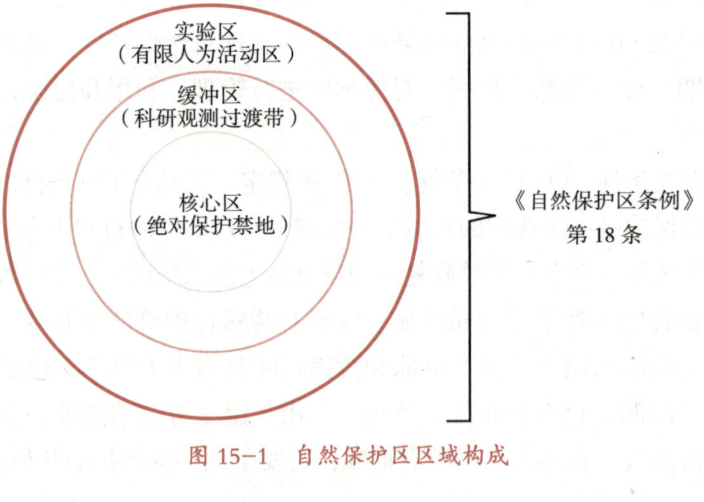

图 15–1　自然保护区区域构成

三、自然保护区的管理及其法律责任

1. 管理机构与职责

（1）管理体制。《保护区条例》第 8 条规定，国家对自然保护区实行综合管理与分部门管理相结合的管理体制。国务院环境保护行政主管部门负责全国自然保护区的综合管理。国务院林业、农业、地质矿产、水利、海洋等有关行政主管部门在各自职责范围内，主管有关的自然保护区。县级以上地方人民政府负责自然保护区管理部门的设置和职责，由省级人民政府根据当地具体情况确定。

（2）管理权限。《保护区条例》第 21 条规定，国家级自然保护区，由其所在地的省级人民政府有关自然保护区行政主管部门或者国务院有关自然保护区行政主管部门管理。地方级自然保护区，由其所在地的县级以上人民政府有关自然保护区行政主管部门管理。有关自然保护区行政主管部门应当在自然保护区内设立专门管理机构，配备专业技术人员，负责自然保护区的具体管理工作。

（3）管理职责。《保护区条例》第 22 条规定，自然保护区管理机构的主要职责有：①贯彻执行国家有关自然保护的法律、法规和方针、政策；②制定自然保护区的各项管理制度，统一管理自然保护区；③调查自然资源并建立档案，组织环境监测，保护自然保护区内的自然环境和自然资源；④组织或者协助有关部门开展自然保护区的科学研究工作；⑤进行自然保护的宣传教育；⑥在不影响保护自然保护区的自然环境和自然资源的前提下，组织开展参观、旅游等活动。

2. 范围、界线和规划

（1）范围和界线的确定。《保护区条例》第 14 条规定，自然保护区的范围和界线由批准建立自然保护区的人民政府确定，并标明区界，予以公告。确定自然保护区的范围和界线，应当兼顾保护对象的完整性和适度性，以及当地经济建设和居民生产、生活的需要。

（2）规划。《保护区条例》第 17 条规定，国务院环境行政主管部门会同国务院有关自然保护区行政主管部门，在对全国自然环境和自然资源状况进行调查评价的基础上，拟定国家自然保护区发展规划，经国务院计划部门综合平衡后，报国务院批准实施。自然保护区管理机构或者该自然保护区行政主管部门应当组织编制自然保护区的建设规划，按照规定的程序纳入国家的、地方的或者部门的投资计划，并组织实施。

3. 自然保护区的保护措施

（1）禁止性规定。《保护区条例》第 26 条规定，禁止在自然保护区内进行砍伐、放牧、狩猎、捕捞、采药、开垦、烧荒、开矿、采石、挖沙等活动，但法律、行政法规另有规定的除外。

（2）开展活动经过批准。《保护区条例》第 28 条规定，禁止在自然保护区的缓冲区开展旅游和生产经营活动。因教学科研的目的，需要进入自然保护区的缓冲区从事非破坏性的科学研究、教学实习和标本采集活动的，应当事先向自然保护区管理机构提交申请和活动计划，经自然保护区管理机构批准。从事上述活动的单位和个人，应当将其活动成果的副本提交自然保护区管理机构。

（3）环境保护。《保护区条例》第 32 条规定，在自然保护区的核心区和缓冲区内，不得建设任何生产设施。在自然保护区的实验区内，不得建设污染环境、破坏资源或者景观的生产设施；建设其他项目，其污染物排放不得超过国家和地方规定的污染物排放标准。在自然保护区的实验区内已经建成的设施，其污染物排放超过国家和地方规定的排放标准的，应当限期治理；造成损害的，必须采取补救措施。

（4）区域内人员规范。《保护区条例》第 25 条规定，在自然保护区内的单位、居民和经批准在自然保护区的人员，必须遵守自然保护区的各项管理制度，接受自然保护区管理机构的管理。

（5）对外国人的规范。《保护区条例》第 31 条规定，外国人进入地方级自然保护区的，应当事先向自然保护区管理机构提交活动计划，并经自然保护区管理机构批准；其中，进入国家级自然保护区的，应当经省、自治区、直辖市环境保护、海洋、渔业等有关自然保护区行政主管部门按照各自职责批准。进入自然保护区的外国人，应当遵守有关自然保护区的法律、法规和规定，未经批准，不得在自然保护区内从事采集标本等活动。

4. 法律责任

（1）《保护区条例》第 34 条规定，有下列行为之一的单位和个人，由自然保护区管理机构责令其改正，并可以根据不同情节处以100元以上5000元以下的罚款：①擅自移动或者破坏自然保护区界标的；②未经批准进入自然保护区或者在自然保护区内不服从管理机构管理的；③经批准在自然保护区的缓冲区内从事科学研究、教学实习和标本采集，不向自然保护区管理机构提交活动成果副本的。

（2）《保护区条例》第35条规定，在自然保护区进行砍伐、放牧、狩猎、捕捞、采药、开垦、烧荒、开矿、采石、挖沙等活动的单位和个人，除可以依照有关法律、行政法规规定给予处罚的以外，由县级以上人民政府有关自然保护区行政主管部门或者其授权的自然保护区管理机构没收违法所得，责令停止违法行为，限期恢复原状或者采取其他补救措施；对自然保护区造成破坏的，可以处以300元以上10000元以下的罚款。

（3）《保护区条例》第36条规定，自然保护区管理机构违反《条例》规定，拒绝环境保护行政主管部门或者有关自然保护区行政主管部门监督检查，或者在被检查时弄虚作假的，由县级以上人民政府环境保护行政主管部门或者有关自然保护区行政主管部门给予300元以上3000元以下的罚款。

（4）《保护区条例》第37条规定，自然保护区管理机构违反《保护区条例》规定，有下列行为之一的，由县级以上人民政府有关自然保护区行政主管部门责令限期改正；对直接责任人员，由其所在单位或者上级机关给予行政处分：①开展参观、旅游活动未编制方案或者编制的方案不符合自然保护区管理目标的；②开设与自然保护区保护方向不一致的参观、旅游项目的；③不按照编制的方案开展参观、旅游活动的；④违法批准人员进入自然保护区的核心区，或者违法批准外国人进入自然保护区的；⑤有其他滥用职权、玩忽职守、徇私舞弊行为的。

第三节　文物保护法律制度

为了加强对文物的保护，传承中华民族优秀历史文化遗产，促进科学研究工作，进行爱国主义和革命传统教育，增强历史自觉、坚定文化自信，建设社会主义精神文明和物质文明，我国于1982年11月颁布实施《文物保护法》。该法历经2次修订和5次修正。2024年11月8日，十四届全国人大常委会第十二次会议表决通过了自2025年3月1日起施行新修订的《文物保护法》。

一、文物保护范围与工作方针

1. 保护范围

《文物保护法》第2条明确规定，文物是指人类创造的或者与人类活动有关的，具有历史、艺术、科学价值的下列物质遗存。在中华人民共和国境内，下列文物受国家保护：①古文化遗址、古墓葬、古建筑、石窟寺和古石刻、古壁画；②与重大历史事件、革命运动或者著名人物有关的以及具有重要纪念意义、教育意义或者史料价值的近现代重要史迹、实物、代表性建筑；③历史上各时代珍贵的艺术品、工艺美术品；④历史上各时代重要的文献资料、手稿和图书资料等；⑤反映历史上各时代、各民族社会制度、社会生产、社会生活的代表性实物。此外，具有科学价值的古脊椎动物化石和古人类化石同文物一样受国家的保护。

2. 工作方针

《文物保护法》第4条规定，文物工作贯彻保护为主、抢救第一、合理利用、加强管理的方针。

3. 所有权归属

（1）国有文物。《文物保护法》第5条规定，中华人民共和国境内地下、内水和领海中遗存的一切文物，以及中国管辖的其他海域内遗存的起源于中国的和起源国不明的文物，属于国家所有。

古文化遗址、古墓葬、石窟寺属于国家所有。国家指定保护的纪念建筑物、古建筑、古石刻、古壁画、近代现代代表性建筑等不可移动文物，除国家另有规定的以外，属于国家所有。国有不可移动文物的所有权不因其所依附的土地所有权或者使用权的改变而改变。

《文物保护法》第6条规定，下列可移动文物，属于国家所有：①中国境内地下、内水和领海以及中国管辖的其他海域内出土、出水的文物，国家另有规定的除外；②国有文物收藏单位以及其他国家机关、部队和国有企业、事业组织等收藏、保管的文物；③国家征集、购买或依法没收的文物；

④公民、组织捐赠给国家的文物；⑤法律规定属于国家所有的其他文物。

国有可移动文物的所有权不因其收藏、保管单位的终止或者变更而改变。国有文物所有权受法律保护，不容侵犯。

（2）集体和私人文物。《文物保护法》第7条规定，属于集体所有和私人所有的纪念建筑物、古建筑和祖传文物以及依法取得的其他文物，其所有权受法律保护。文物的所有者必须遵守国家有关文物保护的法律、法规的规定。

二、不可移动文物与民间收藏文物

1. 不可移动文物

《文物保护法》第3条规定，古文化遗址、古墓葬、古建筑、石窟寺、古石刻、古壁画、近代现代重要史迹和代表性建筑等不可移动文物，分为文物保护单位和未核定公布为文物保护单位的不可移动文物；文物保护单位分为全国重点文物保护单位，省级文物保护单位，设区的市级、县级文物保护单位。

2. 民间收藏文物

《文物保护法》第66条规定，国家鼓励公民、组织合法收藏，加强对民间收藏活动的指导、管理和服务。《文物保护法》第67条规定，文物收藏单位以外的公民、组织可以通过下列方式取得文物：①依法继承或者接受赠与；②从文物销售单位购买；③通过经营文物拍卖的拍卖企业购买；④公民个人合法所有的文物相互交换或者依法转让；⑤国家规定的其他合法方式。

3. 文物的买卖限制

《文物保护法》第68条规定，禁止买卖下列文物：①国有文物，但是国家允许的除外；②国有不可移动文物中的壁画、雕塑、建筑构件等，但是依法拆除的国有不可移动文物中的壁画、雕塑、建筑构件等不属于应由文物收藏单位收藏的除外；③非国有馆藏珍贵文物；④国务院有关部门通报或者公告的被盗文物以及其他来源不合法的文物。⑤外国政府、相关国际组织按照有关国际公约通报或者公告的流失文物。

三、文物出境

1. 禁止性规定及除外情形

《文物保护法》第 77 条规定，国有文物、非国有文物中的珍贵文物和国家规定禁止出境的其他文物，不得出境；依照法律规定出境展览或者因特殊需要经国务院批准出境的除外。

2. 出境审核

《文物保护法》第 78 条规定，文物出境，应当经国务院文物行政部门指定的文物进出境审核机构审核。经审核允许出境的文物，由国务院文物行政部门发给文物出境许可证，从国务院文物行政部门指定的口岸出境。任何单位或者个人运送、邮寄、携带文物出境，应当向海关申报；海关凭文物出境许可证放行。

3. 出境展览

《文物保护法》第 79 条规定，文物出境展览，应当报国务院文物行政部门批准；一级文物超过国务院规定数量的，应当报国务院批准。一级文物中的孤品和易损品，禁止出境展览。出境展览的文物出境，由文物进出境审核机构审核、登记。海关凭国务院文物行政部门或者国务院的批准文件放行。出境展览的文物复进境，由原审核、登记的文物进出境审核机构审核查验。

4. 临时出境

《文物保护法》第 80 条规定，文物临时进境，应当向海关申报，并报文物进出境审核机构审核、登记。文物进出境审核机构发现临时进境的文物属于禁止买卖文物的，应当向国务院文物行政部门报告并通报海关。临时进境的文物复出境，必须经原审核、登记的文物进出境审核机构审核查验；经审核查验无误的，由国务院文物行政部门发给文物出境许可证，海关凭文物出境许可证放行。

四、法律责任

《文物保护法》第 91 条规定，有下列行为之一的，由县级以上人民政府文物行政部门会同公安机关、海上执法机关追缴文物，给予警告；情节严重的，对单位处10万元以上300万元以下的罚款，对个人处5000元以上5万元以下的罚款：①发现文物隐匿不报或者拒不上交；②未按照规定移交拣选文物。

《文物保护法》第93条规定，有下列行为之一的，由县级以上人民政府文物行政部门责令改正；情节严重的，对单位处10万元以上300万元以下的罚款，限制业务活动或者由原发证机关吊销许可证书，对个人处5000元以上5万元以下的罚款：①改变国有未定级不可移动文物的用途，未依照本法规定报告；②转让、抵押非国有不可移动文物或者改变其用途，未依照本法规定备案；③国有不可移动文物的使用人具备修缮能力但拒不依法履行修缮义务；④从事考古发掘的单位未经批准擅自进行考古发掘，或者不如实报告考古调查、勘探、发掘结果，或者未按照规定移交考古发掘的文物；⑤文物收藏单位未按照国家有关规定建立馆藏文物档案、管理制度，或者未将馆藏文物档案、管理制度备案；⑥未经批准擅自调取馆藏文物；⑦未经批准擅自修复、复制、拓印文物；⑧馆藏文物损毁未报文物行政部门核查处理，或者馆藏文物被盗、被抢或者丢失，文物收藏单位未及时向公安机关或者文物行政部门报告；⑨文物销售单位销售文物或者文物拍卖企业拍卖文物，未按照国家有关规定作出记录或者未将所作记录报文物行政部门备案。

第四节　博物馆管理法律制度

一、博物馆的概念及开展社会服务的原则

1. 概念

《博物馆条例》（以下简称《条例》）第2条规定，博物馆是指以教育、研究和欣赏为目的，收藏、保护并向公众展示人类活动和自然环境的见证物，经登记管理机关依法登记的非营利组织。

2. 原则

《条例》第3条规定，博物馆开展社会服务应当坚持为人民服务、为社会主义服务的方向和贴近实际、贴近生活、贴近群众的原则，丰富人民群众精神文化生活。

二、博物馆的设立条件

《条例》第 10 条规定，设立博物馆，应当具备下列条件：①固定的馆址以及符合国家规定的展室、藏品保管场所；②相应数量的藏品以及必要的研究资料，并能够形成陈列展览体系；③与其规模和功能相适应的专业技术人员；④必要的办馆资金和稳定的运行经费来源；⑤确保观众人身安全的设施、制度及应急预案。

三、博物馆的社会服务及相关法律责任

1. 开放时间及限制

（1）开放时间。《条例》第 28 条规定，博物馆应当自取得登记证书之日起 6 个月内向公众开放。第 29 条规定，博物馆应当向公众公告具体开放时间。在国家法定节假日和学校寒暑假期间，博物馆应当开放。

《条例》第 41 条规定，博物馆自取得登记证书之日起 6 个月内未向公众开放，或者未依照本条例的规定实行免费或者其他优惠的，由省、自治区、直辖市人民政府文物主管部门责令改正；拒不改正的，由登记管理机关撤销登记。

（2）收费。《条例》第 33 条规定，国家鼓励博物馆向公众免费开放。县级以上人民政府应当对向公众免费开放的博物馆给予必要的经费支持。博物馆未实行免费开放的，其门票、收费的项目和标准按照国家有关规定执行，并在收费地点的醒目位置予以公布。博物馆未实行免费开放的，应当对未成年人、成年学生、教师、老年人、残疾人和军人等实行免费或者其他优惠。博物馆实行优惠的项目和标准应当向公众公告。

2. 陈列展览

《条例》第 30 条规定，博物馆举办陈列展览，应当遵守下列规定：①主题和内容应当符合宪法所确定的基本原则和维护国家安全与民族团结、弘扬爱国主义、倡导科学精神、普及科学知识、传播优秀文化、培养良好风尚、促进社会和谐、推动社会文明进步的要求；②与办馆宗旨相适应，突出藏品特色；③运用适当的技术、材料、工艺和表现手法，达到形式与内容的和

谐统一；④展品以原件为主，使用复制品、仿制品应当明示；⑤采用多种形式提供科学、准确、生动的文字说明和讲解服务；⑥法律、行政法规的其他有关规定。陈列展览的主题和内容不适宜未成年人的，博物馆不得接纳未成年人。

《条例》第 31 条规定，博物馆举办陈列展览的，应当在陈列展览开始之日 10 个工作日前，将陈列展览主题、展品说明、讲解词等向陈列展览举办地的文物主管部门或者其他有关部门备案。各级人民政府文物主管部门和博物馆行业组织应当加强对博物馆陈列展览的指导和监督。

《条例》第 39 条规定，博物馆取得来源不明或者来源不合法的藏品，或者陈列展览的主题、内容造成恶劣影响的，由省、自治区、直辖市人民政府文物主管部门或者有关登记管理机关按照职责分工，责令改正，有违法所得的，没收违法所得，并处违法所得 2 倍以上 5 倍以下罚款；没有违法所得的，处 5000 元以上 2 万元以下罚款；情节严重的，由登记管理机关撤销登记。

3. 社会教育与服务制度

（1）博物馆的义务。《条例》第 32 条规定，博物馆应当配备适当的专业人员，根据不同年龄段的未成年人接受能力进行讲解；学校寒暑假期间，具备条件的博物馆应当增设适合学生特点的陈列展览项目。

《条例》第 34 条规定，博物馆应当根据自身特点、条件，运用现代信息技术，开展形式多样、生动活泼的社会教育和服务活动，参与社区文化建设和对外文化交流与合作。国家鼓励博物馆挖掘藏品内涵，与文化创意、旅游等产业相结合，开发衍生产品，增强博物馆发展能力。

《条例》第 36 条规定，博物馆应当发挥藏品优势，开展相关专业领域的理论及应用研究，提高业务水平，促进专业人才的成长。博物馆应当为高等学校、科研机构和专家学者等开展科学研究工作提供支持和帮助。

（2）主管部门的义务。根据《条例》第 35 条规定，国务院教育行政部门应当会同国家文物主管部门，制定利用博物馆资源开展教育教学、社会实践活动的政策措施。地方各级人民政府教育行政部门应当鼓励学校结合课程设置和教学计划，组织学生到博物馆开展学习实践活动。博物馆应当对学校开展各类相关教育教学活动提供支持和帮助。

（3）社会公众的义务。《条例》第 37 条规定，公众应当爱护博物馆展品、设施及环境，不得损坏博物馆的展品、设施。

第五节　非物质文化遗产保护法律制度

一、非物质文化遗产的概念及其保护

1. 概念

《非物质文化遗产法》第 2 条规定，非物质文化遗产，是指各族人民世代相传并视为其文化遗产组成部分的各种传统文化表现形式，以及与传统文化表现形式相关的实物和场所。包括：①传统口头文学以及作为其载体的语言；②传统美术、书法、音乐、舞蹈、戏剧、曲艺和杂技；③传统技艺、医药和历法；④传统礼仪、节庆等民俗；⑤传统体育和游艺；⑥其他非物质文化遗产。

2. 保护措施和原则

《非物质文化遗产法》第 3 条规定，国家对非物质文化遗产采取认定、记录、建档等措施予以保存，对体现中华民族优秀传统文化，具有历史、文学、艺术、科学价值的非物质文化遗产采取传承、传播等措施予以保护。

《非物质文化遗产法》第 4 条规定，保护非物质文化遗产，应当注重其真实性、整体性和传承性，有利于增强中华民族的文化认同，有利于维护国家统一和民族团结，有利于促进社会和谐和可持续发展。

二、非物质文化遗产代表性项目的传承与传播制度

《非物质文化遗产法》第 18 条规定，国务院建立国家级非物质文化遗产代表性项目名录，将体现中华民族优秀传统文化，具有重大历史、文学、艺术、科学价值的非物质文化遗产项目列入名录予以保护。根据《非物质文化遗产法》第 28 条规定，国家鼓励和支持开展非物质文化遗产代表性项目的传承、传播。

1. 传承

（1）认定条件。根据《非物质文化遗产法》第 29 条规定，国务院文化

主管部门和省、自治区、直辖市人民政府文化主管部门对本级人民政府批准公布的非物质文化遗产代表性项目，可以认定代表性传承人。非物质文化遗产代表性项目的代表性传承人应当符合下列条件：①熟练掌握其传承的非物质文化遗产；②在特定领域内具有代表性，并在一定区域内具有较大影响；③积极开展传承活动。认定非物质文化遗产代表性项目的代表性传承人，应当参照执行本法有关非物质文化遗产代表性项目评审的规定，并将所认定的代表性传承人名单予以公布。

（2）支持措施。根据《非物质文化遗产法》第 30 条规定，县级以上人民政府文化主管部门根据需要，采取下列措施，支持非物质文化遗产代表性项目的代表性传承人开展传承、传播活动：①提供必要的传承场所；②提供必要的经费资助其开展授徒、传艺、交流等活动；③支持其参与社会公益性活动；④支持其开展传承、传播活动的其他措施。

（3）传承义务。根据《非物质文化遗产法》第 31 条规定，非物质文化遗产代表性项目的代表性传承人应当履行下列义务：①开展传承活动，培养后继人才；②妥善保存相关的实物、资料；③配合文化主管部门和其他有关部门进行非物质文化遗产调查；④参与非物质文化遗产公益性宣传。非物质文化遗产代表性项目的代表性传承人无正当理由不履行前款规定义务的，文化主管部门可以取消其代表性传承人资格，重新认定该项目的代表性传承人；丧失传承能力的，文化主管部门可以重新认定该项目的代表性传承人。

2. 传播

（1）宣传展示。《非物质文化遗产法》第 32 条规定，县级以上人民政府应当结合实际情况，采取有效措施，组织文化主管部门和其他有关部门宣传、展示非物质文化遗产代表性项目。

（2）研究出版。《非物质文化遗产法》第 33 条规定，国家鼓励开展与非物质文化遗产有关的科学技术研究和非物质文化遗产保护、保存方法研究，鼓励开展非物质文化遗产的记录和非物质文化遗产代表性项目的整理、出版等活动。

（3）宣传教育。《非物质文化遗产法》第 34 条规定，学校应当按照国务院教育主管部门的规定，开展相关的非物质文化遗产教育。新闻媒体应当开展非物质文化遗产代表性项目的宣传，普及非物质文化遗产知识。

《非物质文化遗产法》第 35 条规定，图书馆、文化馆、博物馆、科技馆等公共文化机构和非物质文化遗产学术研究机构、保护机构以及利用财政性资金举办的文艺表演团体、演出场所经营单位等，应当根据各自业务范围，开展非物质文化遗产的整理、研究、学术交流和非物质文化遗产代表性项目的宣传、展示。

（4）民间传承。《非物质文化遗产法》第 36 条规定，国家鼓励和支持公民、法人和其他组织依法设立非物质文化遗产展示场所和传承场所，展示和传承非物质文化遗产代表性项目。

（5）合理利用。《非物质文化遗产法》第 37 条规定，国家鼓励和支持发挥非物质文化遗产资源的特殊优势，在有效保护的基础上，合理利用非物质文化遗产代表性项目开发具有地方、民族特色和市场潜力的文化产品和文化服务。

开发利用非物质文化遗产代表性项目的，应当支持代表性传承人开展传承活动，保护属于该项目组成部分的实物和场所。

县级以上地方人民政府应当对合理利用非物质文化遗产代表性项目的单位予以扶持。单位合理利用非物质文化遗产代表性项目的，依法享受国家规定的税收优惠。

第六节　保护世界遗产、非物质文化遗产公约

一、保护世界文化和自然遗产公约

1. 文化和自然遗产的定义

《公约》第 1 条规定，世界文化遗产，包括古迹、建筑群和遗址三种类型。其中古迹是指从历史、艺术和科学观点来看具有突出的普遍价值的建筑物、碑雕和碑画，具有考古性质成分或结构、铭文、窟洞以及联合体；建筑群是指从历史、艺术和科学角度看在建筑式样、分布均匀或环境风景结合方面具有突出的普遍价值的单立或连接的建筑群；遗址是指从历史、审美、人种学或人类学角度看具有突出的普遍价值的人类工程或自然与人联合工程及考古地址的区域。

《公约》第 2 条规定，世界自然遗产，包括从审美或科学角度看具有突出的普遍价值的由物质和生物结构或这类结构群组成的自然景观；从科学或保护角度看具有突出的普遍价值的地质和自然地理结构以及明确划为受威胁的动物和植物区；从科学、保护或自然美角度看具有突出的普遍价值的天然名胜或明确划分的自然区域。

2. 文化和自然遗产的国家保护和国际保护

（1）国家保护

《公约》第 4 条规定，各缔约国应承认，保证本国领土内的文化遗产和自然遗产的确定、保护、保存、展出和遗传后代，主要是有关国家的责任。该国将为此目的竭尽全力，最大限度地利用本国资源，必要时利用所能获得的国际援助和合作，特别是财政、艺术、科学及技术方面的援助和合作。

《公约》第 5 条规定，为确保公约各缔约国为保护、保存和展出本国领土内的文化遗产和自然遗产采取积极有效的措施，各缔约国应视本国具体情况尽力做到以下几点：①通过一项旨在使文化和自然遗产在社会生活中起一定作用并把遗产保护纳入全面规划纲要的总政策。②如本国内尚未建立负责文化和自然遗产的保护、保存和展出的机构，则建立一个或几个此类机构，配备适当的工作人员和为履行其职能所需的手段。③发展科学和技术研究，并制定出能够抵抗威胁本国自然遗产的危险的实际方法。④采取为确定、保护、保存、展出和恢复这类遗产所需的适当的法律、科学、技术、行政和财政措施。⑤促进建立或发展有关保护、保存和展出文化和自然遗产的国家或地区培训中心，并鼓励这方面的科学研究。

（2）国际保护

《公约》第 7 条指出，世界文化遗产和自然遗产的国际保护应被理解为建立一个旨在支持各缔约国保存和确定这类遗产的努力的国际合作和援助系统。

《公约》第 6 条规定，各缔约国应在充分尊重文化遗产和自然遗产所在国的主权，并不使国家立法规定的财产权受到损害的同时，承认这类遗产是世界遗产的一部分，因此，整个国际社会有责任进行合作，予以保护。

各缔约国有义务应有关国家的要求帮助该国确定、保护、保存和展出《世界遗产名录》和《处于危险的世界遗产名录》中提及的文化遗产和自然遗产。

各缔约国不得故意采取任何可能直接或间接损害位于本公约其他缔约国领土内的文化遗产和自然遗产的措施。

二、保护非物质文化遗产公约

1. 非物质文化遗产的定义

根据《保护非物质文化遗产公约》第 2 条第 1 款规定，非物质文化遗产是指被各社区、群体，有时是个人，视为其文化遗产组成部分的各种社会实践、观念表述、表现形式、知识、技能以及相关的工具、实物、手工艺品和文化场所。这种非物质文化遗产世代相传，在各社区和群体适应周围环境以及与自然和历史的互动中，被不断地再创造，为这些社区和群体提供认同感和持续感，从而增强对文化多样性和人类创造力的尊重。按照上述定义，非物质文化遗产主要包括以下方面：①口头传统和表现形式，包括作为非物质文化遗产媒介的语言；②表演艺术；③社会实践、仪式、节庆活动；④有关自然界和宇宙的知识和实践；⑤传统的手工艺技能。

2. 缔约国的作用

《保护非物质文化遗产公约》第 11 条规定，各缔约国应该采取必要措施确保其领土上的非物质文化遗产受到保护，并由各社区、群体和有关非政府组织参与，确认和确定其领土上的各种非物质文化遗产。

《保护非物质文化遗产公约》第 12 条规定，为了使其领土上的非物质文化遗产得到确认以便加以保护，各缔约国应根据自己的国情拟订一份或数份关于这类遗产的清单，并应定期加以更新；各缔约国在定期向委员会提交报告时，应提供有关这些清单的情况。

3. 其他保护措施

（1）缔约国的义务。《保护非物质文化遗产公约》第 13 条规定，为了确保其领土上的非物质文化遗产得到保护、弘扬和展示，各缔约国应努力做到：①制定一项总的政策，使非物质文化遗产在社会中发挥应有的作用，并将这种遗产的保护纳入规划工作。②指定或建立一个或数个主管保护其领土上的非物质文化遗产的机构。③鼓励开展有效保护非物质文化遗产，特别是濒危非物质文化遗产的科学、技术和艺术研究以及方法研究。④采取适当的法律、技术、行政和财政措施，以便促进建立或加强培训管理非物质文化遗产的机构以及通过为这种遗产提供活动和表现的场所和空间，促进这种遗产的传承；确保对非物质文化遗产的享用，同时对享用这种遗产的特殊方面的习俗做法予以尊重；建立非物质文化遗产文献机构并创造条件促进对它的利用。

（2）教育、宣传和能力培养。《保护非物质文化遗产公约》第14条规定，各缔约国应竭力采取种种必要的手段，以便：①使非物质文化遗产在社会中得到确认、尊重和弘扬，主要通过：第一，向公众，尤其是向青年进行宣传和传播信息的教育计划；第二，有关社区和群体的具体的教育和培训计划；第三，保护非物质文化遗产，尤其是管理和科研方面的能力培养活动；第四，非正规的知识传播手段。②不断向公众宣传对这种遗产造成的威胁以及根据本公约所开展的活动。③促进保护表现非物质文化遗产所需的自然场所和纪念地点的教育。

（3）社区、群体和个人的参与。根据《保护非物质文化遗产公约》第15条规定，缔约国在开展保护非物质文化遗产活动时，应努力确保创造、延续和传承这种遗产的社区、群体，有时是个人的最大限度的参与，并吸收他们积极地参与有关的管理。

第十六章 》 旅游纠纷处理法律制度

章节练习
增值服务

学习目的

了解：《中华人民共和国治安管理处罚法》（以下简称《治安管理处罚法》）关于处罚种类和适用的规定；《中华人民共和国消费者权益保护法》（以下简称《消费者权益法》）、《中华人民共和国消费者权益保护法实施条例》（以下简称《消费者权益保护法实施条例》）关于总则的规定；旅游纠纷及其特点，《旅游投诉处理办法》（以下简称《投诉处理办法》）关于旅游投诉及其管辖的规定。**熟悉**：《消费者权益法》《消费者权益保护法实施条例》关于消费者的权利、消费者权益的国家保护、消费者组织的公益性职责和禁止行为及其相关法律责任的规定，关于争议解决的规定；《治安管理处罚法》关于违反治安管理的行为和处罚的规定；《旅游不文明行为记录管理暂行办法》（以下简称《不文明行为记录办法》）关于旅游者、旅游从业人员被纳入"旅游不文明行为记录"的主要行为；"旅游不文明行为记录"的信息内容以及评审、申辩和动态管理制度的规定；《最高人民法院关于审理旅游纠纷案件适用法律若干问题的规定》（以下简称《审理纠纷案件的规定》）的主要内容。**掌握**：《消费者权益法》《消费者权益保护法实施条例》关于经营者的义务及其相关法律责任的规定；《投诉处理办法》关于旅游投诉的受理和处理制度的规定。

第一节　旅游纠纷及其处理

一、旅游纠纷及其特点

旅游纠纷，泛指在旅游活动中，旅游关系的当事人之间所发生的矛盾和冲突。

与一般纠纷相比，旅游纠纷因旅游及旅游消费的特性具有以下特点：①法律关系复杂，涉及民事、行政和刑事法律关系。②内容广泛多样，涉及住宿、餐饮、购物、安全、卫生、交通、保险等诸多方面。③消费属性特别，属于精神和文化消费的范畴，且与有形产品的消费实际标的额较小。④双方地位不平等，旅游活动“先付费、后服务”的行业特点，以及旅游合同违约难以通过修理、退换、重做等方式予以有效救济，造成旅游纠纷风险防范成本高、旅游者维权难度大，旅游者的弱者地位较为明显。

二、旅游纠纷的解决途径

《旅游法》第92条规定，旅游者与旅游经营者发生纠纷，可以通过下列途径解决：①双方协商；②向消费者协会、旅游投诉受理机构或者有关调解组织申请调解；③根据与旅游经营者达成的仲裁协议提请仲裁机构仲裁；④向人民法院提起诉讼。

三、审理旅游纠纷案件适用法律的规定

1. 适用范围

《审理纠纷案件的规定》第1条规定了旅游纠纷案件的受理范围：本规定所称的旅游纠纷，是指旅游者与旅游经营者、旅游辅助服务者之间因旅游发生的合同纠纷或者侵权纠纷。其中，“旅游经营者”是指以自己的名义经营旅游业务，向公众提供旅游服务的人，包括合法设立的旅行社和非法经营旅行社业务的机构；“旅游辅助服务者”是指与旅游经营者存在合同关系，

协助旅游经营者履行旅游合同义务，实际提供交通、游览、住宿、餐饮、娱乐等旅游服务的人，但不包括导游、领队以及公共交通提供者；旅游者在自行旅游过程中与旅游景点经营者因旅游发生的纠纷，参照适用本规定。

2. 诉讼与诉讼地位

（1）个人诉权。《审理纠纷案件的规定》第 2 条明确了集体旅游合同中旅游者的个人诉权，即以单位、家庭等集体形式与旅游经营者订立旅游合同，在履行过程中发生纠纷，除集体以合同一方当事人名义起诉外，旅游者个人提起旅游合同纠纷诉讼的，人民法院应予受理。上述规定表明：①单位、家庭等集体旅游合同中的任何一位游客，均可以自己的名义起诉。②以家庭等集体形式签订的旅游合同，虽然合同仅有一名代表人签字，但该集体名单中的任何一人均视为旅游合同的当事人，合同对其均具有普遍法律约束力。③人民法院在受诉时，如旅游集体提起以旅游经营者为被告的民事诉讼，人民法院做出的实体判决足以保护旅游集体每个组成人员的合法权益，该集体中的个体旅游者再提起诉讼的，人民法院应判决驳回诉讼请求。

（2）请求权竞合。《审理纠纷案件的规定》第 3 条规定，因旅游经营者方面的同一原因造成旅游者人身损害、财产损失，旅游者选择请求旅游经营者承担违约责任或者侵权责任的，人民法院应当根据当事人选择的案由进行审理。

（3）第三人的诉讼地位。《审理纠纷案件的规定》第 4 条规定，因旅游辅助服务者的原因导致旅游经营者违约，旅游者仅起诉旅游经营者的，人民法院可以将旅游辅助服务者追加为第三人。

（4）保险公司的诉讼地位。《审理纠纷案件的规定》第 5 条规定了保险公司的诉讼地位，即旅游经营者已投保责任险，旅游者因保险责任事故仅起诉旅游经营者的，人民法院可以应当事人的请求将保险公司列为第三人。上述规定表明：①保险公司可以第三人的身份参加诉讼，将保险公司列为第三人可以简化责任险的理赔程序和时间。②所指“当事人”，包括旅游者和旅游经营者，均可提出这种请求。

3. 主要内容

（1）格式条款的效力。《审理纠纷案件的规定》第 6 条规定，旅游经营者以格式条款、通知、声明、店堂告示等方式作出排除或者限制旅游者权利、减轻或者免除旅游经营者责任、加重旅游者责任等对旅游者不公平、不合理的规定，旅游者依据《消费者权益保护法》第 26 条的规定请求认定该内容无效的，人民法院应予支持。

（2）旅游经营者、旅游辅助服务者的安全保障义务。《审理纠纷案件的规定》第 7 条规定，旅游经营者、旅游辅助服务者未尽到安全保障义务，造成旅游者人身损害、财产损失，旅游者请求旅游经营者、旅游辅助服务者承担责任的，人民法院应予支持。因第三人的行为造成旅游者人身损害、财产损失，由第三人承担责任；旅游经营者、旅游辅助服务者未尽安全保障义务，旅游者请求其承担相应补充责任的，人民法院应予支持。

（3）旅游经营者、旅游辅助服务者的告知义务。《审理纠纷案件的规定》第 8 条规定，旅游经营者、旅游辅助服务者对可能危及旅游者人身、财产安全的旅游项目未履行告知、警示义务，造成旅游者人身损害、财产损失，旅游者请求旅游经营者、旅游辅助服务者承担责任的，人民法院应予支持。

旅游者未按旅游经营者、旅游辅助服务者的要求提供与旅游活动相关的个人健康信息并履行如实告知义务，或者不听从旅游经营者、旅游辅助服务者的告知、警示，参加不适合自身条件的旅游活动，导致旅游过程中出现人身损害、财产损失，旅游者请求旅游经营者、旅游辅助服务者承担责任的，人民法院不予支持。

（4）旅游经营者、旅游辅助服务者的保密义务。《审理纠纷案件的规定》第 9 条规定，旅游经营者、旅游辅助服务者以非法收集、存储、使用、加工、传输、买卖、提供、公开等方式处理旅游者个人信息，旅游者请求其承担相应责任的，人民法院应予支持。

（5）旅游经营者的合同转让。《审理纠纷案件的规定》第 10 条规定，旅游经营者将旅游业务转让给其他旅游经营者，旅游者不同意转让，请求解除旅游合同、追究旅游经营者违约责任的，人民法院应予支持。旅游经营者擅自将其旅游业务转让给其他旅游经营者，旅游者在旅游过程中遭受损害，请求与其签订旅游合同的旅游经营者和实际提供旅游服务的旅游经营者承担连带责任的，人民法院应予支持。

（6）旅游者的合同转让。《审理纠纷案件的规定》第 11 条规定，除合同性质不宜转让或者合同另有约定之外，在旅游行程开始前的合理期间内，旅游者将其在旅游合同中的权利义务转让给第三人，请求确认转让合同效力的，人民法院应予支持。因前款所述原因，旅游者请求旅游经营者退还减少的费用的，人民法院应予支持。

（7）合同解除。《审理纠纷案件的规定》第 12 条规定，旅游行程开始前或者进行中，因旅游者单方解除合同，旅游者请求旅游经营者退还尚未实际发生的费用，人民法院应予支持。

（8）合同委托。《审理纠纷案件的规定》第 13 条规定，签订旅游合同的旅游经营者将其部分旅游业务委托旅游目的地的旅游经营者，因受托方未尽旅游合同义务，旅游者在旅游过程中受到损害，要求做出委托的旅游经营者承担赔偿责任的，人民法院应予支持。旅游经营者委托除前款规定以外的人从事旅游业务，发生旅游纠纷，旅游者起诉旅游经营者的，人民法院应予受理。

（9）挂靠经营。《审理纠纷案件的规定》第 14 条规定，旅游经营者准许他人挂靠其名下从事旅游业务，造成旅游者人身损害、财产损失，旅游者依据《民法典》第 1168 条的规定请求旅游经营者与挂靠人承担连带责任的，人民法院应予支持。

（10）合同变更。《审理纠纷案件的规定》第 15 条第 1 款规定，旅游经营者违反合同约定，有擅自改变旅游行程、遗漏旅游景点、减少旅游服务项目、降低旅游服务标准等行为，旅游者请求旅游经营者赔偿未完成约定旅游服务项目等合理费用的，人民法院应予支持。

（11）惩罚性赔偿。《审理纠纷案件的规定》第 15 条第 2 款规定，旅游经营者提供服务时有欺诈行为，旅游者依据《消费者权益保护法》第 55 条第 1 款规定请求旅游经营者承担惩罚性赔偿责任的，人民法院应予支持。

（12）公共交通工具延误的费用退还。《审理纠纷案件的规定》第 16 条规定，因飞机、火车、班轮、城际客运班车等公共客运交通工具延误，导致合同不能按照约定履行，旅游者请求旅游经营者退还未实际发生的费用的，人民法院应予支持。合同另有约定的除外。

（13）自行安排活动期间的责任承担。《审理纠纷案件的规定》第 17 条规定，旅游者在自行安排活动期间遭受人身损害、财产损失，旅游经营者未尽到必要的提示义务、救助义务，旅游者请求旅游经营者承担相应责任的，人民法院应予支持。同时，前款规定的自行安排活动期间，包括旅游经营者安排的在旅游行程中独立的自由活动期间、旅游者不参加旅游行程的活动期间以及旅游者经导游或者领队同意暂时离队的个人活动期间等。

（14）擅自脱团的责任承担。《审理纠纷案件的规定》第 18 条规定，旅游者在旅游行程中未经导游或者领队许可，故意脱离团队，遭受人身损害、财产损失，请求旅游经营者赔偿损失的，人民法院不予支持。

（15）旅游经营者、旅游辅助服务者的保管责任。《审理纠纷案件的规定》第 19 条规定，旅游经营者或者旅游辅助服务者为旅游者代管的行李物品损毁、灭失，旅游者请求赔偿损失的，人民法院应予支持。同时列举了四种除外情形：①损失是由于旅游者未听从旅游经营者或者旅游辅助服务者的事先声明或者提示，未将现金、有价证券、贵重物品由其随身携带而造成的；②损失是由于不可抗力造成的；③损失是由于旅游者的过错造成的；④损失是由于物品的自然属性造成的。

（16）拒绝购物、增收费用的退还。《审理纠纷案件的规定》第 20 条规定，旅游者要求旅游经营者返还下列费用的，人民法院应予支持：①因拒绝旅游经营者安排的购物活动或者另行付费的项目被增收的费用；②在同一旅游行程中，旅游经营者提供相同服务，因旅游者的年龄、职业等差异而增收的费用。

（17）证照纠纷的责任承担。《审理纠纷案件的规定》第 21 条规定，旅游经营者因过错致其代办的手续、证件存在瑕疵，或者未尽妥善保管义务而遗失、毁损，旅游者请求旅游经营者补办或者协助补办相关手续、证件并承担相应费用的，人民法院应予支持。因上述行为影响旅游行程，旅游者请求旅游经营者退还尚未发生的费用、赔偿损失的，人民法院应予支持。

（18）“自由行”过程中的责任承担。《审理纠纷案件的规定》第 22 条规定，旅游经营者事先设计，并以确定的总价提供交通、住宿、游览等一项或者多项服务，不提供导游和领队服务，由旅游者自行安排游览行程的旅游过程中，旅游经营者提供的服务不符合合同约定，侵害旅游者合法权益，旅游者请求旅游经营者承担相应责任的，人民法院应予支持。

第二节　旅游投诉受理和处理制度

一、旅游投诉的含义与类别

1. 含义

根据《投诉处理办法》第 2 条规定，旅游投诉是指旅游者认为旅游经营者损害其合法权益，请求旅游行政管理部门、旅游质量监督管理机构或者旅游执法机构（以下统称“旅游投诉处理机构”），对双方发生的民事争议进行处理的行为。

2. 类别

（1）单独投诉和共同投诉。以投诉人的数量为依据，旅游投诉可以分为单独投诉和共同投诉两类。旅游投诉通常是单个的个体行为；《投诉处理办法》第 14 条规定，投诉人 4 人以上，以同一事由投诉同一被投诉人的，为共同投诉。共同投诉可以由投诉人推选 1 ~ 3 名代表进行投诉。代表人参加旅游投诉处理机构处理投诉过程的行为，对全体投诉人发生效力，但代表人变更、放弃投诉请求或者进行和解，应当经全体投诉人同意。

（2）亲自投诉和委托投诉。以是否以自己的行为行使投诉权为依据，旅游投诉可以分为亲自投诉和委托投诉两种。《投诉处理办法》第 13 条规定，投诉人委托代理人进行投诉活动的，应当向旅游投诉处理机构提交授权委托书，并载明委托权限。

3. 旅游投诉构成要件

（1）实质要件。《投诉处理办法》第 10 条规定，旅游投诉应当符合下列条件：①投诉人与投诉事项有直接利害关系。②有明确的被投诉人。③有具体的投诉请求、事实和理由。

（2）形式要件。①形式。《投诉处理办法》第 11 条规定，旅游投诉一般应当采用书面形式，一式两份，并载明规定的内容。第 12 条规定，投诉事项比较简单的，投诉人可以口头投诉，由旅游投诉处理机构进行记录或者登记，并告知被投诉人；对于不符合受理条件的投诉，旅游投诉处理机构可以口头告知投诉人不予受理及其理由，并进行记录或者登记。②投诉状的内容。第 11 条规定，投诉状应当记明以下事项：一是投诉人的基本情况。包括旅游投诉者的姓名、性别、国籍、通信地址、联系电话及投诉日期。二是被投诉人的名称、所在地。三是投诉的要求、理由及相关的事实根据。

二、旅游投诉的受理及管辖

1. 受理机构及其职责

（1）受理机构。《旅游法》第 91 条规定，县级以上人民政府应当指定或者设立统一的旅游投诉受理机构。受理机构接到投诉，应当及时处理或者移交有关部门处理，并告知投诉者。《投诉处理办法》第 2 条规定了旅游投诉受理机构。

（2）职责。《投诉处理办法》第 3 条规定，旅游投诉处理机构应当在其职责范围内处理旅游投诉。地方各级旅游行政主管部门应当在本级人民政府的领导下，建立、健全相关行政管理部门共同处理旅游投诉的工作机制。

《投诉处理办法》第 4 条规定，在处理旅游投诉中，旅游投诉处理机构发现被投诉人或者其从业人员有违法或者犯罪行为的，应当按照法律、法规和规章的规定，做出行政处罚、向有关行政管理部门提出行政处罚建议或者移送司法机关。第 27 ~ 29 条规定，旅游投诉处理机构应当每季度公布旅游者的投诉信息，使用统一规范的旅游投诉处理信息系统，为受理的投诉制作档案并妥善保管相关资料。

根据《国务院办公厅关于进一步优化地方政务服务便民热线的指导意见》（国办发〔2020〕53 号）要求，由各地“12345 政务服务便民热线”统一接听旅游投诉等电话。

2. 旅游投诉的受理与不受理

（1）受理。《投诉处理办法》第 8 条规定了旅游投诉案件的受理范围和除外情形。投诉人可以就下列事项向旅游投诉处理机构投诉：①认为旅游经营者违反合同约定的。②因旅游经营者的责任致使投诉人人身、财产受到损害的。③因不可抗力、意外事故致使旅游合同不能履行或者不能完全履行，投诉人与被投诉人发生争议的。④其他损害旅游者合法权益的。

（2）不予受理。《投诉处理办法》第9条规定，下列情形不予受理：①人民法院、仲裁机构、其他行政管理部门或者社会调解机构已经受理或者处理的；②旅游投诉处理机构已经作出处理，且没有新情况、新理由的；③不属于旅游投诉处理机构职责范围或者管辖范围的；④超过旅游合同结束之日90天的；⑤不符合本办法第十条规定的旅游投诉条件的；⑥本办法规定情形之外的其他经济纠纷。属于前款第③项规定的情形的，旅游投诉处理机构应当及时告知投诉人向有管辖权的旅游投诉处理机构或者有关行政管理部门投诉。

3. 旅游投诉案件的管辖

（1）管辖及其原则。旅游投诉案件的管辖，指各级旅游投诉处理机构和同级旅游投诉处理机构之间，在受理旅游投诉案件时的分工和权限。《投诉处理办法》确立了以一般地域管辖为主、特殊地域管辖为辅的原则，充分体现和发挥旅游投诉工作及时、快速化解纠纷，避免矛盾扩大的特点和优势。

（2）地域管辖。地域管辖，是指同级旅游投诉处理机构之间横向划分在各辖区内处理旅游投诉案件的分工和权限，即确定旅游投诉处理机构实施其行政权力的地域范围。《投诉处理办法》第5条规定，旅游投诉由旅游合同签订地或者被投诉人所在地县级以上地方旅游投诉处理机构管辖。

（3）级别管辖与指定管辖。①级别管辖，《投诉处理办法》第6条规定，上级旅游投诉处理机构有权处理下级旅游投诉处理机构管辖的投诉处理案件。②指定管辖，《投诉处理办法》第7条规定，发生管辖争议的，旅游投诉处理机构可以协商确定，或者报请共同的上级旅游投诉处理机构指定管辖。

三、旅游投诉的处理程序

1. 旅游投诉处理的简易程序

《投诉处理办法》第17条第2款规定了处理旅游投诉案件的简易程序：旅游投诉处理机构对于事实清楚、应当即时制止或者纠正被投诉人损害行为的，可以不填写旅游投诉立案表和向被投诉人送达旅游投诉受理通知书，但应当对处理情况进行记录存档。

2. 旅游投诉处理的一般程序（图 16-1）

（1）受案。《投诉处理办法》第 15 条规定，旅游投诉处理机构，应当在 5 个工作日内做出以下处理：①投诉符合受理条件的，予以受理；②投诉不符合本办法的，应当向投诉人送达旅游投诉不予受理通知书，告知不予受理的理由；③依照有关法律、法规或者办法规定，接到投诉的旅游投诉处理机构无管辖权的，应当以旅游投诉转办通知书或者旅游投诉转办函，将投诉材料转交有管辖权的旅游投诉处理机构或者其他有关行政部门，并书面告知投诉人。

（2）立案。《投诉处理办法》第 17 条第 1 款规定，旅游投诉处理机构处理旅游投诉，应当立案办理，填写旅游投诉立案表，并附有关投诉材料，在受理投诉之日起 5 个工作日内，将旅游投诉受理通知书和投诉书副本送达被投诉人。

（3）答复。《投诉处理办法》第 18 条规定，被投诉人应当在接到通知之日起 10 日内做出书面答复，提出答辩的事实、理由和证据。书面答复，是指被投诉人为维护其合法权益，针对投诉者提出的事实、理由、根据和请求事项，用对己有利的事实、理由、根据和请求事项回答、辩解、反驳时制作的一种书状。

（4）调查取证。《投诉处理办法》第 20 条规定，旅游投诉处理机构应当对双方当事人提出的事实、理由及证据进行审查。旅游投诉处理机构认为有必要收集新的证据，可以根据有关法律、法规的规定，自行收集或者召集有关当事人进行调查。第 19 条规定，投诉人和被投诉人应当对自己的投诉和答辩提供证据。第 21 条规定，需要委托其他投诉处理机构协助调查、取证的，应当出具旅游投诉调查取证委托书，受委托的旅游投诉处理机构应当予以协助。旅游投诉调查取证委托书应当由国务院旅游主管部门统一制作。

（5）鉴定检测。《投诉处理办法》第 22 条规定，对专门性事项需要鉴定或者检测的，可以由当事人双方约定的鉴定或者检测部门鉴定。没有约定的，当事人一方可以自行向法定鉴定或者检测机构申请鉴定或者检测。鉴定、检测费用按双方约定承担。没有约定的，由鉴定、检测申请方先行承担；达成调解协议后，按调解协议承担。鉴定、检测的时间不计入投诉处理时间。

（6）和解。《投诉处理办法》第 23 条规定，在投诉处理过程中，投诉人与被投诉人自行和解的，应当将和解的结果告知旅游投诉处理机构；旅游投诉处理机构在核实后应当予以记录并由双方当事人、投诉处理人员签名或者盖章。

（7）调解。《投诉处理办法》第 16 条规定，旅游投诉处理机构处理旅游投诉，除本办法另有规定外，实行调解制度。旅游投诉处理机构应当在查明事实的基础上，遵循自愿、合法的原则进行调解，促使投诉人与被投诉人相互谅解，达成协议。第 24 条规定，旅游投诉处理机构受理投诉后，应当积极安排当事双方进行调解，提出调解方案，促成双方达成调解协议。第 25 条规定，旅游投诉处理机构应当在受理旅游投诉之日起 60 日内，做出以下处理：①双方达成调解协议的，应当制作旅游投诉调解书，载明投诉请求、查明事实、处理过程和调解结果，由当事人双方签字并加盖旅游投诉处理机构印章；②调解不成的，终止调解，旅游投诉处理机构应当向双方当事人出具《旅游投诉终止调解书》。调解不成的，或者调解书生效后没有执行的，投诉人可以按照国家法律、法规的规定，向仲裁机构申请仲裁或者向人民法院提起诉讼。

（8）质量保证金划拨。《投诉处理办法》第 26 条规定，在下列情形下，经旅游投诉处理机构调解，投诉人与旅行社不能达成调解协议的，旅游投诉处理机构应当做出划拨旅行社质量保证金赔偿的决定，或向旅游行政管理部门提出划拨旅行社质量保证金的建议：①旅行社因解散、破产或者其他原因造成旅游者预交旅游费用损失的；②因旅行社中止履行旅游合同义务、造成旅游者滞留，而实际发生了交通、食宿或返程等必要及合理费用的。

投诉	形式：①口头；②书面 条件：①投诉人与被投诉事项有直接利害关系；②有明确的被投诉人；③有具体的投诉请求、事实和理由
受理	时效：5 个工作日内 受理：符合条件的 不予受理：不符合条件的，向投诉人送达不予受理通知书，告知理由 转办：无管辖权的，书面转交有管辖权的机构或者部门，并书面告知投诉人
立案	形式：填写旅游投诉立案表 告知：受理投诉之日起 5 个工作日内，将受理通知书和投诉书副本送达被投诉人
答复	时效：10 日内 书面答辩：提出答辩的事实、理由和证据
调查取证	审查：双方当事人提出的事实、理由及证据 自行调查：必要时自行收集或者召集有关当事人进行调查 委托调查：出具旅游投诉调查取证委托书委托其他部门或者机构调查
检测鉴定	机构确定：双方约定的部门。没有约定的，一方可以自行向法定机构申请 费用承担：双方约定。没有约定的，申请方先承担；调解后，按调解协议承担 时效：不计入投诉处理时间
和解	告知：投诉人与被投诉人自行和解的，应当将和解的结果告知旅游投诉处理机构 记录：投诉处理机构在核实后记录，并由当事人、投诉处理人员签名或者盖章
调解	原则：自愿、合法 时效：60 日 结果：①达成调解协议的，制作调解书，载明投诉请求、查明事实、处理过程和调解结果，当事人双方签字并加盖旅游投诉处理机构印章；②调解不成的，终止调解，出具《旅游投诉终止调解书》 后果：调解不成或者不执行调解书的，投诉人可以依法申请仲裁或者提起诉讼

图 16-1 旅游投诉处理流程

第三节 消费者权益保护法律制度

一、消费者的含义及其保护原则

1. 含义、消费理念和方式

（1）含义。《消费者权益保护法》第 2 条规定，消费者为生活消费需要而购买、使用商品或者接受服务，其权益受本法保护；本法未做规定的，受其他有关法律、法规保护。第 62 条规定，农民购买、使用直接用于农业生产的生产资料，参照本法执行。

这表明：①生活消费是一个广义、开放的概念，既包括生存性消费，也包括发展性消费，还包括精神或者休闲消费。②消费者既包括商品的购买者，也包括商品的使用者，还包括服务的接受者，不限于与经营者达成合意的相对方，购买商品一方的家庭成员、受赠人等使用商品的主体都是消费者。③从性质上说，农民购买、使用农资产品是生产消费，但为了体现对农民权益的特别保护，对于农民的上述消费行为参照《消费者权益保护法》执行。[①]

（2）消费理念和方式。《消费者权益保护法实施条例》第 6 条规定，国家倡导文明、健康、绿色的消费理念和消费方式，反对奢侈浪费。

2. 保护原则

（1）遵循合法、公平、高效的原则。《消费者权益保护法实施条例》第 2 条规定，消费者权益保护工作坚持中国共产党的领导，坚持以人民为中心，遵循合法、公平、高效的原则。

（2）自愿、平等、公平、诚实信用。《消费者权益保护法》第 4 条规定，经营者与消费者进行交易，应当遵循自愿、平等、公平、诚实信用的原则。经营者与消费者进行交易，双方法律地位平等；要充分尊重消费者的意愿；应当符合等价交换的商业规则；应善意、实事求是、恪守信用，不得欺诈、胁迫、乘人之危。

（3）对消费者特别保护。在商品经济，特别是市场经济条件下，由于消费者在经济上的弱势地位，以及消费者利益的特殊性等原因，国家应对消费者给予特别保护：①在法律中全面规定消费者的权利，在适用法律时向消费者倾斜，加大保护力度，优先保护消费者。《消费者权益保护法实施条例》第 3 条规定，国家加大消费者合法权益保护力度，建立和完善经营者守法、行业自律、消费者参与、政府监管和社会监督相结合的消费者权益保护共同治理体系。②营造安全放心的消费环境，第 4 条规定，国家统筹推进消费环境建设，营造安全放心的消费环境，增强消费对经济发展的基础性作用。

① 孔慧．消费者权益保护法及配套规定适用与解析［M］．北京：法律出版社，2014.

③加强标准建设，提升商品和服务质量，第5条规定，国家加强消费商品和服务的标准体系建设，鼓励经营者制定实施严于国家标准或者行业标准的企业标准，不断提升商品和服务质量。

（4）民事赔偿责任优先。《消费者权益保护法》第58条规定，经营者违反本法规定，应当承担民事赔偿责任和缴纳罚款、罚金，其财产不足以同时支付的，先承担民事赔偿责任。

二、消费者的权利

1. 安全保障权

《消费者权益保护法》《消费者权益保护法实施条例》第7条均规定，消费者在购买、使用商品和接受服务时享有人身、财产安全不受损害的权利。消费者有权要求经营者提供的商品和服务，符合保障人身、财产安全的要求。《消费者权益保护法实施条例》第8条规定，消费者认为经营者提供的商品或者服务可能存在缺陷，有危及人身、财产安全危险的，可以向经营者或者有关行政部门反映情况或者提出建议。

2. 知情权

《消费者权益保护法》第8条规定，消费者享有知悉其购买、使用的商品或者接受的服务的真实情况的权利。消费者有权根据商品或者服务的不同情况，要求经营者提供商品的价格、产地、生产者、用途、性能、规格、等级、主要成分、生产日期、有效期限、检验合格证明、使用方法说明书、售后服务，或者服务的内容、规格、费用等有关情况。

3. 自主选择权

《消费者权益保护法》第9条规定，消费者享有自主选择商品或者服务的权利。消费者有权自主选择提供商品或者服务的经营者，自主选择商品品种或者服务方式，自主决定购买或者不购买任何一种商品、接受或者不接受任何一项服务。消费者在自主选择商品或者服务时，有权进行比较、鉴别和挑选。《消费者权益保护法实施条例》第11条规定，消费者享有自主选择商品或者服务的权利。经营者不得以暴力、胁迫、限制人身自由等方式或者利用技术手段，强制或者变相强制消费者购买商品或者接受服务，或者排除、限制消费者选择其他经营者提供的商品或者服务。经营者通过搭配、组合等方式提供商品或者服务的，应当以显著方式提请消费者注意。

4. 公平交易权

《消费者权益保护法》第 10 条规定，消费者享有公平交易的权利。消费者在购买商品或者接受服务时，有权获得质量保障、价格合理、计量正确等公平交易条件，有权拒绝经营者的强制交易行为。

5. 获得赔偿权

《消费者权益保护法》第 11 条规定，消费者因购买、使用商品或者接受服务受到人身、财产损害的，享有依法获得赔偿的权利。

6. 结社权

《消费者权益保护法》第 12 条规定，消费者享有依法成立维护自身合法权益的社会组织的权利。

7. 获得有关知识权

《消费者权益保护法》第 13 条规定，消费者享有获得有关消费和消费者权益保护方面的知识的权利。消费者应当努力掌握所需商品或者服务的知识和使用技能，正确使用商品，提高自我保护意识。

8. 受尊重权

《消费者权益保护法》第 14 条规定，消费者在购买、使用商品和接受服务时，享有人格尊严、民族风俗习惯得到尊重的权利，享有个人信息依法得到保护的权利。

9. 监督批评权

《消费者权益保护法》第 15 条规定，消费者享有对商品和服务以及保护消费者权益工作进行监督的权利。消费者有权检举、控告侵害消费者权益的行为和国家机关及其工作人员在保护消费者权益工作中的违法失职行为，有权对保护消费者权益工作提出批评、建议。

三、消费者权益保护

1. 国家保护

国家是公权力的代表，维护消费者利益、对消费领域实施适当的干预，以矫正市场经济条件下经营者与消费者之间的不平等是其应尽的职责。《消费者权益保护法》第5条规定，国家保护消费者的合法权益不受侵害。国家采取措施，保障消费者依法行使权利，维护消费者的合法利益。国家倡导文明、健康、节约资源和保护环境的消费方式，反对浪费。国家对消费者权益的保护主要通过以下途径。

（1）立法保护，指国家立法机关通过制定、修改、颁布、废止等立法活动来保护消费者的利益。《消费者权益保护法实施条例》第25条规定，各级人民政府应当加强对消费者权益保护工作的指导，组织、协调、督促有关行政部门落实消费者权益保护工作职责，提升消费者权益保护工作的法治化水平。

（2）行政保护，是通过行政执法和监督活动来实现的。《消费者权益保护法实施条例》完善了行政保护，第26条规定，消费者与经营者发生消费者权益争议的，可以向市场监督管理部门或者其他有关行政部门投诉。自然人、法人或者其他组织可以向市场监督管理部门或者其他有关行政部门举报，反映经营者涉嫌违法的线索。第27条规定，市场监督管理部门或者其他有关行政部门应当畅通和规范消费者投诉、举报渠道，完善投诉、举报处理流程，依法及时受理和处理投诉、举报，加强对投诉、举报信息的分析应用，开展消费预警和风险提示。投诉、举报应当遵守法律、法规和有关规定，不得利用投诉、举报牟取不正当利益，侵害经营者的合法权益，扰乱市场经济秩序。第28条规定，市场监督管理部门和其他有关行政部门应当加强消费者权益保护工作的协同配合和信息共享，依照法律、法规的规定，在各自的职责范围内，对经营者提供的商品和服务实施抽查检验等监管措施，及时查处侵害消费者合法权益的行为。第29条规定，市场监督管理部门和其他有关行政部门应当加强消费领域信用体系建设，依法公示有关行政许可、行政处罚、抽查检验结果、消费投诉等信息，依法对违法失信经营者实施惩戒。第30条规定，有关行政部门应当加强消费知识的宣传普及，倡导文明、健康、绿色消费，提高消费者依法、理性维权的意识和能力；加强对经营者的普法宣传、行政指导和合规指引，提高经营者依法经营的意识。

（3）司法保护，指司法机关通过审判活动维护消费者的合法权益。

（4）其他保护，《消费者权益保护法实施条例》完善了国家保护的内容。第31条规定，国家完善绿色消费的标准、认证和信息披露体系，鼓励经营者对商品和服务作出绿色消费方面的信息披露或者承诺，依法查处虚假信息披露和承诺的行为。

2. 消费者组织保护

《消费者权益保护法》第36条规定，消费者协会和其他消费者组织是依法成立的对商品和服务进行社会监督的保护消费者合法权益的社会组织。

（1）公益性职责。《消费者权益保护法》第37条规定，消费者协会履行下列公益性职责：①向消费者提供消费信息和咨询服务，提高消费者维护自身合法权益的能力，引导文明、健康、节约资源和保护环境的消费方式；②参与制定有关消费者权益的法律、法规、规章和强制性标准；③参与有关行政部门对商品和服务的监督、检查；④就有关消费者合法权益的问题，向有关部门反映、查询，提出建议；⑤受理消费者的投诉，并对投诉事项进行调查、调解；⑥投诉事项涉及商品和服务质量问题的，可以委托具备资格的鉴定人鉴定，鉴定人应当告知鉴定意见；⑦就损害消费者合法权益的行为，支持受损害的消费者提起诉讼或者依照本法提起诉讼；⑧对损害消费者合法权益的行为，通过大众传播媒介予以揭露、批评。

（2）禁止性行为。《消费者权益保护法》第38条规定，消费者组织不得从事商品经营和营利性服务，不得以收取费用或者其他牟取利益的方式向消费者推荐商品和服务。

3. 全社会共同保护消费者合法权益

《消费者权益保护法》第6条规定，保护消费者的合法权益是全社会的共同责任。国家鼓励、支持一切组织和个人对损害消费者合法权益的行为进行社会监督。大众传媒应当做好维护消费者合法权益的宣传，对损害消费者合法权益的行为进行舆论监督。《消费者权益保护法实施条例》完善了全社会共同保护的内容。第33条规定，国家鼓励、支持一切组织和个人对损害消费者合法权益的行为进行社会监督。第32条规定，行业协会商会等组织应当加强行业自律，引导、督促经营者守法诚信经营，制定的行业规则、自律规则、示范合同和相关标准等应当有利于保护消费者合法权益。第33条规定，大众传播媒介应当真实、客观、公正地报道涉及消费者权益的相关事项，加强消费者维权相关知识的宣传普及，对损害消费者合法权益的行为进行舆论监督。

四、经营者的义务及其相关法律责任

1. 经营者的义务

（1）履行法定或约定义务

《消费者权益保护法》第 16 条规定，经营者向消费者提供商品或者服务，应当依照本法和其他有关法律、法规的规定履行义务。经营者和消费者有约定的，应当按照约定履行义务，但双方的约定不得违背法律、法规的规定。经营者向消费者提供商品或者服务，应当恪守社会公德，诚信经营，保障消费者的合法权益；不得设定不公平、不合理的交易条件，不得强制交易。《消费者权益保护法实施条例》第 12 条规定，经营者以商业宣传、产品推荐、实物展示或者通知、声明、店堂告示等方式提供商品或者服务，对商品或者服务的数量、质量、价格、售后服务、责任承担等作出承诺的，应当向购买商品或者接受服务的消费者履行其所承诺的内容。第 20 条规定，经营者提供商品或者服务时收取押金的，应当事先与消费者约定退还押金的方式、程序和时限，不得对退还押金设置不合理条件。第 22 条规定，经营者以收取预付款方式提供商品或者服务的，应当与消费者订立书面合同，约定商品或者服务的具体内容、价款或者费用、预付款退还方式、违约责任等事项。

经营者收取预付款后，应当按照与消费者的约定提供商品或者服务，不得降低商品或者服务质量，不得任意加价。经营者未按照约定提供商品或者服务的，应当按照消费者的要求履行约定或者退还预付款。经营者出现重大经营风险，有可能影响经营者按照合同约定或者交易习惯正常提供商品或者服务的，应当停止收取预付款。经营者决定停业或者迁移服务场所的，应当提前告知消费者，并履行本条例第 21 条规定的义务。消费者依照国家有关规定或者合同约定，有权要求经营者继续履行提供商品或者服务的义务，或者要求退还未消费的预付款余额。消费者要求退还押金，符合押金退还条件的，经营者应当及时退还。

（2）听取意见和接受监督

《消费者权益保护法》第 17 条规定，经营者应当听取消费者对其提供的商品或者服务的意见，接受消费者的监督。

（3）安全保障

《消费者权益保护法》第 18 条规定，经营者应当保证其提供的商品或者服务符合保障人身、财产安全的要求。对可能危及人身、财产安全的商品和服务，应当向消费者作出真实的说明和明确的警示，并说明和标明正确使用商品或者接受服务的方法以及防止危害发生的方法。宾馆、商场、餐馆、银行、机场、车站、港口、影剧院等经营场所的经营者，应当对消费者尽到安全保障义务。《消费者权益保护法实施条例》第 7 条规定，经营者向消费者提供商品或者服务（包括以奖励、赠送、试用等形式向消费者免费提供商品或者服务），应当保证商品或者服务符合保障人身、财产安全的要求。免费提供的商品或者服务存在瑕疵但不违反法律强制性规定且不影响正常使用性能的，经营者应当在提供商品或者服务前如实告知消费者。

经营者应当保证其经营场所及设施符合保障人身、财产安全的要求，采取必要的安全防护措施，并设置相应的警示标识。消费者在经营场所遇到危险或者受到侵害时，经营者应当给予及时、必要的救助。

（4）召回缺陷商品

《消费者权益保护法》第 19 条规定，经营者发现其提供的商品或者服务存在缺陷，有危及人身、财产安全危险的，应当立即向有关行政部门报告和告知消费者，并采取停止销售、警示、召回、无害化处理、销毁、停止生产或者服务等措施。采取召回措施的，经营者应当承担消费者因商品被召回支出的必要费用。《消费者权益保护法实施条例》第 8 条规定，经营者发现其提供的商品或者服务可能存在缺陷，有危及人身、财产安全危险的，应当依照《消费者权益保护法》第 19 条的规定及时采取相关措施。采取召回措施的，生产或者进口商品的经营者应当制订召回计划，发布召回信息，明确告知消费者享有的相关权利，保存完整的召回记录，并承担消费者因商品被召回所支出的必要费用。商品销售、租赁、修理、零部件生产供应、受委托生产等相关经营者应当依法履行召回相关协助和配合义务。

（5）提供真实信息

《消费者权益保护法》第 20 条规定，经营者向消费者提供有关商品或者服务的质量、性能、用途、有效期限等信息，应当真实、全面，不得作虚假或者引人误解的宣传。经营者对消费者就其提供的商品或者服务的质量和使用方法等问题提出的询问，应当作出真实、明确的答复。经营者提供商品或者服务应当明码标价。《消费者权益保护法实施条例》第 9 条规定，经营者应当采用通俗易懂的方式，真实、全面地向消费者提供商品或者服务相关信息，不得通过虚构经营者资质、资格或者所获荣誉，虚构商品或者服务交易信息、经营数据，篡改、编造、隐匿用户评价等方式，进行虚假或者引人误解的宣传，欺骗、误导消费者。经营者不得在消费者不知情的情况下，对同一商品或者服务在同等交易条件下设置不同的价格或者收费标准。第 15 条规定，经营者不得通过虚假或者引人误解的宣传，虚构或者夸大商品或者服务的治疗、保健、养生等功效，诱导老年人等消费者购买明显不符合其实际需求的商品或者服务。第 21 条规定，经营者决定停业或者迁移服务场所的，应当提前 30 日在其经营场所、网站、网店首页等的醒目位置公告经营者的有效联系方式等信息。

（6）标明真实名称和标记

《消费者权益保护法》第 21 条规定，经营者应当标明其真实名称和标记。租赁他人柜台或者场地的经营者，应当标明其真实名称和标记。《消费者权益保护法实施条例》第 10 条规定，经营者应当按照国家有关规定，以显著方式标明商品的品名、价格和计价单位或者服务的项目、内容、价格和计价方法等信息，做到价签价目齐全、内容真实准确、标识清晰醒目。经营者采取自动展期、自动续费等方式提供服务的，应当在消费者接受服务前和自动展期、自动续费等日期前，以显著方式提请消费者注意。第 13 条规定，经营者应当在其经营场所的显著位置标明其真实名称和标记。经营者通过网络、电视、电话、邮购等方式提供商品或者服务的，应当在其首页、视频画面、语音、商品目录等处以显著方式标明或者说明其真实名称和标记。由其他经营者实际提供商品或者服务的，还应当向消费者提供该经营者的名称、经营地址、联系方式等信息。经营者租赁他人柜台或者场地提供商品或者服务，或者通过宣讲、抽奖、集中式体验等方式提供商品或者服务的，应当以显著方式标明其真实名称和标记。柜台、场地的出租者应当建立场内经营管理制度，核验、更新、公示经营者的相关信息，供消费者查询。

（7）出具购货凭证或服务单据

《消费者权益保护法》第 22 条规定，经营者提供商品或者服务，应当按照国家有关规定或者商业惯例向消费者出具发票等购货凭证或者服务单据；消费者索要发票等购货凭证或者服务单据的，经营者必须出具。

（8）保证商品或服务质量

《消费者权益保护法》第 23 条规定，经营者应当保证在正常使用商品或者接受服务的情况下其提供的商品或者服务应当具有的质量、性能、用途和有效期限；但消费者在购买该商品或者接受该服务前已经知道其存在瑕疵，且存在该瑕疵不违反法律强制性规定的除外。经营者以广告、产品说明、实物样品或者其他方式表明商品或者服务的质量状况的，应当保证其提供的商品或者服务的实际质量与表明的质量状况相符。经营者提供的机动车、计算机、电视机、电冰箱、空调器、洗衣机等耐用商品或者装饰装修等服务，消费者自接受商品或者服务之日起 6 个月内发现瑕疵，发生争议的，由经营者承担有关瑕疵的举证责任。

（9）承担售后服务

《消费者权益保护法》第 24 条规定，经营者提供的商品或者服务不符合质量要求的，消费者可以依照国家规定、当事人约定退货，或者要求经营者履行更换、修理等义务。没有国家规定和当事人约定的，消费者可以自收到商品之日起 7 日内退货；7 日后符合法定解除合同条件的，消费者可以及时退货，不符合法定解除合同条件的，可以要求经营者履行更换、修理等义务。依照前款规定进行退货、更换、修理的，经营者应当承担运输等必要费用。

（10）无理由退货

《消费者权益保护法》第 25 条规定，经营者采用网络、电视、电话、邮购等方式销售商品，消费者有权自收到商品之日起 7 日内退货，且无须说明理由，但下列商品除外：①消费者定作的；②鲜活易腐的；③在线下载或者消费者拆封的音像制品、计算机软件等数字化商品；④交付的报纸、期刊。除前款所列商品外，其他根据商品性质并经消费者在购买时确认不宜退货的商品，不适用无理由退货。消费者退货的商品应当完好。经营者应当自收到退回商品之日起 7 日内返还消费者支付的商品价款。退回商品的运费由消费者承担；经营者和消费者另有约定的，按照约定。《消费者权益保护法实施条例》第 18 条规定，经营者与消费者约定承担退货、更换、修理等义务的有效期限不得低于国家有关规定的要求。有效期限自经营者向消费者交付商品或者提供服务完结之日起计算，需要经营者另行安装的商品，有效期限自商品安装完成之日起计算。经营者向消费者履行更换义务后，承担更换、修理等义务的有效期限自更换完成之日起重新计算。经营者修理的时间不计入上述有效期限。经营者依照国家有关规定或者与消费者约定履行退货义务的，应当按照发票等购货凭证或者服务单据上显示的价格一次性退清相关款项。经营者能够证明消费者实际支付的价格与发票等购货凭证或者服务单据上显示的价格不一致的，按照消费者实际支付的价格退清相关款项。第 19 条规定，经营者通过网络、电视、电话、邮购等方式销售商品的，应当遵守《消费者权益保护法》第 25 条规定，不得擅自扩大不适用无理由退货的商品范围。经营者应当以显著方式对不适用无理由退货的商品进行标注，提示消费者在购买时进行确认，不得将不适用无理由退货作为消费者默认同意的选项。未经消费者确认，经营者不得拒绝无理由退货。消费者退货的商品应当完好。消费者基于查验需要打开商品包装，或者为确认商品的品质和功能进行合理调试而不影响商品原有品质、功能和外观的，经营者应当予以退货。消费者无理由退货应当遵循诚实信用原则，不得利用无理由退货规则损害经营者和其他消费者的合法权益。

（11）规范使用格式合同

《消费者权益保护法》第 26 条规定，经营者在经营活动中使用格式条款的，应当以显著方式提请消费者注意商品或者服务的数量和质量、价款或者费用、履行期限和方式、安全注意事项和风险警示、售后服务、民事责任等与消费者有重大利害关系的内容，并按照消费者的要求予以说明。经营者不得以格式条款、通知、声明、店堂告示等方式，作出排除或者限制消费者权利、减轻或者免除经营者责任、加重消费者责任等对消费者不公平、不合理的规定，不得利用格式条款并借助技术手段强制交易。格式条款、通知、声明、店堂告示等含有前款所列内容的，其内容无效。《消费者权益保护法实施条例》第 17 条规定，经营者使用格式条款的，应当遵守《消费者权益保护法》第 26 条的规定。经营者不得利用格式条款不合理地免除或者减轻其责任、加重消费者的责任或者限制消费者依法变更或者解除合同、选择诉讼或者仲裁解决消费争议、选择其他经营者的商品或者服务等权利。

（12）尊重消费者人格权

《消费者权益保护法》第 27 条规定，经营者不得对消费者进行侮辱、诽谤，不得搜查消费者的身体及其携带的物品，不得侵犯消费者的人身自由。

（13）非现场交易的信息披露

《消费者权益保护法》第28条规定，采用网络、电视、电话、邮购等方式提供商品或者服务的经营者，以及提供证券、保险、银行等金融服务的经营者，应当向消费者提供经营地址、联系方式、商品或者服务的数量和质量、价款或者费用、履行期限和方式、安全注意事项和风险警示、售后服务、民事责任等信息。

（14）规范使用个人信息

《消费者权益保护法》第29条规定，经营者收集、使用消费者个人信息，应当遵循合法、正当、必要的原则，明示收集、使用信息的目的、方式和范围，并经消费者同意。经营者收集、使用消费者个人信息，应当公开其收集、使用规则，不得违反法律、法规的规定和双方的约定收集、使用信息。经营者及其工作人员对收集的消费者个人信息必须严格保密，不得泄露、出售或者非法向他人提供。经营者应当采取技术措施和其他必要措施，确保信息安全，防止消费者个人信息泄露、丢失。在发生或者可能发生信息泄露、丢失的情况时，应当立即采取补救措施。经营者未经消费者同意或者请求，或者消费者明确表示拒绝的，不得向其发送商业性信息。《消费者权益保护法实施条例》第23条规定，经营者应当依法保护消费者的个人信息。经营者在提供商品或者服务时，不得过度收集消费者个人信息，不得采用一次概括授权、默认授权等方式，强制或者变相强制消费者同意收集、使用与经营活动无直接关系的个人信息。经营者处理包含消费者的生物识别、宗教信仰、特定身份、医疗健康、金融账户、行踪轨迹等信息以及不满14周岁未成年人的个人信息等敏感个人信息的，应当符合有关法律、行政法规的规定。第24条规定，未经消费者同意，经营者不得向消费者发送商业性信息或者拨打商业性电话。消费者同意接收商业性信息或者商业性电话的，经营者应当提供明确、便捷的取消方式。消费者选择取消的，经营者应当立即停止发送商业性信息或者拨打商业性电话。

（15）依法保护未成年人。《消费者权益保护法实施条例》第16条规定，经营者提供网络游戏服务的，应当符合国家关于网络游戏服务相关时段、时长、功能和内容等方面的规定和标准，针对未成年人设置相应的时间管理、权限管理、消费管理等功能，在注册、登录等环节严格进行用户核验，依法保护未成年人身心健康。

2. 经营者的相关法律责任

（1）提供商品或服务存在不当情形的

《消费者权益保护法》第 48 条第 1 款规定，经营者提供商品或者服务有下列情形之一的，除本法另有规定外，应当依照其他有关法律、法规的规定，承担民事责任：①商品或者服务存在缺陷的；②不具备商品应当具备的使用性能而出售时未做说明的；③不符合在商品或者其包装上注明采用的商品标准的；④不符合商品说明、实物样品等方式表明的质量状况的；⑤生产国家明令淘汰的商品或者销售失效、变质的商品的；⑥销售的商品数量不足的；⑦服务的内容和费用违反约定的；⑧对消费者提出的修理、重做、更换、退货、补足商品数量、退还货款和服务费用或者赔偿损失的要求，故意拖延或者无理拒绝的；⑨法律、法规规定的其他损害消费者权益的情形。

（2）未尽安全保障义务的

《消费者权益保护法》第 48 条第 2 款规定，经营者对消费者未尽到安全保障义务，造成消费者损害的，应当承担侵权责任。

（3）造成人身伤害的

《消费者权益保护法》第 49 条规定，经营者提供商品或者服务，造成消费者或者其他受害人人身伤害的，应当赔偿医疗费、护理费、交通费等为治疗和康复支出的合理费用，以及因误工减少的收入。造成残疾的，还应当赔偿残疾生活辅助具费和残疾赔偿金。造成死亡的，还应当赔偿丧葬费和死亡赔偿金。

（4）侵害消费者的人格、人身和隐私的

《消费者权益保护法》第 50 条规定，经营者侵害消费者的人格尊严、侵犯消费者人身自由或者侵害消费者个人信息依法得到保护的权利的，应当停止侵害、恢复名誉、消除影响、赔礼道歉，并赔偿损失。

（5）造成严重精神损害的

《消费者权益保护法》第 51 条规定，经营者有侮辱诽谤、搜查身体、侵犯人身自由等侵害消费者或者其他受害人人身权益的行为，造成严重精神损害的，受害人可以要求精神损害赔偿。

（6）造成消费者财产损害的

《消费者权益保护法》第 52 条规定，经营者提供商品或者服务，造成消费者财产损害的，应当依照法律规定或者当事人约定承担修理、重做、更换、退货、补足商品数量、退还货款和服务费用或者赔偿损失等民事责任。

（7）未按照约定提供商品或服务的

《消费者权益保护法》第 53 条规定，经营者以预收款方式提供商品或者服务的，应当按照约定提供。未按照约定提供的，应当按照消费者的要求履行约定或者退回预付款；并应当承担预付款的利息、消费者必须支付的合理费用。

（8）要求退货的

《消费者权益保护法》第 54 条规定，依法经有关行政部门认定为不合格的商品，消费者要求退货的，经营者应当负责退货。

（9）有欺诈行为的

《消费者权益保护法》第 55 条规定，经营者提供商品或者服务有欺诈行为的，应当按照消费者的要求增加赔偿其受到的损失，增加赔偿的金额为消费者购买商品的价款或者接受服务的费用的 3 倍；增加赔偿的金额不足 500 元的，为 500 元。法律另有规定的，依照其规定。经营者明知商品或者服务存在缺陷，仍然向消费者提供，造成消费者或者其他受害人死亡或者健康严重损害的，受害人有权要求经营者依照本法第 49、第 51 条等法律规定赔偿损失，并有权要求所受损失 2 倍以下的惩罚性赔偿。

五、争议解决

1. 消费者义务

《消费者权益保护法实施条例》第 42 条规定，消费者应当文明、理性消费，提高自我保护意识，依法维护自身合法权益，在发生消费争议时依法维权。

2. 政府义务

《消费者权益保护法实施条例》第 43 条规定，各级人民政府市场监督管理部门和其他有关行政部门应当推动、健全消费争议多元化解决机制，引导消费者依法通过协商、调解、投诉、仲裁、诉讼等方式维护自身合法权益。

3. 经营者义务

《消费者权益保护法实施条例》第 44 条规定，经营者应当建立便捷、高效的投诉处理机制，及时解决消费争议。鼓励和引导经营者建立健全首问负责、先行赔付、在线争议解决等制度，及时预防和解决消费争议。

4. 调解组织义务

《消费者权益保护法实施条例》第45条规定，消费者和经营者发生消费争议，请求消费者协会或者依法成立的其他调解组织进行调解的，相关组织应当及时处理。

5. 争议解决途径

《消费者权益保护法》第39条规定，消费者和经营者发生消费者权益争议的，可以通过下列途径解决：与经营者协商和解；请求消费者协会或者依法成立的其他调解组织调解；向有关行政部门投诉；根据与经营者达成的仲裁协议提请仲裁机构仲裁；向人民法院提起诉讼。

6. 争议解决程序和要求

（1）投诉条件。《消费者权益保护法实施条例》第46条第1款规定，消费者和经营者发生消费争议向市场监督管理部门或者其他有关行政部门投诉的，应当提供真实身份信息，有明确的被投诉人、具体的投诉请求和事实依据。

（2）投诉处理时限和要求。《消费者权益保护法实施条例》第46条第2款规定，有关行政部门应当自收到投诉之日起7个工作日内，予以处理并告知消费者。对不符合规定的投诉决定不予受理的，应当告知消费者不予受理的理由和其他解决争议的途径。

（3）调解。《消费者权益保护法实施条例》第46条第3款和第4款规定，有关行政部门受理投诉后，消费者和经营者同意调解的，有关行政部门应当依据职责及时调解，并在受理之日起60日内调解完毕；调解不成的应当终止调解。调解过程中需要鉴定、检测的，鉴定、检测时间不计算在60日内。有关行政部门经消费者和经营者同意，可以依法将投诉委托消费者协会或者依法成立的其他调解组织调解。

（4）鉴定、检测。《消费者权益保护法实施条例》第47条规定，因消费争议需要对商品或者服务质量进行鉴定、检测的，消费者和经营者可以协商确定鉴定、检测机构。无法协商一致的，受理消费者投诉的市场监督管理部门或者其他有关行政部门可以指定鉴定、检测机构。对于重大、复杂、涉及众多消费者合法权益的消费争议，可以由市场监督管理部门或者其他有关行政政部门纳入抽查检验程序，委托具备相应资质的机构进行鉴定、检测。

第四节　旅游不文明行为记录管理与治安管理相关法律制度[①]

一、旅游不文明行为记录管理制度

1. 旅游不文明行为范围

旅游不文明行为记录制度本质上是信用管理制度，纳入旅游不文明行为记录属于信用惩戒的范畴。

（1）旅游者的行为。《不文明行为记录办法》第 2 条规定，纳入“旅游不文明行为记录”的旅游者行为主要包括：①扰乱航空器、车船或者其他公共交通工具秩序；②破坏公共环境卫生、公共设施；③违反旅游目的地社会风俗、民族生活习惯；④损毁、破坏旅游目的地文物古迹；⑤参与赌博、色情、涉毒活动；⑥不顾劝阻、警示从事危及自身以及他人人身财产安全的活动；⑦破坏生态环境，违反野生动植物保护规定；⑧违反旅游场所规定，严重扰乱旅游秩序；⑨国务院旅游主管部门认定的造成严重社会不良影响的其他行为。因监护人存在重大过错导致被监护人发生旅游不文明行为，将监护人纳入“旅游不文明行为记录”。

（2）旅游从业人员的行为。《不文明行为记录办法》第 3 条规定，纳入“旅游不文明行为记录”的旅游从业人员行为主要包括：①价格欺诈、强迫交易、欺骗诱导游客消费；②侮辱、殴打、胁迫游客；③不尊重旅游目的地或游客的宗教信仰、民族习惯、风俗禁忌；④传播低级趣味、宣传迷信思想；⑤国务院旅游主管部门认定的其他旅游不文明行为。

2. 记录信息内容

《不文明行为记录办法》第 4 条规定，“旅游不文明行为记录”信息内容包括：①不文明行为当事人的姓名、性别、户籍省份；②不文明行为的具体表现、不文明行为所造成的影响和后果；③对不文明行为的记录期限。

---

① 柯良练，刘国祥，华敬锋．治安管理处罚法释义与实务指南［M］．北京：人民公安大学出版社，2014．

3. 记录程序

《不文明行为记录办法》第 8 条规定，“旅游不文明行为记录”形成前应经“旅游不文明行为记录评审委员会”评审通过。评审主要事项包括：①事件是否应当纳入“旅游不文明行为记录”；②确定记录的信息保存期限；③记录是否通报相关部门；④对已经形成的记录的期限进行动态调整。

当事人有申辩的权利。《不文明行为记录办法》第 11 条规定，“旅游不文明行为记录”形成后，旅游主管部门应当将相关信息通报或送达当事人本人，并告知其有申辩的权利，当事人在接到申辩通知后 30 个工作日内，有权利进行申辩。旅游主管部门在接到申辩后 30 个工作日内予以书面回复。申辩理由被采纳的，可依据当事人申辩的理由调整记录期限或取消记录。当事人申辩期间不影响信息公布。

4. 动态管理

《不文明行为记录办法》第 9 条规定，“旅游不文明行为记录”信息保存期限为 1～5 年，实行动态管理。①行为当事人违反刑法的，信息保存期限为 3～5 年；②行为当事人受到行政处罚或法院判决承担责任的，信息保存期限为 2～4 年；③行为未受到法律法规处罚，但造成严重社会影响的，信息保存期限为 1～3 年。第 12 条规定，“旅游不文明行为记录”形成后，根据被记录人采取补救措施挽回不良影响的程度、对文明旅游宣传引导的社会效果，经评审委员会审议后可缩短记录期限。

二、治安管理相关法律制度

1. 治安管理处罚的种类

《治安管理处罚法》第 10 条规定，治安管理处罚的种类分为：①警告；②罚款；③行政拘留；④吊销公安机关发放的许可证。对违反治安管理的外国人，可以附加适用限期出境或者驱逐出境。

2. 法律适用

（1）未成年人。《治安管理处罚法》第 12 条规定，已满 14 周岁不满 18 周岁的人违反治安管理的，从轻或者减轻处罚；不满 14 周岁的人违反治安管理的，不予处罚，但是应当责令其监护人严加管教。

（2）精神病人。《治安管理处罚法》第 13 条规定，精神病人在不能辨认或者不能控制自己行为的时候违反治安管理的，不予处罚，但是应当责令其监护人严加看管和治疗。间歇性的精神病人在精神正常的时候违反治安管理的，应当给予处罚。

（3）盲人或聋哑人。《治安管理处罚法》第 14 条规定，盲人或者又聋又哑的人违反治安管理的，可以从轻、减轻或者不予处罚。

（4）醉酒的人。《治安管理处罚法》第 15 条规定，醉酒的人违反治安管理的，应当给予处罚。醉酒的人在醉酒状态中，对本人有危险或者对他人的人身、财产或者公共安全有威胁的，应当对其采取保护性措施约束至酒醒。

（5）有两种以上违法行为。《治安管理处罚法》第 16 条规定，有两种以上违反治安管理行为的，分别决定，合并执行。行政拘留处罚合并执行的，最长不超过 20 日。

（6）共同违法行为。《治安管理处罚法》第 17 条规定，共同违反治安管理的，根据违反治安管理行为人在违反治安管理行为中所起的作用，分别处罚。教唆、胁迫、诱骗他人违反治安管理的，按照其教唆、胁迫、诱骗的行为处罚。

（7）单位违法行为。《治安管理处罚法》第 18 条规定，单位违反治安管理的，对其直接负责的主管人员和其他直接责任人员依照本法的规定处罚。其他法律、行政法规对同一行为规定给予单位处罚的，依照其规定处罚。

（8）减轻处罚或不予处罚的情形。《治安管理处罚法》第 19 条规定，违反治安管理有下列情形之一的，减轻处罚或者不予处罚：情节特别轻微的；主动消除或者减轻违法后果，并取得被侵害人谅解的；出于他人胁迫或者诱骗的；主动投案，向公安机关如实陈述自己的违法行为的；有立功表现的。

（9）从重处罚的情形。《治安管理处罚法》第 20 条规定，违反治安管理有下列情形之一的，从重处罚：有较严重后果的；教唆、胁迫、诱骗他人违反治安管理的；对报案人、控告人、举报人、证人打击报复的；6 个月内曾受过治安管理处罚的。

（10）不予执行行政拘留处罚的情形。《治安管理处罚法》第 21 条规定，违反治安管理行为人有下列情形之一，依照本法应当给予行政拘留处罚的，不执行行政拘留处罚：已满 14 周岁不满 16 周岁的；已满 16 周岁不满 18 周岁，初次违反治安管理的；70 周岁以上的；怀孕或者哺乳自己不满 1 周岁婴儿的。

（11）追究时效。《治安管理处罚法》第 22 条规定，违反治安管理行为在 6 个月内没有被公安机关发现的，不再处罚。前款规定的期限，从违反治安管理行为发生之日起计算；违反治安管理行为有连续或者继续状态的，从行为终了之日起计算。

3. 违反治安管理的行为与处罚

（1）扰乱公共秩序。①扰乱公共交通工具秩序。《治安管理处罚法》第 23 条规定，扰乱公共汽车、电车、火车、船舶、航空器或者其他公共交通工具上的秩序的，处警告或者 200 元以下罚款；情节较重的，处 5 日以上 10 日以下拘留，可以并处 500 元以下罚款。聚众实施前款行为的，对首要分子处 10 日以上 15 日以下拘留，可以并处 1000 元以下罚款。②扰乱公共场所秩序。扰乱车站、港口、码头、机场、商场、公园、展览馆或者其他公共场所秩序的，同扰乱公共交通工具秩序一样，依照《治安管理处罚法》第 23 条规定予以处罚。③扰乱文化、体育等大型群众性活动秩序。《治安管理处罚法》第 24 条规定，有下列行为之一，处警告或者 200 元以下罚款；情节严重的，处 5 日以上 10 日以下拘留，可以并处 500 元以下罚款：强行进入场内的；违反规定，在场内燃放烟花爆竹或者其他物品的；展示侮辱性标语、条幅等物品的；围攻裁判员、运动员或者其他工作人员的；向场内投掷杂物，不听制止的；扰乱大型群众性活动秩序的其他行为。因扰乱体育比赛秩序被处以拘留处罚的，可以同时责令其 12 个月内不得进入体育场馆观看同类比赛；违反规定进入体育场馆的，强行带离现场。

（2）妨害公共安全。①盗窃、损毁公共设施。根据《治安管理处罚法》第 33 条规定，盗窃、损毁油气管道设施、电力电信设施、广播电视设施、水利防汛工程设施或者水文监测、测量、气象测报、环境监测、地质监测、地震监测等公共设施的，处 10 日以上 15 日以下拘留。②盗窃、损害航空设施。《治安管理处罚法》第 34 条规定，盗窃、损坏、擅自移动使用中的航空设施，处 10 日以上 15 日以下拘留。在使用中的航空器上使用可能影响导航系统正常功能的器具、工具，不听劝阻的，处 5 日以下拘留或者 500 元以下罚款。③盗窃、损毁铁路设施。《治安管理处罚法》第 35 条规定，盗窃、损毁或者擅自移动铁路设施、设备、机车车辆配件或者安全标志的以及在铁路线路上放置障碍物，或者故意向列车投掷物品的，处 5 日以上 10 日以下拘留，可以并处500元以下罚款；情节较轻的，处5日以下拘留或者500元以下罚款。

（3）侵犯他人人身权利、财产权利。①偷窥、偷拍、窃听、散布他人隐私。根据《治安管理处罚法》第42条规定，对此可处5日以下拘留或者500元以下罚款；情节较重的，处5日以上10日以下拘留，可以并处500元以下罚款。②殴打他人或者故意伤害他人身体。根据《治安管理处罚法》第43条规定，对此可处5日以上10日以下拘留，并处200元以上500元以下罚款；情节较轻的，处5日以下拘留或者500元以下罚款。③猥亵他人或在公共场所裸露身体。《治安管理处罚法》第44条规定，猥亵他人的，或者在公共场所故意裸露身体，情节恶劣的，处5日以上10日以下拘留；猥亵智力残疾人、精神病人、不满14周岁的人或者有其他严重情节的，处10日以上15日以下拘留。④侵犯公私财物。《治安管理处罚法》第49条规定，盗窃、诈骗、哄抢、抢夺、敲诈勒索或者故意损毁公私财物的，处5日以上10日以下拘留，可以并处500元以下罚款；情节较重的，处10日以上15日以下拘留，可以并处1000元以下罚款。

（4）妨害社会管理。①制造噪声干扰他人生活。《治安管理处罚法》第58条规定，违反关于社会生活噪声污染防治的法律规定，制造噪声干扰他人正常生活的，处警告；警告后不改正的，处200元以上500元以下罚款。②妨害文物管理。《治安管理处罚法》第63条规定，刻划、涂污或者以其他方式故意损坏国家保护的文物、名胜古迹的，处警告或者200元以下罚款；情节较重的，处5日以上10日以下拘留，并处200元以上500元以下罚款。③嫖娼。《治安管理处罚法》第66条规定，卖淫、嫖娼的，处10日以上15日以下拘留，可以并处5000元以下罚款；情节较轻的，处5日以下拘留或者500元以下罚款。④参与淫秽活动。《治安管理处罚法》第69条规定，参与聚众淫乱活动的，处10日以上15日以下拘留，并处500元以上1000元以下罚款。⑤赌博。《治安管理处罚法》第70条规定，参与赌博赌资较大的，处5日以下拘留或者500元以下罚款；情节严重的，处10日以上15日以下拘留，并处500元以上3000元以下罚款。⑥非法持有或吸食毒品。《治安管理处罚法》第72条规定，非法持有鸦片不满200克、海洛因或者甲基苯丙胺不满10克或者其他少量毒品的，或吸食、注射毒品的，处10日以上15日以下拘留，可以并处2000元以下罚款；情节较轻的，处5日以下拘留或者500元以下罚款。

后记

本书编写组立足文旅行业发展新形势，系统梳理过去一年国家立法机关、国务院及相关部门出台和修订的重要法律法规，潜心研究考试大纲，增加了《消费者权益保护法实施条例》《导游等级考核管理办法》《娱乐场所管理办法》等法规规章相关内容。同时，编写组深入研究国务院及各主管部门发布的一系列促进旅游业高质量发展的政策文件，收录了《关于增开银发旅游列车 促进服务消费发展的行动计划》等文件帮助考生精准把握政策动向。通过对考试大纲和行业变化的深入分析，编写组在保持教材体系完整性的基础上，实现了内容的全面更新与完善，为考生提供了时效性和专业性的备考资料。此外，还调整了书中的一些章节结构、更新了一些相关数据，修改了一些文字措辞，使教材整体更加严谨简练，努力为考生呈现一本优秀的考试用书。

本书在编写过程中，得到了相关部门领导的大力支持，得到了北京第二外国语学院、南京旅游职业学院、河南牧业经济学院、苏州旅游与财经高等职业技术学校、北京经济管理职业学院、北京财贸职业学院等院校的大力支持；本书还参考了许多专家和部分省市旅游局编写的相关教材和资料，限于篇幅，恕不一一注明，在此一并表示衷心的感谢。由于时间紧、任务重，书中难免存在不足，真诚希望各位读者不吝赐教，以便再版时修正。

本书编写组

2025 年 6 月

项目策划：张文广
项目统筹：谯　洁
责任编辑：刘志龙
责任印制：冯冬青
封面设计：中文天地

图书在版编目（CIP）数据

政策与法律法规 / 全国导游资格考试统编教材专家编写组编. -- 10版. -- 北京 : 中国旅游出版社, 2025. 6. -- (全国导游资格考试统编教材). -- ISBN 978-7-5032-7582-1

Ⅰ. F592.0；D922.296

中国国家版本馆CIP数据核字第2025C7C468号

防伪鉴别提醒

每本正版教材封一左下角右侧，均粘贴有防伪标识。刮开防伪码涂层，扫码绑定增值服务。图书出现印装问题，本社负责调换，服务电话：010-57377106。（打击盗版举报热线：010-57377102，QQ：3911648342）

书　　名：政策与法律法规

作　　者：全国导游资格考试统编教材专家编写组编
出版发行：中国旅游出版社
（北京静安东里 6 号　邮编：100028）
https://www.cttp.net.cn　E-mail: cttp@mct.gov.cn
营销中心电话：010-57377103
排　　版：北京中文天地文化艺术有限公司
印　　刷：三河市灵山芝兰印刷有限公司
版　　次：2025年6月第10版　2025年6月第1次印刷
开　　本：720毫米×970毫米　1/16
印　　张：28.5
字　　数：452千
定　　价：44.00元
I S B N　978-7-5032-7582-1
